REDLINE | VERLAG

Franz Hörmann
Stefan Haslinger
Klaus Hirschler

Unternehmensbesteuerung anhand von Fallbeispielen

Steuerreform 2005 in der Fassung des Abgabenänderungsgesetzes 2004

REDLINE | VERLAG

Bibliografische Information der Deutschen Nationalbibliothek
Die Deutsche Nationalbibliothek verzeichnet diese Publikation in der Deutschen Nationalbibliografie. Detaillierte bibliografische Daten sind im Internet über http://dnb.d-nb.de abrufbar.

Für Fragen und Anregungen:
hoermann@redline-verlag.de
haslinger@redline-verlag.de
hirschler@redline-verlag.de

Nachdruck 2013

Nymphenburger Straße 86
D-80636 München
Tel.: 089 651285-0
Fax: 089 652096

Umschlaggestaltung: Münchner Verlagsgruppe GmbH
Druck: Books on Demand GmbH, Norderstedt

ISBN Print 978-3-86881-407-1
ISBN E-Book (PDF) 978-3-86414-397-7

Geleitwort zur zweiten Auflage

Eine komplexe Wirtschaftswelt, die Erweiterung der Europäischen Union und der zunehmende Bedarf des Staatshaushaltes an zusätzlichen Steuereinnahmen führen zu immer rascheren Veränderungen des Steuerrechts und leider auch zu immer unübersichtlicheren und unsystematischeren Steuergesetzgebungen. Dies betrifft besonders die unternehmerische Tätigkeit, die einer Vielzahl von Steuerbelastungen und steuerlichen Einflüssen ausgesetzt ist.

Das vorliegende Buch hat sich die Aufgabe gestellt, die für die unternehmerischen Tätigkeiten **wesentlichen** Steuern in ihren Grundzügen zusammenzufassen und dabei nur dort Schwerpunkte zu setzen bzw. in die Tiefe zu gehen, wo dies aus der Erfahrung der Praxis heraus für den Unternehmer besonders wichtig ist. Aus diesem Grunde stehen im Mittelpunkt der Betrachtung die Einkommensteuer, die Körperschaftsteuer und die Umsatzsteuer, wobei im Bereich der Einkommensteuer die betrieblichen Einkunftsarten und die bilanzsteuerrechtlichen Regelungen und Probleme in besonderer Tiefe behandelt werden.
Bei der Körperschaftsteuer ist es vor allem die Frage der Behandlung von Beteiligungserträgen und der Mindestkörperschaftsteuer, die einer Darstellung unterzogen wird. Das äußerst komplexe Gebiet der Umsatzsteuer wird in Grundzügen erläutert.

Die Autoren haben sich mit diesem Buch ein hohes Ziel gesetzt, nämlich sowohl für den Anfänger im Steuerrecht (sei es Student oder Praktiker) eine grundlegende Information als auch für Spezialisten tiefergehende Analysen zu bieten. Sind die Schwerpunkte auch subjektiv gesetzt, sind sie doch ein Abbild der praktischen Anforderungen und Realitäten. Besonders hervorzuheben ist die Darstellung in Fallbeispielen, die es dem Leser erlaubt, konkrete Probleme direkten Lösungen zuzuführen.

Dieses nun schon nach kurzer Zeit in der zweiten Auflage erscheinende Buch ist eines der ersten Werke, das das Strukturanpassungsgesetz in vollem Umfang berücksichtigt und es sind ihm noch viele Auflagen zu wünschen, wenn auch die Autoren eine regelmäßige Überarbeitung aufgrund der nun in Österreich schon zur Gewohnheit gewordenen jährlichen umfassenden Steuergesetzänderung in Kauf nehmen werden müssen.

Wien, im August 1996 *o. Univ.Prof. Mag. Dr. Romuald Bertl*

Vorwort zur siebenten Auflage

Ziel dieses Kompendiums ist es, die wesentlichen Grundlagen der beiden Ertragsteuerarten

- Einkommensteuer (ESt),
- Körperschaftsteuer (KÖSt)

sowie der

- Kommunalsteuer (KommSt),
- Umsatzsteuer (USt),
- Gesellschaftsteuer (GesSt)
- Erbschafts-Schenkungssteuer
- und des Neugründungs-Förderungsgesetzes (NeuFÖG)

zu vermitteln. In der numehr vorliegenden siebenten Auflage wurden sämtliche Gesetzesänderungen der Jahre 2003 und 2004 inklusive des Abgabenänderungsgesetzes 2004 sowie die aktuelle höchstrichterliche Rechtsprechung berücksichtigt, sodass sie die aktuelle Rechtslage im Jänner 2005 widerspiegelt.

Das vorliegende Buch ist sowohl für Studierende an Universitäten und Fachhochschulen als auch für alle Rechtsanwender gedacht, die einen Überblick über wesentliche Fragen der Unternehmenssteuern und insbesondere die praktische Umsetzung der Gesetzesvorschriften suchen.

Fehler und evtl. mißverständliche Formulierungen der vorangegangenen Auflagen wurden bestmöglich behoben, wird danken aber dennoch im voraus für allfällige Korrekturhinweise oder Anregungen.

Unser besonderer Dank gilt unserem langjährigem Mitautor *ao Univ-Prof Dr. Franz Hörmann*, der ab der siebenten Auflage nicht mehr zum Autorenteam zählt.

Danke sagen wollen wir auch insbesondere *Mag. Markus Vaishor* für dessen tatkräftige Unterstützung bei der Verfassung der Neuauflage sowie den Herren *Mag. Gerald Posautz* und *Günther Neugschwandtner* für die Durchsicht des Manuskripts.

Stefan Haslinger
Klaus Hirschler *Wien, Jänner 2005*

Inhaltsverzeichnis

A. EINKOMMENSTEUER

I. Grundbegriffe der Besteuerung

II. Betriebliche Einkünfte

B. KÖRPERSCHAFTSTEUER

C. KOMMUNALSTEUER

I. Grundbegriffe der Kommunalsteuer

II. Ermittlung der Kommunalsteuer

D. UMSATZSTEUER

E. SONSTIGE WESENTLICHE GESETZE

ANHANG

A. Die Einkommensteuer

I. Grundbegriffe der Besteuerung

1. Gliederung der Abgaben

Steuern

... werden definiert als Zwangsbeiträge an die öffentliche Gewalt *ohne direkte Gegenleistung*. Eine weitere Einteilung der Steuern kann zB hinsichtlich der Ertragshoheit erfolgen (Bundesabgaben, Landesabgaben, Gemeindeabgaben).

Gebühren und Beiträge

... diese Form der Abgaben stellt idR ein *Entgelt für eine konkrete Gegenleistung* dar.

Beispiele: Kammerbeiträge, Stempel- und Rechtsgebühren.

Monopolabgaben

... Monopolabgaben werden *auf bestimmte Güter* erhoben, deren Produktion bzw Vertrieb *aufgrund eines staatlichen Monopols* erfolgt.

Beispiele: Tabak, Branntwein, Salz, Glückspiel.

Zölle

... fallen *anlässlich der Einfuhr bestimmter Waren* ins Inland an. Weitere Einteilung in: Wertzölle, Gewichtszölle, Stückzölle.

2. Gliederung der Steuern

nach der herrschenden Verwaltungspraxis:

- **Besitzsteuern**
  - **Besteuerung des Vermögens**
    zB Erbschafts- und Schenkungssteuer ("ErbSt"), Grundsteuer ("GrSt")
  - **Besteuerung des Einkommens**
    zB ***Einkommensteuer ("ESt"), Körperschaftsteuer ("KöSt")***
- **Verkehrsteuern**
  zB ***Umsatzsteuer ("USt")***, Grunderwerbsteuer ("GrESt"), Kapitalverkehrsteuer ("KV")
- **Verbrauchsteuern**
  zB Biersteuer, Alkoholabgabe

nach der Einhebungsform:

- **direkte Steuern** (Steuerträger und Steuerzahler sind identisch, zB Einkommensteuer)
- **indirekte Steuern** (Steuerzahler und Steuerträger sind nicht identisch, zB Umsatzsteuer)

Unter dem **Steuerzahler** (Steuerschuldner) wird der gesetzlich zur Zahlung der Steuer Verpflichtete verstanden (zB bei der Umsatzsteuer: der Unternehmer). Der **Steuerträger** (das Steuersubjekt) hingegen wird von der Steuer letztlich finanziell belastet (zB bei der Umsatzsteuer: der Konsument). Der Vorgang der Verlagerung der finanziellen Belastung vom Steuerzahler auf den Steuerträger wird **Steuerüberwälzung** genannt (zB bei der Umsatzsteuer durch Bezahlung des Bruttopreises durch die Konsumenten).

nach der Abhängigkeit der Besteuerung von den persönlichen Verhältnissen des Steuerpflichtigen:

- **Personensteuern** (Subjektsteuern):

Diese nehmen bei der Besteuerung Rücksicht auf die persönlichen Verhältnisse des Steuersubjekts (erkennbar etwa an persönlichen Absetzbeträgen, dem Bestehen einer unbeschränkten und beschränkten Steuerpflicht etc).
Beispiele: Einkommensteuer, Körperschaftsteuer.

- **Sachsteuern** (Real-, Objektsteuern):

Bei diesen Steuern werden persönliche Verhältnisse nicht berücksichtigt:
Beispiel: Grundsteuer.

Diese Unterscheidung ist insbesondere hinsichtlich der Abzugsfähigkeit der Steuern von ihrer eigenen Bemessungsgrundlage bzw der Bemessungsgrundlage anderer Ertragsteuern von Bedeutung (Steuerverflechtung). So sind idR **Personensteuern** (zB KöSt) bei Ertragsteuern (die KöSt bei sich selbst) **nicht abzugsfähig**, wohingegen **Realsteuern** sehr wohl als Betriebsausgaben **abzugsfähig** sind, dh ihre eigene Bemessungsgrundlage bzw die anderer Ertragsteuern vermindern (zB ist die Grundsteuer für Betriebsgrundstücke eine Betriebsausgabe).

nach der Veranlagung:

- **veranlagte Steuern**
die Höhe der Steuern wird von der Behörde berechnet und festgesetzt, zB ESt

- **Selbstbemessungsabgaben**
die Höhe der Steuer wird vom Steuerpflichtigen (zunächst) selbst berechnet, zB USt

Beispiel A.1

Ordnen Sie ESt, KöSt und USt nach den folgenden Kriterien ein:

- Einteilung nach der herrschenden Verwaltungspraxis
- Einteilung nach der Einhebung
- Einteilung nach der Abhängigkeit der Steuern von den persönlichen Verhältnissen des Steuerpflichtigen
- Einteilung nach der Veranlagung

Mit **Steuerbemessungsgrundlage** wird jener Betrag bezeichnet, der der Besteuerung zugrunde liegt, dh auf den, nach gewissen Modifikationen, der Steuertarif angewendet wird. Bei der ESt und KöSt stellt das **zu versteuernde Einkommen**, das aus dem steuerrechtlichen Gewinn abgeleitet wird, die Bemessungsgrundlage dar.

Die **Steuererklärung** wird vom Steuerpflichtigen auf eigenen Vordrucken (mit "Lagernummern", für die ESt zB Steuererklärung: E1, Ausfüllhilfe dazu: E2, Antrag auf Rückerstattung der KESt auf Zinserträge: E3) ausgefüllt und beim "zuständigen Finanzamt" (näheres dazu siehe Kapitel VI) eingereicht. Aufgrund dieser Daten ergeht von der Finanzbehörde der Steuerbescheid, der gemäß § 93 Bundesabgabenordnung ("BAO") mindestens folgenden (formalen) Inhalt aufweisen muss (andernfalls er wegen Mangelhaftigkeit bekämpft werden kann):

1. Adressat (der Steuerpflichtige)
2. Spruch (Art und Höhe der Abgabe, Bemessungsgrundlage und Fälligkeit)
3. Begründung
4. Rechtsmittelbelehrung
5. Bezeichnung der Behörde, die den Bescheid erlässt

Die persönliche Unterfertigung kann bei automatisierten Steuerbescheiden (EDV-Ausdruck) unterbleiben.

3. Persönliche Steuerpflicht

Der **Einkommensteuer** (ESt) unterliegen nur natürliche Personen (bei Personengesellschaften werden die einzelnen Gesellschafter - sofern sie natürliche Personen sind - zur ESt herangezogen). Für **juristische Personen** (Aktiengesellschaften, Gesellschaften mit beschränkter Haftung, ...) tritt an die Stelle der ESt die **Körperschaftsteuer** (KöSt).

Bei der Einkommensteuer (als auch bei der Körperschaftsteuer, siehe Kapitel B1) wird zwischen **unbeschränkter** und **beschränkter Steuerpflicht** unterschieden (Personensteuer!):

Unbeschränkte Steuerpflicht

Unbeschränkte Steuerpflicht einer natürlichen Person liegt vor, wenn ein **Wohnsitz** oder der **gewöhnlichem Aufenthalt** im Inland gegeben ist. Die unbeschränkte Steuerpflicht erstreckt sich prinzipiell auf das sog. Welteinkommen, also auch auf die ausländischen Einkünfte (eine Aufteilung der Einkommensquellen zwischen den Staaten zur Vermeidung von internationaler Doppelbesteuerung erfolgt mit Hilfe von sog. **Doppelbesteuerungsabkommen, DBA**). Die Definition des Begriffes "Wohnsitz" findet sich in § 26 BAO: "Einen Wohnsitz im Sinne der Abgabenvorschriften hat jemand dort, wo er eine Wohnung innehat unter Umständen, die darauf schließen lassen, dass er die Wohnung beibehalten und benutzen wird." Hierunter fällt idR auch ein bloßer Zweitwohnsitz. Auch der "gewöhnliche Aufenthalt" ist in § 26 BAO umschrieben: "Den gewöhnlichen Aufenthalt im Sinne der Abgabenvorschriften hat jemand dort, wo er sich unter Umständen aufhält, die erkennen lassen, dass er an diesem Ort oder in diesem Land nicht nur vorübergehend verweilt." Auf jeden Fall ist diese Bedingung bei einer tatsächlichen Aufenthaltsdauer von mehr als 6 Monaten im Jahr (183-Tage-Regel) gegeben.

Ein Steuerpflichtiger ("Stpfl.") kann in verschiedenen Ländern mehrere Wohnsitze besitzen, aber stets kann nur ein Land seinen gewöhnlichen Aufenthalt geltend machen. Die polizeiliche Meldung ist dafür lediglich Indiz, wichtig sind va die faktischen Gegebenheiten. Verfügt ein Steuerpflichtiger über mehrere Wohnsitze in verschiedenen Staaten, ist er - wenn der Wohnsitz in jedem Staat den Anknüpfungspunkt für die unbeschränkte Steuerpflicht darstellt - zugleich in mehreren Staaten unbeschränkt (mit dem Welteinkommen) steuerpflichtig. Zur Vermeidung dieser mehrmaligen unbeschränkten Steuerpflicht sehen die DBA zum einen Zuteilungsregeln vor, welchem Staat für welche Einkünfte das Besteuerungsrecht zukommt (wobei die Zuteilung sich auch danach richtet, zu welchem Staat tatsächlich die stärkere Nahebeziehung besteht: „Mittelpunkt der Lebensinteressen"), zum anderen enthalten sie auch Bestimmungen, mittels welcher Methode es zur Steuerfreistellung jener Einkünfte kommt, die dem jeweils anderen Vertragsstaat zur Besteuerung zugeteilt wurden.

Verlagert sich der Mittelpunkt der Lebensinteressen eines Steuerpflichtigen für mehr als fünf Kalenderjahre ins Ausland, dann begründet eine inländische Wohnung gemäß der VO BGBl 2003/528 nur noch dann einen Wohnsitz, wenn diese (allein oder gemeinsam mit anderen Wohnungen) an mehr als 70 Tagen im Jahr benutzt wird. Zum Nachweis muss ein Verzeichnis über die Tage der Wohnungsbenutzung geführt werden. Bei Auswärtsverlagerungen des Mittelpunkts der Lebensinteressen entfällt die Steuerpflicht erstmals im folgenden Kalenderjahr, bei Einwärtsverlagerungen entfällt diese letztmals im vorhergehenden Kalenderjahr. Benützt ein unbeschränkt steuerpflichtiger Ehepartner, der vom Steuerpflichtigen nicht dauernd getrennt lebt, die Wohnung so begründet diese Wohnung für den Abgabepflichtigen die unbeschränkte Steuerpflicht.

Nach der *Anrechnungsmethode* (zB DBA USA) wird die im Ausland bezahlte Steuer auf die vom Welteinkommen ermittelte inländische Steuer angerechnet. Die Anrechnung erfolgt vielfach nur bis zum sogenannten Anrechnungshöchstbetrag, der nach der Formel (ausl. Einkünfte x österr. ESt / Einkommen) errechnet wird, sodass nur ein Betrag, der der in Österreich zu bezahlenden Einkommensteuer entspricht, angerechnet wird.

Nach der *Befreiungsmethode* (zB DBA Deutschland) werden die ausländischen Einkünfte in Österreich gar nicht erfasst, sodass bereits dadurch die entsprechende Steuerentlastung eintritt. Für die in Österreich steuerpflichtigen Einkünfte kann jedoch bei Anwendung der Befreiungsmethode der Steuertarif angewendet werden, der bei Besteuerung des Welteinkommens anzuwenden wäre (sog. Befreiungsmethode unter Progressionsvorbehalt).

Sollte ein Steuerpflichtiger der Abgabenhoheit mehrerer Staaten unterliegen und eine Doppelbesteuerung mangels Bestehens eines DBA nicht verhindert werden, kann das Bundesministerium für Finanzen ("BMF") gemäß **§ 48 BAO** bestimmte Einkünfte (insbesondere Auslandseinkünfte) ganz oder teilweise von der österreichischen Besteuerung befreien oder ausländische Steuern anrechnen. Es besteht kein Rechtsanspruch des Steuerpflichtigen auf eine Maßnahme nach § 48 BAO. Es handelt sich um eine Ermessensentscheidung des BMF, die jedoch der Kontrolle durch den Verwaltungsgerichtshof ("VwGH") unterliegt (zB VwGH 22.9.2000, 98/15/0141). Auf der Grundlage der VO BGBl 2002/474 sind unter bestimmten Voraussetzungen positive Einkünfte von der Besteuerung auszunehmen, wenn sie aus Staaten stammen, mit denen Österreich kein darauf anwendbares DBA abgeschlossen hat, von der österreichischen Steuerbemessungsgrundlage auszunehmen. Die Voraussetzungen dafür sind gemäß § 1 der VO insbesondere eine Durchschnittssteuerbelastung von 15% im Ausland und das Vorliegen von aktiven Einkünften wie Einkünften aus unbeweglichem Vermögen, aus Gewerbebetrieb bzw selbstständigen Einkünften, die aus einer Betriebsstätte stammen oder Einkünften aus einer im Ausland ausgeübten Vortrags- bzw Unterrichtstätigkeit, Einkünften aus einer im Ausland erfolgten Mitwirkung an einer Unterhaltungsdarbietung, Einkünften aus einer im Ausland unternommen Bauführung oder Montage oder Einkünften aus einer im Ausland ausgeübten nicht selbstständigen Arbeit. Liegen die Voraussetzungen nicht vor (zB insbesondere passive Einkünfte), so sind nach § 2 der VO BGBl 2002/474 die im Ausland gezahlten Ertragssteuern bis zum Anrechnungshöchstbetrag anzurechnen.

Beschränkte Steuerpflicht

Beschränkte Steuerpflicht iSd EStG liegt dann vor, wenn der Stpfl. **im Inland weder Wohnsitz noch gewöhnlichen Aufenthalt** hat. In diesem Fall besteht Steuerpflicht nur für die inländischen Einkünfte gemäß § 98 EStG.

Beispiel A.2.

Ein Techniker besitzt in Wien eine Eigentumswohnung, arbeitet allerdings 3 Jahre lang im Ausland und

a. behält die Eigentumswohnung für seinen Urlaub in Österreich;
b. vermietet die Eigentumswohnung;
c. räumt die Eigentumswohnung.

Sind seine ausländischen Einkünfte in Österreich steuerpflichtig?

Nichtdiskriminierung beschränkt steuerpflichtiger EU/EWR-Bürger

Mit dem EU-Abgabenänderungsgesetz (BGBl 1996/798) wurde in Entsprechung der Judikatur des Europäischen Gerichtshofes (EuGH Rs Schumacker) rückwirkend ab 1995 eine Neuregelung für „Grenzpendler" geschaffen (§ 1 Abs 4 EStG). „Grenzpendler" sind Personen, die in Österreich weder Wohnsitz noch gewöhnlichen Aufenthalt haben, aus (benachbarten) EU/EWR-Staaten nach

Österreich einpendeln und den wesentlichen Teil (mindestens 90 %) ihrer Einkünfte in Österreich erzielen oder deren Auslandseinkünfte insgesamt nicht höher als EUR 10.000,00 sind. Solche Steuerpflichtige dürfen in Österreich keiner höheren Besteuerung unterliegen als Inländer, wenn ihre persönlichen Verhältnisse und ihr Familienstand mangels Einkommen in ihrem Ansässigkeitsstaat nicht berücksichtigt werden können. Es besteht daher die Möglichkeit, auf Antrag in Österreich als unbeschränkt Steuerpflichtiger behandelt zu werden. Diese Bestimmung dürfte den EuGH-Vorgaben entsprechen, da die vergleichbare deutsche Regelung vom EuGH als gemeinschaftskonform angesehen wurde (Rs Gschwind, SWI 1999, 460; *Kopf,* SWI 2001, 245).

4. Sachliche Steuerpflicht

Regelt die persönliche Steuerpflicht, **wer** der Steuer unterliegt, so wird durch die sachliche Steuerpflicht bestimmt, **was** (welcher Vorgang, welches Wirtschaftsgut) die Steuerpflicht auslöst.

Sachliche Steuerpflicht bei der ESt

Steuergegenstand der Einkommensteuer ist das zu versteuernde Einkommen, definiert in § 2 Abs 2 EStG als Gesamtbetrag der Einkünfte innerhalb eines Kalenderjahres nach Ausgleich von Verlusten, die sich aus einzelnen Einkunftsarten ergeben, und nach Abzug von Sonderausgaben (§ 18 EStG), außergewöhnlichen Belastungen (§§ 34 und 35 EStG) sowie der Freibeträge nach den §§ 104 und 105 EStG. Der Gesamtbetrag der Einkünfte ist der Saldo der positiven und negativen Ergebnisse der einzelnen Einkunftsarten (= Gewinn bzw Einnahmenüberschuss).

Schema der Einkommensermittlung:

Gesamtbetrag der Einkünfte innerhalb eines Kalenderjahres (nach Durchführung des horizontalen und vertikalen Verlustausgleichs)

- Sonderausgaben (§ 18 EStG, auch der Verlustvortrag ist eine Sonderausgabe, vgl § 18 Abs 6 EStG)
- außergewöhnliche Belastungen (§§ 34, 35 EStG)
- Freibeträge gem §§ 104 und 105 EStG (Landarbeiterfreibetrag, Amtsbescheinigungen, Opferausweise)

---

zu versteuerndes Einkommen gem § 2 Abs 2 EStG

Einkunftsarten im Überblick

Das Einkommensteuergesetz kennt sieben Einkunftsarten:

Übersicht der Einkunftsarten des EStG 1988

1. Land- und Forstwirtschaft (L & F, § 21 EStG)
2. Selbständige Arbeit (sA, § 22 EStG)
3. Gewerbebetrieb (Gew, § 23 EStG)

4. Nichtselbständige Arbeit (nsA, § 25 EStG)
5. Kapitalvermögen (KV, § 27 EStG)
6. Vermietung und Verpachtung (V&V, § 28 EStG)
7. sonstige Einkünfte (sE, § 29 EStG)

Die ersten drei dieser Einkunftsarten werden als *"Gewinneinkünfte"* bezeichnet, dh ihr Überschuss (der Betriebseinnahmen über die Betriebsausgaben) wird als "Gewinn" bezeichnet. Ein positives Ergebnis in einer der anderen vier Einkunftsarten wird zumeist einfach "Überschuss" (der Einnahmen über die Werbungskosten) genannt, daher *"Überschusseinkünfte"*.

Die ersten vier Einkunftsarten werden *Haupteinkunftsarten* genannt (die letzten drei sind *Neben- oder subsidiäre Einkunftsarten*). Diese Gliederung betont die Tatsache, dass Überschüsse der letzten drei Einkunftsarten nur dann zu subsidiären Einkünften führen können, wenn sie nicht im Rahmen einer der ersten vier Einkunftsarten angefallen sind (diesfalls wären sie nämlich im Rahmen der Haupteinkunftsart zu erfassen).

Zuflüsse, die nicht unter eine der 7 Einkunftsarten fallen, unterliegen nicht der Einkommensteuer, sie sind nicht **steuerbar**. Dh von ihnen wird keine ESt erhoben, sie müssen auch in der Steuererklärung nicht deklariert werden (zB Spielgewinne, die Veräußerung von Privatvermögen außerhalb der Spekulationsfrist gem § 30 EStG, Erbschaften (unterliegen jedoch der ErbSt)).

Vom Begriff der Steuerbarkeit ist jener der **Steuerpflicht** zu unterscheiden. Einkünfte, die steuerbar und nicht steuerbefreit (§ 3 EStG) sind, nennt man steuerpflichtig. Aufwendungen im Zusammenhang mit nicht steuerpflichtigen Einnahmen sind allerdings gemäß § 20 Abs 2 EStG nicht abzugsfähig (mindern daher auch nicht den steuerlichen Gewinn).

Der Besteuerung wird das Einkommen eines **Kalenderjahres** zugrunde gelegt. Im Normalfall sind Wirtschaftsjahr (das ist die Abrechnungsperiode der Gewinnermittlung) und Kalenderjahr deckungsgleich. Buchführende Land- und Forstwirte sowie protokollierte (im Firmenbuch eingetragene) Gewerbetreibende können jedoch auch ein abweichendes Wirtschaftsjahr aufweisen. In diesem Fall erhöht der Gewinn das Einkommen jenes Kalenderjahres, in dem das Wirtschaftsjahr, in dem der Gewinn erzielt wurde, endet. Das Wirtschaftsjahr umfasst in der Regel 12 Monate, ein kürzeres Wirtschaftsjahr ist möglich (sog. "Rumpfwirtschaftsjahr": bei der Betriebseröffnung bzw -aufgabe oder beim Wechsel des Bilanzstichtags).

Das Grundprinzip des Einkommensteuerrechts ist das Prinzip der **Berücksichtigung der persönlichen Leistungsfähigkeit**: Jeder Stpfl. soll entsprechend seiner individuellen Leistungsfähigkeit der Besteuerung unterworfen werden.

Daraus werden mehrere Subprinzipien abgeleitet wie zB das

- **Nettoprinzip**: Aufwendungen, die erforderlich sind, um Einkünfte zu erzielen, vermindern das zur Verfügung stehende Einkommen. Daher müssen sie aus der Steuerbemessungsgrundlage ausgeschieden werden. Diesem Prinzip entspricht die grundsätzliche Abzugsfähigkeit der Betriebsausgaben und Werbungskosten.
- **Prinzip der progressiven Besteuerung**: Nutzentheoretisch betrachtet steigt die Leistungsfähigkeit mit steigendem Einkommen überproportional. Zur Erzielung einer gleichen Steuerbelastung im Sinne einer gleichen Nutzeneinbuße ist der Tarif der Einkommensteuer progressiv gestaltet.

Ausfluss des Leistungsfähigkeitsprinzips sind auch **Freibeträge, Freigrenzen** und **Absetzbeträge**: Freibeträge werden von der Bemessungsgrundlage (dem Einkommen) abgezogen. Absetzbeträge hingegen mindern die Steuer selbst. Während der Freibetrag nicht der Steuer unterliegt, fällt im Falle einer Freigrenze nur dann keine Steuer an, wenn die Bemessungsgrundlage (der Bemessungsgrundlagenteil) die Freigrenze nicht übersteigt. Wird die Freigrenze überschritten, so tritt jedoch in voller Höhe Steuerpflicht ein.

Beispiel A.3.

Errechnen Sie bei einem Steuersatz von 30 % und einer Bemessungsgrundlage von 50.000,00 die Steuerschuld, wenn

a. ein Freibetrag
b. eine Freigrenze
c. ein Absetzbetrag

von 10.000,00 zu berücksichtigen ist.

II. Betriebliche Einkünfte

1. Betriebliche Einkunftsarten

Betriebliche Einkünfte sind solche, die in den ersten drei Einkunftsarten (Land- und Forstwirtschaft, Selbständige Arbeit, Gewerbebetrieb) erzielt werden. Diese Gewinneinkünfte werden in einem Betrieb erzielt.

1.1. Land- und Forstwirtschaft (§ 21 EStG)

Zu den Einkünften aus Land- und Forstwirtschaft (L&F) zählen:

1. Einkünfte aus dem Betrieb von Landwirtschaft, Forstwirtschaft, Weinbau, Gartenbau, Obstbau, Gemüsebau und aus allen Betrieben, die Pflanzen und Pflanzenteile mit Hilfe der Naturkräfte gewinnen. Werden Einkünfte auch aus zugekauften Erzeugnissen erzielt, darf der Einkaufswert der zugekauften Erzeugnisse 25 % des Umsatzes des Betriebes nicht übersteigen (weiter-

führend Einkommensteuerrichtlinien ("EStR") 2000 Rz 5045 ff). Wird diese Grenze überschritten, liegt ein Gewerbebetrieb vor.

2. Einkünfte aus Tierzucht- und Tierhaltungsbetrieben, wenn zur Tierzucht und Tierhaltung überwiegend Erzeugnisse verwendet werden, die im eigenen l&f Betrieb gewonnen wurden.
3. Einkünfte aus Binnenfischerei, Fischzucht und Teichwirtschaft sowie aus Bienenzucht.
4. Einkünfte aus Jagd, wenn diese mit dem Betrieb einer Land- oder Forstwirtschaft im Zusammenhang steht.

Ebenfalls zu den Einkünften aus L&F zählen Einkünfte aus einem l&f **Nebenbetrieb**. Solche Nebenbetriebe, die dem l&f Hauptbetrieb zu dienen bestimmt sind, wären losgelöst von einer L&F regelmäßig ein Gewerbebetrieb. Der Nebenbetrieb muss auf Grund seiner wirtschaftlichen Zweckbestimmung und seiner wirtschaftlichen Bedeutung zur Landwirtschaft im Verhältnis eines Hilfsbetriebes stehen (VwGH 29.4.1960, 1479/59).

Nebenbetriebe können Verarbeitungsbetriebe (zB Brennereien, Molkereien, Sägewerke, Mühlen - nicht hingegen Bäckereien, Fleischereien, Gastwirtschaften) oder Substanzbetriebe (Sandgruben, Steinbrüche, Schottergruben) sein. Voraussetzung ist allerdings, dass zumindest 75 % eigene Erzeugnisse verarbeitet werden bzw die gewonnene Substanz überwiegend (> 50 %) im l&f Hauptbetrieb verwendet wird.

Auch **Nebentätigkeiten**, die in ihrer Funktion mit einem l&f Hauptbetrieb verknüpft und diesem untergeordnet sind, führen zu Einkünften aus L&F (zB Privatzimmervermietung bis zu 10 Betten (EStR 2000 Rz 5073)).

Wird eine L&F von einer **Mitunternehmerschaft** betrieben, so sind die Gewinnanteile der Gesellschafter sowie die Vergütungen, die die Gesellschafter für Leistungen an die Gesellschaft erhalten, als Einkünfte aus L&F anzusehen.

Zu den Einkünften aus L&F zählen schließlich auch die Gewinne, die bei **Veräußerung** des gesamten l&f Betriebes oder eines Teilbetriebes bzw bei Aufgabe der betrieblichen Tätigkeit erzielt werden.

1.2. Selbständige Arbeit (§ 22 EStG)

Die Einkünfte aus selbständiger Arbeit gliedert § 22 EStG 1988 in:

1. Einkünfte aus freiberuflicher Tätigkeit
2. Einkünfte aus sonstiger selbständiger Arbeit

3. Gewinnanteile an Gesellschaften, die diese Einkünfte vermitteln
4. Bezüge und Vorteile aus Versorgungs- und Unterstützungseinrichtungen der Kammern der selbständig Erwerbstätigen
5. Veräußerungsgewinne iSd § 24 EStG (eines Betriebs, der Einkünfte aus selbständiger Arbeit vermittelte)

Freiberufliche Tätigkeit

Als freiberufliche Tätigkcit kommen ausschließlich folgende Tätigkeiten in Betracht:

- Wissenschaftliche, künstlerische, schriftstellerische, unterrichtende oder erziehende Tätigkeiten;
- die Berufstätigkeit der Ziviltechniker, Ärzte (Tierärzte, Dentisten), Rechtsanwälte, Patentanwälte, Notare und Wirtschaftstreuhänder, Unternehmensberater, Versicherungsmathematiker, Schiedsrichter im Schiedsgerichtsverfahren, Bildberichterstatter und Journalisten, Dolmetscher und Übersetzer;
- ferner therapeutische und psychologische Tätigkeiten und die Tätigkeit der Hebammen.

Alle diese Tätigkeiten vermitteln selbständige Einkünfte auch dann, wenn sich der Stpfl. der Mithilfe fachlich vorgebildeter Arbeitskräfte bedient, solange er selbst auf Grund eigener Fachkenntnisse leitend und eigenverantwortlich tätig wird (sonst Einkünfte aus Gewerbebetrieb). Die Abgrenzung der freien Berufe ist sehr eng zu sehen, eine qualifizierte fachliche Ausbildung (zumeist Hochschulstudium und facheinschlägige Praxis) ist jedenfalls Voraussetzung.

Sonstige selbständige Arbeit

Als sonstige selbständige Arbeit kommen in Betracht:

- Vermögensverwaltende Tätigkeiten (Verwaltung fremden Vermögens wie zB Hausverwalter, Masseverwalter oder Aufsichtsräte).
- Gehälter und sonstige Vergütungen jeder Art von Kapitalgesellschaften an wesentlich beteiligte Gesellschafter (> 25 %), die in einem Dienstverhältnis zur Kapitalgesellschaft stehen. Firmenpensionen wesentlich beteiligter Kapitalgesellschafter vermitteln ebenfalls Einkünfte aus sonstiger selbständiger Tätigkeit, wenn der Empfänger in einem Zeitraum von 10 Jahren vor Beendigung der Tätigkeit durch mehr als die Hälfte des Zeitraumes wesent-

lich beteiligt war. Auch Zuwendungen von Privatstiftungen an wesentlich beteiligte Gesellschafter fallen unter diese Kategorie.

Während sich Freiberufler fachlich vorgebildeter Mitarbeiter bedienen können (solange sie selbst eigenverantwortlich tätig sind), führt dies im Rahmen der sonstigen selbständigen Tätigkeit idR dazu, dass gewerbliche Einkünfte vorliegen.

Gewinnanteile aus Mitunternehmerschaften

Mitunternehmer-Gewinnanteile, bei denen die Tätigkeit der Gesellschaft als selbständige Tätigkeit anzusehen ist und jeder Gesellschafter selbständig tätig wird, vermitteln ebenfalls Einkünfte aus dieser Einkunftsart.

Eine Ausnahme besteht dann, wenn berufsrechtliche Vorschriften (zB das WTBG, die Berufsordnung der Wirtschaftstreuhänder) ausdrücklich Gesellschaften mit berufsfremden Personen (zB Familienangehörige wie Ehefrau und Kinder) zulassen: hier ist das persönliche Tätigwerden des Gesellschafters (der dies dann mangels berufsrechtlicher Qualifikation gar nicht kann) für die Vermittlung selbständiger Einkünfte aus seiner Mitunternehmer-Beteiligung keine Voraussetzung.

Bezüge aus Unterstützungseinrichtungen der Kammern der selbständig Erwerbstätigen

Dies gilt nur dann, wenn diese Bezüge nicht unter § 25 EStG (unselbständige Einkünfte) fallen.

Veräußerungsgewinne gem § 24 EStG

Gewinne aus der Veräußerung eines Betriebs, Teilbetriebs oder Mitunternehmeranteils fallen nur dann in diese Einkunftsart, wenn der veräußerte Betrieb vorher ebenfalls diese Einkünfte vermittelte.

Abgrenzung der gewerblichen Tätigkeit zur selbständigen Arbeit

§ 22 EStG zählt die einzelnen Einkunftsgruppen der selbständigen Arbeit in taxativer Form auf. Innerhalb der einzelnen Gruppen zählt § 22 EStG allerdings nur die wesentlichsten Erscheinungsformen freier Berufe und sonstiger selbständiger Arbeit auf (demonstrative Aufzählung im Gegensatz zu einer vollständigen, taxativen, Aufzählung). Daraus folgt, dass es auch Tätigkeiten in Form selbständiger Arbeit gibt, die nicht ausdrücklich in § 22 EStG genannt sind. Diese Tätigkeiten müssen allerdings einer der aufgezählten ähnlich sein.

Die Abgrenzung ist jedoch durch den Wegfall der Gewerbesteuer nur noch für die mit der Buchführung zusammenhängenden Fragen von wesentlicher Bedeutung (Übersicht in EStR 2000 Rz 5202).

Aus der umfangreichen **Rechtsprechung des VwGH** zur Abgrenzung der selbständigen von den gewerblichen Einkünften ergeben sich ua folgende Konsequenzen (EStR 2000 Rz 5211 ff):

- Keine wissenschaftliche Tätigkeit ist in der Tätigkeit der Personalberater, Betriebspsychologen und Graphologen zu sehen.
- Keine künstlerische Tätigkeit liegt bei Kunsthandwerkern, Konzertveranstaltern, Conferenciers, Moderatoren, Designern, Textilzeichnern, künstlerischen Beratern sowie Kunstkritikern vor.
- Keine schriftstellerische Tätigkeit betreiben Inseratentexter sowie die Ersteller von Prospekten und sonstiger Werbemittel.
- Keine unterrichtende bzw erzieherische Tätigkeit üben Tierdresseure, Fremdenführer, Betriebspsychologen und Fitness-Studios (wenn die unterrichtende Tätigkeit auf die Einweisungsphase beschränkt ist und die Überlassung der Sportgeräte im Vordergrund steht) aus.
- Keine einem Ziviltechniker ähnliche Tätigkeit wird von Havarieexperten ausgeübt, vom "planenden Baumeister" (der nur die Pläne zeichnet, nicht jedoch die Bauausführung übernimmt) hingegen schon.

Bei mehreren, gegeneinander abgrenzbaren Tätigkeiten, die von einer natürlichen Person ausgeübt werden, ist jede Tätigkeit für sich zu beurteilen. Verliert eine selbständige Tätigkeit jedoch ihre Selbständigkeit bzw besteht ein enger sachlicher und wirtschaftlicher Zusammenhang mit einer gewerblichen Tätigkeit, so liegt eine einheitliche gewerbliche Tätigkeit vor. Dies gilt allerdings auch umgekehrt (so resultiert aus dem gelegentlichen Verkauf von Medikamenten in geringem Umfang - die sog. "Hausapotheke" - durch Ärzte noch nicht Gewerblichkeit; ein Fahrschulbesitzer hingegen, der selbst keinen oder nur geringen Fahrunterricht erteilt, bezieht aus seiner Fahrschule gewerbliche Einkünfte). Als gewerbliche Tätigkeit ist ferner die Tätigkeit der Sensale (Leiter der Versteigerungen eines Dorotheums) bzw der Reiseleiter anzusehen.

Für Freiberufler und selbständig Tätige sind die Buchführungsgrenzen des § 125 BAO irrelevant, dh sie können ihre Gewinne stets mittels Einnahmen-Ausgabenrechnung gem § 4 Abs 3 EStG ermitteln (dazu Kapitel A 2.). Steuerliche Buchführungspflicht kann sich in dieser Einkunftsart somit nur über die

Bestimmung des § 124 BAO (zB wenn eine selbständige Tätigkeit von einer OHG oder KG ausgeübt wird, die bereits aufgrund handelsrechtlicher Vorschriften buchführungspflichtig ist, oder eine Eingetragene Erwerbsgesellschaft über den minderkaufmännischen Rahmen hinauswächst) ergeben.

1.3. Gewerbebetrieb (§ 23 EStG)

Einkünfte aus Gewerbebetrieb werden erzielt, wenn

1. eine gewerbliche Tätigkeit ausgeübt wird (§ 23 Z 1 EStG).
2. Gewinnanteile und bestimmte Vergütungen von Mitunternehmerschaften empfangen werden (§ 23 Z 2 EStG).
3. Veräußerungsgewinne iSd § 24 EStG vorliegen (§ 23 Z 3 EStG).

ad 1) Ausübung einer gewerblichen Tätigkeit: Die Definition der gewerblichen Tätigkeit findet sich in **§ 23 Z 1 EStG** sowie (wortgleich) in § 28 BAO.

Gewerbliche Tätigkeit ist jede

> **selbständige**,
>
> **nachhaltige Betätigung**, die mit
>
> **Gewinnabsicht** betrieben wird und sich als
>
> **Beteiligung am allgemeinen wirtschaftlichen Verkehr** darstellt,
>
> wenn diese Betätigung **weder** als Land- und Forstwirtschaft **noch** als Ausübung eines freien Berufes noch als eine andere selbständige Arbeit iSd EStG anzusehen ist.

Irrelevant für diese Beurteilung sind insbesondere das Vorhandensein (oder Fehlen) von Kapital, kaufmännischer Einrichtungen, fester Anlagen, Gewerbeberechtigungen, das Einhalten (oder Nicht-Einhalten) der Gewerbeordnung etc.

- Wesensmerkmal der **Selbständigkeit** ist das Bestehen eines Unternehmerwagnisses. Charakteristisch für selbständige Tätigkeit ist: eigene Rechnung und Gefahr, eigene Verantwortlichkeit, weder persönliche Weisungsgebundenheit noch organisatorische Eingliederung, Abhängigkeit der Einnahmen vom persönlichen Einsatz, freie Arbeitszeitgestaltung, kein allgemeiner Anspruch auf Spesenersatz durch Dritte, etc;

- Eine Tätigkeit ist dann **nachhaltig**, wenn sie mehrmals wiederholt wird oder wenn bei einer einmaligen Tätigkeit mit gewisser Sicherheit auf die Absicht der Wiederholung geschlossen werden kann.
- Eine **Beteiligung am allgemeinen wirtschaftlichen Verkehr** setzt im allgemeinen die grundsätzliche und nach objektiven Kriterien zu beurteilende Bereitschaft voraus, die jeweilige Leistung jedermann anzubieten, der nach ihr Bedarf hat. Sie kann aber auch vorliegen, wenn der Steuerpflichtige nur gegenüber wenigen oder gar nur einem einzigen Auftraggeber tätig wird.
- Da die genannten Kriterien auch bei land- und forstwirtschaftlicher Betätigung bzw selbständiger Arbeit erfüllt werden, ist eine **negative Abgrenzung** nötig.
- **Gewinnabsicht** liegt vor, wenn mit der Tätigkeit Überschusserzielung und nicht nur Kostendeckung angestrebt wird. Die Betätigung muss im Ganzen und auf Dauer betrachtet Gewinne abwerfen. Vorübergehend auftretende Verluste hindern die Annahme von Gewinnerzielungsabsicht nicht. Die Gewinnerzielungsabsicht muss anhand objektiver Umstände nachvollziehbar sein.

  Liegt keine Gewinnabsicht vor, dh steht objektiv fest, dass auf Dauer kein positives wirtschaftliches Gesamtergebnis erzielt werden kann, so besteht die Gefahr, dass seitens der Finanzbehörde das Vorliegen von **Liebhaberei** angenommen wird: Es wird unterstellt, dass der Steuerpflichtige die Verluste aus privaten Motiven in Kauf nimmt, weshalb diese Tätigkeit nicht als Einkunftsquelle anerkannt wird. Das hat zur Folge, dass derartige Betätigungen der privaten, nicht steuerbaren Vermögenssphäre des Steuerpflichtigen zugezählt werden und daher einerseits Verluste nicht mit anderen positiven Einkünften ausgeglichen werden können (sämtliche im Zusammenhang mit der als Liebhaberei klassifizierten Tätigkeit stehenden Betriebsausgaben werden dadurch nachträglich steuerlich unwirksam), andererseits zufällig erzielte Gewinne nicht steuerbar sind.

Wird von der Finanzbehörde Liebhaberei vermutet, so ergeht ein vorläufiger Bescheid, wodurch es zu keiner rechtskräftigen Veranlagung der liebhabereiverdächtigen Tätigkeit kommt. Das nachträgliche Erkennen der Liebhaberei ist jedoch kein Grund für eine Verfahrenswiederaufnahme.

Die Beurteilung, wann Liebhaberei vorliegt, wird maßgeblich durch die Finanzverwaltung ("Liebhabereiverordnung", AÖF 1993/55, BGBl 33/1993, "Liebhaberei-Erlaß", AÖF 1990/187 mit Ergänzungen AÖF 1993/178 und

AÖF 1995/314) sowie die Judikatur des UFS, VwGH und VfGH (VfGH 7. 3. 1995, B 301/94; VwGH 3.7.1996, 93/13/0171) bestimmt. Die Liebhabereiverordnung (LVO) wurde zuletzt mit BGBl 1997/358 geändert. Der Liebhaberei-Erlaß wurde wesentlich überarbeitet und als "Richtlinien zur Liebhaberei-Beurteilung" (LRL 1997) im AÖF 1998/47 veröffentlicht. Zu zahlreichen Einzelfällen siehe *Neuber*, ÖStZ 2001, 33 ff und *Renner*, UFS 2004, 112 ff und 194 ff.

In der Liebhabereiverordnung werden die Betätigungen in verschiedene Kategorien eingeteilt:

Einkünftevermutung § 1 Abs 1 iVm § 2 Abs 1-3 LVO

Grundsätzlich sind bei allen Betätigungen, die nicht der Liebhabereivermutung (§ 1 Abs 2 LVO) unterliegen (das sind alle typischen gewerblichen Tätigkeiten), Einkünfte anzunehmen. Es liegt die (widerlegbare) Vermutung einer Einkunftsquelle vor. Es muss sich allerdings um Betätigungen handeln, die nicht unter Abs 2 fallen (Subsidiarität). Bei § 1 Abs 1 - Betätigungen wird nur dann Liebhaberei angenommen, wenn es objektiv unmöglich ist, einen Gesamtgewinn oder Gesamtüberschuss der Einnahmen über die Werbungskosten zu erzielen („*gekorene Liebhaberei*"). Dies wird anhand folgender Umstände beurteilt:

- Ausmaß und Entwicklung der Verluste;
- Verhältnis der Verluste zu den Gewinnen oder Überschüssen;
- Ursachen der Verluste im Verhältnis zu Vergleichsbetrieben;
- Marktgerechtes Verhalten des Stpfl. (angebotene Leistung, Preisgestaltung);
- Setzen von Verbesserungsmaßnahmen bzw Änderung der Bewirtschaftung.

Anfangsverluste (der ersten 3 bis 5 Jahre) werden allerdings grundsätzlich anerkannt (ohne daraus sofort auf Liebhaberei zu schließen). Nach Ablauf dieses Zeitraumes ist zu beurteilen, ob weiterhin vom Vorliegen einer Einkunftsquelle auszugehen ist. Ein Anlaufzeitraum wird jedoch im Einzelfall nicht zugestanden, wenn damit zu rechnen ist, dass die Betätigung vor dem Erzielen eines Gesamtgewinnes (-überschusses) beendet wird.

In § 2 Abs 3 LVO ist für Mietgebäude („große Vermietung"), die nicht unter die Liebhabereivermutung des § 1 Abs 2 LVO fallen, eine Sonderregelung vorgesehen: Eine Gewinnerzielungsabsicht wird nur dann angenommen werden, wenn ein Gesamtgewinn oder Gesamtüberschuss innerhalb eines *absehbaren Zeitraumes* erzielt wird. Als absehbarer Zeitraum gilt ein Zeitraum von 25

Jahren ab Beginn der entgeltlichen Überlassung, höchstens 28 Jahren ab dem erstmaligen Anfallen von Aufwendungen (Ausgaben).

Liebhabereivermutung § 1 Abs 2 iVm § 2 Abs 4 LVO

Betätigungen dieser Kategorie stellen typische Liebhaberei-Tatbestände dar (*„geborene Liebhaberei“*), weshalb in diesen Fällen (widerlegbar) Liebhaberei vermutet wird. Liebhaberei wird angenommen, wenn Verluste entstehen

1. aus der Bewirtschaftung von Wirtschaftsgütern, die sich nach der Verkehrsauffassung in besonderem Maß für eine Nutzung im Rahmen der Lebensführung eignen (Sport und Freizeit, Luxusgütervermietung etc) und typischerweise einer besonderen in der Lebensführung begründeten Neigung entsprechen,
2. aus Tätigkeiten, die typischerweise auf eine besondere in der Lebensführung begründete Neigung zurückzuführen sind oder
3. aus der Bewirtschaftung von Eigenheimen, Eigentumswohnungen, und Mietwohngrundstücken mit qualifizierten Nutzungsrechten ("kleine Vermietung")

Liebhaberei liegt nur dann nicht vor, wenn die Art der Bewirtschaftung oder der Tätigkeit in einem *absehbaren Zeitraum* einen Gesamtgewinn oder Gesamtüberschuss erwarten lässt. Andernfalls ist das Vorliegen von Liebhaberei ab Beginn der Betätigung anzunehmen (kein Anlaufzeitraum). Bei „kleiner Vermietung“ gilt als absehbarer Zeitraum ein Zeitraum von 20 Jahren ab Beginn der entgeltlichen Überlassung, höchstens 23 Jahren ab dem erstmaligen Anfallen von Aufwendungen (Ausgaben) (kritisch zu den unterschiedlichen Zeiträumen und deren vorgegebener Länge *Neuber*, ÖStZ 2001, 38 f mHa VwGH-Judikatur).

§ 1 Abs 3 LVO - Betätigungen

Bewusst aus Gründen der Gesamtrentabilität, der Marktpräsenz oder der wirtschaftlichen Verflechtung in Kauf genommene Verluste einer Unternehmenseinheit (Teilbetrieb), die mit anderen Unternehmenseinheiten in wirtschaftlichem Zusammenhang steht, gelten nicht als Liebhaberei *(„unwiderlegbare Einkunftsquellenvermutung“).*

Beispiel A.4.

Nehmen Sie eine Beurteilung hinsichtlich Liebhaberei vor.

a. Der Fleischhauer K. betreibt in einer Kleinstadt ein Wurst- und Fleischwarengeschäft mit Gewinn. Zusätzlich führt er ein Ausflugsgasthaus, in dem seine Frau und Tochter angestellt sind. Da die Familienmitglieder auch in der Fleischhauerei mitarbeiten müssen, ist zumeist nur am Sonntag geöffnet. Auf Grund der hohen Lohnkosten und der geringen Umsätze entstehen im Gasthaus laufend Verluste.

b. Eine gut situierte, golfbegeisterte Dame errichtet in der Nähe ihres Landhauses am Rande einer Großstadt einen Golfplatz, den sie für Clubmitglieder zugänglich macht. In den ersten 2 Jahren entstehen große Verluste. Wegen der zahlreichen Clubmitglieder und der hohen Mitgliedsbeiträge werden bereits ab dem dritten Jahr Gewinne erzielt. Die Betreiberin erwartet, dass die Gewinne binnen weniger Jahre die Höhe der Investitionen erreichen.

c. Ein Schiproduzent erzeugt Snowboards, Alpin- und Langlaufschi sowie die dazugehörigen Stöcke, wobei jedes Produkt in einer anderen Betriebstätte erzeugt wird. Die Langlaufschiproduktion ist seit 2 Jahren ein Verlustbringer. Aus Imagegründen und weil der Hersteller den gesamten Wintersportartikelmarkt abdecken will, schließt die Geschäftsleitung die Einstellung der Langlaufschiproduktion aus.

ad 2) Gewinnanteile und bestimmte Vergütungen von Mitunternehmerschaften (§ 23 Z 2 EStG)

Natürliche Personen (Einzelunternehmer) können mehrere, steuerlich voneinander unabhängig zu beurteilende Tätigkeiten entfalten und daher nebeneinander zB selbständige, unselbständige Einkünfte und Einkünfte aus Gewerbebetrieb (wenn eine gewerbliche Tätigkeit iSd § 23 Z 1 EStG ausgeübt wird) beziehen.

Gewinnanteile von Gesellschaftern an **Mitunternehmerschaften** (OHG, KG, EEG, atypische stille Gesellschaft, Gesellschaft bürgerlichen Rechts), die auch nur geringste gewerbliche Tätigkeit entfalten, stellen ebenfalls Einkünfte aus Gewerbebetrieb dar. Nur wenn die Geschäftstätigkeit einer Mitunternehmerschaft zB ausschließlich Land- und Forstwirtschaft oder Vermietung und Verpachtung umfasst, unterliegen sie nicht den Einkünften aus Gewerbebetrieb, sondern den genannten Einkunftsarten. Neben den Gewinnanteilen gelten auch Vergütungen für die Geschäftsführung, die Darlehensgewährung oder die

Vermietung von Wirtschaftsgütern an die Gesellschaft durch den Gesellschafter als Einkünfte aus Gewerbebetrieb (im Detail siehe Kapitel A II 7).

Kapitalgesellschaften (AG, GmbH) erzielen unabhängig von ihrer Tätigkeit stets Einkünfte aus Gewerbebetrieb (§ 7 Abs 3 KStG, Gewerbebetrieb kraft Rechtsform).

Beispiel A.5.

a. Eine OHG betreibt nur Land- und Forstwirtschaft.

b. Eine OHG betreibt Land- und Forstwirtschaft und außerdem eine Fahrradvermietung.

c. Eine GmbH betreibt nur Land- und Forstwirtschaft.

Welche Einkunftsart liegt vor ?

Abgrenzung der gewerblichen Tätigkeit zu Land- und Forstwirtschaft

Beim Betrieb von Land- und Forstwirtschaft sind die Naturkräfte die wesentlichen Produktionsfaktoren. Für Einkünfte einer Personengesellschaften besteht für l & f Nebenbetriebe (siehe Kapitel A II 1.1.) eine Ausnahmen von § 23 Z 2 EStG. Solche Nebenbetriebe sind dem land- und forstwirtschaftlichen Hauptbetrieb untergeordnet und führen nicht zu Einkünften aus Gewerbebetrieb (zB Verkauf land- und forstwirtschaftlicher Produkte am Bauernhof).

Abgrenzung der gewerblichen Tätigkeit zu Vermietung und Verpachtung

Aus der Vermietung von Grund bzw Gebäuden kann nur dann eine gewerbliche Tätigkeit entstehen, wenn auch noch eine fortgesetzte Tätigkeit bzw sonstige Leistungen hinzutreten (zB organisatorische und/oder wirtschaftliche Betreuung im Zusammenhang mit Messeständen, Tennisplätzen, Garagen, Ausstellungsräumen oder Konzertsälen), nicht schon allein dadurch, dass die vermieteten Räume ihrerseits vom Mieter gewerblich genutzt werden. Das Tätigwerden des Vermieters muss deutlich jenes Ausmaß übersteigen, das üblicherweise mit der Verwaltung eigenen Vermögens verbunden ist (VwGH 22.6.1983, 81/13/0157). Entscheidend ist das Gesamtbild der Verhältnisse im Einzelfall. Der gewöhnliche, mit jeder Art von Vermietung verbundene Verwaltungs– und Werbeaufwand führt nicht zu Einkünften aus Gewerbebetrieb. Auch die Vermietung von umfangreichen Grundbesitz und der damit verbundene umfangreiche Verkehr mit den Mietparteien begründet grundsätzlich keinen Gewerbebetrieb. Die

Fremdfinanzierung des Bestandobjektes ist nicht ausschlaggebend. Umbaumaßnahmen, mit denen eine bessere Vermietbarkeit erreicht werden soll, gehen nicht über den Rahmen der Vermögensverwaltung hinaus (VwGH 16.2.1988, 87/14/0044).

Zur Unterscheidung zwischen noch vermögensverwaltenden und schon gewerblichen Nebenleistungen ist eine Vielzahl von Judikatur ergangen (zB VwGH 10.12.1997, 95/13/0115; im Überblick Doralt, § 23 Tz 122; Quantschnigg/Schuch, § 28 Tz 4.2.; Margreiter, SWK 1985/14, AI 151): Nicht über die Vermögensverwaltung hinaus gehen zB die Versorgung der Wohnungen mit Heizwärme, Warmwasser, Müllabfuhr, die Renovierung frei gewordener Bestandobjekte, die Schneeräumung und anderer üblicherweise von einem Hausbesorger zu verrichtende Tätigkeiten, die Zurverfügungstellung einer Waschküche oder anderer Gemeinschaftsräume (Spielzimmer, Schiraum), Freizeiteinrichtungen (Sauna), die gelegentliche Übernahme der Post durch den Hausbesorger.

Zur Gewerblichkeit führen idR Nebenleistungen nach Art eines Beherbergungsbetriebes, wie die Zurverfügungstellung von Bettwäsche, die polizeiliche An– und Abmeldung, Getränke, Bezahlung der Strom– und Gasrechnung, Verabreichung des Frühstücks, Wohnungsreinigung und –wartung. Bei der Zimmervermietung liegt die Grenze idR bei 10 Betten (darüber liegt gewerbliche Tätigkeit vor). Bezüglich der Vermietung von Appartements liegt kasuistische Rechtsprechung vor. Die Zimmervermietung in Gaststätten führt allerdings stets zum Entstehen eines Gewerbebetriebs.

Die Verpachtung eines Gewerbebetriebs hingegen führt zu Einkünften aus Vermietung und Verpachtung (selbst dann, wenn der Verpächter selbst an der Pacht-Kapitalgesellschaft beteiligt ist !), wenn mit der Verpachtung eine Betriebsaufgabe im Sinne § 24 EStG verbunden ist. Liegt keine Betriebsaufgabe vor, so besteht, wenn keine gewerbliche Tätigkeit mehr durchgeführt wird, ein sog. ruhender Gewerbebetrieb, mit der Folge, dass die Pachtverträge Einkünfte aus Gewerbebetrieb darstellen.

2. Gewinnermittlungsarten - Buchführungsgrenzen

Von „Gewinn“ spricht man nur bei den ersten drei (= betrieblichen) Einkunftsarten. Bei den anderen vier (nicht betrieblichen) Einkunftsarten wird ein positives Jahresergebnis steuerlich als „Überschuss der Einnahmen über die Werbungskosten“ bezeichnet.

Es gibt 3 wesentliche Arten der steuerlichen Gewinnermittlung:

1. Buchführung = Jahresabschlusserstellung (Betriebsvermögensvergleich nach § 4 Abs 1 oder § 5 EStG)
2. Einnahmen-/Ausgabenrechnung (gem § 4 Abs 3 EStG) sowie
3. Pauschalierung nach § 17 EStG

Buchführungspflicht für steuerliche Zwecke

Für steuerliche Zwecke liegt Buchführungspflicht dann vor, wenn

- nach Handelsrecht (HGB oder andere gesetzliche Vorschriften) Buchführungspflicht besteht (für Vollkaufleute und protokollierte, ins Firmenbuch eingetragene, Gewerbetreibende) gem **§ 124 BAO** oder
- eine der Buchführungsgrenzen des **§ 125 BAO** überschritten wurde.

Buchführungsgrenzen des § 125 BAO

In dieser Bestimmung werden folgende Betriebsgrößengrenzen für die Buchführungspflicht festgesetzt:

Umsatz > EUR 400.000

(bei Lebensmitteleinzel-/Gemischtwarenhändlern: Umsatz > EUR 600.000)

oder

Einheitswert des L&F-Betriebsvermögens > EUR 150.000

Die durch den **§ 125 BAO** normierten Grenzen gelten allerdings **nur für L&F und Gewerbetreibende** (dh Selbständige und Freiberufler sind prinzipiell nie steuerlich buchführungspflichtig, können allerdings jederzeit freiwillig zum Betriebsvermögensvergleich gem § 4 Abs 1 EStG übergehen).

Die Buchführungspflicht ergibt sich nur für den betroffenen Betrieb und zwar ab Beginn des der zweimal unmittelbar hintereinander erfolgenden Überschreitung der Umsatzgrenze (Anzahlungen gelten nicht als Umsätze) zweitfolgenden Kalenderjahres, sofern es nicht durch das Finanzamt wegen der bloß vorübergehenden und auf besonderen Umständen beruhenden Überschreitung der Grenze zu einer Aufhebung der Buchführungspflicht kommt. Die Buchführungspflicht erlischt, wenn die Umsatzgrenze zweimal hintereinander nicht überschritten wurde, mit dem darauf folgenden Kalenderjahr. Es kommt somit nicht auf eine bescheidmäßige Feststellung der Buchführungspflicht an. Die Buchführungspflicht tritt vielmehr "automatisch" mit der zweimaligen Überschreitung der Umsatzgrenze ein.

Beispiel A.6.

Der Umsatz X1 betrug EUR 440.000, X2 EUR 500.000.

Wann tritt die Buchführungspflicht gemäß § 125 BAO ein ?

Beispiel A.7. (Variante zu A.6.)

Die Umsätze X3 und X4 betrugen je EUR 400.000.

Welche Rechtsfolge ergibt sich für das Unternehmen ?

2.1. Betriebsvermögensvergleich

2.1.1. Gewinn nach § 4 Abs 1 und § 5 EStG

Gewinn ist der durch doppelte Buchführung zu ermittelnde Unterschiedsbetrag zwischen dem Betriebsvermögen am Schluss des Wirtschaftsjahres und dem Betriebsvermögen am Anfang des Wirtschaftsjahres: "Betriebs(rein)vermögensvergleich", dh Summe der steuerlich bewerteten Aktiva minus Verbindlichkeiten am Ende des Wirtschaftsjahres abzüglich der steuerlich bewerteten Aktiva minus Verbindlichkeiten am Anfang des Wirtschaftsjahres ergibt den steuerlich relevanten Gewinn.

Entnahmen und Einlagen während des Wirtschaftsjahres werden erfolgsneutral behandelt und verändern den Gewinn nicht.

Die Gewinnermittlung nach **§ 4 Abs 1 EStG** ist grundsätzlich für alle nicht unter § 5 EStG fallende betrieblichen Einkünfte anzuwenden, soweit Buchführungspflicht besteht (rein steuerliche Gewinnermittlung).

Die Gewinnermittlung nach **§ 5 EStG** gilt nur für Gewerbetreibende, deren Firma im Firmenbuch eingetragen ist.

Unterschiede in der Gewinnermittlung gem § 4 Abs 1 und § 5 EStG

1) Bei der Gewinnermittlung gem § 4 Abs 1 EStG („eingeschränkter" Betriebsvermögensvergleich) bleiben Wertänderungen von Grund und Boden im Anlagevermögen außer Ansatz. Das gilt auch für mittels Grund und Boden realisierte Veräußerungs- und Entnahmegewinne (Ausnahme: bei Vorliegen eines Spekulationsgeschäfts iSd § 30 EStG).

   Dies bedeutet allerdings nicht, dass die entsprechenden Grundstücke nicht in der Bilanz ausgewiesen werden; es werden lediglich die Wertänderungen dieser Position steuerlich nicht erfasst. Diese Regel gilt allerdings nur für Grund und Boden, nicht für die darauf evtl. befindlichen Gebäude. Die steuerliche Irrelevanz der Wertänderungen von Grund und Boden bedeutet in diesem besonderen Fall auch nicht, dass mit Grund und Boden im Zusammenhang stehende Betriebsausgaben (zB Grundsteuer) nicht abzugsfähig wären; diese können dennoch gewinnmindernd geltend gemacht werden.

Beispiel A.8.

Ein Gastwirt hat 1970 ein Grundstück um 100.000 erworben und 2005 um 800.000 verkauft. Welche steuerlichen Konsequenzen ergeben sich daraus, wenn er

a. im Firmenbuch eingetragen ist ?

b. nicht im Firmenbuch eingetragen ist ?

2) Bei der Gewinnermittlung nach § 5 EStG sind die handelsrechtlichen Buchführungsvorschriften (GoB - Grundsätze ordnungsmäßiger Buchführung, vgl 2.1.3.) grundsätzlich zwingend zu berücksichtigen. Daraus folgt, dass diese Stpfl. alle sich aus dem Vorsichtsprinzip ableitenden Bilanzierungsregeln zwingend befolgen müssen: zB Pflicht zur Teilwertabschreibung von Forderungen, Pflicht zur Rückstellungsbildung, Pflicht zur periodenrichtigen Gewinnermittlung → Ausweis von Rechnungsabgrenzungsposten.

   Alle diese Bilanzierungsregeln kann der § 4 Abs 1-Gewinnermittler optional befolgen, dh es ergeben sich für ihn (freilich durch die Zweischneidigkeit der Bilanz eingeschränkt) eine Vielzahl von Bilanzierungswahlrechten (da seine Bilanzerstellung nur für steuerliche Zwecke erfolgt). Für § 4 Abs 1-Gewinnermittler gelten gemäß § 4 Abs 2 EStG die allgemeinen Grundsätze ordnungsmäßiger Buchführung, deren Inhalt jedoch ebenso wenig eindeutig geklärt ist wie der der handelsrechtlichen GoB.

Beispiel A.9.

Handelsware, deren Bilanzansatz 150.000 beträgt und die 2004 leicht beschädigt wurde (Teilwert 2004: 100.000), wird 2005 um 100.000 verkauft. Welche Wirkung ergibt sich daraus auf den steuerlichen Gewinn, wenn die Gewinnermittlung

a. gem § 5 EStG

b. gem § 4 Abs 1 EStG erfolgt ?

Eine Ausnahme von der strengen Bindung des § 5 - Gewinnermittlers an die handelsrechtlichen Buchführungs- und Bilanzierungsvorschriften besteht nur dort, wo steuerliche Vorschriften von den handelsrechtlichen zwingend abweichen (Durchbrechung der Maßgeblichkeit, zB: Abfertigungs- und Pensionsrückstellungen).

3) Bei der Gewinnermittlung nach § 5 EStG kann ein abweichendes Wirtschaftsjahr gewählt werden. Ein **Wechsel des Bilanzstichtages** bedarf der bescheidmäßigen Zustimmung des zuständigen Finanzamts ("FA"). Die Zustimmung des FA muss nicht bereits vor dem neu gewählten Abschlussstichtag, sondern erst vor der tatsächlichen Bilanzerstellung vorliegen; der Antrag muss vor dem neuen Bilanzstichtag gestellt werden (EStR 2000 Rz 180). Bei Vorliegen gewichtiger betrieblicher Gründe muss das FA dem Antrag zustimmen. Im Falle der Betriebseröffnung kann ein abweichendes Wirtschaftsjahr auch ohne FA-Zustimmung gewählt werden.

Beispiel A.10.

Das abweichende Wirtschaftsjahr beginnt am 1.6.2004 und endet am 31.5.2005.

Wann wird der Gewinn des abweichenden Wirtschaftsjahres versteuert ?

4) "Gewillkürtes Betriebsvermögen" ist nur für protokollierte Gewerbetreibende (§ 5 - Gewinnermittlung) möglich. Die Aufnahme in die Bücher gilt dabei als Ausdruck der Zweckwidmung.

2.1.2. Betriebsvermögen

Als Betriebsvermögen wird jenes Vermögen bezeichnet, das für die steuerliche Gewinnermittlung (Betriebsvermögensvergleich) relevant ist. Dabei ist auch negatives Betriebsvermögen möglich (Lieferantenschulden, Bankkredite).

2.1.2.1. Notwendiges Betriebsvermögen und notwendiges Privatvermögen

Beim notwendigen Betriebsvermögen (BV) handelt es sich um Wirtschaftsgüter (WG), die dem Betrieb dienen und idR im zivilrechtlichen Eigentum des Unternehmers stehen. Ausnahmsweise können dazu auch Wirtschaftsgüter zählen, die sich lediglich im "*wirtschaftlichen Eigentum*" des Unternehmers befinden (vgl § 24 Abs 1 lit d BAO: ".. der die Herrschaft gleich einem Eigentümer ausübt ..", zB geleaste Wirtschaftsgüter). Wirtschaftliches Eigentum ist insbesondere dann anzunehmen, wenn der wirtschaftliche Eigentümer über die voraussichtliche Nutzungsdauer auch den zivilrechtlichen Eigentümer von der Nutzung des WG ausschließen kann oder er sowohl Chancen als auch Risken aus der Veräußerung des Wirtschaftsgutes zu tragen hat.

Dieser Grundsatz ist Ausfluss der "*wirtschaftlichen Betrachtungsweise*" des Steuerrechts, die in § 21 Abs 1 BAO festgeschrieben ist.

Durch die Zurechnung eines WG zum BV ergeben sich steuerlich für den Stpfl. folgende Konsequenzen:

- mit dem WG in Zusammenhang stehende Einnahmen sind Betriebseinnahmen (gilt auch für den evtl. Veräußerungsgewinn)
- mit dem WG in Zusammenhang stehende Ausgaben sind Betriebsausgaben (gilt für Normalabschreibung, Reparaturen, sonstige Wertminderungen ...)

Als "**Wirtschaftsgut**" bezeichnet man dabei alle im wirtschaftlichen Verkehr nach der Verkehrsauffassung *selbständig bewertbaren Güter* jeder Art (auch negative Wirtschaftsgüter, zB Schulden, sind möglich). Zu beachten ist, dass die Begriffe Wirtschaftsgut (Steuerrecht) und Vermögensgegenstand (Handelsrecht) inhaltlich nicht ident sind. Ein Vermögensgegenstand liegt vielmehr nur vor, wenn *selbständige Veräußerbarkeit* gegeben oder selbständige Nutzbarkeit durch Überlassung an Dritte möglich ist. Daher ist ein Firmenwert zwar ein Wirtschaftsgut, mangels selbständiger Verkehrsfähigkeit allerdings kein Vermögensgegenstand.

Beispiel A.11.

Handelswaren um 250.000 werden auf Ziel angeschafft.

Welche Auswirkungen hat dieser Vorgang auf das steuerliche Betriebsvermögen (Gewinnermittlung = Betriebsvermögensvergleich) ?

Beispiel A.12.

Ein Mietvertrag wird abgeschlossen. Dabei wird

a. eine Ablöse in Höhe von 100.000 bezahlt

b. keine Ablöse bezahlt.

Welche Auswirkungen hat dies auf das steuerliche BV ?

Das **notwendige BV** muss objektiv erkennbar zum Einsatz im Betrieb bestimmt sein. Es muss allerdings nicht unbedingt für die Ausübung der betrieblichen Tätigkeit "notwendig" sein (zB kann ein Zahnarzt auch eine Schneefräse als BV aktivieren, obwohl er diese für seine normale Berufsausübung nicht notwendig benötigt, wenn er im Winter damit die Zugänge zu seiner Praxis reinigt).

Wirtschaftsgüter, die objektiv erkennbar der privaten Bedürfnisbefriedigung dienen, zählen hingegen zum **notwendigen Privatvermögen** (PV) und dürfen nicht im BV ausgewiesen werden (zB Einfamilienhäuser, Wohnungseinrichtung, wenn sie privat genutzt wird). Eine Entnahme von notwendigem BV in das PV bzw Einlage von notwendigem PV in das BV ist nur durch eine nachhaltige Zweckänderung des WG möglich !

Zum notwendigen PV zählen auch bestimmte Wirtschaftsgüter, die aufgrund der "*typisierenden Betrachtungsweise*" fast nur privat genutzt werden können, zB (Tages-) Zeitungen, Fernseher, Video- und Radiogeräte, Lexika etc. Solche Wirtschaftsgüter sind nur dann kein notwendiges Privatvermögen, wenn feststeht, dass sie ausschließlich oder nahezu ausschließlich Zwecken der Berufsausübung dienen.

Beim **gewillkürten Betriebsvermögen** handelt es sich um solche Wirtschaftsgüter, die weder zum notwendigen BV gehören und daher grundsätzlich in den Büchern ausgewiesen werden müssen, noch zum notwendigen PV gehören und daher in den Büchern nicht ausgewiesen werden dürfen. Gewillkürtes BV ist nur für den § 5-Gewinnermittler möglich. Wirtschaftsgüter des gewillkürten BV werden durch Aufnahme in die Bücher (= Einrichtung eines Kontos, Aufnahme ins Anlageverzeichnis) zum steuerlichen BV. Einlagen ins gewillkürte BV stammen idR aus dem Bereich des sonstigen PV (bei notwendigem PV nachhaltige Zweckänderung nötig). Beispiele für gewillkürtes BV: Wertpapiere und Forderungen aus betriebsfremden Geschäften, ein nicht betrieblich genutztes Grundstück, Anteile an anderen Unternehmen. Es müssen jedoch betriebliche Gründe vorliegen (zB Stärkung des Eigenkapitals, der Ertragslage bzw Wertanlage), die die Zuführung zum BV veranlassen. Unzulässig ist jedenfalls eine Einlage nur aus privaten steuerlichen Gründen (zB um Kursverluste bei ursprünglich privat angeschafften Wertpapieren im BV steuerlich geltend machen zu können) oder wenn das gewillkürte Betriebsvermögen für das übrige betriebliche Geschehen als wirtschaftliche Belastung und damit den Betriebserfolg auf Dauer mindernd oder sogar gefährdend anzusehen ist (VwGH 13.10.1999, 93/13/0200, Mozartfilm bei einer Medizintechnik-GmbH). Nach jüngster VwGH-Judikatur ist auch bei Kapitalgesellschaften Privatvermögen denkbar (24.6.2004, 01/15/0002, Einfamilienhaus für GmbH-Gesellschafter; *Wiesner*, RWZ 2004, 225 ff; 20.6.2000, 98/15/0169, Penthouse für GmbH-Gesellschafter; *Wiesner*, RWZ 2000, 229; kritisch *Bruckner*, ÖStZ 2003, 110 ff).

Die restlichen Wirtschaftsgüter, die weder notwendiges BV oder notwendiges PV noch gewillkürtes BV sind, stellen **sonstiges PV** dar.

Für den § 5-Gewinnermittler ergibt sich somit folgende Aufteilung:

- notwendiges Betriebsvermögen
- notwendiges Privatvermögen
- gewillkürtes Betriebsvermögen
- sonstiges Privatvermögen

2.1.2.2. Gemischt genutzte Wirtschaftsgüter

Bei beweglichen Wirtschaftsgütern entscheidet bei gemischter (betrieblicher und privater) Nutzung der überwiegende Verwendungszweck über die Zuordnung zum Privat- bzw Betriebsvermögen:

Überwiegend betriebliche Nutzung (> 50%) beweglicher Wirtschaftsgüter

- WG ist zur Gänze BV;
- die Anschaffungskosten (AKO) bzw Herstellungskosten (HKO) werden in die Buchhaltung aufgenommen (aktiviert);

- ein evtl. Veräußerungserlös ist zur Gänze ESt-pflichtig (bei den betrieblichen Einkünften zu erfassen);
- Normalabschreibung für steuerliche Zwecke ist zulässig (AfA – Abschreibung für Abnutzung) - ein allfälliger Privatanteil (= Anteil der privaten Nutzung) ist dabei jedoch auszuscheiden;
- mit dem WG in Zusammenhang stehende Ausgaben (zB Reparatur) sind Betriebsausgaben (ein allfälliger Privatanteil ist auszuscheiden).

Überwiegend private Nutzung (> 50%) beweglicher Wirtschaftsgüter

In diesem Fall steht es dem § 5-Gewinnermittler frei, das bewegliche WG als gewillkürtes BV in die Bücher aufzunehmen (das ist allerdings nur dann möglich, wenn das Wirtschaftsgut nicht notwendiges Privatvermögen darstellt). Dadurch wird es zum steuerlichen Betriebsvermögen und erfährt die gleiche Behandlung wie ein überwiegend betrieblich genutztes WG (Ausscheiden eines Privatanteils etc). Handelt es sich hingegen um notwendiges Privatvermögen, ist bei Überwiegen desselben beim § 5-Gewinnermittler eine Bilanzierung nicht möglich, hinsichtlich der betrieblichen Nutzung besteht aber die Möglichkeit

- anteilige Normalabschreibung (AfA entsprechend der betrieblichen Nutzung) zu verrechnen;
- anteilige Betriebsausgaben (entsprechend der betrieblichen Nutzung) geltend zu machen.

Für den § 4 Abs 1-Gewinnermittler hingegen liegt mangels gewillkürten Betriebsvermögens jedenfalls zur Gänze Privatvermögen vor, dh es darf nicht in die Bücher aufgenommen werden (auch nicht ins Anlagenverzeichnis), allerdings unterliegt dann auch ein evtl. Verkaufserlös nicht der Besteuerung (Ausnahme: Spekulationsgewinn iS § 30 EStG, Veräußerung einer wesentlichen Beteiligung iS § 31 EStG oder Veräußerung gegen Rente). Auch der § 4 Abs 1-Gewinnermittler kann allerdings (für dieses Privatvermögen) hinsichtlich der betrieblichen Nutzung

- anteilige Normalabschreibung (AfA entsprechend der betrieblichen Nutzung) verrechnen;
- anteilige Betriebsausgaben (entsprechend der betrieblichen Nutzung) geltend machen.

Beispiel A.13.

Es wird ein PC um 1.000 (netto) erworben, der zu

a. 90 %

b. 10 %

betrieblich genutzt wird. Die Nutzungsdauer beträgt 4 Jahre.

Ist der PC im Betriebsvermögen zu aktivieren ? Wie hoch ist die AfA ?

Unbewegliche, gemischt genutzte Wirtschaftsgüter (Grund, Gebäude)

Hier kommt es zu einer Aufteilung, dh nur der betrieblich genutzte Teil wird dem BV zugerechnet. Eine Ausnahme bildet die "untergeordnete Verwendung", dh wenn der betriebliche (oder private) Nutzungsanteil unter 20 % liegt, handelt es sich (laut Rechtsprechung des VwGH) zur Gänze um Privat- resp. Betriebsvermögen .

Liegt durch diese Zuordnung zur Gänze Privatvermögen vor, so können für die anteilige betriebliche Nutzung ebenso Betriebsausgaben und AfA geltend gemacht werden; es liegt eine Einlage vor, die sofort in gleicher Höhe wieder abgeschrieben wird (VwGH vom 18.3.1997, 97/14/0235, ÖStZB 1998, 158).

Liegt hingegen zur Gänze Betriebsvermögen vor, so können zwar in voller Höhe AfA und Betriebsausgaben geltend gemacht werden, der private Nutzungsanteil am Aufwand ist allerdings als Entnahme auszuscheiden (darf den steuerlichen Gewinn nicht mindern).

Beispiel A.14.

Ein Arzt unterhält in seinem Einfamilienhaus eine Praxis (25% der Nutzfläche). Die Baukosten des Hauses betrugen 2 Mio.

Welche steuerlichen Möglichkeiten ergeben sich für ihn ?

2.1.3. Grundsätze ordnungsmäßiger Buchführung und Bilanzierung (GoB)

Die handelsrechtlichen GoB haben sich im Laufe der Zeit beeinflusst durch gesetzliche Regelungen, Rechtsprechung und kaufmännischen Brauch entwickelt. Zum Teil wurden sie mit dem Rechnungslegungsgesetz (RLG) 1990 bzw dem EU-Gesellschaftsrechtsänderungsgesetz 1996 kodifiziert.

Als GoB gelten insbesondere:

- **Grundsatz der Vorsicht**: Es dürfen einerseits nur die am Bilanzstichtag verwirklichten Gewinne ausgewiesen werden, andererseits sind erkennbare Risken und drohende Verluste zu berücksichtigen. Ausfluss dieses Prinzips ist, dass aktive Vermögensgegenstände nach dem Niederstwertprinzip, passive Vermögensgegenstände nach dem Höchstwertprinzip zu bewerten und Rückstellungen zu bilden sind.
- **Grundsatz der Bilanzwahrheit**: Dieser Grundsatz findet seinen Niederschlag in der Forderung nach Vollständigkeit der Bilanz und Einhaltung der gesetzlichen Bewertungsvorschriften. Das Vollständigkeitsgebot wird insoferne durchbrochen, als für immaterielle Gegenstände (HR) bzw unkörperliche Wirtschaftsgüter (StR), die nicht entgeltlich erworben worden sind, kein Aktivposten angesetzt werden darf.
- **Grundsatz der Bilanzklarheit**: Dieser Grundsatz verlangt die klare und übersichtliche Aufzeichnung von Bilanzpositionen, Aufwänden und Erträgen. Neben Gliederungsvorschriften umfasst er ein Verrechnungsverbot (aktive und passive Bilanzposition sowie Aufwendungen und Erträge dürfen grundsätzlich nicht saldiert werden).
- **Grundsatz der Bilanzidentität**: Die Schlussbilanz eines Geschäftsjahres muss der Eröffnungsbilanz des folgenden Geschäftsjahres entsprechen.
- **Grundsatz der Bilanzkontinuität**: Es müssen sowohl die Gliederungsgrundsätze als auch die Bewertungsgrundsätze (Bewertungsstetigkeit) beibehalten werden.

Diese GoB sind für den § 5-Gewinnermittler **maßgeblich**. Er hat im Rahmen der steuerlichen Gewinnermittlung die handelsrechtlichen GoB zu beachten, sie sind für die steuerliche Gewinnermittlung maßgeblich. Trifft das Einkommensteuergesetz jedoch zwingend abweichende Regelungen, so ist für Zwecke der steuerlichen Gewinnermittlung die steuerrechtliche und nicht die handelsrechtliche Norm anzuwenden.

Handelsrecht	Steuerrecht	für StR gilt	Maßgeblichkeit	Bsp im HGB
Zwingend	Nachgiebig	HR	direkte	§ 207 Abs 1
Nachgiebig	Nachgiebig	HR	direkte	§ 204 Abs 2
Zwingend	Abweichend zwingend	StR	Durchbrechung	§ 211 Abs 2
Nachgiebig	Zwingend	StR	Durchbrechung	§ 203 Abs 5

Ein weiterer Grundsatz, der besonders im Steuerrecht zu beachten ist, ist jener des **Nachholverbotes**: Unrichtige Bilanzansätze sind grundsätzlich zu berichtigen. Steuerlich wirksam sind *Bilanzberichtigungen* allerdings nur so lange, als das Wirtschaftsjahr noch nicht rechtskräftig veranlagt ist oder eine Wiederaufnahme des Verfahrens möglich ist. Danach ist zwar die Bilanz zu berichtigen, steuerliche Wirkung entfaltet diese Berichtigung allerdings nicht (EStR 2000 Rz 639 ff). *Bilanzänderungen* (= Ersetzen des gewählten, zulässigen Bilanzansatzes durch einen anderen, ebenfalls zulässigen Bilanzansatz) sind nach Einreichung der Bilanz beim Finanzamt nur zulässig, wenn sie wirtschaftlich begründet sind und das Finanzamt zustimmt (EStR 2000 Rz 653 ff).

2.2. Gewinn nach § 4 Abs 3 EStG: Einnahmen-Ausgabenrechnung

Der Überschuss der Betriebseinnahmen über die Betriebsausgaben darf dann als Gewinn angesetzt werden, wenn keine gesetzliche Verpflichtung zur Buchführung besteht und Bücher auch nicht freiwillig geführt werden.

Geschäftsfälle werden zu jenem Zeitpunkt gewinnwirksam, zu dem sie bezahlt werden. Anlagegüter sind allerdings über die Nutzungsdauer abzuschreiben. Einlagen, Entnahmen sowie Grund- und Boden sind nicht steuerwirksam.

Der Unterschied zum Betriebsvermögensvergleich nach § 4 Abs 1 liegt darin, dass es bei der Aufteilung des Totalgewinns eines Unternehmens auf die Perioden (= Wirtschaftsjahre) auf Grund des bei § 4 Abs 3 geltenden **Zufluss-/Abflussprinzips** (§ 19 EStG) zu Gewinnverschiebungen zwischen den einzelnen Perioden kommen kann. Bestimmte in § 19 Abs 3 EStG genannte vorausgezahlte Kosten müssen dennoch gleichmäßig auf den Zeitraum der Vorauszahlung verteilt werden, außer sie betreffen lediglich das laufende und das folgende Jahr.

Beispiel A.15.

a) Ein Unternehmer schafft Vorräte im Wert von 500.000 an;

b) Aus dem Verkauf von Fertigerzeugnissen entsteht eine Forderung in Höhe von 200.000 netto.

Welche Auswirkungen hat dies bei Gewinnermittlung nach § 4 Abs 1 bzw § 4 Abs 3 EStG ?

2.3. Gewinn nach § 17 EStG (Pauschalierung)

Die Bestimmung des § 17 EStG sieht drei Arten der Pauschalierung vor:

1. Betriebsausgabenpauschalierung (Abs 1 - 3)
2. Gewinnpauschalierung (Abs 4 u. 5)
3. Werbungskostenpauschalierung (Abs 6)

ad 1) Für Einkünfte aus selbständiger Arbeit und Gewerbebetrieb können, falls der Gewinn durch Einnahmen-Ausgaben-Rechnung ermittelt wird, die Betriebsausgaben mit einem Durchschnittssatz angesetzt werden. Dieser beträgt bei freiberuflichen oder gewerblichen Einkünften aus einer kaufmännischen oder technischen Beratung, bei Einkünften aus sonstiger selbständiger Arbeit (§ 22 Z 2 EStG) sowie aus einer schriftstellerischen, vortragenden, wissenschaftlichen, unterrichtenden oder erzieherischen Tätigkeit 6 %, sonst 12 % der Umsätze. Die abzugsfähigen, pauschalierten Betriebsausgaben sind jedoch mit EUR 13.200 (bei 6%) bzw EUR 26.400 (bei 12%) gedeckelt.

Als Umsatz gilt der Umsatz des § 125 Abs 1 lit a BAO, wobei allerdings auch die in § 125 BAO nicht erfassten Umsätze aus selbständiger Arbeit als Umsatz nach § 17 EStG gelten. Neben diesen pauschalierten Betriebsausgaben können noch folgende Ausgaben abgezogen werden:

- Ausgaben für den Erwerb von Vorräten
- Ausgaben für Löhne und Lohnnebenkosten
- Ausgaben für Fremdlöhne, soweit sie unmittelbar in die Leistung eingehen
- Ausgaben für Sozialversicherungsbeiträge des Unternehmers.

Voraussetzungen für die Anwendbarkeit des § 17 EStG sind:

- es besteht keine Buchführungspflicht und es werden auch freiwillig keine Bücher geführt.
- die Umsätze des vorangegangenen Wirtschaftsjahres betragen höchstens EUR 220.000.

Nach einem Wechsel von der Betriebsausgabenpauschalierung auf die Gewinnermittlung nach § 4 Abs 1 EStG bzw § 4 Abs 3 EStG (nach allgemeinen Gewinnermittlungsvorschriften) ist ein neuerlicher Wechsel auf die Pauschalierung erst nach fünf Jahren möglich. Die Sperrfrist ist allerdings nach Ansicht des BMF nur in Fällen des freiwilligen Wechsels von der Pauschalierung anzuwenden, daher nicht bei einem erzwungenen Wechsel aufgrund des Überschreitens von Umsatzgrenzen (BMF 9.10.2003, SWK 2003, S 755).

ad 2 und 3) Mittels Verordnung des BMF können für bestimmte Gruppen von Steuerpflichtigen Durchschnittsätze für den Gewinn (zB Land- und Forstbetriebe BGBl II 2001/54; Sportler BGBl II 2000/418; Gaststättengewerbe, Lebensmittelhandel, Drogisten BGBl II 1999/227-229) oder die Betriebsausgaben bzw Werbungskosten (zB Handelsvertreter BGBl II 2000/95, Künstler/Schriftsteller BGBl II 2000/417, Individualpauschalierung BGBl II 1999/230 idF BGBl II 1999/500; Journalisten, Musiker, Förster, Hausbesorger BGBl 1993/32) für Fälle, in denen weder eine Buchführungspflicht besteht noch freiwillig Bücher geführt werden, festgelegt werden.

Beispiel A.16.

Ein Wissenschaftler hat 2005 folgende Ausgaben und Einnahmen:

Umsatzerlöse	50.000
Lohnaufwand für Sekretärin	10.000
Abschreibung Computer	1.000
sonstiger Aufwand (Reise, Miete, Schreibmaterial)	9.000
Sozialversicherung	4.000

Ermitteln Sie den steuerpflichtigen Gewinn bei Gewinnermittlung nach § 4 Abs 3 bzw § 17 EStG.

2.4. Wechsel der Gewinnermittlungsart (§ 4 Abs 10 EStG)

Die unterschiedlichen Gewinnermittlungsarten führen in den einzelnen Gewinnermittlungszeiträumen zu unterschiedlichen Ergebnissen. Da der Totalgewinn unabhängig von der angewandten Gewinnermittlungsart gleich sein muss, ist beim Wechsel von Gewinnermittlungsarten sicherzustellen, dass keine Doppelerfassungen oder Nichterfassungen von Veränderungen des Betriebsvermögens vorkommen. Dies geschieht durch Zu- und Abschläge, die zu einem Übergangsgewinn bzw -verlust führen. Übergangsgewinne sind im ersten Gewinnermittlungszeitraum nach dem Wechsel, Übergangsverluste beginnend mit dem ersten Gewinnermittlungszeitraum nach dem Wechsel, zu je 1/7 in den nächsten 7 Gewinnermittlungszeiträumen zu berücksichtigen.

Als wesentliche zu berücksichtigende Positionen können beispielsweise genannt werden:

- (Nicht-) Aktivierung von Vorräten, Forderungen, Verbindlichkeiten;
- (Nicht-) Berücksichtigung von GoB (Bilanzierungshilfen, Teilwertabschreibungen, Rückstellungen, Rechnungsabgrenzungsposten);
- (Nicht-) Aktivierung gewillkürten Betriebsvermögens;
- (Nicht-) Berücksichtigung von Wertänderungen des Grund und Boden.

2.5. Betriebseinnahmen (BE) und Betriebsausgaben (BA)

2.5.1. Betriebseinnahmen

Der Begriff der "Betriebseinnahmen" ist im EStG nicht ausdrücklich definiert (lediglich in § 15 EStG findet sich der Terminus "Einnahmen" zur Gegenüberstellung der Werbungskosten). Voraussetzung für das Vorliegen von BE ist eine Vermehrung des Betriebsvermögens. BE sind alle Zugänge in Geld oder Geldeswert, die durch den Betrieb veranlasst sind (EStR 2000 Rz 1001 ff; VwGH 18. 1. 1983, 82/14/0076). Ein bloß mittelbarer Zusammenhang mit dem Betrieb genügt. Die BE entsprechen inhaltlich dem Begriff der Einnahmen im außerbetrieblichen Bereich.

Zu den BE gehören nicht nur Einnahmen aus den Grundgeschäften, sondern auch aus Hilfs- und Nebengeschäften (zB der Verkauf von Anlagevermögen). BE sind zB auch Versicherungserlöse für beschädigtes Betriebsvermögen, Schenkungen (Bestechungsgelder) von Geschäftspartnern, Schuldnachlässe, Subventionen (weiters EStR 2000 Rz 1030 ff: ABC der Betriebseinnahmen).

BE können auch vor Betriebseröffnung oder nach Beendigung der betrieblichen Tätigkeit (zB Eingang einer abgeschriebenen Forderung) anfallen.

Erhaltene Rabatte sind hingegen eine Preisminderung und als solche eine Minderung der Betriebsausgaben, jedoch keine Betriebseinnahmen (Ausnahme: nachträgliche, dh erst im nächsten Wirtschaftsjahr gewährte Rabatte, sog. Bonifikationen wie Treueboni, Umsatzboni). Die Rückzahlung von Forderungen oder Aufnahme von Krediten hingegen sind keine BE; es handelt sich hierbei um eine erfolgsneutrale Bilanzverkürzung bzw -verlängerung. Der Verzicht auf Einnahmen führt zu keinen BE (außer der Verzicht erfolgt aus privaten Gründen).

2.5.2. Betriebsausgaben

Betriebsausgaben (BA) sind die Aufwendungen oder Ausgaben, die durch den Betrieb veranlasst sind. Eine betriebliche Veranlassung ist gegeben, wenn die Aufwendungen oder Ausgaben

- objektiv im Zusammenhang mit einer betrieblichen Tätigkeit stehen und
- subjektiv dem Betrieb zu dienen bestimmt sind oder den Steuerpflichtigen unfreiwillig treffen und
- nicht unter ein steuerliches Abzugsverbot fallen (EStR 2000 Rz 1079).

Voraussetzung für das Vorliegen einer BA ist eine Minderung des Betriebsvermögens (daher liegen BA zB nicht bei der Anschaffung von Anlagevermögen oder der Rückzahlung eines Kredits vor).

Eine Überprüfung unter den Gesichtspunkten der Notwendigkeit und Angemessenheit ist grundsätzlich nicht vorzunehmen, auch unzweckmäßige oder vermeidbare Aufwendungen im Zusammenhang mit dem Betrieb sind abzugsfähig. Nur für bestimmte Luxusgüter ist eine Angemessenheitsprüfung vorgesehen (siehe Kapitel 2.4.3.). Aufwendungen (Ausgaben), die jedenfalls als BA gelten, werden in § 4 Abs 4 ff EStG aufgezählt. § 20 EStG enthält einen Katalog von nichtabzugsfähigen Aufwendungen und Ausgaben. Im § 4 EStG ausdrücklich aufgezählte Betriebsausgaben sind zB

- Beiträge zu gesetzlichen Pflichtversicherungen;
- Beiträge an Pensionskassen und Zuwendungen an betriebliche Unterstützungskassen;
- Zuwendungen an den Betriebsratsfonds;
- Forschungsfreibetrag für Aufwendungen zur Forschung und experimentellen Entwicklung;

- Forschungsfreibetrag für Aufwendungen zur Entwicklung oder Verbesserung volkswirtschaftlich wertvoller Erfindungen;
- Zuwendungen an Forschungseinrichtungen und für Erwachsenenbildung;
- Zuwendungen an Museen, das Bundesdenkmalamt, die Österr. Nationalbibliothek etc;
- Aufwendungen für betriebliche oder berufliche Aus- und Fortbildungsmaßnahmen;
- Bildungsfreibetrag (20 %) für Aus- und Fortbildungsaufwendungen für Mitarbeiter;
- Geld- oder Sachzuwendungen im Zusammenhang mit der Hilfestellung in Katastrophenfällen (Hochwasser-, Erdrutsch-, und Lawinenschäden uä).
- Lehrlingsfreibetrag gemäß § 124 b Z 31 EStG (auslaufend: abgelöst durch Lehrlingsausbildungsprämie gemäß § 108 f, siehe Kapitel 5.4 Sonstige Investitionsbegünstigungen);
- Mehraufwendungen für Verpflegung und Unterkunft bei betrieblichen Reisen (Reisekosten);

Die EStR 2000 (Rz 1457 ff) enthalten ein "ABC der Betriebsausgaben". ZB durch das Verhalten des Betriebsinhabers ausgelöste Geldstrafen sind nur dann als BA abzugsfähig, wenn das Fehlverhalten in den Rahmen der normalen Betriebsführung fällt und die Bestrafung vom Verschulden unabhängig ist oder nur ein geringes Verschulden voraussetzt. Ansonsten sind Strafen als nicht abzugsfähige Kosten der privaten Lebensführung anzusehen (zB Strafmandate wegen Falschparkens bei Ladetätigkeit sind abzugsfähig, nicht hingegen Strafen wegen der Überladung von LKW-Zügen (Rz 1649)). Schmiergelder sind steuerlich nur insoweit abzugsfähig, als sie betrieblich veranlasst sind und ihre Gewährung oder Annahme nicht gerichtlich strafbar ist (Rz 1636 iVm 4841).

Bei **Mischaufwand** (gemischt, privat und betrieblich veranlasster Aufwand) besteht grundsätzlich ein Aufteilungs- und Abzugsverbot. Von diesem Grundsatz bestehen jedoch zwei Ausnahmen:

1) Eine Aufteilung ist zulässig, wenn die Gesamtveranlassung nach objektiven Merkmalen in einen betrieblichen und privaten Teil leicht und einwandfrei zerlegt werden kann. Dies ist insbesondere dann vorstellbar, wenn die unterschiedlichen Veranlassungen zeitlich auseinander fallen (zB Nutzung von Fahrzeugen, Fahrtenbuch !). Falls eine solche Trennung nicht möglich ist, gelten die gesamten Ausgaben als steuerlich nicht abzugsfähig (falls bereits als Aufwand verbucht, ist steuerlich nachträglich eine Entnahme vorzuneh-

men). Eine Aufteilung durch Schätzung wird von der Rechtsprechung abgelehnt.

2) Die überwiegende Veranlassung soll als die alleinige Veranlassung zählen, wenn bei Vorliegen eines Mischaufwandes die betriebliche oder private Veranlassung von untergeordneter Bedeutung ist (10 % bis 15 %).

2.5.2.1. Reisekosten

Auf die Reisekosten sei etwas näher eingegangen. Reisekosten sind nach überwiegender Ansicht nur dann BA, wenn sie **ausschließlich betrieblich veranlasst** sind. Die Reisekosten selbst zerfallen dabei in drei Bestandteile:

a) Fahrtkosten

b) Verpflegungskosten

c) Kosten der Unterkunft

Von einer "Reise" kann nur dann gesprochen werden, wenn sich der Unternehmer zwecks Verrichtung beruflicher Obliegenheiten oder aus sonstigem betrieblichem Anlass vom Mittelpunkt seiner Tätigkeit entfernt, ohne dass dadurch der bisherige Mittelpunkt der Tätigkeit aufgegeben wird bzw ein weiterer Mittelpunkt der Tätigkeit begründet wird (siehe LStR Rz 300 ff). Ein neuer Mittelpunkt der Tätigkeit wird nach Ansicht der Finanzverwaltung insbesondere in folgenden Fällen begründet (LStR 2002 Rz 301):

a) Der Arbeitnehmer wird für einen Zeitraum vom mehr als fünf Tagen („Anfangsphase“) an einem Einsatzort tätig.

b) Der Arbeitnehmer wird an einem Einsatzort regelmäßig wiederkehrend, dh zumindest einmal wöchentlich, tätig und die Anfangsphase wird überschritten.

c) Der Arbeitnehmer wird an einem Einsatzort wiederkehrend aber nicht regelmäßig tätig und überschreitet dabei den Zeitraum von 15 Tagen im Kalenderjahr.

Grundsätzlich beginnt die Berechnung der Anfangsphase von fünf Tagen neu, wenn innerhalb von sechs Monaten kein Einsatz an dem Tätigkeitsort mehr erfolgt. Der Zeitraum von 15 Tagen bei wiederkehrender aber nicht regelmäßiger Tätigkeit steht pro Kalenderjahr einmal zu.

Eine Reise liegt nur dann vor, wenn das Reiseziel mehr als 25 km vom Betriebsort entfernt liegt (dabei ist die tatsächlich kürzeste Reisestrecke als Vergleich heranzuziehen, nicht die Luftlinienstrecke). Die Durchführung der Reise muss nachgewiesen werden (Fahrtenbuch !).

a) Fahrtkosten

Aufwendungen des Unternehmers für Betriebsfahrten sind steuerlich abzugsfähig. Bei ordnungsgemäßer Fahrtenbuchführung können beim Privat-KfZ entweder die für Bundesbedienstete geltenden („amtlichen") Kilometergelder (EUR 0,356 je km für PKW, Kombi) oder aber die auf die betriebliche Nutzung entfallenden tatsächlich nachgewiesenen Aufwendungen (inkl. AfA) geltend gemacht werden. Bei überwiegend betrieblicher Nutzung kommt nur eine Aufwandsverteilung in Betracht.

b) Verpflegungskosten

Das Tagesgeld für Inlandsreisen iHv EUR 26,40 brutto (§ 26 Z 4 EStG) wird als Pauschalbetrag für die Verpflegung unabhängig von der tatsächlichen Höhe der Aufwendungen anerkannt. Bei einer Reisedauer von mehr als 3 Stunden kann für jede angefangene Stunde 1/12 dieses Betrags verrechnet werden. Für einen Tag (24 Stunden) kann allerdings nicht mehr als EUR 26,40 brutto verrechnet werden. Ein Tag versteht sich nicht als Kalendertag, sondern als Zeitspanne von 24 Stunden, die mit Reiseantritt beginnt. Für Auslandsreisen kann pro Tag als Höchstsatz der Betrag der Auslandsreisesätze der Bundesbediensteten geltend gemacht werden.

c) Kosten der Unterkunft

Im Inland kann pro Nächtigung (inkl. Frühstück) ein Pauschalbetrag von EUR 15 brutto oder der tatsächlich nachgewiesene, höhere Aufwand geltend gemacht werden. Für Auslandsreisen gilt der Höchstsatz der Nächtigungsgelder für Bundesbedienstete laut VO.

Um die Kosten der Unterkunft geltend zu machen muss nach der Rechtsprechung der Aufwand für die Nächtigung tatsächlich angefallen sein; darüber hinaus ist eine tatsächliche Nächtigung außerhalb des Familienwohnsitzes Voraussetzung (VwGH 14.5.2003, 2000/18/0124).

Beispiel A.17.

Ihr Klient unternimmt als selbständiger Handelsvertreter (Sitz seiner Agentur in Wien) eine Dienstreise nach Dornbirn:

Abfahrt:	Mo. 8.00 Uhr
Rückkehr:	Do. 17.00 Uhr

Er kann Ihnen keine Belege über seine Reiseaufwendungen vorlegen. Für diese Reise hat er mit seinem Privat-PKW laut Fahrtenbuch eine Strecke von 1.450 km zurückgelegt.

Wie hoch ist sein absetzbarer Reiseaufwand?

2.5.2.2. Steuerliche Behandlung von KfZ

Seitens der Finanzverwaltung werden für ertrag- und umsatzsteuerliche Zwecke 3 Arten von betrieblichen KfZ unterschieden:

1. PKW, Kombi, Krafträder
2. LKW, Autobusse und Klein-Autobusse
3. Fiskal-LKW

Die Einordnung in die jeweiligen Kategorien hat insoweit Bedeutung, als sie für die Zulässigkeit des Vorsteuerabzugs bei KfZ-Erwerben sowie die ertragsteuerliche Anwendung einer Anschaffungskostenobergrenze und einer Nutzungsdauerfiktion entscheidend ist.

Überblick der steuerlichen Behandlung von KfZ

	PKW, Kombi, KRad	LKW und Fiskal-LKW
Vorsteuer-Abzug	nein	ja
Nutzungsdauerfiktion	ja	nein
Angemessenheits-Grenze	ja	nein

- ***Vorsteuer-Abzug***: Die Anschaffung oder Miete von PKWs, Kombis und Krafträdern gilt gemäß § 12 Abs 2 Z 2 lit b UStG nicht als für das Unternehmen ausgeführt. Daher gehört sowohl die 20 % ige USt als auch die Normverbrauchsabgabe (NOVA) zu den Anschaffungskosten; USt und NOVA können nicht als Vorsteuer abgezogen werden ("vorsteuerbelastete" PKW). Bei LKWs, Autobussen, Klein-Autobussen, Fahrschulkraftfahrzeugen, Vorführkraftfahrzeugen, Kraftfahrzeugen, die ausschließlich zur gewerblichen Weiterveräußerung bestimmt sind, Kraftfahrzeugen, die zu mindestens 80 % dem Zweck der gewerblichen Personenbeförderung oder der gewerblichen Vermietung dienen, und Fiskal-LKWs steht der Vorsteuerabzug zu.
- ***Nutzungsdauerfiktion***: § 8 Abs 6 EStG sieht ab 1996 für PKW und Kombi eine ertragsteuerliche Nutzungsdauer von mindestens acht Jahren vor, dh eine Jahresabschreibung von max. 12,5 %. Eine Ausnahme besteht lediglich für KFZ von Fahrschulen bzw jene KFZ, die zu mindestens 80 % der gewerblichen Personenbeförderung (zB Taxis) dienen. Dies gilt auch für geleaste Fahrzeuge, sodass die Leasingrate nur in dem Ausmaß Betriebsausgabe ist, das der AfA von einem Jahr beim Vermieter entspricht. Für den Unterschiedsbetrag ist ein Aktivposten anzusetzen, der so aufzubauen bzw abzuschreiben ist, dass der steuerliche Aufwand einer 12,5 %igen Abschreibung entspricht (Finanzierungszinsen sind sofort Betriebsausgabe). Bei Gebrauchtfahrzeugen ist die sog "Differenzmethode" anzuwenden. Zur Anwendung der Bestimmung des § 8 Abs 6 EStG enthalten die EStR umfangreiche Erläuterungen (Rz 3208 ff). Für LKWs, Autobusse, Klein-Autobusse, Fahrschulkraftfahrzeuge, Kraftfahrzeuge, die dem Zweck der gewerblichen Personenbeförderung oder der gewerblichen Vermietung dienen und Fiskal-LKWs ist keine Nutzungsdauerfiktion zu beachten.
- ***Angemessenheitsgrenze***: Weiters unterliegen PKW und Kombi gem § 20 Abs 1 Z 2 lit b EStG einer Angemessenheitsprüfung (vgl Kap. 2.5.3.).

Für LKWs, Autobusse, Klein-Autobusse und Fiskal-LKWs ist keine Angemessenheitprüfung zu beachten.

Die Finanzverwaltung hat Abgrenzungskriterien per **Verordnung** vorgegeben (BGBl 1996/273, AÖF 1996/100):

Als PKW und Kombi gelten

- Fahrzeuge, die das typische äußere Erscheinungsbild eines PKW oder Kombi aufweisen, auch dann, wenn sie zur Güterbeförderung eingerichtet sind und eine seitliche Verblechung des Laderaumes aufweisen.
- Geländewagen und Stationswagen, ausgenommen Kasten- und Pritschenwagen unter bestimmten Voraussetzungen.
- Klein-Autobusse („Großraumlimousinen") mit weniger als neun Sitzplätzen.
- Fahrzeuge, die Sport- oder Luxuscharakter aufweisen.

Gem § 4 KfZ-VO gelten Kastenwagen, Pritschenwagen und Leichenwagen als LKW („Fiskal-LKW"). Kastenwagen sind Fahrzeuge, die hinter dem Führerhaus einen kastenförmigen Laderaum aufweisen, der entweder vom Führerhaus abgesetzt oder zumindest 1,5 Meter lang ist, über keine seitlichen Fenster, einen ebenen, durchgehenden Laderaumboden und keine Vorrichtungen, die der Personenbeförderung dienen könnten, verfügt. Derartige Fahrzeuge werden steuerlich wie LKW behandelt. Eine Liste der steuerlich anerkannten Fiskal-LKW wird vom BMF laufend aktualisiert und ua auf der Homepage des BMF veröffentlicht.

Da es durch die VO aus 1996 zu einer Einschränkung des Kreises der steuerlich anerkannten Fiskal-LKWs kam, wurde die VO im Zuge eines Rechtsmittelverfahrens dem **EuGH** zur Prüfung aus umsatzsteuerlicher Sicht vorgelegt. Mit Entscheidung vom 8.1.2002 (Rs C-409/99 Metropol und Stadler) hat der EuGH ausgesprochen, dass die Einschränkung des Rechts auf Vorsteuerabzug im Verordnungswege gegen die 6. EU-Mehrwertsteuer-Richtlinie verstößt. Aus der Entscheidung des EuGH ergibt sich, dass die VO BGBl 1996/273 für umsatzsteuerliche Zwecke nicht mehr anzuwenden ist und die Vorgänger-VO (BGBl 1993/134) wieder anzuwenden ist. Das BMF hat mit Erlass vom 24.1.2002 auf das Urteil des EuGH reagiert und festgestellt, dass die Abgrenzung von vorsteuerabzugsberechtigten Kleinbussen gegenüber nicht vorsteuerabzugsberechtigen PKW und Kombi wieder nach der alten Erlassregelung, wie sie zum 1.1.1995 bestanden hat (AÖFV Nr 330/1987) vorzunehmen ist, wobei das EuGH-Urteil in sämtlichen nicht rechtskräftigen Fällen anzuwenden ist.

Aufwendungen für ***betriebliche KfZ*** sind unter Beachtung oben dargestellter Besonderheiten grundsätzlich steuerlich absetzbar. Dabei (insbesondere bei Fiskal-LKWs) ist stets darauf zu achten, dass auch bei nur geringster privater Verwendung vom Fiskus zumeist ein Privatanteil in Höhe von 20 % angenommen wird. Es sollte daher bei teilweise privater Verwendung auf jeden Fall ein Fahrtenbuch geführt und schon bei der Steuererklärung ein Privatanteil von AfA etc abgezogen werden.

Werden ***private KfZ*** betrieblich verwendet, so kann der dafür anfallende tatsächliche Aufwand als Betriebsausgabe geltend gemacht werden (dabei sind allerdings Angemessenheitsgrenzen zu beachten - vgl 2.5.3.). Alternativ kann das amtliche Kilometergeld, (zB für PKW, Kombi derzeit EUR 0,356 pro Kilometer) verrechnet werden. Das amtliche Kilometergeld kann allerdings nur bei Führung eines Fahrtenbuches beansprucht werden. Das Fahrtenbuch muss folgendes beinhalten: laufendes Datum, Anzahl der gefahrenen Kilometer, laufender Kilometerstand, Ausgangs- und Zielpunkt sowie Zweck jeder einzelnen betrieblichen Fahrt. Es kann als ausreichend erachtet werden, solche Aufzeichnungen nur für die betrieblichen (nicht auch für die privaten) Fahrten zu führen.

Dienstnehmer, die Firmenfahrten mit dem Privat-PKW unternehmen, erhalten dafür vom Dienstgeber das amtliche Kilometergeld (BA beim Dienstgeber, bis zur Höhe des amtlichen Kilometergeldes nicht lohnsteuerpflichtig beim Dienstnehmer). Die Steuerfreiheit der Kilometergelder wird jedoch seitens der Finanzverwaltung unter Berufung auf VwGH-Judikatur (8.10.1998, 97/15/0073, 0079, 0080; 30.11.1999, 97/14/0174) nur bis zu einer Kilometergeldleistung für max. 30.000 km/Jahr gewährt. Nach den Lohnsteuerrichtlinien ("LStR") 2002 Rz 371 ff sind bei beruflichen Fahrten von nicht mehr als 30.000 km/Jahr die amtlichen Kilometergelder im Schätzungsweg als tatsächliche Kosten anzusetzen. Bei beruflichen Fahrten von mehr als 30.000 km/Jahr können entweder das amtliche Kilometergeld für 30.000 km oder die tatsächlich nachgewiesenen Kosten geltend gemacht werden. Durch das Kilometergeld sind alle laufenden Aufwendungen, insbesondere folgende Kosten abgegolten: AfA, Benzin, Öl, Servicekosten und Reparaturkosten aufgrund des laufenden Betriebes, Versicherungen etc. Nicht abgegolten sind hingegen Fahrzeugbeschädigung durch höhere Gewalt (zB Steinschlag, Wildschaden) oder Unfälle.

Erleidet ein Arbeitnehmer auf einer berufsbedingten Fahrt an seinem KfZ infolge eines Unfalles einen Schaden oder wird das KfZ gestohlen, stellt die Wertminderung idR im Jahr des Schadenseintritts (VwGH 16.12.1999, 97/15/ 0121) zu berücksichtigende Werbungskosten dar, außer der Schaden wurde grob fahrlässig (zB Alkoholisierung, grob fahrlässige Missachtung von Verkehrsvorschriften) verursacht (VwGH 21.10.1999, 94/15/0193; 25.1.2000, 97/14/0071). Wie die Absetzung für außergewöhnliche Abnutzung zu ermitteln ist, richtet sich nach den LStR 2002 Rz 374. Insoweit der Stpfl. für den Schadensfall Versicherungsentschädigungen erhält, sind die Unfallkosten nicht abzugsfähig. Entschädigungen, die der Stpfl. vom Dienstgeber erhält, gelten als steuerpflichtiger Vorteil aus dem Dienstverhältnis.

Beispiel A.18.

Einem Dienstnehmer wird auf einer Dienstreise sein Privat-PKW gestohlen. Der PKW ist im Zeitpunkt des Diebstahls 5 Jahre alt, und hat einen Zeitwert von 12.000. Die historischen Anschaffungskosten betrugen 28.000. Der PKW wäre noch 3 Jahre genutzt worden.

Welche steuerlichen Konsequenzen ergeben sich, wenn

a) der Stpfl. den Zeitwert abzüglich eines 20 % igen Selbstbehaltes von der Versicherung ersetzt bekommt ?

b) der Stpfl. nicht versichert ist, ihm aber vom Dienstgeber der Zeitwert ersetzt wird ?

Beispiel A.19.

Ermitteln Sie die AfA 2004 für folgende PKW des Steuerpflichtigen:

- PKW 1: Anschaffung Anfang 2002, Anschaffungskosten 30.000 (hrl. ND 5 Jahre)
- PKW 2: Anschaffung Ende 2004, Anschaffungskosten 52.000.
- PKW 3: geleast, Anschaffungswert 22.000, Restwert 10.000,-, Laufzeit 36 Monate, Leasingrate 450, Vertragsbeginn 1.1.2003.

2.5.3. Nicht abzugsfähige Betriebsausgaben

§ 20 EStG, der ohne Unterschied für alle Einkunftsarten gilt, enthält eine Aufzählung von Aufwendungen, die entweder

- der Einkommensverwendung und nicht der Einkommenserzielung zuzuzählen sind oder
- zwar Betriebsausgaben (oder Werbungskosten) darstellen, aber bewusst vom Abzug ausgeschlossen sind.

Das Gesetz nennt explizit

1) Aufwendungen für den Haushalt des Stpfl. und den Unterhalt seiner Familie.

2) Aufwendungen für die Lebensführung, selbst wenn sie die wirtschaftliche oder gesellschaftliche Stellung des Stpfl. mit sich bringt und sie zur Förderung des Berufes oder der Tätigkeit des Stpfl. erfolgen.

3) Betrieblich oder beruflich veranlasste Aufwendungen, die auch die Lebensführung des Stpfl. berühren, und zwar insoweit, als sie nach allgemeiner Verkehrsauffassung unangemessen hoch sind und bestimmte Gegenstände betreffen.

   Eine *"Angemessenheitsprüfung"* ist bei folgenden taxativ aufgezählten Wirtschaftsgütern vorzunehmen (EStR 2000 Rz 4761 ff):

   - PKW/Kombi (nicht abzugsfähig sind gem EStR Rz 4771 ff AK für Beträge > EUR 34.000 inkl. USt, NoVA und Sonderausstattung, jedoch exkl. Autotelefon); dies gilt nicht nur für Neufahrzeuge, sondern auch für bis zu 5 Jahre alte Gebrauchtfahrzeuge. Jedoch ist nach einem UFS-Urteil nicht von einer starren Wertgrenze von EUR 34.000 auszugehen, da diese entsprechend dem Verbraucherpreisindex (VPI 1986) zu valorisieren ist (UFS Salzburg, 18. Mai 2004, RV/0321-S/03; eine Amtsbeschwerde der Finanzverwaltung ist beim VwGH anhängig). Folglich sei von einer wesentlich höheren Angemessenheitsgrenze auszugehen, die nach einer Berechnungsmethode in Anlehnung an das UFS-Urteil im Jahre 2003 etwa EUR 40.300 beträgt. Demgegenüber geht das Bundesministerium für Finanzen weiterhin davon aus, dass EUR 34.000 eine angemessender Wertmaßstab für die Beurteilung der Angemessenheit von PKW-Aufwendungen für alle Veranlagungszeiträume bis 2004 ist (BMF, 29. Oktober 2004, Zl. 010203/110-IV/6/04; in der Folge VO BGBl 2004/466). Für Zeiträume ab 2005 soll mittels VO die Angemessenheitsgrenze bis auf weiteres mit EUR 40.000 fixiert werden (VO BGBl 2004/466). Sind die AK unangemessen hoch, dann sind die Betriebskosten dennoch idR zur Gänze abzugsfähig (VwGH 27.7.1994, 92/13/0175), mit Ausnahme der wertabhängigen Kosten (zB Kaskoversicherung, Zinsen) und jener Kosten, die sich aus der gehobenen Ausstattung ergeben (zB höhere Servicekosten).
   - Personenluftfahrzeuge (sind dem Grunde nach nur zulässig für Industriekonzerne, Großbanken, Versicherungen oder stark exportierende Betriebe. Der Höhe nach sind sie nur dann abzugsfähig, wenn (bzw insoweit) ihre Kosten Linienflugpreise bzw die Miete eines Bedarfsflugunternehmens um nicht mehr als 50 % übersteigen);

- Sport- und Luxusboote (dem Grunde nach nur bei konkreter betrieblicher Veranlassung abzugsfähig - zB Seehotel, Fremdenverkehrsbetrieb, nicht hingegen Fischereibetrieb. Der Höhe nach nicht abzugsfähig, insoweit die Kosten eines zweckentsprechenden Bootes um mehr als 50 % überschritten werden);
- Jagden (dem Grunde nach nur abzugsfähig bei unmittelbarer betrieblicher Veranlassung - zB Jagdhotel, Bewirtschaftung einer Jagd aufgrund forstgesetzlicher Vorschriften in Verbindung mit einem L&F-Betrieb. Ausdrücklich wird festgehalten, dass "Zwecke der Geschäftsanbahnung unbeachtlich" sind. Falls eine Abzugsfähigkeit dem Grunde nach vorliegt, gibt es für Jagden keine Beschränkung der Höhe nach);
- geknüpfte Teppiche, Tapisserien ("teppichartige Kreuzstichstickerei"). Folgendes gilt nur für handgeknüpfte bzw -gestrickte Teppiche: Dem Grunde nach abzugsfähig, wenn sie sich in den Betriebsräumen befinden. Der Höhe nach ist keine Abzugsfähigkeit gegeben, insoweit EUR 730 pro m^2 überschritten werden. Für Wandteppiche und Tapisserien kann darüber hinaus mangels Abnutzbarkeit keine AfA geltend gemacht werden. Begangene, handgeknüpfte Wollteppiche hingegen müssen eine Nutzungsdauer von mindestens 20 Jahren aufweisen - für Wandteppiche kommen somit als Betriebsausgaben nur Reparaturkosten oder Versicherungsprämien in Frage;
- Antiquitäten (liegen dann vor, wenn ein besonderer Altertumswert gegeben ist, jedenfalls bei einem Alter > 150 Jahre). Sie können nur dann dem Grunde nach zu abzugsfähigen Betriebsausgaben führen, wenn sie betrieblich genutzt werden - das bloße Zur-Schau-Stellen in den Betriebsräumen ist dabei noch keine betriebliche Nutzung. Der Höhe nach können BA für Antiquitäten insoweit nicht abgesetzt werden, als die Kosten eines zweckentsprechenden, neuen - hochwertigen - Möbelstückes durch die Antiquität um mehr als 50 % überschritten werden. Bei AKO unter EUR 7.300 pro Antiquität unterbleibt allerdings eine Prüfung der Höhe nach. Für Antiquitäten und andere Kunstgegenstände (Gemälde, Skulpturen, wertvolle Gefäße, uä) kann idR mangels Abnutzung ebenfalls keine AfA geltend gemacht werden - jedoch Reparaturen, Betriebsausgaben aus Versicherungsprämien etc.

Sind einige der hier genannten Aufwendungen dem Grunde nach nicht angemessen, so liegt kein BV vor (keine AfA, keine Betriebsausgaben aus Reparaturaufwendungen oder Versicherungsprämien, aber auch kein Vorsteuerabzug hinsichtlich des USt-Anteils in den Anschaffungskosten!).

Sind die Aufwendungen hingegen lediglich der Höhe nach nicht angemessen, so kommt es zum Ausscheiden des unangemessenen Anteils aus den Betriebsausgaben (aus den AKO und damit aus der AfA, den Reparaturen, den Versicherungsprämien etc, der Vorsteuerabzug ist anteilig möglich).

4) Aufwendungen oder Ausgaben für ein im Wohnungsverband gelegenes Arbeitszimmer inklusive der Einrichtungsgegenstände sind nur dann abzugsfähig, wenn das Arbeitszimmer den Mittelpunkt der gesamten betrieblichen oder beruflichen Tätigkeit des Steuerpflichtigen bildet. Arbeitsmittel (zB Computer) sind allerdings von dieser Bestimmung nicht erfasst.

   Zur praktischen Umsetzung hat das BMF in einem Erlass (28.2.1997, AÖF 1997/92) Stellung genommen, der jedoch nach dem VwGH-Erkenntnis vom 27.5.1999, 98/15/0100, zum Teil aufgehoben werden musste (RdW 1999/9, 616; SWK 1999/19/20, S 439; FJ 1999/7-8, 178) und überarbeitet von der Finanzverwaltung wiederveröffentlicht wurde (AÖF 1999/195; LStR 1999 Rz 324 ff): Ob das Arbeitszimmer den Mittelpunkt der gesamten betrieblichen und beruflichen Tätigkeit bildet, ist einkunftsquellenbezogen zu beurteilen. Dabei ist weiters danach zu differenzieren, ob nach dem typischen Berufsbild der Tätigkeitsmittelpunkt im oder außerhalb des Arbeitszimmers liegt (im Arbeitszimmer zB Gutachter, Schriftsteller, Dichter, Maler etc; außerhalb des Arbeitszimmers zB Lehrer, Richter, Politiker, Berufsmusiker, Vortragender etc).

5) Reisekosten, soweit sie bestimmte Grenzen übersteigen (siehe Kap. 2.4.2.1.);

6) Repräsentationsaufwendungen bzw -ausgaben. Das sind Aufwendungen, die zwar durch den Beruf des Steuerpflichtigen bedingt bzw im Zusammenhang mit der Erzielung von steuerpflichtigen Einnahmen anfallen, aber auch sein gesellschaftliches Ansehen fördern (VwGH 22.1.1985, 84/14/0035). Darunter fallen auch Aufwendungen anlässlich der Bewirtung von Geschäftsfreunden. Diesbezüglich enthalten die EStR 2000 umfangreiche Ausführungen (Rz 4808 ff): Weist der Stpfl. nach, dass die Bewirtung der Werbung dient ("werbeähnlicher Aufwand") und die betriebliche oder berufliche Veranlassung weitaus überwiegt (zB Pressekonferenzen, Eröffnungen, Betriebsbesichtigungen, Messen, etc) können derartige Aufwendungen oder Ausgaben <u>zur Hälfte</u> abgezogen werden. Bei einer solchen Bewirtung kann die repräsentative Mitveranlassung vernachlässigt werden. Voraussetzung ist allerdings das Vorliegen einer USt-gemäßen Bewirtungsrechnung (USt-Satz-Trennung für Speisen und Getränke !) sowie die Angabe der Gäste und des Besprechungsthemas (auch die Kosten der eigenen Konsumation sind

abzugsfähig). Bewirtungsspesen können auch zur Gänze abzugsfähig sein, wenn die Bewirtung unmittelbar Bestandteil einer Leistung ist (zB Verpflegung anlässlich einer Schulung), den Bewirtungsspesen Entgeltcharakter zukommt (zB Bewirtung zur Informationsbeschaffung eines Redakteurs) oder sie keine Repräsentationskomponente (zB Bewirtung anlässlich einer Produktverkostung) beinhalten.

Unabhängig davon kann der Finanzminister als Ausnahme für Unternehmer, die Ausfuhrumsätze tätigen, Durchschnittsätze für abzugsfähige Repräsentationsaufwendungen erlassen (als Prozentsatz dcr Ausfuhrforderungen).

7) Freiwillige Zuwendungen und Zuwendungen an gesetzlich unterhaltsberechtigte Personen. Freiwillige Zuwendungen sind Ausgaben, denen keine wirtschaftliche Gegenleistung gegenübersteht und die ohne zwingende rechtliche Verpflichtung des Gebers getätigt werden (zB Spenden). Sponsorzahlungen hingegen sind abzugsfähig, wenn sich der Gesponserte zur Werbung für das Unternehmen verpflichtet und dazu auch geeignet ist. Weiters abzugsfähig sind übliche (Weihnachts-) Werbegeschenke, freiwilliger Sozialaufwand und Trinkgelder.

8) Geld- und Sachzuwendungen, deren Gewährung oder Annahme mit gerichtlicher Strafe bedroht ist (Schmier- und Bestechungsgelder).

9) Steuern vom Einkommen und sonstige Personensteuern (ESt, ErbSt);

10) Aufwendungen und Ausgaben, soweit sie mit nicht steuerpflichtigen Einnahmen oder mit endbesteuerbaren Kapitalerträgen iSd § 97 EStG (zB Kontoführungskosten iZm KESt-endbesteuerten Zinsen) in unmittelbarem wirtschaftlichen Zusammenhang stehen (§ 20 Abs 2 EStG). Kann kein unmittelbarer Zusammenhang zwischen Aufwand und steuerfreien Einnahmen hergestellt werden, ist die Abzugsfähigkeit zuzulassen (VwGH 20.10.1999, 94/13/0027; SWK 1999/35/36, S 803; ÖStZ 2000/1, 4).

Als Reaktion auf die Beschäftigung des VwGH mit dem **"Zweikontenmodell"** (27.1.1998, 94/14/0017; 19.9.1998, 93/15/0051; 29.6.1999, 95/14/0150; 30.9.1999, 99/15/0106, 0107 (dazu RdW 1999/11, 748); 30.11.1999, 94/14/0166), wurde ein umfangreicher BMF-Erlass zur Auslegung des § 20 Abs 2 EStG (§ 12 Abs 2 KStG) vorbereitet. Im Erlassentwurf vom 15.12.1998 wurden im wesentlichen drei Tatbestände unterschieden, nämlich unmittelbar kreditfinanzierte Entnahmen, mittelbar kreditfinanzierte Entnahmen und Entnahmen mangels ausreichender Geldmittel (betrifft nicht angemessenen Unternehmerlohn). Die Prinzipien des Erlassentwurfes zum Zweikontenmodell, das ursprünglich auf Einzelunternehmen und Mitunternehmerschaften ausgelegt war, sollten auch auf Körperschaften angewandt werden (Punkt 7). Dies würde insbesondere die Fremdfinanzierung offener oder verdeckter Gewinnausschüttungen (dazu BMF 14.3.2000, ÖStZ 2000/9, 239) und Einlagenrückzahlungen als auch eine Fremdfinanzierung im Zusammenhang mit nicht abzugsfähigen Ausgaben betreffen. Nach heftiger Kritik teilte das BMF schließlich mit Erlass vom 14.4.1999 (SWK 1999/13, S 298, RdW 1999/5, 375; ÖStZ 1999/10, 225) mit, dass es von einem Erlass zu diesem Thema absieht, die VwGH-Judikatur aber jedenfalls zu beachten ist.

Die Regelungen zum Zwei-Konten-Modell sind nunmehr in den EStR 2000, Rz 1433 f enthalten. Danach ist das Zwei-Kontenmodell wie folgt zu behandeln:

- Fremdmittelaufwand ist nicht betrieblich veranlasst, wenn Fremdmittel und nicht Eigenmittel dem Betrieb entzogen werden, was dann der Fall sein kann, wenn der Darlehensaufnahme im Betrieb die gleichzeitige Entnahme dieses Betrags für nichtbetriebliche Zwecke gegenübersteht.
- Wenn Geldmittel entnommen werden, obwohl bei saldierter Betrachtung der Bankkonten kein Geldmittelüberschuss im Betrieb vorhanden ist, entstehen durch die Entnahmen insoweit keine betrieblichen Schulden.

Beispiel A.20.

Ihr Klient beschafft für sein Unternehmen (Handel mit Waren aller Art) Anfang 2004 folgende Gegenstände und verrechnet folgende Betriebsausgaben:

a. einen drei Jahre alten, gebrauchten Kombi um 30.000 (Neupreis: 68.000 inkl. USt). Die (Rest-)Nutzungsdauer beträgt 3 Jahre; er möchte eine AfA von 10.000 p.a. geltend machen.

b. einen Wandteppich (AKO EUR 10.000, Größe 5 m^2, Nutzungsdauer 20 Jahre). Er möchte dafür die AfA in Höhe von EUR 500 beanspruchen.

c. einen antiken Büroschrank (AKO EUR 36.000). Ein neuwertiger Edelholzschrank würde ca. EUR 8.000 kosten. Dafür möchte Ihr Klient die AfA von EUR 3.600 (Nutzungsdauer = 10 Jahre) geltend machen.

d. Ihr Klient hat falsch geparkt und möchte auch das daraus resultierende Strafmandat (EUR 30) als BA absetzen.

e. Ihr Klient für Geschäftsessen mit Kunden sowie eine Produktpräsentation samt Bewirtung Rechnungen über EUR 5.000 vorlegt.

Welchen Rat können Sie ihm erteilen?

2.5.4. Die zeitliche Zuordnung von Betriebseinnahmen und Betriebsausgaben

Bei Einnahmen-/Ausgabenrechnern (§ 4 Abs 3-Gewinnermittler, Kapitel A 2.2.) richtet sich die zeitliche Zuordnung nach dem **Zufluss-/Abflussprinzip** (§ 19 EStG). BE/BA werden danach grundsätzlich jenem Kalenderjahr zugerechnet, in dem sie beim Stpfl. zu- bzw abgeflossen sind. Nur der Zahlungsstrom selbst (Erlangung oder Aufgabe der wirtschaftlichen Verfügungsmacht) ist für die steuerliche Gewinnwirkung maßgeblich. Ein Betrag ist dabei dann als zugeflossen anzusehen, wenn der Empfänger über ihn tatsächlich und rechtlich verfügen kann (VwGH 29.7.1997, 95/14/0014 zur Frage des Zuflusses eines Geschäftsführergehalts, wenn der Geschäftsführer auf die Auszahlung vorläufig verzichtet).

Regelmäßig wiederkehrende Einnahmen, die kurze Zeit vor Beginn oder kurze Zeit nach Beendigung des Kalenderjahres, zu dem sie wirtschaftlich gehören, anfallen, sind jedoch dem Kalenderjahr zuzurechnen, zu dem sie wirtschaftlich gehören.

An die Stelle des Zufluss-/Abflussprinzips tritt beim Betriebsvermögensvergleich (§ 4 Abs 1- bzw § 5 - Gewinnermittlung) das **Prinzip der wirtschaftlichen Zurechnung**. Die Zuordnung der BE und BA richtet sich nicht nach dem Zeitpunkt des Zu- oder Abflusses, sondern die BE und BA werden jenem Wirtschaftsjahr zugerechnet, zu dem sie wirtschaftlich gehören.

Der periodenrichtigen Zurechnung dienen die Rechnungsabgrenzungsposten. § 5-Ermittler haben auf Grund der handelsrechtlichen GoB Rechnungsabgrenzungsposten zwingend zu bilden. Für § 4 Abs 1-Ermittler besteht nach überwiegender Meinung lediglich ein Wahlrecht.

3. Bewertung des Betriebsvermögens

3.1. Anschaffungskosten und Herstellungskosten

Anschaffungskosten

Unter Anschaffungskosten versteht man entsprechend § 203 Abs 2 HGB die Aufwendungen, die geleistet werden, um den Vermögensgegenstand zu erwerben und ihn in einen betriebsbereiten Zustand zu versetzen. Die anfallenden Aufwendungen müssen dabei dem Vermögensgegenstand **einzeln** zugeordnet werden können.

Zu den Anschaffungskosten zählen neben dem Kaufpreis und den Kosten der Herstellung der Betriebsbereitschaft (zB Montagekosten) auch die sog. **Anschaffungsnebenkosten** (zB Vertragserrichtungskosten, Transportkosten) und **nachträgliche Anschaffungskosten**, soweit sie mit dem erworbenen Gegenstand in kausalem Verhältnis stehen (zB Ergänzungsteile). **Anschaffungspreisminderungen** (Rabatte, sonstige Preisminderungen) sind abzuziehen. Die Anschaffungskosten errechnen sich daher folgendermaßen:

  Anschaffungspreis
- Anschaffungspreisminderungen
+ Anschaffungsnebenkosten
+ <u>nachträgliche Anschaffungskosten</u>
  Anschaffungskosten

Nicht zu den Anschaffungsnebenkosten zählen die **Finanzierungskosten**. Fremdkapitalzinsen dürfen nicht aktiviert werden. Finanzierungskosten sind auch die vom Lieferanten in den Rechnungspreis einkalkulierten Skonti. Gleichgültig, ob der Skontoabzug in Anspruch genommen wird oder nicht, es ist nach der Zinsaufwandstheorie nur der Nettobetrag als Anschaffungskosten anzusehen. Dieser (reduzierte) Betrag stellt die Basis für die Abschreibung dar.

Einer gesonderten Betrachtung bedürfen ***(nicht rückzahlbare)*** **Subventionen** zur Anschaffung oder Herstellung von Wirtschaftsgütern des Anlagevermögens. ***Handelsrechtlich*** bestehen unabhängig davon, ob es sich um Zuwendungen aus öffentlichen oder privaten Mitteln handelt, zwei Möglichkeiten der Verbuchung:

1. <u>Nettomethode</u>: Dabei werden die Anschaffungs- bzw Herstellungskosten um den Subventionsbetrag gekürzt. Der gekürzte Betrag ist Ausgangspunkt für die planmäßige Abschreibung vom Anlagevermögen.

2. *Bruttomethode*: Der Vermögensgegenstand wird mit den vollen Anschaffungs- bzw Herstellungskosten auf der Aktivseite der Bilanz ausgewiesen. Gleichzeitig wird ohne Berührung der Gewinn- & Verlustrechnung ein Passivposten in Höhe der Subvention eingestellt, der über die Nutzungsdauer des Anlagegegenstandes verteilt aufgelöst wird. Da Subventionen unter keinen der im Mindestgliederungsschema der Bilanz ausgewiesenen Posten problemlos einordenbar sind, wird von der Literatur überwiegend empfohlen, einen "Sonderposten für Investitionszuschüsse zum Anlagevermögen" zu bilden.

Da bei Verwendung der Nettomethode sowohl die Vermögenslage (zu niedriger Ausweis des Anlagevermögens) als auch die Ertragslage (Abschreibungsaufwand zu gering) unrichtig ausgewiesen werden (Verletzung der Generalnorm !), ist die Bruttomethode zu präferieren.

Steuerrechtlich ist zwischen öffentlichen und privaten Subventionen zu unterscheiden:

1. *öffentliche Subventionen*: Erhaltene Subventionen stellen grundsätzlich steuerbare Betriebseinnahmen dar. Handelt es sich dabei um öffentliche Mittel sind sie aber gem § 3 Abs 1 Z 6 EStG steuerbefreit. Allerdings werden die Anschaffungs- bzw Herstellungskosten um diese öffentlichen Zuschüsse gekürzt (§ 6 Z 10 EStG), was zur Folge hat, dass die Abschreibungsbasis geringer ist. Die Steuerfreiheit wird darüber hinaus durch § 20 Abs 2 EStG eingeschränkt, wonach Aufwendungen, die in unmittelbarem wirtschaftlichen Zusammenhang mit steuerfreien Einnahmen stehen nicht abzugsfähig sind. Der Anwendungsbereich der Bestimmung erstreckt sich auch auf steuerfreie Aufwandszuschüsse, daher kürzen zB steuerfrei Zinszuschüsse den abzugsfähigen Aufwand.

   Soweit es sich um keine "Zuwendung" von öffentlichen Mitteln, sondern um eine entgeltliche Leistung durch die Körperschaft öffentlichen Rechts, der eine entsprechende Leistung des Zuschussempfängers gegenübersteht, handelt, ist allerdings § 3 Z 6 iVm § 6 Z 10 EStG nicht anwendbar. In diesem Fall kann vielmehr eine einkommen- und umsatzsteuerpflichtige Betriebseinnahme des Empfängers vorliegen. Fraglich ist dabei, wann ein solches Leistungs-Gegenleistungs-Verhältnis vorliegt. Nach der Judikatur des VwGH liegt eine derartige Verknüpfung vor, wenn die Leistung erbracht wird, um die Gegenleistung zu erhalten, und diese wiederum bewirkt wird, um die Leistung zu erhalten. Keine entgeltliche Leistung wird nach Auffassung des VwGH erbracht, wenn eine Zuwendung ohne jeden Zusammenhang mit einem Leistungsaustausch gegeben wird (VwGH

26.3.1996, 95/14/0071, ÖStZB 1996, 592). Der Entgeltcharakter wurde entsprechend der obigen Ausführungen vom VwGH bejaht in Fällen, in denen ein Zuschuss mit der Auflage verbunden war, diesen bei Nichteinhalten bestimmter Vertragspunkte zurückzuzahlen (VwGH 26.3.1996, 95/14/0071, betreffend die „Grundstücksschenkung" an einen Arzt mit der Auflage, den Anschaffungswert des Grundstücks bei Einstellung der ärztlichen Tätigkeit binnen 15 Jahren zu ersetzen). Die Judikatur des VwGH belässt dem § 3 Z 6 EStG damit einen relativ eingeschränkten Anwendungsbereich, mit der Folge, dass nur dann zweifelsfrei von einer Zuwendung gesprochen werden kann, wenn über die unmittelbare Zweckwidmung des Zuschusses hinaus keine weiteren Abreden über die Nutzung des mit Hilfe des Zuschusses erworbenen Wirtschaftsgutes bestehen. Während dies in den Fällen der Gewinnermittlung nach §§ 5 und 4 Abs 1 EStG keine unmittelbaren Folgen hat, wenn aufgrund der Gegenleistungsverpflichtung beim Zuschussempfänger eine Rückstellung bzw Verbindlichkeit anzusetzen ist, kommt es beim § 4 Abs 3 EStG-Gewinnermittler zur sofortigen, uneingeschränkten Betriebseinnahmenwirksamkeit.

2. *Private Subventionen* stellen steuerbare und (grundsätzlich sofort) steuerpflichtige Betriebseinnahmen dar (VwGH 18.1.1994, 90/14/0124). Nur wenn ein Gesellschafter aus privaten oder gesellschaftsrechtlichen Gründen einen Zuschuss gewährt, so ist dieser als Kapitalrücklage zu erfassen. Private Subventionen können bestenfalls nach § 3 Abs 1 Z 16 EStG steuerfrei sein, wenn sie zur Schadensbeseitigung anlässlich eines Elementarereignisses (zB Hochwasser, Erdrutsch, Vermurung, Lawinen) dienen. Werden Geldzuwendungen mit Gegenleistungsverpflichtungen gegeben, die sich über eine gewisse Laufzeit "verbrauchen", dann ist die Subvention entsprechend abzugrenzen (EStR 2000 Rz 2548). Die herrschende Lehre geht insbesondere für § 5 - Gewinnermittler davon aus, dass auf Grund des Maßgeblichkeitsprinzips (unabhängig davon, ob handelsrechtlich die Brutto- oder Nettomethode angewandt wird) auch steuerlich private Subventionen über die Nutzungsdauer des subventionierten Anlagegegenstandes zu verteilen sind.

Anhand eines Beispiels sei die steuerliche Behandlung von Subventionen nochmals dargestellt:

Eine Kapitalgesellschaft erwirbt eine Maschine:

Anschaffungskosten	100
Nutzungsdauer	4 Jahre
Subvention	20
Steuersatz	25 %

Öffentliche Subvention			private Subvention					
Gesetzestext			herrschende Lehre			VwGH		
	AfA	Steuer	AfA	Aufl.	Steuer	AfA	Subv.	Steuer
t 1	- 20	- 5	- 25	+ 5	- 5	- 25	+ 20	-1,25
t 2	- 20	- 5	- 25	+ 5	- 5	- 25		- 6,25
t 3	- 20	- 5	- 25	+ 5	- 5	- 25		- 6,25
t 4	- 20	- 5	- 25	+ 5	- 5	- 25		- 6,25
		- 20			- 20			- 20

Beispiel A.21.

Ermitteln Sie die Anschaffungskosten folgender Investition:

Als Anschaffungspreis wird 1.000.000 vereinbart. Der Käufer erhält einen Rabatt in Höhe von 2 %. Für den Transport werden vom Verkäufer 5.000 extra verlangt. Die Montage erfolgt durch die betriebseigene Montagegruppe. Mangels näherer Aufzeichnungen wird der diesbezügliche Montageaufwand auf 10.000 geschätzt. Es wird vom Lieferanten ein Skonto von 2 % der Rechnungssumme gewährt, aber nicht in Anspruch genommen. Die Gemeinde gewährt zur Anschaffung eine nicht zurückzuzahlende Subvention in Höhe von 50.000.

Herstellungskosten

Handelsrechtlich versteht man gemäß § 203 Abs 3 HGB unter Herstellungskosten die Aufwendungen, die für die Herstellung eines Vermögensgegenstandes, seine Erweiterung oder für eine über seinen ursprünglichen Zustand hinausgehende wesentliche Verbesserung entstehen. Der Mindestansatz umfasste bis 30.6.1996 neben den Einzelkosten auch anteilige variable Material- und Fertigungsgemeinkosten. Durch das EU-GesRÄG 1996 wurde der Mindestansatz auf die Einzelkosten reduziert. Daneben dürfen angemessene Teile der Material- und der Fertigungsgemeinkosten aktiviert werden. Fixe Material- und Fertigungsgemeinkosten dürfen aktiviert werden, soweit sie angemessen sind. Unangemessen sind Aufwendungen, wenn sie periodenfremd, ungewöhnlich oder wegen Unterbeschäftigung überhöht sind. Für während der Herstellung angefallene Fremdkapitalkosten und für Aufwendungen für Sozialleistungen besteht ein Aktivierungswahlrecht. Ein Aktivierungsverbot besteht (außer bei langfristiger Auftragsfertigung gem § 206 Abs 3 HGB) für Verwaltungs- und Vertriebskosten.

Eine eigenständige explizite gesetzliche Definition eines *steuerlichen Herstellungskostenbegriffs* existiert nicht. In der Fachliteratur umstritten war in den letzten Jahren, ob der handelsrechtliche Begriffsumfang direkt maßgeblich für das Steuerrecht ist. Ausgangspunkt dieser Diskussion war, dass der Steuergesetzgeber (einige Monate nach dem Inkrafttreten des EU-GesRÄG 1996) mit dem AbgÄndG 1996 in § 6 Z 2 lit a EStG festschrieb, dass zu den Herstellungskosten auch angemessene Teile der Materialgemeinkosten und der Fertigungsgemeinkosten gehören.

Betrachtet man die systematische Stellung des § 6 Z 2 lit a EStG im Gesetz, so gilt er nur für das nicht abnutzbare Anlagevermögen und das Umlaufvermögen, nicht jedoch für das abnutzbare Anlagevermögen, das in § 6 Z 1 EStG geregelt ist. Da im Bereich des nicht abnutzbaren Anlagevermögens nach überwiegender Ansicht keine Aktivierung von Herstellungskosten vorstellbar ist (für nicht entgeltlich erworbene unkörperliche Wirtschaftsgüter des Anlagevermögens besteht ein Aktivierungsverbot), verbleibt als Anwendungsbereich der des Umlaufvermögens (insbesondere Bewertung der Vorräte). Die Bestimmung in § 6 Z 2 lit a EStG entspricht nahezu wortgleich der vor Inkrafttreten des EU-GesRÄG geltenden handelsrechtlichen Herstellungskostendefinition des § 203 Abs 3 Satz 2 HGB. Damit wurde die alte handelsrechtliche Diskussion über den Umfang der Aktivierungspflicht von Gemeinkosten in das Steuerrecht transferiert, ob nämlich nur variable oder auch fixe Gemeinkosten zu aktivieren sind. Zusätzlich ergab sich die Frage, ob für steuerliche Zwecke zu unterscheiden ist zwischen Wirtschaftsgütern des abnutzbaren Anlagevermögens, deren Mindestherstellungskosten in den Einzelkosten bestehen (=Handelsrecht), und den Wirtschaftsgütern des Umlaufvermögens, für die Einzelkosten zuzüglich variabler/fixer (?) Gemeinkosten als steuerliche Herstellungskosten gelten.

Als überwiegende Meinung hat sich zwischenzeitig herausgebildet, dass es nur einen einheitlichen steuerlichen Herstellungskostenbegriff gibt, der als Mindestansatz die Einzelkosten zuzüglich variabler und fixer Material- und Fertigungsgemeinkosten umfasst (zuletzt *Zorn*, SWK 2001/32, S 771; EStR 2000 Rz 2228).

Keine Aussage trifft das EStG bezüglich des Aktivierungsverbots überhöhter Gemeinkosten aufgrund offenbarer Unterbeschäftigung. Für dieses Aktivierungsverbot gilt genauso wie für die übrigen handelsrechtlichen Aktivierungswahlrechte (Aufwendungen für Sozialeinrichtungen und Sozialleistungen, Abfertigung und Altersvorsorge sowie mit der Herstellung zusammenhängende Finanzierungsaufwendungen) mit Ausnahme der langfristigen Verwaltungs- und Vertriebskosten iSd § 206 Abs 3 HGB, die nach Ansicht der Finanzverwaltung nicht aktiviert werden dürfen, mangels anderer Regelung, das Maßgeblichkeitsprinzip (Wartungserlass 2004 zu den EStR 2000 Rz 2199).

Zusammenfassend stellt sich der Herstellungskostenbegriff wie folgt dar:

Fertigungsmaterial
\+ Fertigungslöhne
\+ Sonderkosten der Fertigung
Einzelkosten = **hrl. Mindestansatz aufgrund GesRÄG 1996**
\+ Anteilige variable und fixe Materialgemeinkosten
\+ Anteilige variable und fixe Fertigungsgemeinkosten
strl. Mindestansatz

\+ Anteilige Fremdkapitalzinsen
\+ Anteilige Aufwendungen für Sozialeinrichtungen etc
strl. = hrl. Höchstansatz

Unter *Herstellungsaufwand eines Gebäudes* sind steuerlich auch die Aufwendungen für erhebliche Verbesserungen (die insbesondere eine Änderung der Wesensart des Wirtschaftsguts herbeiführen) zu verstehen. Dieser Herstellungsaufwand ist zu aktivieren und über die (Rest-) Nutzungsdauer abzuschreiben.

Sofort als BA abzugsfähig ist im Gegensatz dazu der *Erhaltungsaufwand* (Instandhaltungs- und Instandsetzungsaufwand). Dieser dient dazu, das Wirtschaftsgut in ordnungsgemäßem Zustand zu erhalten oder diesen wiederherzustellen (ist daher seiner Natur nach regelmäßig wiederkehrend). Ein Instandsetzungsaufwand liegt vor, wenn der Aufwand nicht zu den Anschaffungs- oder Herstellungskosten gehört und allein oder zusammen mit dem Herstellungsaufwand den Nutzungswert des Gebäudes wesentlich erhöht oder seine Nutzungsdauer wesentlich verlängert. Die Abgrenzung gegenüber dem Herstellungsaufwand erfolgt danach, ob durch den Aufwand die Wesensart des Wirtschaftsgutes geändert wird.

Fallen jedoch Erhaltungs- und Herstellungsaufwand gemeinsam an (zB bei einer Renovierung im Zuge eines Umbaus), so besteht Aktivierungspflicht für alle Aufwendungen, wenn die Erhaltungs- und Herstellungsaufwendungen nicht getrennt werden können. Eine Trennung ist sehr wohl möglich, wenn die Arbeiten zB in verschiedenen Etagen oder an verschiedenen Teilen des gleichen Wirtschaftsgutes vorgenommen werden oder der Erhaltungsaufwand unabhängig vom Herstellungsaufwand notwendig ist (zB bei gleichzeitiger Instandhaltung eines Daches im Zuge des Ausbaus des Dachgeschosses).

Eine Ausnahme stellt weiters vom Erwerber nachgeholter Instandsetzungsaufwand (anschaffungsnaher Erhaltungsaufwand innerhalb von ca 3 Jahren ab Erwerb; vgl *Bertl/Hirschler*, RWZ 2002, 262f) dar, der aktivierungspflichtig ist, wenn er den Kaufpreis des Gebäudes beeinflusst hat. Hätte nämlich der Verkäufer den Erhaltungsaufwand geleistet, so müsste der Käufer einen entsprechend höheren Kaufpreis zahlen.

Eine besondere Regelung bezüglich des Instandsetzungsaufwands enthält § 4 Abs 7 EStG. Danach ist ein Instandsetzungsaufwand zu aktivieren und über zehn Jahre verteilt abzusetzen, wenn es sich um ein zum Anlagevermögen gehörendes Gebäude handelt, das an betriebsfremde Personen für Wohnzwecke entgeltlich überlassen wird.

Beispiel A.22.

Für den Dachausbau eines betrieblich genutzten Gebäudes fielen folgende Aufwendungen an:

Materialaufwand	300.000
Personalaufwand	500.000
Materialgemeinkostenzuschlagsatz	50 %
Fertigungsgemeinkostenzuschlagsatz	80 %
Fremdkapitalzinsen	40.000
Sozialaufwand	100.000

Die Aktivierung soll jeweils zum handels- und steuerrechtlichen Mindestansatz erfolgen !

Beispiel A.23. (Fortsetzung des Beispiels A.22.)

Im Zuge des Dachausbaus wurde das schadhafte Dach repariert. Die dafür angefallenen Einzel- und Gemeinkosten in Höhe von je 100.000 sind in obiger Kostengliederung enthalten. Weiters wurde der Eingangsbereich des Gebäudes neu ausgemalt, wofür Kosten in der Höhe von 30.000 anfielen, die noch nicht in obiger Kostengliederung enthalten sind.

Welche Auswirkungen hat dies auf die zu aktivierenden Herstellungskosten ?

Abbruchkosten eines Gebäudes sind nach der Rechtsprechung des VwGH (zB VwGH 15.2.1994, 93/14/0175) gemeinsam mit dem Restbuchwert des abgebrochenen Gebäudes zu aktivieren, und zwar entweder auf die Anschaffungskosten des Grund und Boden oder auf die Herstellungskosten eines neu errichteten Gebäudes (**Opfertheorie**).

Folgende Fälle sind zu unterscheiden (siehe EStR 2000 Rz 2618):

1. Erwerb eines abbruchreifen Gebäudes in der Absicht, es abzureißen: Die Abbruchkosten gehören mit dem Kaufpreis zu den Anschaffungskosten von Grund und Boden.
2. Erwerb eines noch verwendbaren Gebäudes, das danach abgerissen wird, um einem Neubau Platz zu machen: Die Abbruchkosten und der Restbuchwert des Gebäudes gehören zu den Herstellungskosten des neuen Gebäudes. Sollte mehr abgerissen werden müssen, als ursprünglich bei Erwerb geplant, so stellen die über die ursprünglich geplanten Abbruch hinausgehenden Aufwendungen inkl. des darauf entfallenden Gebäuderestwerts einen laufenden Aufwand und nicht Herstellungskosten dar (BFH vom 15.10.1996, IX R 2/93).
3. Abbruch eines noch verwendbaren Gebäudes, das schon längere Zeit zum Betriebsvermögen gehört hat und Errichtung eines neuen Gebäudes: Dieser Sachverhalt ist nach Auffassung des VwGH genauso zu behandeln wie Fall 2. Richtigerweise handelt es sich jedoch um eine Ersatzinvestition, sodass die Abbruchkosten und der Restbuchwert einen laufenden Aufwand darstellen.
4. Abbruch eines baufälligen Gebäudes, das schon längere Zeit zum Betriebsvermögen gehört hat: Der Restbuchwert gehört zu den laufenden Betriebsausgaben, die Abbruchkosten sind laut VwGH als Herstellungskosten des unbebauten Grundstücks auf Grund und Boden zu aktivieren. Richtiger-

weise werden aber auch die Abbruchskosten einen laufenden Aufwand darstellen, da kein neuer Vermögensgegenstand geschaffen werden sollte.

Beispiel A.24.

Die Stempel - GmbH kauft ein Nachbargrundstück mit einer Lagerhalle. Für den Grund werden 800.000, für die Lagerhalle 300.000 bezahlt. Wie hoch sind die jeweiligen Anschaffungs- bzw Herstellungskosten, wenn

a) die Lagerhalle abbruchreif war, die Abbruchkosten 200.000 betragen und bei Erwerb Abbruchsabsicht bestand;

b) die Lagerhalle schon längere Zeit zum Betriebsvermögen gehört hat (Restbuchwert 100.000), sie allerdings abbruchreif ist, und die Abbruchkosten 200.000 betragen;

c) die noch verwendbare Lagerhalle gleich nach Erwerb abgerissen wird (Abbruchkosten 200.000), und eine neue Lagerhalle um 600.000 von einer Baufirma errichtet wird;

d) die noch verwendbare Lagerhalle von einer Baufirma um 400.000 generalsaniert wird;

3.2. Bewertung von Wirtschaftsgütern

3.2.1. Abnutzbares Anlagevermögen (§ 6 Z 1 EStG)

Abnutzbares Anlagevermögen ist mit den Anschaffungs- oder Herstellungskosten vermindert um die AfA zu bewerten. Ist der Teilwert (das ist jener Wert, den der Erwerber des ganzen Betriebes für das einzelne Wirtschaftgut unter going concern Prämisse ansetzen würde) niedriger als die Anschaffungs- oder Herstellungskosten abzüglich der AfA, so kann dieser angesetzt werden. Es besteht im Steuerrecht ein uneingeschränktes Wahlrecht, während handelsrechtlich bei dauernder Wertminderung zwingend abzuschreiben ist und bei nicht dauernder Wertminderung nur für das Finanzanlagevermögen ein Wahlrecht besteht.

Dabei ist zu beachten, dass eine solche Teilwertabschreibung nur beim Betriebsvermögensvergleich zulässig ist (Gewinnermittlung gemäß § 4 Abs 1 oder § 5 EStG), nicht hingegen bei Einnahmen-/Ausgaben-Rechnern gem § 4 Abs 3 EStG. Abschreibung für außergewöhnliche technische oder wirtschaftliche Abnutzung gem § 8 Abs 4 EStG können hingegen auch von Einnahmen-/Ausgabenrechnern vorgenommen werden !

Bei einheitlichen Wirtschaftsgütern (insbes. bebautes Grundstück) hat die Aufteilung der Anschaffungskosten entsprechend dem Verhältnis der Verkehrswerte der einzelnen, getrennt zu erfassenden Wirtschaftsgüter zu erfolgen. Das gleiche gilt bei Erwerb eines Betriebes (VwGH vom 23.4.1998, 96/15/0063, ÖStZB 1998, 728).

Eine Zuschreibung über den letzten Bilanzansatz hinaus ist nicht zulässig. Eine Ausnahme besteht nur für Zuschreibungen nach § 6 Z 13 EStG; danach sind handelsrechtlich vorgenommene Zuschreibungen auch steuerlich vorzunehmen. Daraus folgt, dass für § 4 Abs 1-Gewinnermittler der sog. uneingeschränkte Wertzusammenhang (ein Überschreiten des letzten Bilanzansatzes ist nicht zulässig) gilt, während für § 5-Gewinnermittler diese Einschränkung nicht gilt.

Beispiel A.25.

Die Anschaffungskosten eines Gebäudes betrugen Anfang 2004 10.000.000 (Nutzungsdauer 20 Jahre). Am Bilanzstichtag 2005 ist das Gebäude wegen befürchteter Umweltbelastungen durch eine nahe Fabrik nur noch 6.000.000 wert. Da die Fabrik aufgrund behördlicher Anordnung 2007 geschlossen wird, steigt der Wert des Gebäudes 2007 auf 12.000.000.

Geben Sie die möglichen Bewertungen 2005 und 2007 an.

3.2.2. Nicht abnutzbares Anlagevermögen und Umlaufvermögen (§ 6 Z 2 EStG)

Auch hier sind die Anschaffungs- und Herstellungskosten der Bewertungsmaßstab. Mangels planmäßiger Abnutzbarkeit kommt hier keine AfA, sondern nur eine Teilwertabschreibung in Frage. Auch in diesem Fall besteht für die Vornahme der Teilwertabschreibung ein Wahlrecht. Handelsrechtlich gilt allerdings für das Umlaufvermögen das strenge Niederstwertprinzip, dh eine Abschreibung wegen Wertminderung ist zwingend vorzunehmen.

Im Anwendungsbereich des § 6 Z 2 EStG gilt der uneingeschränkte Wertzusammenhang nicht. Sollte daher der Teilwert über dem letzten Bilanzansatz liegen, so kann dieser, höchstens jedoch die Anschaffungs- oder Herstellungskosten angesetzt werden. Eine Einschränkung dieses Wahlrechts zugunsten einer Wertaufholungspflicht erfolgt aufgrund des Verweises auf § 6 Z 13 EStG vorletzter Satz - vgl dazu näher unten 3.2.5. bei den Ausführungen zu § 6 Z 13 EStG.

Forderungen sind mit dem Nennwert anzusetzen. Eine Abzinsung hat bei längerfristigen (Laufzeit > 6-12 Monate), unverzinslichen oder niedrig verzinslichen Forderungen zu erfolgen.

Eine pauschale Wertberichtigung für Forderungen ist steuerlich nicht zulässig. Pauschal ist eine Wertberichtigung allerdings nur dann, wenn undifferenziert dem allgemeinen Forderungsrisiko Rechnung getragen wird. Soweit allerdings Forderungen deshalb wertberichtigt werden, weil sie zu einer Gruppe von Forderungen gehören, bei denen zum Bilanzstichtag konkrete Forderungsrisken erkennbar geworden sind, die die völlige Einbringlichkeit der Forderung zweifelhaft erscheinen lassen, handelt es sich nicht um eine pauschale Wertberichtigung, sondern vielmehr um eine pauschale Form der Einzelwertberichtigung (EStR 2000 Rz 2373). Der VwGH (27.8.1998, 96/13/0165, ÖStZB 1999, 192) hat jedoch ausgesprochen, dass eine „pauschale Einzelwertberichtigung" einen Widerspruch in sich darstellt. Allerdings lässt der VwGH eine „Einzelwertberichtigung im Wege der Schätzung bei tatsächlich gleichartigem Sachverhalt" hinsichtlich verschiedener Forderungen zu (RWZ 1999/3, 72; RWZ 1999/5, 132; SWK 1999/10, S252; RdW 1999/9, 624). In der Praxis werden diese beiden Konzepte zu weitgehend deckungsgleichen Ergebnissen führen.

Beispiel A.26.

Die Kaiser - GmbH hat zum Bilanzstichtag X1 Forderungen aus Lieferungen und Leistungen in Höhe von netto EUR 1 Mio.

Im Forderungsbestand sind mehrere fällige Forderungen im Gesamtbetrag von netto EUR 100.000 enthalten, für die bereits die zweite Mahnung ausgesprochen wurde.

Zwei weitere Forderungen in Gesamthöhe von EUR 50.000 (netto), die trotz dreimaliger Mahnung nicht bezahlt wurden, sind einem Rechtsanwalt übergeben worden, um sie einzuklagen.

Die Kaiser-GmbH rechnet basierend auf langjährigen Erfahrungen bei Forderungen in der zweiten Mahnstufe mit einem Ausfall von 10 % und bei solchen, die mittels Rechtsanwalt eingeklagt werden müssen, von 30 %.

Für die nicht einzelwertberichtigten Forderungen wurde bisher eine Wertberichtigung von 1,5 % des Forderungsnennbetrages gebildet (Stand zum Bilanzstichtag X0: EUR 15.000).

Mit welchem Wert sind die Forderungen aus Lieferungen und Leistungen in der Bilanz anzusetzen ?

Soweit abgeschriebene (einzelwertberichtigte) Forderungen in den Folgejahren eingehen, tritt eine Erfolgswirksamkeit erst ein, wenn der erhaltene Betrag den Buchwert der berichtigten Forderung übersteigt.

Beispiel A.27.

Der offene Betrag einer Forderung beträgt am 31.12.X1 100.000. Aufgrund von Zahlungsschwierigkeiten des Kunden wird die Forderung um 20 % wertberichtigt. Am 31.12.X2 ist noch ein Betrag von 30.000 offen, der restliche Betrag (70.000) wurde während des abgelaufenen Jahres bezahlt. X3 gingen weitere 25.000 ein.

Nehmen Sie die mit der Forderung zusammenhängenden Buchungen für X1 bis X3 vor.

3.2.3. Verbindlichkeiten (§ 6 Z 3 EStG)

Verbindlichkeiten sind gemäß § 6 Z 3 EStG mit dem Rückzahlungsbetrag anzusetzen. Der Unterschiedsbetrag zwischen Rückzahlungsbetrag und aufgenommenen Betrag (Disagio) und mit der Verbindlichkeit unmittelbar zusammenhängende Geldbeschaffungskosten sind zu aktivieren und zwingend über die Laufzeit der Verbindlichkeit zu verteilen (handelsrechtlich besteht für die Aktivierung des Disagios ein Wahlrecht, für Geldbeschaffungskosten besteht ein solches nicht mehr).

Langfristige Verbindlichkeiten sind allerdings abzuzinsen, wenn sie Zinsanteile enthalten. Ansonsten ist eine Abzinsung aufgrund des Höchstwertprinzips und des Realisationsprinzips nicht möglich (VwGH 23.11.1994, 91/13/0111).

Beispiel A.28.

Ermitteln Sie die Verbindlichkeit im Zeitpunkt der Anschaffung für folgendes Finanzierungsleasinggeschäft:

Bei Übergabe der Maschine ist ein Betrag von 200.000 fällig. Im gleichen und im darauffolgenden Jahr ist jeweils eine Rate von 300.000 im nachhinein zu bezahlen. Nach drei Jahren kann der Leasingnehmer gegen eine Restrate von 480.000 die Maschine ins Eigentum erwerben. Leistungs- und Kreditgeschäft werden gesondert abgerechnet. Die Vertragsparteien kalkulieren das Geschäft mit einem Zinssatz von 10 %.

Rückstellungen

Rückstellungen waren abgesehen von Abfertigungs- und Pensionsrückstellungen (siehe Kapitel A.II.6.) bis zum SteuerreformG 1993 nicht ausdrücklich geregelt. Die Bildung von Rückstellungen ergab sich aus den handelsrechtlichen GoB. Unterschiede zwischen Handelsbilanz und Steuerbilanz bestanden außer bei Abfertigungs- und Pensionsrückstellungen nicht. Um die Weiterentwicklung der handelsrechtlichen GoB im Bereich der Rückstellungen nicht unmittelbar auf das Steuerrecht durchschlagen zu lassen, wurden die Rückstellungen für steuerliche Zwecke mit SteuerreformG 1993 in § 9 EStG geregelt. Demnach dürfen Rückstellungen **nur** gebildet werden für

1. Anwartschaften auf Abfertigungen,
2. laufende Pensionen und Anwartschaften auf Pensionen,
3. sonstige ungewisse Verbindlichkeiten, wenn die Rückstellungen nicht Abfertigungen, Pensionen oder Jubiläumsgelder betreffen,
4. drohende Verluste aus schwebenden Geschäften.

Die Rückstellungen der Z 1 und 2 sowie Jubiläumsgeld- und Urlaubsrückstellungen werden in Kapitel A.II.6. im Detail dargestellt. ***Verbindlichkeitsrückstellungen*** sind Rückstellungen für ungewisse Verbindlichkeiten aus bereits von einer Vertragspartei erfüllten Geschäften. ***Rückstellungen für drohende Verluste aus schwebenden Geschäften*** sollen Risiken von noch keiner Vertragspartei erfüllten, aber bereits vereinbarten Geschäften berücksichtigen. Zu dieser Kategorie gehören auch die Rückstellungen für drohende Verluste aus Dauerschuldverhältnissen. Bei diesen ist eine Rückstellung zu bilden, soweit aus der weiteren Abwicklung des Dauerschuldverhältnisses ein Verlust droht, dh wenn der Wert der eigenen Verpflichtung aus dem Geschäft den Wert des Anspruchs aus der Gegenleistung übersteigt. Dabei kommt es auf die bereits abgewickelten Leistungen/Gegenleistungen im Rahmen des Dauerschuldverhältnisses nicht mehr an („Restlaufzeitbetrachtung“). Aufwendungen und Erträge, die sich aus wechselseitigen Forderungen und Verbindlichkeiten der Vertragspartner ergeben, sind miteinander zu saldieren, wobei der BFH (GrS 2/93, 23.6.1997, „Apotheker-Erkenntnis“) von einem weiten Saldierungsbereich ausgeht (RWZ 1998/4, 108).

Die Bildung von Rückstellungen ist nur dann zulässig, wenn konkrete Umstände nachgewiesen werden können, nach denen im jeweiligen Einzelfall mit dem Vorliegen oder dem Entstehen einer Verbindlichkeit (eines Verlustes) ernsthaft zu rechnen ist. Rückstellungen sind mit dem nach vernünftiger kaufmännischer

Beurteilung notwendigen Betrag anzusetzen. Pauschale Rückstellungen dürfen (wie pauschale Wertberichtigungen) ab 1994 nicht mehr gebildet werden.

Bei Rückstellungen für ungewisse Verbindlichkeiten ist eine Abzinsung (RdW 1999/6, 432) dann vorzunehmen, wenn in der Rückstellung ein Zinsanteil enthalten ist. Ob ein Zinsanteil enthalten ist, wird differenziert beurteilt, je nachdem, ob es sich um eine Sachleistungsrückstellung oder um eine Geldleistungsrückstellung handelt. Bei Sachleistungsverpflichtungen ist idR eine Abzinsung ausgeschlossen. Geldleistungsverpflichtungen sind abzuzinsen, wenn ein (verdecktes) Kreditgeschäft vorliegt, bei tatsächlich unverzinslichen Schulden ist eine Abzinsung nicht möglich. Ob Drohverlustrückstellungen abzuzinsen sind, wird kontrovers diskutiert.

Umstritten ist vielfach der Zeitpunkt der Rückstellungsbildung. Rückstellungen für Verpflichtungen aus in der Vergangenheit verursachten Aufwendungen sind zu bilden, wenn der Eintritt der Verpflichtung wahrscheinlich ist, dh in der Regel mehr Gründe für als gegen den Eintritt der Verpflichtung sprechen. Hinsichtlich *Rückstellungen für Umweltschäden* hat dies der VwGH mit Erkenntnis vom 10.10.1996, 94/15/0089, (ÖStZB 1997, 357) insoweit umschrieben, als eine Rückstellung dann zu bilden ist, wenn eine Leistungspflicht aufgrund der in der Vergangenheit gesetzten Tatbestandsverwirklichung (Umweltverschmutzung) gesetzlich in dem Maße vorgezeichnet ist, dass sie absehbar und abschätzbar ist und der zuständigen Behörde die Voraussetzungen für die Geltendmachung der Leistungspflicht des Unternehmers bekannt sind oder mit hoher Wahrscheinlichkeit bekannt werden (SWK 1999/11, W 53; RdW 1998/9, 574; SWK 1997/8, S 235). Diese (hohe) Wahrscheinlichkeit ist letztlich vom Unternehmer selbst zu beurteilen, wobei er uE nicht so einfach davon ausgehen kann, dass der Behörde die Umweltverschmutzung nicht bekannt wird (restriktiv EStR 2000 Rz 3519).

Beispiel A.29.

Die "Mayer KG" wurde im laufenden Jahr von der "Streit-AG" auf 150.000 Schadenersatz verklagt. Die "Mayer KG" rechnet zu 60 % mit einer Verurteilung zu 100.000 Schadenersatz.

Ist im laufenden Jahr eine Rückstellung zu bilden, wenn ja, in welcher Höhe ?

Beispiel A.30.

Am 10.12.2004 wird folgende Bestellung gemacht: 100 Tonnen Spezialstahl zum Fixpreis von 100 pro Tonne, Lieferung Mai 2005. Am Bilanzstichtag 31.12.2004 liegt der Preis je Tonne Spezialstahl bei 90. Im Februar, bei Bilanzerstellung liegt der Wert bei 85 je Tonne.

Geben Sie die bilanziellen Auswirkungen an.

Mit Budgetbegleitgesetz 2001 hat der Gesetzgeber dem **§ 9 EStG** einen **Abs 5** angefügt, wonach Rückstellungen mit einer Laufzeit ≥ 12 Monaten für steuerliche Zwecke nur mit 80 % des (unabgezinsten) Teilwertes anzusetzen sind. Nicht davon betroffen sind Rückstellungen, die nach § 14 EStG gebildet werden (Abfertigungs-, Pensions- und Jubiläumsgeldrückstellungen), und nach den EStR 2000 Rz 3309b generell auch Urlaubsrückstellungen. Bei bereits (handelsbilanziell) abgezinsten Rückstellungen ist nach Auffassung der Finanzverwaltung (EStR 2000 Rz 3309e) eine Vergleichsrechnung (Rückstellung von 80 % des nicht abgezinsten Betrages) vorzunehmen. Der jeweils niedrigere Betrag sei anzusetzen. § 9 Abs 5 EStG ist erstmals bei der Veranlagung 2001 anzuwenden und betrifft auch Rückstellungen, die bereits am vorhergehenden Bilanzstichtag ausgewiesen waren. Um Härten bei der erstmaligen Anwendung abzumildern, sieht § 124 b Z 46 lit b EStG vor, dass ein Gewinn, der durch den erstmaligen gekürzten Ansatz entsteht, über fünf Jahre verteilt versteuert werden kann (EStR 2000 Rz 3309f).

3.2.4. Einlagen (§ 6 Z 5 EStG) und Entnahmen (§ 6 Z 4 EStG)

Grundlage eines „Erwerbs“ ist das Vorliegen einer Gegenleistung (Kauf, Tausch). Im Gegensatz dazu stellen „Entnahmen“ die Verwendung eines Wirtschaftsguts (Bargeld, Waren aber auch Nutzungen und Leistungen) für betriebsfremde Zwecke dar. Bei „Einlagen“ werden dem Betrieb hingegen Wirtschaftsgüter aus betriebsfremden Quellen (Privatsphäre) zugeführt.

Beispiel A.31.

Der Gesamtaufwand für einen betrieblichen PKW (Taxi) beträgt 6.500 (AfA, Reparaturen). Laut Fahrtenbuch beträgt der Anteil der Privatfahrten mit diesem KfZ 20%.

Wie hoch sind die steuerlich abzugsfähigen Betriebsausgaben ?

Die Bewertung von Entnahmen und Einlagen regelt § 6 Z 4 und Z 5 EStG: **Entnahmen** sind mit dem Teilwert zum Entnahmezeitpunkt anzusetzen. Der Teilwert ist dabei jener Teil des (fiktiven) Kaufpreises, den ein Erwerber des gesamten Betriebs für das einzelne Wirtschaftsgut ansetzen würde, wenn er den Betrieb fortführt (= kein Zerschlagungswert, kein Einzelveräußerungspreis, vgl § 6 Z 1 EStG). Beim Teilwert handelt es sich daher idR um den Wiederbeschaffungspreis, wohingegen sich der sog. gemeine Wert zumeist mit dem Einzelveräußerungspreis deckt. Für Wirtschaftsgüter des Anlagevermögens wird dabei zumeist die Relation

$$\text{Teilwert} \geq \text{gemeiner Wert}$$

gelten (da der Unternehmer im anderen Fall mehr Nutzen aus der Veräußerung als der weiteren Verwendung des WG ziehen würde).

Für Wirtschaftsgüter des Umlaufvermögens gilt im allgemeinen die Gleichung:

$$\text{Teilwert} + \text{Gewinnspanne} = \text{gemeiner Wert}$$

Da die exakte Ermittlung des Teilwerts zumeist kaum durchführbar ist, haben sich in der Praxis die sog. „Teilwertvermutungen“ herausgebildet. Dabei wird für die WG des AV als Teilwert idR der Buchwert (AKO - kumulierte AfA) angesetzt. Ein abweichender Teilwert kann allerdings nachgewiesen werden (es kommt dann, wenn der Buchwert größer als der Teilwert ist, zur Teilwertabschreibung iS § 6 Z 1 EStG 1988).

Umsatzsteuerliche Bemessungsgrundlage für die Entnahme von Gegenständen ist ebenfalls der Teilwert. Die Umsatzsteuer beim Entnahmeeigenverbrauch beläuft sich jedoch maximal auf den Betrag der geltend gemachten Vorsteuer.

Beispiel A.32.

Ein Elektrohändler kauft zu Jahresbeginn einen Kühlschrank (400 + 20 % USt). Noch in der ersten Jahreshälfte entnimmt er ihn (der Wiederbeschaffungswert beträgt 450).

Wie lauten die dafür anfallenden Buchungen ?

Welche Steuerbelastung resultiert daraus ?

Die Bewertung von **Einlagen** regelt § 6 Z 5 EStG: Grundsätzlich sind Einlagen mit dem Teilwert im Zeitpunkt der Zuführung anzusetzen. Dies gilt für Grundstücke (grundstücksgleiche Rechte), die vor mehr als 10 Jahren, bzw für sonstige Wirtschaftsgüter, die vor mehr als einem Jahr (entgeltlich) erworben wurden. Der Teilwert ist unabhängig davon anzusetzen, ob die historischen Anschaffungs- oder Herstellungskosten höher oder niedriger als der aktuelle Teilwert sind und ob die eingelegten Wirtschaftsgüter vorher zur Erzielung von Einkünften verwendet worden sind.

Da die Umgehung des Spekulationstatbestandes (§ 30 EStG) vermieden werden soll, sind die obgenannten Fristen identisch mit den Spekulationsfristen. Bei Einlage vor Fristablauf kann dies jedoch auch zum Transfer von in der Privatsphäre entstandenen (nicht steuerbaren) Wertsteigerungen in den (steuerhängigen) betrieblichen Bereich führen.

Die Fristen sind stichtagsmäßig zu berechnen. Bei Grundstücken, auf denen später Gebäude errichtet werden, läuft diese Frist ab dem Anschaffungszeitpunkt des Grundstücks. Bei unentgeltlichem Erwerb ist auf den Zeitpunkt des letzten entgeltlichen Erwerbs abzustellen.

Andere Wertansätze gelten hingegen für Grundstücke (grundstücksgleiche Rechte), die vor weniger als 10 Jahren, bzw für sonstige Wirtschaftsgüter, die vor weniger als einem Jahr erworben wurden (GesRZ 1996, 1). Sie müssen, hinsichtlich ihrer bisherigen Verwendung, in folgende Gruppen eingeteilt werden:

Wirtschaftsgüter, die vor der Einlage nicht zur Erzielung von Einkünften verwendet wurden:

Diese Wirtschaftsgüter sind bei Einlage ins BV mit dem Teilwert, maximal jedoch mit den historischen Anschaffungskosten (kein Abzug von AfA für die Zeit der Privatnutzung) anzusetzen. Sollten stillen Reserven im Privatvermögen entstanden sein, werden sie auf diese Weise ins Betriebsvermögen transferiert.

Wirtschaftsgüter, die vor der Einlage zur Erzielung außerbetrieblicher Einkünfte verwendet wurden:

Auch hier ist für die Bewertung der Einlage der Teilwert, höchstens jedoch sind die seinerzeitigen Anschaffungs- oder Herstellungskosten heranzuziehen. Hiervon sind die geltend gemachten Abschreibungen abzuziehen, um eine doppelte Erfassung derselben zu vermeiden. Als Abschreibungen für die Zeit der außerbetrieblichen Nutzung (Einkünfte V&V) ist die tatsächlich steuerlich geltend gemachte AfA gemäß § 16 Abs 1 Z 8 lit e EStG (1,5 % pa) und eine allfällige AfA gemäß § 28 Abs 3 EStG zu berücksichtigen.

Wirtschaftsgüter, die vor der Einlage zur Erzielung betrieblicher Einkünfte verwendet wurden:

a. früher im Betriebsvermögen befindlich

Die Wirtschaftsgüter sind mit dem Teilwert im Einlagezeitpunkt, höchstens jedoch mit dem Teilwert (im Entnahmezeitpunkt) bzw dem gemeinen Wert (bei Betriebsaufgabe) anzusetzen.

b. früher im Privatvermögen befindlich

(untergeordnete betriebliche Nutzung = Nutzungseinlage mit anteiliger AfA)

Zur Vermeidung von Mehrfachabschreibungen sind die historischen Anschaffungs- bzw Herstellungskosten vermindert um die geltend gemachten AfA-Beträge anzusetzen.

Beispiel A.33.

Ein 1998 angeschafftes Gebäude (AKO damals 1.000.000) wurde mit einem Kostenaufwand von 300.000 bei der Anschaffung (1998) renoviert. Es wurde im Zeitraum 1998 - 2003 (6 Jahre) genutzt. Der Teilwert 2004 (= Zeitpunkt der Einlage) beträgt 1.400.000.

a. Wie hoch ist diese Einlage zu bewerten, wenn sich das Gebäude während seiner Nutzung im Privatvermögen befand ?

b. Wie hoch ist diese Einlage zu bewerten, wenn mit dem Gebäude während seiner Nutzung außerbetriebliche Einkünfte (V&V) erzielt wurden (Abschreibung gem § 16 Abs 1 Z 8 lit e EStG) ?

c. Wie hoch ist diese Einlage zu bewerten, wenn das Gebäude schon bisher Betriebsvermögen war ? In diesem Zeitraum konnte (steuerlich zulässig, bei betrieblicher Nutzung) eine Gebäude-AfA in Höhe von 5 % p.a. verrechnet werden.

d. Wie hoch ist diese Einlage zu bewerten, wenn das Privatgebäude im Ausmaß von 10% betrieblich genutzt wurde (AfA-Satz 5 %) ?

3.2.5. Sonstige Bewertungsgrundsätze

Werden Wirtschaftsgüter eines im Inland gelegenen Betriebes (Betriebstätte) ins Ausland in einen anderen Betrieb (Betriebstätte) desselben Stpfl. überführt, so sind sie gem **§ 6 Z 6 EStG** mit dem fiktiven Veräußerungspreis zu bewerten. Damit wird vermieden, dass anlässlich des Wechsels von Wirtschaftsgütern vom Inland in das Ausland stille Reserven unversteuert bleiben. Genauso behandelt wird die Betriebsverlegung ins Ausland. Durch das AbgÄG 2004 wurde die Bestimmung aus gemeinschaftsrechtlichen Gründen (vgl EuGH

11.03.2004, Rs C-9/02, „Hughes de Lasteyrie du Saillant"; vgl zu den weitreichenden Konsequenzen des Urteils ua *Fraberger/Zöchling*, ÖStZ 2004, 410 ff und 433 ff; *Schindler*, GeS 2004, 184 ff; *Aigner/Tissot*, SWI 2004, 293 ff; *Beiser*, ÖStZ 2004, 282 ff; *Körner*, IStR 2004, 424 ff; *Marschner*, GeS 2004, 180 ff ua) entschärft: Auf Antrag des Steuerpflichtigen unterbleibt die Besteuerung der stillen Reserven bis zur deren Realisierung (zB Veräußerung, sonstiges Ausscheiden aus dem Betriebsvermögen), wenn Wirtschaftsgüter in einen Betrieb (Betriebsstätte) desselben Steuerpflichtigen oder Betriebe in einen Staat der EU oder des EWR überführt werden. Als Realisation gilt auch eine spätere Überführung in einen Staat, der nicht der EU bzw dem EWR angehört. Die Festsetzung der Besteuerung bei Realisation der stillen Reserven erfolgt durch Abänderung des Bescheides des Wegzugsjahres, da die Realisation als rückwirkendes Ereignis iSd § 295a BAO gilt. Eine allfällige höhere Steuerschuld unterliegt dabei nicht der Anspruchsverzinsung iSd § 205 BAO. Versteuert werden nur tatsächlich realisierte Wertsteigerungen, maximal in Höhe der zum Wegzugszeitpunkt vorhandenen stillen Reserven. Sollte es zwischen dem Transfer und der Realisation zu Wertminderungen kommen, so kürzen diese die Steuerbemessungsgrundlage bis maximal null, dh es kann sich insgesamt kein Verlust ergeben. Werden Wirtschaftsgüter vom EU-/EWR-Ausland ins Inland rücküberführt bzw werden Betriebe (Betriebsstätten) wieder ins Inland zurückverlegt, ist der Buchwert vor Überführung bzw Verlegung anzusetzen, daher bleiben im Ausland eingetretene Wertsteigerungen unberücksichtigt. Bei der Überführung bzw Verlegung von Wirtschaftsgütern bzw Betrieben vom Ausland ins Inland ist ebenfalls der fiktive Veräußerungspreis anzusetzen. Zu beachten ist, dass in der Neuregelung auch explizit grenzüberschreitende sonstige Leistungen genannt werden.

Unentgeltlich aus betrieblichem Anlass erworbene Wirtschaftsgüter werden gem **§ 6 Z 9 EStG** mit den fiktiven AKO (jener Betrag, den der Stpfl. hätte aufwenden müssen) bewertet. Der unentgeltliche Erwerb eines Betriebs (Teilbetriebs, Mitunternehmeranteils) führt zur sog. Buchwertfortführung, dh die Buchwerte sämtlicher Aktiva und Passiva werden vom Unternehmensnachfolger entsprechend übernommen und fortgeführt. Bei unentgeltlichem Erwerb einzelner Wirtschaftsgüter aus privatem Anlass (Schenkung, Erbschaft), erfolgt der Erwerb zunächst in der Privatsphäre. Für den Schenkenden stellt der Vorgang daher eine Entnahme dar. Erst danach können die Wirtschaftsgüter ins Betriebsvermögen überführt werden, weshalb hier wieder die Einlagenbewertung des § 6 Z 5 EStG anzuwenden ist.

Bei der Bewertung von mit Hilfe öffentlicher Mittel angeschafften Wirtschaftsgütern (**§ 6 Z 10 EStG**) können nur die vom Stpfl. selbst eingesetzten Beträge als AKO angesetzt (und in der Folge abgeschrieben) werden. Es erfolgt eine Kürzung der AKO um die öffentlichen Zuschüsse (vgl Kap. 3.1. über die Anschaffungskosten).

§ 6 Z 13 EStG normiert, dass, wenn nach Maßgabe der handelsrechtlichen GoB im handelsrechtlichen Jahresabschluss IFBs, Mietzinsrücklagen, die Übertragung stiller Reserven oder Übertragungsrücklagen ganz oder teilweise rückgängig gemacht oder Anlagegüter (Zuschreibung gemäß § 208 Abs 1 HGB) aufgewertet werden, diese Zuschreibungen auch für den steuerlichen Wertansatz maßgebend sind und den steuerlichen Gewinn dieses Jahres erhöhen (EStR 2000 Rz 2574 ff). Diese Bestimmung stellt die einzige Durchbrechung des in § 6 Z 1 EStG festgelegten „uneingeschränkten Wertzusammenhangs" für abnutzbares Anlagevermögen dar. Nach dem Gesetzeswortlaut ist sowohl der absolute Zuschreibungsbetrag (mit Gewinnerhöhungswirkung) als auch der handelsrechtliche Wertansatz für das Steuerrecht maßgeblich. Diese „doppelte Maßgeblichkeit" führt aber in jenen Fällen zu Problemen, in denen handelsrechtliche und steuerrechtliche Abschreibungen voneinander abweichen (RWZ 1994, 226; RWZ 1999/12, 373). Zur Veranschaulichung sei dies anhand folgender Beispiele dargestellt:

Beispiel 1:

	Handelsrecht	Steuerrecht
Buchwert (vor Zuschreibung)	60	100
erfolgswirksame Zuschreibung	70	70
Buchwert (= Basis für zukünftige hrl. und strl. Abschreibung)	130	130

Steuerlich ergibt sich eine erfolgswirksame Zuschreibung von 70. Für eine zukünftige Abschreibung stehen aber infolge der Maßgeblichkeit des erhöhten hrl. Wertansatzes nur 130 statt 170 zur Verfügung. 40 wirken daher definitiv gewinnerhöhend, sie können nicht mehr abgeschrieben werden. Noch augenscheinlicher wird das Problem bei folgender Konstellation:

Beispiel 2:

	Handelsrecht	Steuerrecht
Buchwert (vor Zuschreibung)	60	100
erfolgswirksame Zuschreibung	30	30
Buchwert (= Basis für zukünftige hrl. und strl. Abschreibung)	90	90

Die hrl. Zuschreibung führt zu einer strl. erfolgswirksamen Zuschreibung von 30. Zusätzlich vermindert sich die Abschreibungsbasis um 10, eine Abschreibung von insgesamt 40 wird verhindert.

Die dargestellte Situation ist äußerst unbefriedigend und erscheint verfassungsrechtlich bedenklich. Auslegungsversuche, die den absoluten Zuschreibungsbetrag als maßgeblich erachten, erbringen allerdings auch kein verfassungskonformes Ergebnis. Der Gesetzeshalbsatz *„...so sind diese Zuschreibungen auch für den steuerlichen Wertansatz maßgebend und erhöhen den steuerlichen Gewinn ...“* müsste in jenen Fällen, in denen strl. und hrl. Abschreibungen auseinanderfallen, im Wege der „teleologischen Reduktion“ interpretiert werden, sodass im Ergebnis der Wertansatz nach handelsrechtlicher Zuschreibung als oberste Grenze anzusehen ist, eine Zuschreibung in absoluter Höhe steuerlich daher höchstens in Höhe der handelsrechtlichen Zuschreibung erfolgen kann, jedoch auch geringer sein kann (RWZ 1994, 226; SWK 1997/12, 308; RWZ 1999/12, 373). Der gegenwärtige Gesetzeswortlaut muss jedenfalls als verunglückt bezeichnet werden.

Dem Gesetzeszweck entsprechend sollte daher für die oben dargestellten Beispiele die Lösung wie folgt aussehen:

Beispiel 1: Steuerlich wirksame Zuschreibung lediglich in Höhe von 30.

Beispiel 2: Steuerlich erfolgt keine Zuschreibung. Liegt keine dauernde Wertminderung vor, wird auch keine Abschreibung vorgenommen, sondern der bisherige Buchwert beibehalten.

In beiden Fällen wird damit erreicht, dass die gesamten Anschaffungs- bzw Herstellungskosten über die Nutzungsdauer tatsächlich abgeschrieben werden, wodurch § 6 Z 13 EStG mit dem Konzept des § 6 Z 1 EStG übereinstimmt.

Handelsrechtlich besteht seit Inkrafttreten des EU-GesRÄG 1996 gemäß **§ 208 Abs 1 HGB** eine Zuschreibungspflicht, sofern die Gründe für die vorangegangene außerplanmäßige Abschreibung nicht mehr bestehen. Diese zwingende handelsrechtliche Vorschrift wird allerdings durch die Bestimmung des § 208 Abs 2 HGB relativiert, wonach von einer Zuschreibung dann abgesehen werden darf, wenn der niedrigere Wertansatz bei der steuerrechtlichen Gewinnermittlung unter der Voraussetzung beibehalten werden kann, dass er auch im (handelsrechtlichen) Jahresabschluss beibehalten wird. Diese etwas missverständlich formulierte Bestimmung des § 208 Abs 2 HGB wird von der überwiegenden Literatur im Sinne einer umgekehrten Maßgeblichkeit derart interpretiert, dass dann, wenn steuerlich der niedrigere Wert beibehalten wird, dieses steuerliche Beibehaltungswahlrecht auch zu einer handelsrechtlichen Wertbeibehaltung berechtigt. Da das EStG bzw KStG bis 1996 keine

Verpflichtung zur Zuschreibung vorsahen, wurde aus der handelsrechtlichen Zuschreibungspflicht ein durch die steuerliche Ertragssituation beeinflusstes Zuschreibungswahlrecht.

Sollte allerdings handelsrechtlich - aus welchen Gründen immer - keine Wertbeibehaltung, sondern eine Zuschreibung erfolgen, so führt dies in Anwendung des (klassischen) Maßgeblichkeitsprinzips auch steuerlich zu einer entsprechenden Zuschreibungspflicht.

Mit dem AbgÄG 1996 wurden § 6 Z 13 EStG folgende zwei Sätze angefügt: *„Soweit nach Maßgabe der handelsrechtlichen Grundsätze ordnungsmäßiger Buchführung eine Zuschreibung zulässig ist, hat der Steuerpflichtige bei Anteilen an Körperschaften, die zum Anlagevermögen gehören, den höheren Teilwert anzusetzen. Dies hat nur insoweit zu erfolgen, als es sich um eine Beteiligung im Sinne des § 228 Abs 1 HGB handelt.“* Da bei Wegfall der Gründe der vorangegangenen außerplanmäßigen Abschreibung handelsrechtlich eine Zuschreibung zu erfolgen hat, die nur aufgrund der steuerlichen Beibehaltungsmöglichkeit im Sinne des § 208 Abs 2 HGB nicht vorgenommen werden braucht, ist in den Fällen, in denen nunmehr eine Zuschreibung steuerlich angeordnet wird, auch zwingend eine handelsrechtliche Zuschreibung vorzunehmen.

Das BMF hat mit Erlass vom 26.11.1999, der in die EStR 2000 Rz 2583 ff übernommen wurde, zur Auslegung der Bestimmung Stellung genommen. Die steuerliche Zuschreibungspflicht besteht nur unter folgenden Voraussetzungen:

- Es muss sich bei dem von der Zuschreibungsmöglichkeit betroffenen Wirtschaftsgut um einen Anteil an einer Körperschaft (Aktien einer AG, GmbH-Anteile, Anteile an einer Erwerbs- und Wirtschaftsgenossenschaft, nicht hingegen Anteile an Personengesellschaften) handeln.
- Die Zuschreibungspflicht ist erstmalig bei der Veranlagung 1998 zu beachten und betrifft bei oben genannte Beteiligungen nur Wertsteigerungen nach außerplanmäßigen Abschreibungen, die ab dem Veranlagungsjahr 1998 eintreten.
- Der Anteil muss zum Anlagevermögen des Steuerpflichtigen gehören. Anteile an Körperschaften, die zum Umlaufvermögen gehören, sind von der steuerlichen Zuschreibungspflicht nicht erfasst, für diese gilt nach wie vor die umgekehrte Maßgeblichkeit des § 208 Abs 2 HGB.
- Die Zuschreibungspflicht besteht für oben genannte Anteile nur dann, wenn es sich bei dem Anteil um eine Beteiligung im Sinne des § 228 **Abs 1** HGB handelt. Nach dem BMF-Erlass bezieht sich der Verweis nur auf den **dritten Satz** des § 228 Abs 1 HGB. Dies bedeutet, dass nur

Beteiligungen von mindestens 20% von der Bestimmung erfasst sind. Eine Prüfung, ob eine geringere Beteiligung die Voraussetzungen des § 228 Abs 1 erster und zweiter Satz bzw § 228 Abs 2 oder 3 HGB erfüllt, hat somit für Zwecke des § 6 Z 13 EStG zu unterbleiben.

Beispiel A.34.

Ein Vollkaufmann weist in seinem Jahresabschluss zum 31.12.1996 eine 10 %-ige (*Variante 30 %-ige*) Beteiligung an einer GmbH, zu der eine dauernde Verbindung besteht, im Anlagevermögen mit einem Buchwert von 700 aus. Im Jahr 1996 wurde auf diese Beteiligung eine außerplanmäßige Abschreibung von 300 vorgenommen. Im Jahr 1997 fällt der Grund für die außerplanmäßige Abschreibung teilweise weg, weshalb eine Zuschreibung von 200 möglich ist. Im Jahr 2005 fällt der Grund für die außerplanmäßige Abschreibung zur Gänze weg.

Welche bilanziellen Konsequenzen ergeben sich in den Jahren 1997 - 2005?

Besteht die Gegenleistung für eine Lieferung nicht in Geld sondern in einer Lieferung, so liegt ein Tausch vor. Im Einkommensteuerrecht wird beim Tausch von Wirtschaftsgütern jeweils eine Anschaffung des im Tauschwege erworbenen und eine Veräußerung des hingegebenen Wirtschaftsgutes angenommen (**§ 6 Z 14 lit a EStG**). Als Veräußerungspreis des hingegebenen Wirtschaftsgutes und als Anschaffungskosten des erworbenen Wirtschaftsgutes sind jeweils der gemeine Wert des hingegebenen Wirtschaftsgutes anzusetzen. Umsatzsteuerlich allerdings gilt der Wert jedes Umsatzes als Entgelt für den anderen Umsatz (§ 4 Abs 6 UStG). Somit besteht das Engelt für das hingegebene Wirtschaftsgut (= Bemessungsgrundlage für die Umsatzsteuer) im allgemeinen im gemeinen Wert des hereingenommenen Wirtschaftsgutes (alles, was der Tauschpartner aufgewendet hat). Als Entgelt für das hereingenommene Wirtschaftsgut (= Bemessungsgrundlage für die Vorsteuer) ist im allgemeinen der gemeine Wert des hingegebenen Wirtschaftsgutes anzunehmen (alles, was wir aufwenden mussten).

Diese Gesetzeslage, dass nämlich einkommensteuerlich der Anschaffungswert des erworbenen Wirtschaftsgutes im gemeinen Wert des hingegebenen Wirtschaftsgutes besteht, umsatzsteuerliches Entgelt aber der gemeine Wert des erworbenen Wirtschaftsgutes ist, hat zur Konsequenz, dass es zu Abweichungen des einkommensteuerlichen Erlöses vom umsatzsteuerlichen Entgelt kommen kann. Stimmen die gemeinen Werte der getauschten Wirtschaftsgüter nicht überein, ergeben sich weitere Probleme.

Beispiel A.35.

Unternehmer A tauscht einen PC (gemeiner Wert = Buchwert = 2.000) gegen einen Laptop des Unternehmers B (gemeiner Wert = Buchwert = 1.600).

Wie haben A und B diesen Tauschvorgang zu verbuchen ?

Besteht zwischen dem gemeinen Wert des hingegebenen und dem des erworbenen Wirtschaftsgutes eine Differenz, und wird diese durch eine Zuzahlung ausgeglichen, ist zu beachten, dass gem § 6 Z 8 lit b UStG Umsätze von gesetzlichen Zahlungsmitteln umsatzsteuerbefreit sind. Daher sind für die Ermittlung der Bemessungsgrundlage der Vorsteuer Zuzahlungen dem gemeinen Wert des hingegebenen Wirtschaftsgutes hinzuzuzählen, während das Entgelt für das hingegebene WG und damit die Basis für die Berechnung der Umsatzsteuer im gemeinen Wert des erworbenen Wirtschaftsgutes besteht. Zugleich vermindert die Zuzahlung die Anschaffungskosten der erhaltenen Wirtschaftsgüter.

Beispiel A.36.

Unternehmer A tauscht einen PC (gemeiner Wert = Buchwert = 2.000) gegen einen Laptop des Unternehmers B (gemeiner Wert = Buchwert = 1.600).

B leistet eine Aufzahlung in Höhe von 400.

Wie haben A und B diesen Tauschvorgang steuerlich zu behandeln ?

Einkommensteuerrechtlich kommt es beim Tausch grundsätzlich zu einer Gewinnrealisierung, wenn im hingegebenen Wirtschaftsgut stille Reserven enthalten sind. Ausnahmen bestehen hinsichtlich § 12 EStG und im Umgründungssteuergesetz.

Die „Einlage" von Wirtschaftsgütern in Kapitalgesellschaften **(§ 6 Z 14 lit b EStG)** ist stets als Tausch zu behandeln (Gegenleistung = Erhalt von Gesellschaftsrechten) und mit dem gemeinen Wert zu bewerten. Geht dieser Vorgang mit einer Kapitalerhöhung einher, so liegt ein Erwerb zusätzlicher Anteile vor. Bei der „Einlage" in eine Kapitalgesellschaft ohne Kapitalerhöhung handelt es sich hingegen um die nachträgliche Erhöhung der Anschaffungskosten der bisherigen Anteile. Die das Wirtschaftsgut erhaltende Körperschaft kann aufgrund der gesetzlich normierten Tauschregel Investitionsbegünstigungen auf die eingelegten Wirtschaftsgüter geltend machen.

Einen Sonderfall einer Einlage in eine Kapitalgesellschaft stellt der **Forderungsverzicht eines Gesellschafters** dar. Mit Beschluss vom 9.6.1997, GrS 1/94 hat der BFH die ertragsteuerliche Behandlung von Forderungsverzichten eines Gesellschafters wie folgt entschieden:

1. Ein auf dem Gesellschaftsverhältnis beruhender Verzicht eines Gesellschafters auf seine nicht mehr vollwertige Forderung gegenüber seiner Kapitalgesellschaft führt bei dieser zu einer Einlage in Höhe des Teilwertes der Forderung/Verbindlichkeit. Das heißt, dass auf Gesellschaftsebene nur der werthaltige Teil der Forderung/Verbindlichkeit steuerneutral eingelegt werden kann, der nicht werthaltige Teil ist steuerwirksam auszubuchen. Hingegen liegen auf Gesellschafterebene nur in Höhe des werthaltigen Forderungsteiles nachträgliche Anschaffungskosten auf die Beteiligung vor, der nicht werthaltige Forderungsteil ist steuerwirksam auszubuchen.
2. Der Forderungsverzicht eines Gesellschafters gegenüber seiner Gesellschaft im Wege der verdeckten Einlage führt bei ihm zum Zufluss des noch werthaltigen Teiles der Forderung.
3. Eine verdeckte Einlage kann auch dann anzunehmen sein, wenn der Forderungsverzicht von einer dem Gesellschafter nahestehenden Person ausgesprochen wird.

Mangels anders lautender VwGH-Judikatur und weitgehend gleicher Rechtslage scheint das BFH-Judikat auch auf Österreich übertragbar (ÖStZ 1998, 5). Das öBMF hat das Verständnis des ersten Punktes in die EStR 2000 (Rz 2599) und KStR 2001 (Rz 684) übernommen. Aus dem Verweis des VwGH im Erkenntnis vom 26.5.1998 (94/14/0042, ÖStZB 1998, 701) zu einem anderen Sachverhalt auf den BFH kann wohl nicht zweifelsfrei geschlossen werden, dass der VwGH diese Rechtsauffassung teilt (*Bachl*, ecolex 1998, 876; dafür *Schuchter*, RdW 1998, 488; dagegen *Heinrich*, RdW 1999, 50; siehe auch *Kauba*, RdW 2004, 443).

Mit **§ 6 Z 16 EStG** (ab 2001) hat der Gesetzgeber eine Sondervorschrift für Leasinggesellschaften geschaffen. Im Rahmen des Leasinggeschäfts kommt es hinsichtlich der verleasten Wirtschaftsgüter regelmäßig zu einem Auseinanderklaffen zwischen dem Buchwert der Wirtschaftsgüter und dem Barwert der Leasingforderungen. Verluste, die allenfalls zu Beginn der Leasinglaufzeit entstehen, können wegen der 75 %-Regel des § 2 Abs 2b EStG mit späteren Gewinnen nicht vollständig verrechnet werden, was die Wirtschaftlichkeit des Leasinggeschäfts beeinträchtigen würde. Um dies zu verhindern, darf ein aktiver bzw passiver Ausgleichposten gebildet werden (weiterführend siehe EStR 2000 Rz 2636a ff; *Prodinger*, RdW 2001/197).

4. Die Abschreibungen im Steuerrecht

4.1. Die Absetzung für Abnutzung

Für alle Wirtschaftsgüter des abnutzbaren Anlagevermögens ist auch für steuerliche Zwecke eine Abschreibung (Absetzung für Abnutzung, AfA gem §§ 7 und 8 EStG) vorgeschrieben. Dabei sind die Anschaffungs- oder Herstellungskosten **gleichmäßig** verteilt auf die betriebsgewöhnliche Nutzungsdauer abzusetzen (gilt auch für § 4 Abs 3-Ermittler). Steuerlich ist somit nur die **lineare Abschreibung** zulässig (Ausnahme: Substanzabschreibung).

Handelsrechtlich ist die Abschreibung **planmäßig** auf die Nutzungsdauer verteilt vorzunehmen. Planmäßig bedeutet jedoch nicht ausschließlich linear. Handelsrechtlich ist neben der linearen auch die degressive, die progressive und die leistungsabhängige Abschreibung zulässig. Die Abschreibungsmethode, nach der die Abschreibung vorgenommen wird, ist vorweg zu wählen (Abschreibungsplan).

Die betriebsgewöhnliche Nutzungsdauer richtet sich nach der technischen und der wirtschaftlichen Nutzungsmöglichkeit. Entscheidend ist letztlich die wirtschaftliche Nutzungsdauer, da nur sie eine der betrieblichen Wertminderung entsprechende Aufwandsverteilung bewirkt. Die Wirtschaftsgüter des Anlagevermögens sind daher nicht über ihre möglicherweise längere technische Lebensdauer, sondern innerhalb der Zeit ihres objektiv zu erwartenden wirtschaftlichen Einsatzes abzuschreiben. Die Nutzungsdauer, die der regelmäßigen AfA zugrunde liegt, muss vom Stpfl. letztlich nach objektiv nachvollziehbaren Kriterien geschätzt werden. In Deutschland wurden von der Finanzverwaltung AfA-Tabellen erlassen. In diesen sind die Nutzungsdauern von Wirtschaftsgütern sortiert nach Branchen aufgezählt. Diese sind in Österreich selbstverständlich nicht rechtsverbindlich, die darin angeführten Nutzungsdauern werden allerdings von den österreichischen Finanzämtern regelmäßig anerkannt, da ihre Verwendung Schätzungswillkür seitens des Stpfl. ausschließt (EStR 2000 Rz 3115).

Im Falle einer **Nutzungsdauerverschätzung** kommt in dem Jahr, in dem die zu lange bzw zu kurze Nutzungsdauer erkannt wird, grundsätzlich folgende Formel zur Anwendung:

neue Abschreibung = Restbuchwert / Restnutzungsdauer

Daneben gibt es bei ursprünglich zu kurzer Nutzungsdauer auch die Möglichkeit des Aussetzens der AfA bis zum Erreichen des „richtigen“ Buchwerts.

Bei **nachträglichen Herstellungsaufwendungen** auf das Wirtschaftsgut ist folgendes zu beachten:

- Entsteht durch die nachträglichen Herstellungsaufwendungen ein neues Wirtschaftsgut (zB Generalsanierung eines vollkommen abgewohnten Hauses), so hat die Abschreibung auf die Nutzungsdauer dieses als neu anzusehenden Wirtschaftsgutes zu erfolgen.
- Durch die nachträglichen Herstellungsaufwendungen kann sich die Nutzungsdauer des Wirtschaftsgutes verlängern. Dies kann insbes auch dann angenommen werden, wenn der Restbuchwert des vorhandenen Wirtschaftgutes geringer ist als der nachträgliche Herstellungsaufwand und die Nutzungsdauer der Neuinvestition länger ist als die des vorhandenen Wirtschaftsgutes.

  neue AfA =Summe der Restbuchwerte / neue Restnutzungsdauer

  Sollte hingegen die Nutzungsdauer der Neuinvestition geringer sein als die des vorhandenen Wirtschaftsgutes, so kommt es zu keiner Änderung der Abschreibungsdauer.

Besondere **Abschreibungssätze** gibt es nach § 8 EStG für zum Betriebsvermögen zählende Gebäude:

- für unmittelbar der Betriebsausübung eines Land- und Forstwirtes oder eines Gewerbetreibenden dienende Gebäude (Produktions-, Lager- und Verkaufsgebäude): ab 2001 bis zu 3 % (davor 4 %)

  dient das Gebäude zu mindestens 80 % der Betriebsausübung eines Land- und Forstwirtes oder eines Gewerbetreibenden, so beträgt die AfA des gesamten Gebäudes: ab 2001 bis zu 3 % (davor 4 %)
- für unmittelbar dem Betrieb des Bank- und Versicherungswesens oder ähnlicher Dienstleistungen (Kreditvermittlung etc) dienende Gebäude: bis zu 2,5 %

  falls ein solches Gebäude zu mindestens 80% dem Kundenverkehr dient beträgt die AfA für das gesamte Gebäude: bis zu 3 %
- für anderen betrieblichen Zwecken dienende Gebäude oder Gebäudeteile (Verwaltung, freiberufliche Tätigkeit etc): bis zu 2 %

Bei gemischter Gebäudeverwendung ist, entsprechend der anteiligen Verwendung, ein AfA-Mischsatz zu berechnen. Diese AfA-Sätze sind bei Änderung des Verwendungszwecks jeweils anzupassen.

Diese gesetzlichen Nutzungsfristen kommen jedoch nur dann zur Anwendung, wenn der Steuerpflichtige nicht eine andere (kürzere) Nutzungsdauer durch entsprechende Gutachten nachweist.

Die Abschreibung steht ab dem Zeitpunkt der Inbetriebnahme des Wirtschaftsgutes zu, wobei ein Probebetrieb noch nicht als Inbetriebnahme gilt. Für Gebäude beginnt die Abschreibung mit der Fertigstellung. Wird das Wirtschaftsgut mehr als sechs Monate im Wirtschaftsjahr genutzt, steht die auf das gesamte Jahr entfallende AfA zu, sonst nur die Hälfte (Halbjahresabschreibung). Handelsrechtlich können die gleichen Grundsätze angewendet werden.

4.2. Sonderformen der Abschreibung

Neben der auf die betriebsgewöhnliche Nutzungsdauer vorzunehmenden AfA gibt es Umstände, die steuerlich eine außerplanmäßige Abschreibung, die so genannte **Absetzung für außergewöhnliche Abnutzung (AfaA)** rechtfertigen (§ 8 Abs 4 EStG). Die AfaA betrifft also wie die AfA die Abnutzungssphäre und kann in zwei Formen auftreten:

- die außergewöhnliche technische Abnutzung, die eine Verkürzung der Nutzungsdauer mit sich bringt. Eine solche liegt vor, wenn besondere Umstände (Brand, Unfall, mangelhafte Instandhaltung) einen sprunghaften technischen Verbrauch mit sich bringen.
- die außergewöhnliche wirtschaftliche Abnutzung. Diese bringt eine außergewöhnliche Beeinträchtigung der wirtschaftlichen Nutzbarkeit des Wirtschaftsgutes mit sich (zB: gesunkene Rentabilität wegen fehlender Aufträge, keine sinnvolle wirtschaftliche Nutzung mehr möglich - durch Umweltauflagen uä).

Die AfaA ist im Anschluss an die AfA vorzunehmen. Ein verbleibender Restbuchwert ist auf die Restnutzungsdauer zu verteilen.

Eine weitere Form einer Sonderabschreibung stellt die sog. **Teilwertabschreibung** (TWA) dar. Diese setzt im Gegensatz zur AfaA keine Beeinträchtigung der Nutzungsmöglichkeit voraus. Sie ist vielmehr eine nicht auf die Nutzung beschränkte Wertminderung des Wirtschaftsgutes. Die TWA ist somit der weitere Begriff. Wenn sich auch TWA und AfaA regelmäßig decken werden, kann es dennoch Fälle geben, in denen die beiden Abschreibungen nicht zur gleichen Höhe führen oder sogar nur eine TWA, nicht jedoch eine AfaA möglich ist (zB neue technische Generation, die zwar den Wert der vorhandenen Geräte verringert, nicht allerdings deren Nutzungsmöglichkeit). Die TWA ist ebenfalls im Anschluss an die AfA vorzunehmen. Der nach der TWA verbleibende Restbuchwert ist auf die Restnutzungsdauer zu verteilen.

Die Unterscheidung zwischen AfaA und TWA ist deshalb so wichtig, da eine TWA nur von § 4 Abs 1- und § 5-Gewinnermittlern geltend gemacht werden kann (vgl VwGH 16.12.1998, 96/13/0007), eine AfaA hingegen auch von § 4 Abs 3-Gewinnermittlern !

Für nicht abnutzbare Wirtschaftsgüter des Anlagevermögens wie zB Grund und Boden, Wertpapiere des Anlagevermögens, Konzessionen, Beteiligungen ist nur eine Teilwertabschreibung möglich.

Anschaffungs- oder Herstellungskosten, die für denkmalgeschützte Betriebsgebäude im Interesse der **Denkmalpflege** aufgewendet werden, können gem § 8 Abs 2 EStG auf zehn Jahre verteilt abgeschrieben werden, wenn für die Anschaffungs- oder Herstellungskosten kein IFB bzw soweit keine Förderung aus öffentlichen Mitteln beansprucht wurde. Die Anschaffung des Gebäudes selbst fällt nicht unter diese Begünstigung.

Anschaffungs- oder Herstellungskosten zur **Assanierung** von Gebäuden können hingegen seit dem Veranlagungsjahr 1996 nicht mehr über 10 Jahre verteilt abgesetzt werden, und zwar auch dann nicht, wenn die Anschaffungs- oder Herstellungskosten in Wirtschaftsjahren vor 1996 angefallen sind. Ab dem Wirtschaftsjahr 1996 gelten daher für Assanierungsaufwendungen die Bestimmungen des § 8 Abs 1 (Bemessungsgrundlage der AfA sind bei bereits durchgeführten Assanierungen die historischen Anschaffungs- oder Herstellungskosten, nicht der Restbuchwert), soweit nicht eine kürzere Nutzungsdauer nachgewiesen wird.

Eine besondere Abschreibungsvorschrift gibt es für den entgeltlich erworbenen **Firmenwert** (das ist der Unterschiedsbetrag zwischen dem Kaufpreis und dem Wert der einzelnen Wirtschaftsgüter des Betriebsvermögens). Für die Anschaffungskosten des Firmenwertes eines land- und forstwirtschaftlichen Betriebes oder eines Gewerbebetriebes gibt es in § 8 Abs 3 EStG eine zwingende gesetzliche Abschreibungsfrist von 15 Jahren (EStR 2000 Rz 3187 ff). Handelsrechtlich besteht gem § 203 Abs 5 HGB ein Aktivierungswahlrecht. Sofern der Firmenwert aktiviert wurde, ist er planmäßig längstens über die Nutzungsdauer abzuschreiben.

Der **Praxiswert** eines erworbenen Betriebes zur Erzielung von Einkünften aus selbständiger Arbeit unterliegt hingegen keiner gesetzlich vorgegebenen Abnutzung. Es hat daher unter Berücksichtigung der besonderen Verhältnisse im Einzelfall eine objektiv nachvollziehbare Schätzung zu erfolgen. In der Praxis wird von einer 3 - 5 jährigen Nutzungsdauer ausgegangen. Sollte der bisherige Inhaber auch in der „neuen“ Kanzlei langfristig mitarbeiten und damit das besondere Vertrauensverhältnis zu den von ihm Betreuten weiterhin gepflegt werden, erscheint eine Abschreibung des Praxiswert über 15 Jahre angemessen.

Bei Abbaubetrieben (Bergbauunternehmen, Steinbrüchen, Schottergruben etc) kommt eine **Absetzung für Substanzverringerung** (§ 8 Abs 5 EStG) in Betracht (EStR 2000 Rz 3203 ff).

Für **PKW und Kombi** wird in § 8 Abs 6 EStG eine steuerliche Mindestnutzungsdauer von 8 Jahren gesetzlich festgelegt, wovon auch Leasingfahrzeuge umfasst sind. Dazu enthalten die EStR 2000 umfangreiche Ausführungen (Rz 3208 ff).

Bis zu einem Nettopreis von EUR 400,- können gemäß § 13 EStG sämtliche angeschaffte oder hergestellte abnutzbare Wirtschaftsgüter des Anlagevermögens im Jahr der Anschaffung als **Geringwertige Wirtschaftsgüter** (EStR 2000 Rz 3893 ff) in voller Höhe abgeschrieben werden (dh ihre Anschaffungskosten müssen nicht in Form von Abschreibungen über die Nutzungsdauer verteilt werden = 100 % ige Sofortabschreibung). Zu beachten ist dabei, dass Sachgesamtheiten als ein Wirtschaftsgut angesehen werden, weshalb die Summe der Einzelteile als Kriterium über die Eigenschaft als GWG heranzuziehen ist. Eine Sachgesamtheit stellt zB ein Sitzensemble oder ein Werkzeugkasten dar, nicht hingegen ein zusammen mit einem PC angeschaffter Drucker oder mehrere Beleuchtungskörper. Die Regelung des § 13 EStG kann nicht auf eingelegte Wirtschaftsgüter (Einlage ist keine Anschaffung - Ausnahme: Einlage in Körperschaft aufgrund § 6 Z 14 EStG, da dies einen Tausch darstellt !) und Wirtschaftsgüter, die zur entgeltlichen Überlassung bestimmt sind, angewandt werden.

Nach hA (zB *Feichtner/Haslinger/Strimitzer*, RWZ 1994, 307f; *Bertl/Hirschler*, RWZ 2003, 325 f) ist die Sofortabschreibung geringwertiger Wirtschaftsgüter auch **handelsrechtlich** eine zulässige Abschreibungsmethode, wobei allerdings auf die Wesentlichkeit abzustellen ist (RWZ 1994, 212). Der wesentliche Umfang ist dabei im Verhältnis zur Gesamtjahresabschreibung des abnutzbaren Anlagevermögens zu interpretieren. Bei unwesentlichem Umfang kann die Sofortabschreibung auch dann vorgenommen werden, wenn die Anschaffungs- oder Herstellungskosten des einzelnen Vermögensgegenstandes mehr als EUR 400,- betragen (die steuerliche Obergrenze des § 13 EStG stellt bloß eine Orientierungshilfe dar). Sofern die Vollabschreibung von GWG von wesentlichem Umfang ist (als Richtwert kann ein Ausmaß von mehr als 10 % der Gesamtjahresabschreibung angenommen werden), hat hingegen gem § 205 Abs 1 HGB ein gesonderter Ausweis als unversteuerte Rücklage unter Bewertungsreserve zu erfolgen.

Beispiel A.37.

Anschaffung eines Kopiergeräts am 20.5.X0 um 2.500 netto.

Es beträgt die

handelsrechtliche Nutzungsdauer 4 Jahre,
die steuerliche, wirtschaftliche Nutzungsdauer 5 Jahre und
die technische Nutzungsdauer 8 Jahre.

a. Wie hoch sind die linearen hrl. und strl. Abschreibungen X0 und X1 ?

b. Wie hoch sind die Abschreibungen im Falle einer verbrauchsorientierten Abschreibung (0,025 je Kopie) ? Verbrauch X0: 15.000 Kopien, Verbrauch X1: 28.000 Kopien.

c. (Fortsetzung Variante a): Durch einen Kabelbrand kann der Kopierer ab Ende X1 nicht mehr verwendet werden.

d. (Fortsetzung Variante a): Durch eine neue Kopierergeneration verringert sich der Wert des Kopierers Ende X1 auf 900.

Ermitteln Sie den steuerlichen Buchwert des Kopierers, wenn der Gewinn nach § 5 oder § 4 Abs 3 ermittelt wird.

Beispiel A.38. (Fortsetzung zu A.37.)

X1 stellt sich heraus, dass die verbleibende Nutzungsdauer

a. jeweils (hrl. und strl.) um 1 Jahr kürzer ist
b. jeweils (hrl. und strl.) um 1 Jahr länger ist
c. nur strl. um 1 Jahr kürzer ist

als ursprünglich angenommen.

Welche Wirkungen ergeben sich daraus auf die hrl. und strl. Abschreibungen ?

Beispiel A.39.

Ihr Klient erwirbt am 20.5.X0 um 500.000 für 4,5 Jahre (1.7.X0 - 31.12. X4) das Vertriebsrecht für den französischen Markenkäse "Paris". Im Sommer 2000 kommt es aufgrund einer Lebensmittelvergiftung, die auf diesen Käse zurückgeführt wird, zum Marktzusammenbruch. Erst Anfang X3 kann der Markt wieder auf den Stand vor der Vergiftung aufgebaut werden.

Welche hrl. und strl. Wirkungen ergeben sich aus diesen Ereignissen ?

Beispiel A.40.

Ein Produktionsgebäude wird im November X0 fertig gestellt (Herstellungskosten: 2.000.000). Seine Nutzungsdauer wird auf 10 Jahre geschätzt, ein Nachweis betreffend dieser niedrige Nutzungsdauer in Form eines Gutachtens wird allerdings nicht erbracht.

Welche Auswirkungen hat dies auf die (hrl. und strl.) Abschreibungen der Jahre X0 und X1 ?

Variante: Das Produktionsgebäude dient zu 1/3 der Verwaltung.

Ermitteln Sie die Abschreibung für X0 und X1.

Beispiel A.41.

Anfang X1 erwirbt Ihr Klient ein Einzelunternehmen mit folgender Bilanz:

Aktiva		Passiva	
Anlagevermögen	9.000.000	Eigenkapital	5.000.000
Umlaufvermögen	4.000.000	Verbindlichkeiten	8.000.000
	13.000.000		13.000.000

Der Kaufpreis beträgt 7.500.000. Im Anlagevermögen sind stille Reserven in Höhe von 1.000.000 enthalten.

Wie hoch ist der Firmenwert und welche Wirkungen ergeben sich daraus auf die hrl. und strl. Gewinne der Jahre X1 und X2 ?

Beispiel A.42.

Ein Verwaltungsgebäude

- Anschaffungskosten 3 Mio,
- Anschaffungszeitpunkt Anfang 1992,
- Nutzungsdauer 20 Jahre (da diese Nutzungsdauer durch Unterlagen nachgewiesen wurde, wird sie auch strl. anerkannt)

wird ausgebaut.

Die Kosten des Ausbaus belaufen sich auf EUR 1,6 Mio. Nach dem Ausbau rechnet man mit einer neuen Nutzungsdauer für das gesamte Gebäude von 20 Jahre. Mit dem Ausbau wird im Januar 2004 begonnen und im Oktober 2004 fertig gestellt. Es liegt keine katastrophenbedingte Ersatzbeschaffung iSd § 10c EStG vor.

Wie entwickeln sich für dieses Gebäude die Buchwerte in den Jahren 2004 und 2005 ?

Welche Auswirkungen ergeben sich auf die hrl. und strl. Gewinne dieser Jahre ?

Variante: Der Ausbau kostet EUR 500.000. Die Nutzungsdauer des Gebäudes bleibt unverändert.

Beispiel A.43.

Für den Sekretariatsbereich beschafft Ihr Klient eine Sitzkombination um 800 netto. Sie besteht aus 1 Tisch (400) sowie 2 Sesseln (je 200).

Kann er diese Investition als "geringwertiges Wirtschaftsgut" gem § 13 EStG sofort abschreiben ?

Beispiel A.44.

Ihr Klient beschafft einen Tisch (Preis: 585 inkl. 20% USt). Aufgrund eines vom Verkäufer verschuldeten Transportschadens gewährt dieser eine 20%ige Preisminderung.

Kann Ihr Klient für diese Investition die Begünstigung des § 13 EStG in Anspruch nehmen ?

5. Investitionsbegünstigungen

Die Investitionsbegünstigungen des österreichischen Einkommensteuerrechts wurden durch verschiedene Steuerreformen stark reduziert: Die vorzeitige Abschreibung war ab 1989 nicht mehr zulässig, die Investitionsrücklage kann seit 1994 nicht mehr gebildet werden. Ab der Veranlagung 1996 ist auch die Bildung einer Mietzinsrücklage nicht mehr möglich. Bei den danach verbliebenen Begünstigungen handelte es sich ausschließlich um sog. indirekte Begünstigungen (dh es wurden keine direkten Zahlungen an den Unternehmer geleistet, sondern Aufwandsbuchungen steuerlich anerkannt; dies führte - allerdings nur in Gewinnjahren - zu einer Begünstigung in Form einer Steuerersparnis!). Die letzte unmittelbar mit einer Investition zusammenhängende Begünstigung bestand im Investitionsfreibetrag, der jedoch ab 2001 nicht mehr dotiert werden kann. Es verblieb nur mehr die Begünstigung des § 12 EStG, die **Übertragung stiller Reserven**.

Im Jahr 2002 (durch das Hochwasseropferentschädigungs- und Wiederaufbau-Gesetz 2002, Konjunkturbelebungsgesetz 2002) wurden temporäre Investitionsbegünstigungen geschaffen, die jedoch teilweise bereits wieder außer Kraft getreten sind.

Zu den derzeit geltenden Investitionsbegünstigungen im einzelnen:

5.1. Investitionsfreibetrag (§ 10 EStG)

Der Investitionsfreibetrag konnte bis 31.12.2000 für Anschaffungen von Wirtschaftsgüter des abnutzbaren Anlagevermögens beansprucht werden, die eine Nutzungsdauer von mindestens vier Jahren aufweisen, in einer inländischen Betriebsstätte verwendet werden und nicht als geringwertige Wirtschaftsgüter iSd § 13 EStG sofort abgeschrieben wurden.

Wirtschaftsgüter, für die ein IFB beantragt wurde, müssen mindestens vier Jahre im Betriebsvermögen behalten werden (= **Behaltefrist**). Scheiden solche Wirtschaftsgüter vor Ablauf des vierten auf das Jahr der Inanspruchnahme folgenden Wirtschaftsjahres aus dem Betriebsvermögen aus, so ist der IFB gewinnerhöhend aufzulösen. Dies gilt jedoch nicht, falls das betreffende Wirtschaftsgut durch höhere Gewalt oder behördlichen Eingriffs aus dem Betriebsvermögen ausscheidet. In diesem Fall wird mit dem IFB so verfahren wie nach Ablauf der Behaltefrist von vier Jahren: er wird erfolgsneutral auf die Kapitalkonten (Einzelunternehmung, Personengesellschaft) bzw das Konto "freie Rücklagen" übertragen ("abgereifte Investitionsfreibeträge").

Verluste des Betriebes aus der Geltendmachung von Investitionsfreibeträgen können weder (mit anderen Einkünften) ausgeglichen noch (als Sonderausgabe gem § 18 Abs 6 EStG) vorgetragen werden. Sie müssen vielmehr zeitlich unbegrenzt vorgetragen (auf „Wartetaste“ gelegt) und mit den nächstfolgenden Gewinnen (innerhalb desselben Betriebs) verrechnet werden (§ 10 Abs 8 EStG). Ein Verlustvortrag iSd § 18 Abs 6 EStG ist gegenüber der IFB-Wartetaste nachrangig zu behandeln. Der IFB-Wartetastenverlust ist nämlich betriebsbezogen, während der Verlustvortrag auf der Einkommensermittlungsebene abgezogen wird.

Im Falle einer Betriebsveräußerung wandeln sich die Wartetasten-IFB im Veräußerungsjahr in vortragsfähige Verluste um. Bei unentgeltlichem Betriebserwerb (insbes. Erbschaft) gehen die Wartetasten-IFB hingegen unverändert auf den Erwerber über (Buchwertfortführung).

5.2. Übertragung stiller Reserven (§ 12 EStG)

Als stille Reserve wird die Differenz zwischen einem erzielten Veräußerungserlös bzw einer erhaltenen Versicherungsentschädigung und dem Restbuchwert eines Wirtschaftsgutes bezeichnet:

Veräußerungserlös	bzw	Versicherungsentschädigung
- Restbuchwert		- Restbuchwert
stille Reserve		stille Reserve

Die Besteuerung solcher aufgedeckter stiller Reserven im Jahr des Ausscheidens eines Wirtschaftsguts kann mitunter zu wirtschaftlichen Härten und Sinnwidrigkeiten führen (zB Unmöglichkeit aus einer Versicherungsentschädigung eine Ersatzanlage zu beschaffen, da die Steuerlast auf die aufgedeckte stille Reserve dies verhindert), sodass es gem § 12 EStG möglich ist, diese aufgedeckten stillen Reserven, in bestimmten Fällen, auf andere, neu angeschaffte, Wirtschaftsgüter zu „übertragen“ (EStR 2000 Rz 3861 ff).

Mit der Steuerreform 2005 wurde diese Investitionsbegünstigung für Zeiträume ab 1.1.2005 auf natürliche Personen eingeschränkt.

Darüber hinaus gelten folgende weitere Einschränkungen:

- Es kann nur **von körperlichen auf körperliche** bzw **von unkörperlichen auf unkörperliche** Wirtschaftsgüter
- des **Anlagevermögens**
- einer **inländischen Betriebsstätte**

übertragen werden, und zwar nur dann, wenn

- das **ausscheidende Wirtschaftsgut mindestens sieben Jahre** zum Betriebsvermögen desselben Stpfl. gehört hat (diese Frist verlängert sich auf 15 Jahre, wenn auf die Anschaffungs- oder Herstellungskosten des ausscheidenden Grundes bzw Gebäudes seinerzeit bereits stille Reserven übertragen oder die ausscheidenden Gebäude gem § 8 Abs 2 EStG abgeschrieben wurden).

Mit dem StruktAnpG 1996 wurde der Anwendungsbereich der Bestimmung des § 12 EStG weiter eingeschränkt:

- Die Übertragung stiller Reserven **auf** die Anschaffungskosten von Grund und Boden ist nur zulässig, wenn der Gewinn nach § 5 EStG ermittelt wird und die stillen Reserven aus der Veräußerung **von** Grund und Boden stammen. Für Grund und Boden berechtigt daher nur noch die klassische Ersatzinvestition zur Verwendung stiller Reserven.
- Die Übertragung stiller Reserven **auf** die Anschaffungskosten von (Teil-) Betrieben, von Beteiligungen an Personengesellschaften (dies war auch davor nicht zulässig), von Anteilen an Kapitalgesellschaften, von Anteilen an Erwerbs- und Wirtschaftsgenossenschaften, von stillen Beteiligungen und von Forderungswertpapieren ist nicht mehr zulässig. Mit dem AbgÄG 1996 wurde dieser Katalog rückwirkend durch den Begriff der Finanzanlagen ersetzt, sodass nunmehr auch eine Übertragung von stillen Reserven auf Ausleihungen nicht mehr möglich ist.
- Ebensowenig zulässig ist die Übertragung **von** stillen Reserven, die aus der Veräußerung von (Teil-)Betrieben oder von Beteiligungen an Personengesellschaften (gemeint ist Mitunternehmerschaften) stammen. Die Übertragung von stillen Reserven aus der Veräußerung von Anteilen an Kapitalgesellschaften, von Anteilen an Erwerbs- und Wirtschaftsgenossenschaften, von stillen Beteiligungen und von Forderungswertpapieren auf andere unkörperliche Wirtschaftsgüter ist allerdings weiterhin möglich.

Als unkörperliche Wirtschaftsgüter, auf die noch stille Reserven übertragen werden können, kommen im wesentlichen nur noch Rechte (Patente, Lizenzen, Markenrechte) und Anzahlungen (SWK 1997, 686) in Frage.

Die genannte *Behaltefrist läuft stichtagsmäßig.* Stille Reserven können nur auf im selben Wirtschaftsjahr angeschaffte Wirtschaftsgüter übertragen werden (dabei auch auf solche, die vor dem Ausscheiden des alten Wirtschaftsguts angeschafft wurden). Es ist auch eine Übertragung auf Teilherstellungskosten möglich. Eine sofortige Übertragung auf ein neu angeschafftes Wirtschaftsgut ist nicht zwingend, vielmehr kann der Stpfl. den zu übertragenden Betrag auch in eine unversteuerte Rücklage (Übertragungsrücklage) einstellen. Die maximale Behaltefrist dieser Rücklage beträgt, grundsätzlich 12 Monate, beginnend mit dem Tag des Ausscheidens des Wirtschaftsgutes aus dem Betriebsvermögen. Eine Fristverlängerung auf 24 Monate, gerechnet ab dem Zeitpunkt des Ausscheidens, gibt es in den Fällen des Ausscheidens wegen höherer Gewalt, behördlichen Eingriffs oder zur Vermeidung eines solchen nachweisbar unmittelbar drohenden Eingriffs bzw bei Übertragung der stillen Reserven auf Herstellungskosten von Gebäuden, wenn mit der tatsächlichen Bauausführung innerhalb von zwölf Monaten ab dem Ausscheiden des die stillen Reserven begründenden Wirtschaftsgutes begonnen wurde.

Die Übertragung aus dieser Rücklage muss allerdings nicht zum ehestmöglichen Zeitpunkt vorgenommen werden. Der Stpfl. kann sich damit 12 bzw 24 Monate Zeit lassen, oder aber die Rücklage auch ohne (erfolgsneutrale) Übertragung auf ein angeschafftes Wirtschaftsgut gewinnerhöhend auflösen (dies wird insbes. bei der Anschaffung eines Ersatzwirtschaftsguts in einem Verlustjahr vorteilhaft sein, da die Übertragung die ertragsteuerlichen Anschaffungs- bzw Herstellungskosten des angeschafften Wirtschaftsgutes kürzt und somit die zukünftige Abschreibung vermindert würde).

Sollte es zum zeitlichen Auseinanderfallen von Ausscheiden des Wirtschaftsgutes und Realisierung der stillen Reserven kommen, ist gemäß den EStR 2000 Rz 3885 der Zeitpunkt der Aufdeckung der stillen Reserven maßgeblich.

Die Übertragung der stillen Reserven auf ein neu angeschafftes bzw hergestelltes Wirtschaftsgut vermindert buchtechnisch dessen steuerliche Anschaffungs- bzw Herstellungskosten („fiktive“ Anschaffungs- bzw Herstellungskosten iSd § 12 EStG). Damit vermindert sich für dieses Wirtschaftsgut auch die strl. Abschreibung und die Bemessungsgrundlage für die Investitionszuwachsprämie. Dementsprechend sollten die stillen Reserven nach Möglichkeit auf nicht abnutzbare bzw möglichst langlebige Wirtschaftsgüter übertragen werden.

Auf angeschaffte Wirtschaftsgüter übertragene stille Reserven können in nachfolgenden Wirtschaftsjahren mit steuerlicher Wirkung ganz oder teilweise wieder zugeschrieben werden (§ 6 Z 13 EStG). Dies wird insbes. in Verlustjahren mit nachfolgenden Gewinnjahren sinnvoll sein, weil dadurch die Abschreibungsbasis des neu angeschafften Wirtschaftsguts nachträglich wieder erhöht werden kann.

Bei einer Veräußerung gegen Raten sind die stillen Reserven in den einzelnen Jahren jeweils anteilig zu erfassen und zu übertragen (bzw der Übertragungsrücklage zuzuführen). Die entgeltliche Vermietung eines Wirtschaftsguts ins Ausland gilt im Jahr der Übertragung als Verwendung in einer ausländischen Betriebsstätte (§ 6 Z 6 EStG).

§ 4 Abs 3 EStG-Gewinnermittler können stille Reserven aus der Veräußerung oder dem zufälligen Untergang von Anlagevermögen als steuerfreien Betrag behandeln. Dieser Betrag ist in einem Verzeichnis auszuweisen, aus dem auch seine spätere Verwendung ersichtlich ist (§ 12 Abs 7 EStG). Die Bildung der Rücklage erfolgt erst mit Zufluss des Veräußerungserlös.

Beispiel A.45.

Ein Grundstück wird am 4.3.2005 um 800.000 verkauft (die Anschaffungskosten betrugen 300.000 und entsprechen dem Buchwert. Es wurde am 1.3. 1998 angeschafft). Im April erfolgt der Erwerb einer 25 %-Beteiligung an einer AG um 2.000.000.

Prüfen Sie diesen Sachverhalt hinsichtlich der Voraussetzungen des § 12 EStG !

Beispiel A.46. (Fortsetzung zu A.45.)

Am 25.9.2005 wird eine Lagerhalle, die unmittelbar der Betriebsausübung dienen wird, fertiggestellt (Herstellungskosten: 1.800.000, Baubeginn Februar 2005, ND hrl. 10 Jahre, strl. § 8 Abs 1 EStG).

Ist die Übertragung stiller Reserven möglich ?

Falls eine Übertragung möglich ist, nehmen Sie die Verbuchung vor.

Ermitteln Sie den hrl. Jahresüberschuss bzw strl. Gewinn, wenn der vorläufige Gewinn hrl. und strl. 1.000.000 beträgt.

Beispiel A.47. (Variante zu A.45.)

Auf das ausscheidende Grundstück wurden bei der seinerzeitigen Anschaffung stille Reserven in Höhe von 100.000 übertragen.

Übertragung stiller Reserven ?

Beispiel A.48. (Variante zu A.45.)

Am 30.1.2005 erfolgt die Anschaffung eines neuen LKW um 850.000. Dieser wird ab Sommer 2006 langfristig an eine Münchener Firma vermietet, die ihn für Fahrten in Deutschland einsetzt.

Übertragung stiller Reserven ?

Beispiel A.49.

Ihr Klient erwirbt am 4.1.2005 um 1.000.000 (davon Grundwert: 600.000) ein unter Denkmalschutz stehendes, sanierungsbedürftiges Gebäude.

Im Laufe der nächsten Monate wird eine Sanierung vorgenommen (Kosten: 1.500.000). Eine Bescheinigung des Bundesdenkmalamtes, dass dies im Interesse des Denkmalschutzes geschah, liegt vor. Der Bezug des Gebäudes erfolgte am 29.6.2005: es wird als neues Verwaltungsgebäude genutzt.

Im gleichen Jahr werden im Rahmen des Ausscheidens eines anderen bebauten Grundstücks im Sinne des § 12 EStG übertragungsfähige stille Reserven im Ausmaß von 300.000 aufgedeckt.

Welche steuerlichen Gestaltungsmöglichkeiten bieten sich diesem Klienten ?

Beispiel A.50.

Der provisorische strl. Gewinn für 2005 beträgt 10.000.000. Folgende Geschäftsfälle sind darin noch nicht berücksichtigt:

a. Erwerb einer 10 %-Beteiligung an der X-GmbH um 200.000 am 20.7.2005.

b. Erwerb eines bebauten Grundstücks um 900.000 (Gebäudewert 600.000, ND hrl. 10 Jahre, nicht nachgewiesen) am 27.9.2005.

c. Verkauf einer 3 Jahre alten Maschine (Restbuchwert 2000: 150.000; AfA = pAvA 2005: 40.000) um 100.000.

d. Verkauf einer seit 10 Jahren zum Betriebsvermögen zählenden Beteiligung an der Y-GmbH um 800.000 (Buchwert 500.000) am 29.12.2005.

Es sind folgende unversteuerte Rücklagen vorhanden:
RL § 12 (20.12.2004, körperlich): 100.000

Wie hoch ist, unter der Prämisse der Steuerminimierung, der steuerliche Jahresgewinn (Wirtschaftsjahr = Kalenderjahr) ?

Erstellen Sie den Spiegel der unversteuerten RL zum 31.12.2005.

Beispiel A.51. (Variante zu A.50.)

Wie Beispiel A.50., die Übertragungsrücklage aus 2004 stammt allerdings nun von einem unkörperlichen Wirtschaftsgut.

Welche Auswirkungen auf den strl. Jahresgewinn ergeben sich ?

5.3. Investitionszuwachsprämie (§ 108e EStG)

Mit dem Hochwasseropferentschädigungs- und Wiederaufbau-Gesetz 2002 führte der Gesetzgeber in § 108e EStG eine befristete Investitionszuwachsprämie ein, wobei ursprünglich nur der Investitionszuwachs der Jahre 2002 und 2005 begünstigt sein sollte, jedoch verlängerte der Gesetzgeber die Begünstigung auch auf das Kalenderjahr 2004 (zu Vorteilhaftigkeitsüberlegungen hinsichtlich des Vorziehens von Investitionen iZm der Investitionszuwachsprämie vgl *Pummerer*, SWK 2002, W 147 ff; *Frühwirth/Schwaiger*, ecolex 2002, 919 f). Ausführliche Erläuterungen enthalten die EStR 2000 ab Rz 8216 ff.

Die Investitionszuwachsprämie beträgt **10% des Investitionszuwachses.** Allgemein ergibt sich der Investitionszuwachs aus einem Vergleich des Investitionsvolumens der Kalenderjahre 2002, 2005 bzw 2004 mit dem durchschnittlichen Investitionsvolumen der drei unmittelbar vorangehenden Wirtschaftsjahre. Das übersteigende Investitionsvolumen des jeweils begünstigten Jahres über das durchschnittliche Investitionsvolumen des Vergleichszeitraums ist der prämienbegünstigungsfähige Investitionszuwachs. Die Besonderheit dieser Investitionsförderungsmaßnahme im Vergleich zu anderen Investitionsbegünstigungen liegt im Anknüpfen am Zuwachsvolumen. Es wird also nicht – wie beispielsweise im Falle von vorzeitigen Abschreibungen oder dem Investitionsfreibetrag – die Anschaffung oder Herstellung eines *bestimmten* Wirtschaftsguts gefördert.

Prämienbegünstigt ist nur ein spezieller, gesetzlich festgelegter Kreis an **Wirtschaftsgütern**. Allgemein sind prämienbegünstigte Wirtschaftsgüter im Sinne dieser Vorschrift nur **körperliche** Wirtschaftsgüter des **abnutzbaren Anlagevermögens**, die **ungebraucht** sind. Die Aufwendungen für die Anschaffung oder Herstellung müssen im Wege der AfA (§§ 7, 8 EStG) geltend gemacht werden.

- Anlagevermögen
Die Zurechnung des Wirtschaftsguts zum Anlagevermögen ergibt sich aus den allgemeinen steuerlichen Grundsätzen. Der Begriff des Anlagevermögens (im Sinne dieser Bestimmung) umfasst sowohl notwendiges, als auch gewillkürtes Betriebsvermögen, wie auch Sonderbetriebsvermögen. Im Fall von gemischt genutzten Wirtschaftsgütern kommt es auf die Zugehörigkeit zum Betriebsvermögen an. Bei Zugehörigkeit zum Betriebsvermögen zählt das Wirtschaftsgut in vollem Umfang zum Kreis der prämienbegünstigten Wirtschaftsgüter, bei Zugehörigkeit zum Privatvermögen in vollem Umfang nicht. Die Voraussetzung der Zugehörigkeit zum Anlagevermögen schließt weiters implizit die Prämienbegünstigung für den außerbetrieblichen Bereich aus (vgl *Quantschnigg*, ÖStZ 2005, 141).

- abnutzbar und körperlich
Abnutzbare Wirtschaftsgüter des Anlagevermögens unterliegen einem regelmäßigen technischen, wirtschaftlichen oder zeitlich bedingten Wertverzehr. Die Zuordnung zum abnutzbaren Teil des Anlagevermögens unterliegt, wie auch die Abgrenzung von körperlichen zu unkörperlichen Wirtschaftsgütern ebenfalls allgemeinen steuerlichen Grundsätzen.
Unkörperliche Wirtschaftsgüter sind demnach immaterielle Wirtschaftsgüter und Finanzanlagen.

-ungebraucht
Das Erfordernis des ungebrauchten Wirtschaftsguts ist jedenfalls bei einem fabriksneuen Wirtschaftsgut erfüllt (dazu näheres EStR Rz 8219). Durch diese Einschränkung soll sichergestellt werden, dass wirklich nur tatsächliche neue Investitionen gefördert werden. Sofern ein Wirtschaftsgut nicht von einem Händler oder Hersteller, sondern zB von einem anderen Unternehmer erworben wurde, ist es als gebraucht anzusehen und damit nicht begünstigungsfähig. Vorführgeräte gelten dabei als gebraucht, nicht hingegen Ausstellungsstücke. Gemäß den EStR sind hergstellte Wirtschaftsgüter dann ungebraucht, wenn dafür zu mindestens 75% des Wertes des Wirtschaftsgutes ungebrauchte Teile verwendet wurden (EStR Rz 8219).

- Absetzung der Anschaffungs- oder Herstellungskosten im Wege der AfA
Diese weitere Einschränkung bringt im Ergebnis den Ausschluss der Investitionszuwachsprämie bei Pauschalierungen, bei der die AfA in der Pauschale aufgeht. Insbesondere sind dies die gesetzliche Basispauschalierung (§ 17 Abs 1 + 3 EStG), sowie die land- und forstwirtschaftliche Pauschalierung. Abgesehen davon hat die Gewinnermittlungsart keinen Einfluss auf die

Inanspruchnahme der Investitionszuwachsprämie, daher können auch Einnahmen-Ausgaben-Rechner eine Investitionsprämie geltend machen (*Quantschnigg*, ÖStZ 2005, 141). Außerdem sind damit auch nicht abnutzbare körperliche Wirtschaftsgüter, insbesondere Grundstücke, von der Investitionszuwachsprämie ausgeschlossen.

Neben den allgemeinen Voraussetzungen beinhaltet das Gesetz noch zahlreiche Ausschlüsse. So sind **Gebäude**, **geringwertige Wirtschaftsgüter**, die sofort abgeschrieben werden, **PKWs** und **Kombis**, sowie Wirtschaftsgüter, die in **ausländischen Betriebsstätten** verwendet werden, nicht begünstigungsfähig.
Der Begriff des Gebäudes umfasst dabei auch Superädifikate und Baurechtsgebäude.
Geringwertige Wirtschaftsgüter, für die das Wahlrecht zur Sofortabschreibung nicht ausgeübt wird (die also aktiviert werden), zählen zum Kreis der begünstigungsfähigen Wirtschaftsgüter.
Bei der Abgrenzung zwischen begünstigungsfähigen Kleinbussen/Klein-LKW („Fiskal-LKW") und PKWs/Kombis wird uE die VO 2002/193 über die steuerliche Einstufung von Fahrzeugen als Klein-LKW und Kleinbusse maßgeblich sein (vgl *Thunshirn/Untiedt*, SWK 2004, S 73).

Im Gesetz ist expressis verbis nicht geregelt, ob für Zwecke der Investitionszuwachsprämie, der Steuerpflichtige oder der (Teil-)Betrieb das Subjekt ist, innerhalb dessen der Vergleich angestellt wird. Im Hinblick auf die grundlegende Zielsetzung der Bestimmung und die Tatsache, dass die Gewinnermittlung stets für einen einzelnen Betrieb erfolgt, wird wohl auf den einzelnen Betrieb abzustellen sein.

Verglichen werden die Investitionen in prämienbegünstigte Wirtschaftsgüter jeweils im Kalenderjahr 2002, 2005 oder 2004 mit den durchschnittlichen Investitionen der letzten drei Wirtschaftsjahre. Daraus ergeben sich unmittelbar einige Zweifelsfragen. Das Abstellen einerseits auf Wirtschaftsjahre, andererseits auf ein Kalenderjahr verursacht einige praktische Schwierigkeiten. Bei einem abweichenden Wirtschaftsjahr sind als begünstigungsfähiges Investitionsvolumen die angeschafften bzw hergestellten Wirtschaftsgüter des **Kalenderjahres**, als Referenzzeitraum jedoch die letzten drei (uU abweichenden) **Wirtschaftsjahre** heranzuziehen. Rumpfwirtschaftsjahre gelten uneingeschränkt als Wirtschaftsjahre.

Im Falle einer Neugründung eines Unternehmens muss der Unternehmer nach Ansicht des BMF (vgl EStR Rz 8223 f) nachweisen, dass die Neugründung

betriebswirtschaftlich sinnvoll war, da die Inanspruchnahme einer Investitionszuwachsprämie nur ausnahmsweise erfolgen kann, da die gesetzlichen Voraussetzungen (3-Jahres-Vergleichszeitraum) vom Grundsatz her nicht vorliegen. Eine betriebswirtschaftlich sinnvolle Neugründung liegt gem den EStR Rz 8223 vor allem dann nicht vor, wenn in (oder auch außerhalb) eines Konzerns die Neuinvestitionen in einer neu gegründeten Gesellschaft gebündelt werden oder außerhalb eines Konzerns eine Neugründung erfolgt, um einen möglichst hohen Investitionszuwachs darzustellen. Anzumerken ist, dass diese Formulierung eben nur im Erlasswege geregelt wurde und weit über die Missbrauchsjudikatur des VwGH hinaus geht (vgl *Thunshirn/Untiedt*, SWK 2004, S 73 f; so auch sehr kritisch *Doralt*, RdW 2004, 307) und daher nicht zuletzt auch aufgrund eines UFS-Urteils (UFS Wien 25.10.2004, RV/1050-W/03, siehe dazu *Zepitsch*, RdW 2004, 757 und *Bruckner*, ÖStZ 2004, 570) einschränkend zu interpretieren ist. So kann aufgrund des Gesetzeswortlauts wohl auch die Auffassung vertreten werden, dass aus Sicht des Jahres der Neugründung der Durchschnittswert der Investitionen der drei vorangehenden Wirtschaftsjahre null ist, sodass die Investitionszuwachsprämie 10% der Anschaffungs- bzw Herstellungskosten der begünstigten Wirtschaftsgüter beträgt.
Sofern die Neugründung von der Finanzverwaltung als betriebswirtschaftlich sinnvoll angesehen wird, erfolgt die Ermittlung des arithmetischen Mittels entsprechend den EStR Rz 8224 aus dem verkürzten Zeitraum. Wird zum Beispiel 2000 neu gegründet, so ergibt sich das Vergleichsinvestitionsvolumen im Jahre 2002 aus der Summe der Investitionen der Jahre 2000+2001 dividiert durch **zwei** (uE wäre auch hier durch drei zu dividieren). Wenn die Gründung 2002 (oder 2005, 2004) erfolgt, so sind die Investitionen in diesem Jahr zugleich als Investitionszuwachs begünstigungsfähig, da das Vergleichsinvestitionsvolumen null beträgt (EStR Rz 8224; *Hilber*, SWK 2002, S 857). Anzumerken ist, dass diese widersprüchlichen Aussagen der EStR von der Literatur uE zu recht kritisiert wurden, da einmal die Vorgründungsjahre als Nullinvestitionen angesetzt werden und einmal die Vorgründungsjahre ausgeschieden und nur die Investitionen in den Betriebsjahren angesetzt werden (*Doralt*, RdW 2004, 307 f).

Die Investitionszuwachsprämie stellt keine steuerpflichtige Betriebseinnahme dar, kürzt auch nicht die Anschaffungs- und Herstellungskosten (§ 6 Z 10 EStG) und erhöht nicht die Einkommens- bzw Körperschaftsteuerbemessungsgrundlage. Sie wird am **Abgabenkonto gutgeschrieben**. Die Geltendmachung erfolgt in einem eigenen Verzeichnis (Formular E108e), das die Ermittlung der Bemessungsgrundlage und die daraus ermittelte Investitionszuwachsprämie zu enthalten hat. Die Investitionszuwachsprämie kann bis zur Rechtskraft des Einkommensteuer-, Körperschaftsteuer, oder Feststellungsbescheid geltend gemacht werden (zu verfahrensrechtlichen Zweifelsfragen vgl *Unger*, SWK 2004, S 775 ff).

Hinsichtlich der Bilanzierung der Investitionszuwachsprämie erscheinen mehrere Varianten zulässig. Da eine effektive Gutschrift auf dem Abgabenkonto erfolgt, scheidet eine außerbilanzielle Berücksichtigung der Investitionszuwachsprämie jedenfalls aus.
Teile der Literatur messen in Anlehnung an die Behandlung nach IAS/IFRS der Prämie den Status eines steuerfreien **öffentlichen Zuschusses** aus öffentlichen Mitteln bei, da es sich um einen nicht rückzahlbaren Investitionszuschuss für die Anschaffung oder Herstellung mehrerer Vermögensgegenstände handle (*Maukner/Rohatschek*, SWK 2005, W 31). Daraus folgt, dass die Zuschüsse erst über die Nutzungsdauer der geförderten Investitionen realisiert werden dürfen, was jedoch nach HGB problematisch erscheint, da nicht festgestellt werden kann, für welche der Investitionen konkret der Zuschuss gewährt wurde. Bei dieser Vorgehensweise würde die Prämie entweder von den Anschaffungs- oder Herstellungskosten abgesetzt werden (Nettomethode) oder als Sonderposten zwischen den unversteuerten Rücklagen und Rückstellungen (Bruttomethode) ausgewiesen und über die Nutzungsdauer erfolgswirksam verteilt werden.

Außerdem könnte (erfolgsneutral) ein **Passivposten** in der Handelsbilanz gebildet werden, der über die Nutzungsdauer des Wirtschaftsguts erfolgswirksam aufgelöst wird.

Diese beiden Varianten sind allerdings uE aus mehreren Gründen abzulehnen (siehe dazu auch *Neumeister*, SWK 2005, W 24; *Gedlicka*, SWK 2005, W 22; *Neumeister*, SWK 2005, W 49). Erstens ist die direkte Anwendbarkeit von § 6 Z 10 EStG abzulehnen, weshalb es eben nicht zu einer Kürzung der Anschaffungs- oder Herstellungskosten kommt. Zweitens erfolgt die Realisierung der Prämie sofort im Jahr der Geltendmachung, weshalb grundsätzlich kein Grund besteht, die Realisation auf die Nutzungsdauer zu verteilen. Drittens ist der unmittelbare Zusammenhang zwischen der Förderung und einer konkreten Investition bei der Investitionszuwachsprämie durch das Anknüpfen am Investitionszuwachs nicht herstellbar, weshalb auch die Ermittlung der Nutzungsdauer problematisch ist. Auch der Ausweis der Investitionszuwachsprämie als unversteuerte Rücklage ist unsystematisch, da die Prämie keinerlei latente Steuern beinhaltet.

Unseres Erachtens muss daher **unmittelbar ein Ertrag** (unter gleichzeitiger Aktivierung einer Forderung gegen das Finanzamt) bilanziert werden (vgl *Gedlicka*, SWK 2005, W 22; *Neumeister*, SWK 2005, W 24; *Neumeister*, SWK 2005, W 49; vergleichbar zu nicht direkt zurechenbaren Treueboni), was nicht nur die praktikablere Variante darstellt, sondern auch einer möglichen Vorgehensweise der Bilanzierung der Investitionszulage in Deutschland entspricht, die – trotz direkter Zuordenbarkeit – nach hA ebenfalls sofort erfolgswirksam erfasst werden kann (*Gedlicka*, SWK 2005, W 22).
Darüber hinaus ist zu diskutieren, wie eine geltend gemachte Investitionszuwachsprämie im Jahresabschluss auszuweisen ist. Unseres Erachtens sollte die Investitionszuwachsprämie unter den sonstigen betrieblichen Erträgen und nicht unter den Steuern aus Einkommen und Ertrag ausgewiesen werden. Weiters stellt sich die Frage in welchem Zeitpunkt die Forderung gegenüber das Finanzamt einzubuchen ist. Diesbezüglich kann unseres Erachtens die Einbuchung bereits bei Einreichung der Steuererklärung und nicht erst im Zeitpunkt der tatsächlichen Gutschrift erfolgen.

Beispiel A. 52

Der Bilanzstichtag eines Betriebes ist der 30.04. Die Anschaffungskosten begünstigungsfähiger Wirtschaftsgüter in den Wirtschaftsjahren 2005 und 2004 betragen:

Anschaffung	Datum	Kosten
A	12.05.02	50
B	17.11.02	60
C	3.6.03	20
D	19.10.03	40
E	1.2.04	80

Die entsprechenden Anschaffungskosten begünstigungsfähiger Wirtschaftsgüter betragen im Vergleichszeitraum der letzten drei Wirtschaftsjahre:

WJ	Anschaffungs- oder Herstellungskosten
30.04.2000	22
30.04.2001	12
30.04.2002	8

Berechnen Sie die Investitionszuwachsprämie für das WJ 2005!

5.4 Sonstige Investitionsbegünstigungen

5.4.1 Forschungsförderung

Für Forschungsaufwendungen können wahlweise drei verschiedene Begünstigungen im Rahmen des österreichischen Steuerrechts geltend gemacht werden. Die Freibeträge stellen eine **fiktive Betriebsausgabe** dar, während die Prämie zu **eine liquiditätserhöhende Gutschrift auf dem Abgabenkonto zur Folge hat.**

1) Für **Aufwendungen für Forschung bzw experimentelle Entwicklung,** die systematisch unter Einsatz wissenschaftlicher Methoden durchgeführt wird, kann gem § 4 Abs 4 Z 4 einen Forschungsfreibetrag von **25%** beansprucht werden.

2) Für Aufwendungen zur Entwicklung oder Verbesserung **volkswirtschaftlich wertvoller Erfindungen** (ausgenommen Verwaltungs- und Vertriebskosten sowie Aufwendungen für Wirtschaftsgüter des Anlagevermögens) kann gem § 4 Abs 4 Z 4a ein Forschungsfreibetrag von (grundsätzlich) 25%, oder bis zu **35%** beansprucht werden kann. Der höhere Begünstigungssatz steht nur dann zu, wenn die Forschungsaufwendungen das arithmetische Mittel der Forschungsaufwendungen der letzten 3 Wirtschaftsjahre übersteigen. Sofern keine Forschungsaufwendungen in den Vorjahren angefallen sind, beträgt das arithmetische Mittel null (*Silber*, ÖStZ 2005, 316).

Die Bemessungsgrundlage nach § 4 Abs 4 Z 4 ist weiter als nach § 4 Abs 4 Z 4a EStGVom Forschungsfreibetrag nach § 4 Abs 4 Z 4 sind auch Ausgaben (also auch Investitionen) umfasst, da der zugrunde liegende Begriff der Aufwendungen für Forschung bzw experimentelle Entwicklung auf der Verordnung BGBl 506/2002 („Frascati-Manual" der OECD) fußt (vgl *Silber*, ÖStZ 2005, 317).
Die Geltendmachung der Freibeträge kann auch außerbilanziell erfolgen (EStR Rz 1329b).

3) Alternativ zum Freibetrag für Aufwendungen für Forschung bzw experimentelle Entwicklung kann eine Forschungsprämie iSd § 108c EStG in Höhe von 8% der Aufwendungen iSd § 4 Abs 4 Z 4 EStG in Anspruch genommen werden, wobei die Aufwendungen nicht Grundlage eines Forschungsfreibetrag iSd § 4 Abs 4 Z 4a sein dürfen. Die Alternative einer Prämie wurde primär deshalb geschaffen, um auch Unternehmen zu fördern, die keine positive Steuerbemessungsgrundlage haben, wodurch es bei einem Freibetrag nur zur Erhöhung des vortragbaren Verlustes kommen würde. Forschungsprämie und Forschungsfreibetrag können nur nebeneinander geltend

gemacht werden, soweit der erhöhte Freibetrag von 35% (§ 4 Abs 4 Z 4a) beansprucht wird. Von den restlichen Forschungsaufwendungen kann eine Forschungsprämie in Anspruch genommen werden. Ansonsten kommt es bezüglich Forschungsfreibetrag oder Forschungsprämie stets zu einer Entweder-oder-Entscheidung.
Hinsichtlich der Vorteilhaftigkeit ist der Forschungsfreibetrag abhängig vom Steuersatz bei einer guten Ertragslage vorzuziehen, während die Forschungsprämie auch in Verlustjahren einen Vorteil bringt, da unmittelbar eine Gutschrift am Abgabenkonto erfolgt. Bei einem Steuersatz von zB 34% (=KSt-Satz bis 31.12.2004) bringt ein 25%iger Forschungsfreibetrag eine Steuerersparnis von (34%*25%=) 8,5% und ist daher gegenüber der Prämie zu bevorzugen. Durch die Senkung des Körperschaftsteuersatzes auf 25% verschiebt sich für Körperschaften allerdings die Vorteilhaftigkeit zugunsten der Prämie, da ein 25%iger Forschungsfreibetrag dann nur noch eine Steuererparnis von ($25\%^2$=) 6,25% bringt. Der 35%ige Forschungsfreibetrag bleibt auch bei einem Steuersatz von 25% im Vergleich zur Prämie vorteilhaft.

5.4.2 Förderung von Aus- und Fortbildung

Für Bildungsaufwendungen, die im betrieblichen Interesse getätigt wurden kann gem § 4 Abs 4 Z 8 bzw 10 ein Freibetrag von 20% in Anspruch genommen werden. Die Freibeträge stellen eine **fiktive Betriebsausgabe** dar, während die Bildungsprämie (dazu sogleich) **eine liquiditätswirksame Abgabengutschrift bedeutet.**

•) Der Freibetrag kann für Aufwendungen in **innerbetriebliche Aus- und Fortbildungseinrichtungen** (§ 4 Abs 4 **Z 10**) nur insoweit in Anspruch genommen werden als die Aufwendungen EUR 2.000 pro Kalendertag und Maßnahme nicht übersteigen. Innerbetriebliche Aus- und Fortbildungseinrichtungen müssen einem Teilbetrieb vergleichbar sein, dürfen aber außer an Konzernunternehmen keine Dienstleistungen an Dritte erbringen (zur Definition vgl EStR Rz 1377b).

•) Für Aufwendungen, die im betrieblichen Interesse getätigt wurden und dem Arbeitgeber von einer **externen Aus- und Fortbildungseinrichtung** in Rechnung gestellt wurden (§ 4 Abs 4 **Z 8**), kann der Freibetrag von 20% der Aufwendungen (zu den umfassten Aufwendungen vgl EStR Rz 1366 ff) ohne Begrenzung geltend gemacht werden. Aus- und Fortbildungseinrichtungen iSd Bestimmung sind Bildungseinrichtungen von Körperschaften öffentlichen Rechts bzw Einrichtungen, deren Geschäftsgegenstand wesentlich in der

Einbringung von Dienstleistungen auf dem Gebiet der Aus- und Fortbildung liegen und sich an einen unbestimmten Personenkreis richten.
Der Bildungsfreibetrag kann auch außerbilanziell geltend gemacht werden.
•) Alternativ zum Freibetrag gem § 4 Abs 4 Z 8 kann gem § 108c EStG eine Bildungsprämie iHv 6% der Aufwendungen beansprucht werden. Bildungsprämie und Bildungsfreibetrag iSd § 4 Abs 4 Z 8 schließen einander aus, während ein Freibetrag iSd § 4 Abs 4 Z 10 parallel zu beiden Begünstigungen geltend gemacht werden kann.
Hinsichtlich der Vorteilhaftigkeit ist der Bildungsfreibetrag abhängig vom Steuersatz regelmäßig bei einer guten Ertragslage vorzuziehen, während die Bildungsprämie auch in Verlustjahren einen Vorteil bringt, da unmittelbar eine Gutschrift am Abgabenkonto erfolgt. Bei einem Steuersatz von zB 34% (=KSt-Satz bis 31.12.2004) bringt ein 20%iger Bildungsfreibetrag eine Steuerersparnis von (34%*20%=) 6,8% und ist daher gegenüber der Prämie zu bevorzugen. Durch die Senkung des Körperschaftsteuersatzes auf 25% verschiebt sich für Körperschaften allerdings die Vorteilhaftigkeit zugunsten der Prämie, da ein 20%iger Bildungsfreibetrag dann nur noch eine Steuererparnis von (25%*20%=) 5% bringt.

5.4.3 Förderung der Lehrlingsausbildung

Gem § 108f kann eine Lehrlingsausbildungsprämie von EUR 1.000 (die der BM für Wirtschaft und Arbeit für Mangelberufe per Verordnung auch auf EUR 2.000 erhöhen kann) geltend gemacht werden, sofern die Aufwendungen als Betriebs- oder Werbungskosten abzugsfähig sind. Voraussetzung ist allerdings, dass das Lehrverhältnis nach der Probezeit in ein definitives Lehrverhältnis umgewandelt wird. Die Prämie wird dem Abgabenkonto gutgeschrieben.
Unter Umständen kann gem § 124b Z 31 EStG alternativ zur Geltendmachung einer Lehrlingsausbildungsprämie ein Lehrlingsfreibetrag von EUR 1.460 für Lehrverhältnisse, die vor dem 1.1.2005 begonnen wurden, geltend gemacht werden. Abgesehen davon, dass zweitgenannter Freibetrag betraglich weniger fördert, läuft er aus.

5.4.4 Kurzfristige Förderungen

Bei der Ersatzbeschaffung von abnutzbaren Anlagegütern aufgrund der Beseitigung von Katastrophenschäden aus Hochwasser-, Erdrutsch, Vermurungs- oder Lawinenschäden kann wahlweise eine vorzeitige Abschreibung (§ 10c EStG) oder eine Sonderprämie (§ 108d EStG) in Anspruch genommen werden. Bei Gebäuden kann eine vorzeitige Abschreibung iSd § 10c EStG von 12% geltend gemacht werden, während bei sonstigen Wirtschaftsgütern 20% der Anschaffungs- bzw Herstellungskosten vorzeitig abgeschrieben werden dürfen. Voraussetzung für die Inanspruchnahme dieser Begünstigung ist, dass mit der Anschaffung bzw Herstellung nach dem 31.5.2002 begonnen wurde. Außerdem darf nur von jenem Teil der Herstellungskosten, der bis zum 31.12.2004 angefallen ist, eine vorzeitige Abschreibung vorgenommen werden.
Alternativ dazu kann eine Sonderprämie von 5% für Aufwendungen iZm der Ersatzbeschaffung von Gebäuden bzw 10% der Aufwendungen für die Ersatzbeschaffung von sonstigen Wirtschaftsgütern geltend gemacht werden. Die Prämien werden dem Abgabenkonto gutgeschrieben. Wird die Sonderprämie beansprucht, so kann für das jeweilige Wirtschaftsgut keine vorzeitige Abschreibung iSd §§ 10a Abs 3 bzw 10c EStG vorgenommen werden. Im Falle der Inanspruchnahme der katastrophenbedingten Sonderabschreibung (§ 10c EStG) bzw der Sonderprämie (§ 108d EStG) sind die Anschaffungs- oder Herstellungskosten der Wirtschaftsgüter, für die eine dieser Begünstigungen geltend gemacht wurde, von den Anschaffungs- oder Herstellungskosten der prämienbegünstigten Wirtschaftsgüter iSd § 108e EStG (Investitionszuwachsprämie) abzuziehen.

Abgesehen von den vorgesehenen Begünstigungen für die katastrophenbedingte Ersatzbeschaffung von Wirtschaftsgütern konnte für die ***Herstellung*** von Gebäuden, mit deren tatsächlichen Bauausführung nach dem 31. Dezember 2001 und vor dem 1. Jänner 2004 begonnen wurde, gem § 10a Abs 3 EStG eine vorzeitige Abschreibung der Herstellungskosten iHv 7% geltend gemacht werden. Voraussetzung für die Geltendmachung der vorzeitigen Abschreibung iSd § 10a Abs 3 EStG war, dass der auf die Herstellungskosten anzuwendende Abschreibungssatz iSd § 8 Abs 1 EStG 3% beträgt, dass das Gebäude also unmittelbar der Betriebsausübung bei Land & Forstwirtschaft bzw Gewerbebetrieb dient. Die vorzeitige Abschreibung kann jedoch nur von jenen Teilherstellungskosten geltend gemacht werden, die bis zum 31. Dezember 2005 angefallen sind und dabei dürfen die (Teil-)Herstellungskosten EUR 3,8 Millionen pro Jahr nicht übersteigen.

6. Das Sozialkapital

Als Sozialkapital bezeichnet man Rückstellungen, die für zukünftige Zahlungen an die Belegschaft gebildet werden, wobei der Anspruch auf die Zahlungen laufend während des Dienstverhältnisses entsteht. Zum Sozialkapital zählen insbesondere Abfertigungs-, Pensions- und Jubiläumsgeldrückstellung.

Verbindlichkeitsrückstellungen sind handelsrechtlich zwingend zu dotieren. § 198 Z 4 HGB enthält eine beispielhafte Aufzählung, wofür Rückstellungen zu bilden sind. Gemäß § 211 Abs 1 HGB sind Rückstellungen in der Höhe anzusetzen, die nach vernünftiger kaufmännischer Beurteilung notwendig ist, wobei im Rahmen der Bewertung auf den Grundsatz der Vorsicht Bedacht zu nehmen ist.

Protokollierte Gewerbetreibende (§ 5-Gewinnermittler) sind auf Grund der Maßgeblichkeit der Handelsbilanz für die Steuerbilanz zur Bildung von steuerwirksamen Rückstellungen verpflichtet. Für § 4 Abs 1-Gewinnermittler wird ein Wahlrecht vertreten.

Den handelsrechtlichen Rückstellungsbestimmungen wird aber durch zwingende steuerrechtliche Vorschriften derogiert (§ 9 und § 14 EStG). Es kommt dabei zu Beschränkungen sowohl der Höhe (Abfertigungs- und Pensionsrückstellungen) als auch dem Grunde (Jubiläumsgeldrückstellungen) nach.

6.1. Abfertigungsrückstellungen (§ 14 Abs 1 - 6 EStG)

Durch die Einführung der „Abfertigung Neu" durch das BGBl 100/2002 (siehe dazu im Detail zB *Kristen/Pinggera/Schön*, RdW 2002/389) kam es zu massiven Änderungen im Bereich der Abfertigungsrückstellungen (für ausführliche Darstellungen vgl zB *Bruckner*, ÖStZ 2002, 446 ff; *Seicht*, RWZ 2002, 299 ff). Für Mitarbeiter, die nach dem 1.1.2005 in ein Unternehmen eingetreten sind, gelten bereits die Bestimmungen der Abfertigung neu. Für diese Mitarbeiter hat der Arbeitgeber 1,53% des monatlichen Entgeltes im Sinne arbeitsrechtlicher Bestimmungen an eine Mitarbeitervorsorgekasse abzuführen. Im neuen Abfertigungsrecht hat jeder vom BMVG erfasste Arbeitnehmer (dh grundsätzlich alle Arbeitsverhältnisse, die auf einem privatrechtlichen Vertrag beruhen) einen Anspruch auf eine Abfertigung, unabhängig davon, wie das Arbeitsverhältnis beendet wird, jedoch besteht grundsätzlich nur ein Anspruch auf Auszahlung, wenn entweder das Arbeitsverhältnis in einer Form beendet wird, die bisher schon einen

Abfertigungsanspruch ausgelöst hat (zB Kündigung durch den Arbeitgeber), das Arbeitsverhältnis nach Erreichen des Pensionsalters beendet wird oder der Arbeitnehmer seit mindestens fünf Jahren in keinem Arbeitsverhältnis mehr steht.

Für zum 31.12.2002 bereits bestehende Arbeitsverhältnisse gibt es drei Möglichkeiten. Erstens der Verbleib im alten System und damit die Fortführung der Abfertigungsrückstellung. Zweitens kann jeder Arbeitnehmer durch einvernehmliche Einzelvereinbarung mit seinem Arbeitgeber in das neue System übertreten, wobei dabei zwei Varianten zur Disposition stehen. Bei einem Teil-Übertritt werden die bis zum Übertrittsstichtag im alten System erworbenen Abfertigungsansprüche „eingefroren", während ab dem Übertritt das System „Abfertigung neu" gilt (sogenannte „Splitvariante"). Außerdem besteht die Möglichkeit die bisher erworbenen Alt-Abfertigungsansprüche gänzlich in das neue System zu überführen (Voll-Übertritt). Die Splitvariante kann ohne zeitliche Begrenzung vereinbart werden, während der Voll-Übertritt gem § 47 Abs 5 BMVG bis 31.12.2012 vereinbart werden muss. Erfolgt vorerst keine Vereinbarung, verbleibt der Arbeitnehmer im System der Abfertigung alt (zu Vorteilhaftigkeitsüberlegungen hinsichtlich des Übertritts vgl zB *Binder/Schifko*, SWK 2002, T 154 ff; *Beiser*, SWK 2002, T 201 ff; *Fiebich*, SWK 2002, T 213 ff; *Binder/Schifko*, SWK 2002, W 127 ff).

Die handelsrechtliche Behandlung der Abfertigungsrückstellung

Die handelsrechtliche Rückstellungspflicht umfaßt neben den gesetzlichen und kollektivvertraglichen Ansprüchen der Arbeitnehmer auch die freiwilligen (dienstvertraglichen) Abfertigungszusagen an Arbeitnehmer und andere Beschäftigte des Unternehmens. Das Rückstellungsausmaß wird sich idR zwischen 40 % und 90 % der Abfertigungsansprüche zum Bilanzstichtag bewegen, wobei in Ausnahmefällen (zB Umstrukturierung oder drohende Unternehmensbeendigung) auch Prozentsätze von 100 % handelsrechtlich geboten sein können. Das Fachgutachten KFS-RL 2 und 3 (sowie deren Ergänzung vom 5. Mai 2004) des Fachsenats für Handelsrecht der Kammer der Wirtschaftstreuhänder hält fest, dass idR das hrl. Minimum der Rückstellungshöhe dem str. Maximum (50 %) entsprechen wird. Auch eine Rückstellung, die nach internationalen Rechnungslegungsstandards (insbesondere IAS 19) gebildet wird, wird idR den handelsrechtlichen Vorschriften entsprechen.

Diese Übereinstimmung ist jedoch stets zuvor durch versicherungsmathematische bzw vereinfachend durch finanzmathematische Ermittlung der zum Bilanzstichtag bestehenden Abfertigungsverpflichtungen zu überprüfen. Nur soweit keine erhebliche Abweichung zwischen der steuerlich maximal zulässigen Abfertigungsrückstellung und der gemäß § 211 Abs 2 HGB ermittelten Rückstellung besteht, kann von oben genannter Vereinfachungsregel Gebrauch gemacht werden.

Zu beachten ist allerdings, dass im Handelsrecht keine Bestimmung hinsichtlich einer 5-jährigen Aufbauphase existiert (dh verminderte Rückstellungen in der Aufbauphase nur im Steuerrecht !).

Handelsrechtlich ist es weiters unerheblich, wem die Abfertigungszusage erteilt wird. Daher ist insbesondere auch für die leitenden Organen einer Gesellschaft (zB Geschäftsführer, Vorstand, Gesellschafter-Geschäftsführer einer Personenhandelsgesellschaft) gegebene Abfertigungszusage eine Rückstellung zu bilden. Ein Einzelunternehmer kann jedoch für sich selbst keine Abfertigungsrückstellung bilden.

Die steuerrechtliche Behandlung der Abfertigungsrückstellung

Wird die Abfertigungsrückstellung aufgrund der „Abfertigung neu“ nicht fortgeführt, so kann diese im Wirtschaftsjahr 2002 oder 2005 gem § 124b Z 68 lit a EStG steuerfrei auf das Kapitalkonto oder auf eine als versteuert geltende Rücklage übertragen werden. Werden Abfertigungsansprüche an eine Mitarbeitervorsorgekassa übertragen, so ist der Unterschiedsbetrag zwischen der Abfertigungsrückstellung iSd § 14 EStG und dem an die MV-Kasse zu leistende Betrag gem § 124b Z 66 EStG auf fünf Jahre verteilt abzusetzen. Die laufenden Beiträge (1,53% der Lohn- bzw Gehaltssumme) an die MV-Kasse sind ebenso wie diese „Übertragungsbeiträge“ in vollem Umfang Betriebsausgaben.

Sollten Abfertigungsrückstellungen weitergeführt werden gilt folgendes: Für Abfertigungsansprüche, die auf Grund gesetzlicher Anordnung oder eines Kollektivvertrags bestehen, kann für steuerliche Zwecke seit Geltung der „Abfertigung neu“ maximal ein Betrag von **45 % (2002: 47,5%) der gesetzlichen oder kollektivvertraglichen Ansprüche** rückgestellt werden (§ 14 Abs 1 EStG). Für Arbeitnehmer, die älter als 50 Jahre sind, kann weiterhin eine Abfertigungsrückstellung von max. 60 % gebildet werden.

Das einmal gewählte strl. Ausmaß (zB 40%) ist bei erstmaliger Bildung einer Abfertigungsrückstellung **über 5 Jahre verteilt** (gleichmäßig) aufzubauen und kann nachträglich grundsätzlich nicht mehr geändert werden (zB auf 45 %). Das steuerliche Ausmaß kann allerdings aufgrund der zum Handelsrecht unterschiedlichen Bemessungsgrundlagen und Bewertungsmethoden unabhängig von der konkreten handelsrechtlichen Bewertung im Jahr der erstmaligen steuerlichen Rückstellungsbildung gewählt werden.

Zur Verdeutlichung folgendes Aufbauschema (steuerlich anerkannte Rückstellung in Prozent der gesetzlichen und kollektivvertraglichen Ansprüche):

	Gewähltes Ausmaß = 50%	Gewähltes Ausmaß = 40%
Jahr 1	10 %	8 %
Jahr 2	20 %	16 %
Jahr 3	30 %	24 %
Jahr 4	40 %	32 %
Jahr 5 und folgende:	50 %	40 %

Die gesetzlichen Abfertigungsansprüche für Angestellte finden sich in § 23 Angestelltengesetzes (AngG). Diese Bestimmung gilt seit 1984 auch für Arbeiter. In jedem Fall gehen allenfalls günstigere kollektivvertragliche Regelungen vor (Günstigkeitsprinzip im Arbeitsrecht).

Tabelle gem § 23 AngG:

Abfertigungsansprüche in Abhängigkeit von der Betriebszugehörigkeit

Jahre der Betriebszugehörigkeit:	Vielfaches des Monatsbruttogehalts:
3	2
5	3
10	4
15	6
20	9
25	12

Das Monatsbruttogehalt umfasst neben dem laufenden Bezug auch anteilig Sonderzahlungen (13./14. Monatsgehalt), sowie sonstige regelmäßig wiederkehrende Bezüge (Überstundenpauschale, Bilanzgeld uä).

Voraussetzung für die Zulässigkeit der Bildung einer Abfertigungsrückstellung ist grundsätzlich, dass es sich bei der betroffenen Person um einen Arbeitnehmer oder um eine andere Person als einen Arbeitnehmer handelt, wenn für diese andere Person ein gesetzlicher Abfertigungsanspruch besteht. Da das Arbeitsrecht Abfertigungen jedoch nur für Arbeitnehmer im arbeitsrechtlichen Sinn kennt, ist dem in § 14 Abs 1 EStG verwendeten Begriff

„Arbeitnehmer“ ein eigener Begriffsinhalt, nämlich jener des Arbeitnehmerbegriffs des § 47 EStG beizulegen. Danach ist Arbeitnehmer, wer Einkünfte aus nichtselbständiger Arbeit im Sinne § 25 EStG bezieht, wobei § 25 Abs 1 Z 1 EStG als Definition der nichtselbständigen Einkünfte auf das Vorliegen eines Dienstverhältnisses im Sinne § 47 Abs 2 EStG verweist.

Zusätzlich muss für diese steuerlichen Arbeitnehmer grundsätzlich auch die arbeitsrechtliche Arbeitnehmereigenschaft verwirklicht sein, da sonst keine gesetzlichen oder kollektivvertraglichen Ansprüche zustünden.

Während das Vorliegen beider Arbeitnehmereigenschaften für den Großteil der Dienstnehmer in der Regel problemlos erfüllt ist, ist insbesondere für die Mitglieder des Leitungsorgans einer Gesellschaft die Bildung der Abfertigungsrückstellung umstritten:

Leitungsorgane ohne Gesellschaftereigenschaft

-- *Geschäftsführer einer Personengesellschaft:*

Da dieser alle Merkmale eines Dienstverhältnisses erfüllt (insbes. Weisungsbindung gegenüber Gesellschaftern und Eingliederung in geschäftlichen Organismus), besteht an der Zulässigkeit der steuerwirksamen Bildung der Abfertigungsrückstellung kein Zweifel.

-- *Geschäftsführer einer GmbH:*

Da auch diese gegenüber den Gesellschaftern der GmbH weisungsgebunden sind, erfüllen auch sie regelmäßig die Voraussetzungen der steuer- und arbeitsrechtlichen Arbeitnehmereigenschaft, weshalb die Bildung einer Abfertigungsrückstellung steuerwirksam möglich ist.

-- *Vorstand einer AG:*

Da der Vorstand einer AG arbeitsrechtlich mangels Weisungsbindung nicht Arbeitnehmer ist, kann für diesen eine Abfertigungsrückstellung mangels gesetzlicher Grundlage nur freiwillig gebildet werden. Steuerrechtlich wird diese Abfertigungsrückstellung jedoch nur insoweit anerkannt, als sie einer gesetzlichen oder dem Dienst- oder Anstellungsverhältnis entsprechenden kollektivvertraglichen Abfertigung nachgebildet ist. Dann kann auch steuerrechtlich eine Rückstellung unter Beachtung der Bestimmungen des § 14 EStG (siehe oben) gebildet werden, wobei Vordienstzeiten angerechnet werden können. Ursprünglich wurde zT argumentiert, dass es auch denkbar wäre, für den Vorstand mangels sonstiger Einschränkung die Rückstellung nach § 9 (ohne die Einschränkungen des § 14 sowie ohne Wertpapierdeckung) zu bilden (weiterführend RWZ 2000/5, 129; SWK 1999, S 513; RdW 1999, 370), was auch durch ein Erkenntnis des VfGH vom

11.12.2002, B 1609/01 bestätigt wurde. Der Gesetzgeber schloss danach jedoch die Möglichkeit eine Abfertigungsrückstellung nach § 9 EStG zu bilden expressiv verbis im Gesetzestext aus und schuf die oben dargestellte Regelung. Weiterhin ausgeschlossen von der Rückstellungsbildung sind dadurch – wohl entgegen der Judikatur des VfGH - einzelvertragliche Zusagen (*Keppert*, SWK 2005, T 45).

Leitungsorgane mit Gesellschaftereigenschaft

-- *Gesellschafter-Geschäftsführer einer Personengesellschaft:*

Da steuerlich Dienstverhältnisse zwischen der Gesellschaft und den Gesellschaftern aufgrund § 23 Z 2 EStG nicht anerkannt sind, kann unabhängig vom Vorliegen einer arbeitsrechtlichen Arbeitnehmereigenschaft (insbes. Arbeitnehmer-Kommanditist) keine steuerlich wirksame Rückstellung bei der Gesellschaft gebildet werden.

-- *Gesellschafter-Geschäftsführer einer GmbH:*

Soweit dieser steuerlich Arbeitnehmer ist, was dann der Fall ist, wenn er zu maximal 25 % an der GmbH beteiligt ist, und zwar auch dann, wenn er nicht weisungsgebunden ist, sonst aber alle Merkmale eines Dienstverhältnisses aufweist, kann steuerlich eine Abfertigungsrückstellung gebildet werden, wenn auch arbeitsrechtlich Arbeitnehmereigenschaft vorliegt. Dies setzt allerdings Weisungsbindung voraus, sodass mangels einer solchen trotz Vorliegens steuerlicher Arbeitnehmereigenschaft eine Abfertigungsrückstellung mangels gesetzlicher oder kollektivvertraglicher Ansprüche ausgeschlossen ist (daher ist insbesondere das Vorliegen einer Sperrminorität zugunsten des Gesellschafter-Geschäftsführers schädlich für die Bildung der Rückstellung).

Soweit dieser Gesellschafter-Geschäftsführer zu mehr als 25 % an der GmbH beteiligt ist, erzielt er Einkünfte aus selbständiger Arbeit, und zwar auch dann, wenn sonst alle Merkmale eines Dienstverhältnisses vorliegen. Für diesen Personenkreis ("andere Person“ im Sinne § 14 Abs 1 Z 2 EStG) kann bei Bestehen eines gesetzlichen Abfertigungsanspruchs eine Abfertigungsrückstellung mit steuerlicher Wirkung gebildet werden. Sollte daher ein solcher Gesellschafter-Geschäftsführer insbes. auch weisungsgebunden sein, was bei einer Beteiligung bis zu 50 % jedenfalls denkbar ist, kann auch steuerlich eine Abfertigungsrückstellung gebildet werden.

Für alle steuerlichen Arbeitnehmer, nicht jedoch für die "anderen Personen" ist auch die Anrechnung von Vor*dienst*zeiten steuerwirksam möglich.

Für weisungs**un**gebundene Gesellschafter-Geschäftsführer gelten die Grundsätze für Vorstände (siehe oben) analog.

Erfordernis einer Wertpapierdeckung

Aufgrund der gesetzlichen Bestimmung des § 14 EStG muss für die steuerwirksam gebildeten Abfertigungsrückstellungen vom Stpfl. in Form einer **Wertpapierdeckung** vorgesorgt werden (dies gilt nach der Steuerreform 1988 erstmals auch für die Pensionsrückstellungen, dort allerdings mit einer 20 - jährigen Übergangsfrist): Spätestens am Schluss jedes Wirtschaftsjahres müssen auf Inhaber lautende Schuldverschreibungen österreichischer Schuldner im Nennbetrag (Erstausgabepreis bei Investmentzertifikaten) von mindestens 50 % des am Schluss des vorhergehenden Wirtschaftsjahres in der Bilanz ausgewiesenen steuerlichen Rückstellungsbetrages im Betriebsvermögen vorhanden sein (=„Wertpapierdeckung"). Dieses Erfordernis wurde im Zuge der Einführung der „Abfertigung neu" auslaufend abgeschafft: Bei Fortführung der Abfertigungsrückstellung kann allerdings ab dem Wirtschaftsjahr 2005 gem § 124b Z 69 EStG in 10%-Schritten eine Reduktion der Wertpapiere auf fünf Jahre verteilt erfolgen, wobei der Wertpapierbestand jeweils bereits zu Beginn des betreffenden Wirtschaftsjahres reduziert werden kann (EStR Rz 3352). Bei Übertritt in das System der „Abfertigung neu" ist keine Wertpapierdeckung mehr erforderlich.

Zu den deckungsfähigen Wertpapieren zählen Aktien nicht, sondern nur Anleihen und Investmentzertifikate (wenn sich der Fonds selbst wiederum nur aus deckungsfähigen Wertpapieren zusammensetzt), sofern es sich nicht um Emissionen mit Gesamtausgabebetrag unter ATS 600.000,- oder um sog. „Nullkuponanleihen" (Ausgabebetrag < 90 % des Nennbetrages) handelt. Ebenso zählen Forderungen aus Schuldscheindarlehen gegenüber der Republik Österreich zu den deckungsstockfähigen Wertpapieren, sowie Pfandbriefe und Kommunalschuldverschreibungen.

Bei auch nur vorübergehender Unterdeckung muss ein Strafzuschlag (Erhöhung des str. Gewinns = MWR +) in Höhe von 60 % der fehlenden Wertpapierdeckung in Kauf genommen werden. Dieser Zuschlag entfällt allerdings, wenn die Wertpapiere durch Tilgung aus dem Betriebsvermögen ausscheiden und binnen 2 Monaten andere deckungsfähige Wertpapiere nachbeschafft wurden. Bei einem Abbau der Rückstellung kann die Wertpapierdeckung sofort (nicht erst zum folgenden Bilanzstichtag) gesenkt werden. Dies ist insbesondere deshalb sinnvoll, da Abfertigungsrückstellungen idR durch Ausbezahlung von Abfertigungen sinken und somit der Erlös aus dem Verkauf der deckungsfähigen Wertpapiere auch für die Bezahlung der Abfertigungen verwendet werden kann.

6.2. Pensionsrückstellungen (§ 14 Abs 7 - 9 EStG)

Ähnlich den Abfertigungsverpflichtungen müssen auch für die zukünftigen Pensionsverpflichtungen Rückstellungen gebildet werden.

Handelsrechtliche Vorgangsweise

Für unwiderrufliche Pensionszusagen sind Pensionsrückstellungen in voller Höhe (= zum versicherungsmathematischen Wert) zu bilden. Diese Vorgangsweise wird durch § 211 Abs 2 HGB gesetzlich normiert:

> *„(2) Rückstellungen für laufende Pensionen und Anwartschaften auf Pensionen sowie ähnliche Verpflichtungen sind mit dem sich nach versicherungsmathematischen Grundsätzen ergebenden Betrag anzusetzen. ...“*

Zu beachten ist in diesem Zusammenhang, dass mit dem Übergang auf die Rechnungslegungsvorschriften des RLG Übergangsbestimmungen für die Anpassung der bis dahin gebildeten Pensionsrückstellungen gelten. Gemäß Art X Abs 3 RLG ist der sich aus der Ermittlung nach § 211 Abs 2 HGB und der nach früherer Rechtslage gebildeten Rückstellung ergebende Fehlbetrag über längstens 20 Jahre gleichmäßig verteilt nachzuholen. Der Fehlbetrag kann aber auch binnen kürzerer Frist (zB über fünf Jahre, aber auch sofort im Jahr der Umstellung auf das RLG) nachgeholt werden. Soweit nicht die sofortige Anpassung erfolgt, ist der voll passivierte Unterschiedsbetrag mit dem noch nicht nachgeholten Betrag in den aktiven Rechnungsabgrenzungsposten auszuweisen oder ohne Passivierung als Fehlbetrag unter der Bilanz auszuweisen (vgl Art X Abs 4 RLG).

Steuerrechtliche Vorgangsweise

Pensionsrückstellungen können mit steuerlicher Wirkung nur dann und nur insoweit gebildet werden, wenn die ihnen zugrunde liegenden Verpflichtungen

- **schriftlich**
- **rechtsverbindlich** und
- **unwiderruflich** sind.

Auch für geschäftsführende Gesellschafter einer Kapitalgesellschaft (unabhängig, ob wesentlich oder nicht wesentlich beteiligt) können Pensionsrückstellungen mit steuerlicher Wirkung gebildet werden. Hierbei ist jedoch darauf zu achten, dass keine dem Fremdvergleich nicht standhaltende Vereinbarung vorliegt, andernfalls nämlich eine verdeckte Gewinnausschüttung (vGA) seitens der Gesellschaft vorliegt. Eine solche vGA wird dann nicht vorliegen, wenn die konkrete Zusage durch einen ordentlichen und gewissenhaften Geschäftsleiter in der konkreten Situation auch einem Nicht-Gesellschafter-Geschäftsführer gegeben und die damit verbundene Vermögensminderung hingenommen worden wäre (nach der Diktion des VwGH ist an die zu prüfenden Voraussetzungen betreffend das Vorliegen einer vGA in jeder Hinsicht ein strenger Maßstab anzulegen - vgl VwGH 9.11.1982, 82/14/0090, 0093, ÖStZB 1983, 311).

Nach Ansicht der österreichischen Finanzverwaltung hat die Überprüfung der Angemessenheit von Pensionszusagen stets unter Berücksichtigung des Aktivbezugs und der Pensionserwartungen zu erfolgen (EStR 2000 Rz 3391). Eine Pensionszusage wird steuerlich dann nicht anerkannt, wenn sie fremdunüblich ist (KStR 2001 Rz 1059 mwN). Der Höhe nach ist eine Pensionszusage grundsätzlich dann angemessen, wenn sie zu keiner Besserstellung gegenüber der Aktivitätszeit führt, dh sie darf nicht höher sein als der Aktivlohn im Zeitpunkt des Pensionsantritts (EStR 2000 Rz 3393 mwN). Neben der Höhe der Pensionszusage spielt für die Beurteilung der Angemessenheit das Alter des Pensionsberechtigten (ein hohes Alter im Zeitpunkt der Pensionszusage spricht gegen die steuerliche Anerkennung, KStR 2001 Rz 1063) und der Zeitraum eine Rolle, innerhalb der die Pensionsanwartschaft „erdient" wird. Es bestehen keine Bedenken gegen Anwartszeiten von mehr als sieben Jahren (KStR 2001 Rz 1060, 1064). Die Rechtsprechung des VwGH kennt im Gegensatz zur Rechtsprechung des BFH (zB BFH 21.12.1994 I R 98/93, BStBl 1995 II, 419) keine festen zeitlichen Grenzen für die Angemessenheit, sondern sieht Alter und Erdienenszeitraum immer im Gesamtzusammenhang (VwGH 9.11.1982, 82/14/0090, 0093, ÖStZB 1983, 311; VwGH 29.3.1989, 85/13/0074, 0075, ÖStZB 1989, 386; allerdings auch VwGH 10.4.1997, 94/15/0210 [siehe KStR 2001 Rz 1964], wo der VwGH bei sechsjährigem Erdienenszeitraum des Gesellschafter-Geschäftsführers bis zu dessen Pensionsberechtigung eine vgA annahm, da die Pension 80% des letzten Aktivbezugs ausmachen sollte). Lediglich für Gesellschafter-Geschäftsführer einer Personengesellschaft kann eine Pensionsrückstellung steuerwirksam nicht gebildet werden.

Die Steuerreform 1988 brachte betreffend den Pensionsrückstellungen eine steuerliche Entdiskriminierung im Vergleich zur alten Regelung des EStG 1972, dh sie wurden kraft EStG 1988 prinzipiell auch steuerrechtlich in voller Höhe anerkannt. Da bei sofortiger steuerlicher Anerkennung in voller Höhe jedoch extreme fiskalische Folgen (gewaltige Steuerausfälle) zu befürchten wären, wurde gleichzeitig beginnend mit 31.12.1989 („Umstellungsstichtag“) ein 20-jähriger Übergangszeitraum normiert, der zwischen der alten Regelung des § 14 EStG 1972 und den neuen Bestimmungen des § 14 EStG 1988 gleitend vermitteln soll.

Zur Berechnung des versicherungsmathematischen Deckungskapitals kann nunmehr ein geringerer Zinssatz von 6 % verwendet werden. Durch den 20-jährigen Übergangszeitraum wird allerdings festgelegt, dass diese neue Regelung erstmals für die im Jahre 2009 gebildeten Pensionsrückstellungen voll und ganz zur Anwendung gelangen wird.

Erstmals wird im EStG 1988 auch eine Bestimmung betreffend einer Wertpapierdeckung für Pensionsrückstellungen normiert (dies war im EStG 1972 lediglich für Abfertigungsrückstellungen vorgesehen), auch hierfür gilt allerdings beginnend mit 1990 ein 20-jähriger Übergangszeitraum. Die erforderliche Wertpapierdeckung beträgt daher 1991 2,5 %, 1992 5 % usw. des letztjährigen Rückstellungsbetrages. Auch hier gilt § 14 Abs 5 EStG, sodass bei Unterdeckung der 60 %-ige Strafzuschlag anfällt.

Beispiel A.53.

Der handelsrechtliche Wert der Pensionsrückstellung per 31.12.2004 beträgt 10.300.000.

HR Werte:	2005:	11.500.000,-
	2006:	13.500.000,-
	2007:	15.000.000,-

Der steuerliche Differenzbetrag per 31.12.1989 beträgt 1.400.000 und ist über 20 Jahre gleichmäßig zu verteilen.

Die steuerlichen Werte des erforderlichen Deckungskapitals gem § 14 EStG betragen:

STR Werte:	2004:	9.900.000,-
	2005:	10.800.000,-
	2006:	12.000.000,-
	2007:	13.400.000,-

Wie hoch sind die hr. und str. Zuweisungen zur Pensionsrückstellung der Jahre 2005 bis 2007 ?

Beispiel A.54. (Fortsetzung zu A.53.)

Wie hoch ist die erforderliche Wertpapierdeckung der Jahre 2005 bis 2007 ?

Beispiel A.55. (Fortsetzung zu A.54.)

Welche Konsequenzen ergeben sich aus folgendem Wertpapierstand

-- Bundesanleihe: Buchwert 3.264.000,- der den Anschaffungskosten zum Kurs von 102 entspricht;

-- junge Aktien der EGO-AG: Buchwert 500.000,- Nennwert 300.000,-;

-- Anleihe der EGO-AG: Buchwert 427.500,- Nennwert 450.000,-. Die Anleihe wurde mit 95 % ihres Nennwerts begeben;

-- Investmentfondsanteile eines ausschließlich in inländische Schuldverschreibungen investierenden Fonds. Die Anteile wurden zum Erstausgabebetrag von 100.000,- erworben;

am 31.12.2005, 31.12.2006 und 31.12.2007, wenn am 10.3.2006 die Anleihe der EGO-AG veräußert wird (getilgt wird) und am 15.3.2006 zum gleichen Nennwert eine Bundesanleihe der Republik Österreich angeschafft wird.

6.3. Jubiläumsgeldrückstellungen

Wenn auf Grund einer Betriebsvereinbarung oder langjähriger betrieblicher Übung zu Betriebszugehörigkeits- oder Firmenjubiläen Jubiläumsgelder ausbezahlt werden, so ist durch eine entsprechende Rückstellung dafür Vorsorge zu treffen. Handelsrechtlich ist die Bildung von Jubiläumsgeldrückstellungen verpflichtend. Dieser Bildungszwang entfaltet über das Maßgeblichkeitsprinzip grundsätzlich auch Wirkung für die Steuerbilanz. Dies hat auch der VwGH in mehreren Entscheidungen ausgesprochen (VwGH 25.1.1994, 90/14/0073; 21.12.1994, 91/13/0245). Die unterlassene Bildung von Jubiläumsgeldrückstellungen für Perioden vor Inkrafttreten des RLG fällt jedoch unter das Nachholverbot (VwGH vom 25.2.1998, 97/14/0015, ÖStZB 1998, 726).

Jedoch wurde durch § 9 Abs 4 EStG die Bildung von Jubiläumsgeldrückstellungen mit steuerlicher Wirkung ausdrücklich untersagt. Diese Norm wurde, soweit sie Dienstnehmerjubiläen betraf, vom VfGH mit Erkenntnis vom 9.12.1997, G 403/97, ÖStZB 1998, 119 als verfassungswidrig aufgehoben. Die uE ebenfalls verfassungswidrige Untersagung der Bildung einer Jubiläumsgeldrückstellung anlässlich eines Firmenjubiläums ist jedoch noch geltendes Recht.

Ab dem Wirtschaftsjahr 1999 können Jubiläumsgeldrückstellungen für Dienstjubiläen wieder gebildet werden. Voraussetzung dafür ist, dass die Zusage verbindlich, schriftlich und unwiderruflich ist. Die Bewertung der Jubiläumsgeldrückstellung kann nach versicherungs- oder finanzmathematischen Grundsätzen erfolgen. Für die Jahre 1994 – 1998 besteht allerdings ein Nachholverbot, sodass nur der 1999 und den Folgejahren periodengerecht eintretende Aufwand rückgestellt werden kann. Eine Wertpapierdeckung ist im Gegensatz zu Pensions- und Abfertigungsrückstellung nicht erforderlich.

Die zum 31.12.1993 bestehenden Jubiläumsgeldrückstellungen mussten bis 31.12.1997 zwingend aufgelöst werden. Gemäß § 124 b Z 33 lit b EStG kann diesbezüglich ein Wiederaufnahmeantrag derart gestellt werden, dass diese Auflösung rückgängig gemacht wird. Der Antrag war bis 30.6.1999 zu stellen.

Die „sprunghafte" Rechtslage verursacht zahlreiche Zweifelsfragen, zu denen das BMF in den EStR 2000 Rz 3427f und Rz 3431 Stellung genommen hat: Soweit die Höhe der Fluktuation nicht aus den im Unternehmen in der Vergangenheit gegebenen Verhältnissen nachgewiesen wird, ist ein Abschlag von 25% zu berücksichtigen. Damit im Falle einer handelsrechtlichen Bilanzierung eine doppelte Berechnung vermieden werden kann, ist eine vereinfachte Überleitung der Jubiläumsgeldrückstellung vom Teilwertverfahren zum Gegenwartsverfahren durch Vornahme eines Pauschalabschlages von 10 % zulässig. Es ist ein Kalkulationszinssatz von 6 % zu Grunde zu legen. Der bis 1998 gebildete „steuerunwirksame Sockelbetrag" ist gleichmäßig über 15 Jahre verteilt abzuschreiben (RWZ 1999/11, 343; SWK 2000/16, S 437).

6.4. Urlaubsrückstellungen

Die Bildung einer Urlaubsrückstellung (SWK 1999/9, W 33) ist immer dann erforderlich, wenn der Arbeitnehmer den ihm zustehenden Urlaubsanspruch nicht zur Gänze während des Geschäftsjahres verbraucht hat, in dem der Anspruch entstanden ist. Der Urlaubsanspruch selbst entsteht wirtschaftlich betrachtet gleichmäßig verteilt auf das gesamte Arbeitsjahr. Durch einen in wirtschaftlicher Sicht zu geringen Verbrauch an Urlaub während der Rechnungsperiode kommt es zu einer Asymmetrie zwischen dem Leistungsentgelt und dem Nichtleistungsentgelt in Form des Urlaubsentgelts, für die durch eine Verbindlichkeitsrückstellung aufgrund Erfüllungsrückstandes vorzusorgen ist. Andernfalls würde nämlich das Jahresentgelt nicht ausreichen, den ausstehenden Urlaubsanspruch zu alimentieren und es würden zukünftige Perioden mit Nichtleistungsentgelten einer vorangehenden Rechnungsperiode belastet.

Die Berechnung der Urlaubsrückstellung ist vom Urlaubsanspruch, dem bereits aliquot konsumierten Urlaub und vom Entgelt je Urlaubstag abhängig. Das Entgelt je Urlaubstag wird dabei aus dem Bruttojahresentgelt des einzelnen Beschäftigten abgeleitet. Zum Bruttojahresentgelt zählen neben den zwölf Monatsgehältern der 13. und 14. Monatsgehalt, sonstige regelmäßig wiederkehrende Bezüge (zB Überstundenpauschale), Sachbezüge, aber auch die Arbeitgeberanteile zur Sozialversicherung sowie sonstige Dienstgeberbeiträge und Lohnnebenkosten sowie (entgegen der Judikatur des VwGH) anteilig auf den Beschäftigten entfallende Zuweisungen zu Sozialkapitalrückstellungen, sofern dies ermittelbar ist. Auch bereits zum Bilanzstichtag feststehende Gehaltserhöhungen sind bei Ermittlung des Bruttojahresgehalts zu berücksichtigen.

Aus dem Bruttojahresgehalt ist durch Division durch die Anzahl der jährlichen Arbeitstage der Wert eines geleisteten Arbeitstages, der dem Entgelt je ausstehendem und in der Zukunft zu gewährendem Urlaubstag entspricht. Uneinigkeit besteht darüber, wieviele Jahresarbeitstage im Nenner anzusetzen sind:

Die Finanzverwaltung legt idR die „theoretische" Anzahl von Arbeitstagen ohne Berücksichtigung von Nichtleistungstagen zu Grunde (5 Tage x 52 Wochen = 260 Tage). In gleicher Weise berechnet der BFH die Arbeitstage inklusive Urlaubstagen, Krankheits- und sonstige Ausfallstagen (BFH 26.6.1992, XI R 50/89), was aber uE zu einer nicht den wirtschaftlichen Gegebenheiten entsprechenden Bewertung eines Arbeits(=Leistungs)tages führt. Nicht eindeutig bezüglich der konkrete Ermittlung des Nenners urteilte der VwGH (12.1.1993, 92/14/0165, ÖStZB 1993, 499), der aber ebenso eine Umrechnung in einen produktiven Leistungswochenlohn, der im Erkenntnis jedoch nicht eindeutig definiert ist, für nicht zulässig erachtet.

Unserer Meinung nach ist die „tatsächliche" Anzahl von Jahresarbeitstagen (= Leistungstage) zu Grunde zu legen, um den „wahren Wert" eines Arbeitstages ermitteln und daher den korrekten Wert rückstellen zu können (RWZ 1995, 220). Diese Leistungstage könnten für jeden Beschäftigten individuell bestimmt werden. In der Praxis wird man eine solche Rechnung allerdings aus Gründen der Wirtschaftlichkeit für das gesamte Unternehmen anstellen. Die Leistungstage erhält man durch folgende Rechnung:

Werktage pro Jahr
- Urlaubstage pro Jahr
- Krankheitstage pro Jahr
- sonstige Ausfallstage pro Jahr

Leistungstage pro Jahr

Betriebsindividuell wird die Anzahl der Leistungstage/Jahr idR zwischen 200 und 220 liegen (idS *Doralt*, EstG[4], § 9 Tz 35).

Durch Multiplikation der offenen aliquoten Urlaubsansprüche mit dem Wert eines geleisteten Arbeitstages erhält man für den betreffenden Beschäftigten den Betrag der Urlaubsrückstellung.

Erwähnungswert ist, dass die Finanzverwaltung nur die Bildung einer Rückstellung für die nicht konsumierten Urlaubsanteile, die im laufenden Wirtschaftsjahr entstanden sind, für zulässig hält (vgl EStR Rz 3523).

Beispiel A.56.

Ermitteln Sie den Betrag der Urlaubsrückstellung für den Dienstnehmer D.

Monatsgehalt D (14 x jährlich)	4.000,-
Überstundenpauschale pro Monat (12 mal)	500,-
Sachbezug (FirmenPKW - 12 mal)	300,-

Die Lohnnebenkosten des Arbeitgebers betragen in Summe 30 %.

D ist am 1.8.1990 in das Unternehmen eingetreten. Das Wirtschaftsjahr des Unternehmens entspricht dem Kalenderjahr. Zum 31.12. hat D 3,5 Urlaubstage konsumiert; sein jährlicher Urlaubsanspruch beträgt 30 Tage.

Das Unternehmen kalkuliert mit folgender durchschnittlicher Arbeitsleistung je Mitarbeiter:

5 Werktage pro Woche	260 Tage
gesetzliche Feiertage	- 13 Tage
∅ Urlaubstage pro Jahr/Mitarbeiter	- 26 Tage
∅ Abwesenheitstage pro Jahr/Mitarbeiter	- 5 Tage
∅ Leistungstage pro Jahr/Mitarbeiter	216 Tage

7. Die Besteuerung von Personengesellschaften (§ 23 Z 2 EStG)

Eine besondere Stellung im Steuersystem nehmen die Personengesellschaften, die steuerlich ***Mitunternehmerschaften*** genannt werden, ein. Diese handelsrechtlich als zumindest quasi-juristische Person angesehenen Rechtsgebilde werden steuerlich nicht als Steuersubjekt behandelt. Steuersubjekt ist vielmehr der einzelne Gesellschafter dieser Personengesellschaft. Diesem wird steuerlich das Ergebnis der Mitunternehmerschaft direkt zugerechnet, wobei die Ergebniszurechnung beim Gesellschafter in dem Wirtschaftsjahr erfolgt, in dem der Bilanzstichtag der Personengesellschaft liegt. Diese direkte Zurechnung macht man sich bei diversen Verlustbeteiligungsmodellen zunutze, da die Verluste unmittelbar bei den Beteiligten steuerprogressionsmindernd wirken.

Zu den Personengesellschaften zählen insbesondere die OHG, die KG, die EEG, die atypisch stille Gesellschaft und die Gesellschaft bürgerlichen Rechts.

Voraussetzung für das Vorliegen gewerblicher Einkünfte (diese werden stellvertretend für die übrigen betrieblichen Einkünfte - aus selbständiger Arbeit, aus Land- und Forstwirtschaft behandelt) aus einer Mitunternehmerschaft ist, dass mit der Tätigkeit ein **Unternehmerwagnis** verbunden ist. Unternehmerwagnis drückt sich in Unternehmerinitiative und Unternehmerrisiko aus. **Unternehmerinitiative** liegt vor, wenn auf das betriebliche Geschehen bzw auf betriebliche Entscheidungen Einfluss genommen werden kann (zB durch Stimm-, Kontroll- oder Widerspruchsrechte). **Unternehmerrisiko** besteht in der Teilnahme am wirtschaftlichen Erfolg eines Unternehmens (Anteil an Gewinn/Verlust, stillen Reserven und Firmenwert oder Haftung für Schulden). Der Unternehmerinitiative kommt gegenüber dem Unternehmerrisiko schwächeres Gewicht zu. Nach herrschender Meinung wird allerdings ein Mindestmaß an Mitunternehmerinitiative verlangt, um Mitunternehmerstellung zu begründen. Fehlt eines der beiden Elemente völlig, so liegen bei dem betreffenden Gesellschafter keine Einkünfte aus Gewerbebetrieb vor. Das Vorliegen einer Mitunternehmerschaft ist ebenfalls zu verneinen, wenn eine personalistische Gesellschaft ausschließlich vermögensverwaltend tätig ist. Die Ergebniszurechnung an die Beteiligten erfolgt bei vermögensverwaltenden Personengesellschaften, die Einkünfte aus Kapitalvermögen oder Vermietung und Verpachtung erzielen, abgesehen von den besonderen Vergütungen in analoger Anwendung des § 23 Z 2 EStG (VwGH 25.6.1997, 95/15/0192, 0193, ÖStZB 1998/5, 104; EStR 2000 Rz 6017).

Aufgrund der Zuordnung des Gewinns der Gesellschaft an die Gesellschafter bedarf es eines bestimmten Zuordnungsverfahrens:

1. Das älteste Verfahren stellt die sog. **Bilanzbündeltheorie** dar. Diese geht davon aus, dass die Personengesellschaft das Bündel der Einzelbilanzen ihrer Gesellschafter darstellt. Diese Ansicht ist jedoch nicht haltbar, da andernfalls jeder Gesellschafter Bilanzierungs- und Bewertungsfragen unabhängig von der Vorgehensweise der übrigen Gesellschafter lösen könnte. In Wahrheit erstellt die Personengesellschaft jedoch nur eine Bilanz, die den Willen der (herrschenden) Gesellschafter repräsentiert.

2. Aus diesem Grund wurde vorgeschlagen, die Personengesellschaft so zu behandeln, als wäre jeder Gesellschafter nicht Gesellschafter einer Personengesellschaft sondern Einzelunternehmer (**Theorie der Alleininhaberschaft**). Mit diesem Bild will man die Besteuerung der Personengesellschaft in das System der Einkommensteuer eingliedern. Mit dieser Theorie wird vor allem zu erklären versucht, warum gewisse Rechtsbeziehungen zwischen der Gesellschaft und ihren Gesellschaftern steuerlich nicht anerkannt werden.

3. Eine dritte Ansicht sieht in der Personengesellschaft zwar kein Einkommensteuersubjekt, allerdings ein Gewinnermittlungssubjekt (**Theorie der einheitlichen Gewinnermittlung**). Diese Ansicht bietet die überzeugendsten Argumente für die steuerliche Behandlung der Personengesellschaft. Nach dieser Theorie wird der Gewinn der Mitunternehmerschaft nach einheitlichen Kriterien der Gesellschaft ermittelt (dies entspricht auch der handelsrechtlichen Gewinnermittlung). Im Anschluss daran erfolgt die Gewinnzuteilung an die einzelnen Gesellschafter. Für diese Ansicht spricht vor allem auch der Wortlaut des § 23 Z 2 EStG ("*Gewinnanteile* der Gesellschafter").

Der VwGH betont regelmäßig Bilanzbündeltheorie aus, die allerdings nicht überspitzt angewendet werden soll (VwGH 17.6.1992, 87/13/0157; VwGH 17.2.1988, 87/13/0028), jedoch kam es in Verwaltungspraxis und VwGH-Judikatur zur weitgehenden Verschmelzung der Theorien.

Neben den bezogenen Gewinnanteilen von der Gesellschaft haben die Gesellschafter allerdings auch die Vergütungen, die sie von der Gesellschaft für ihre Tätigkeit im Dienste der Gesellschaft (Geschäftsführergehalt), für die Hingabe von Darlehen (Zinsen) und für die Überlassung von Wirtschaftsgütern (Vermietung) bezogen haben, als Einkünfte aus Gewerbebetrieb zu besteuern. Es erfolgt somit insoweit eine Umqualifizierung der Einkünfte und zwar unabhängig davon, ob die Vergütungen fremdüblich sind oder nicht (teilweise andere

Ansicht der VwGH). Soweit der Gesellschafter allerdings bereits Einkünfte aus Gewerbebetrieb bezieht, sind die ihm unter diesem Titel zuzurechnenden Einkünfte nicht zu den Einkünften aus dem aufwendenden Gewerbebetrieb zu rechnen. Für andere als die genannten Leistungsbeziehungen gelten jedenfalls die allgemeinen Regeln.

Im Gegensatz dazu gilt im Verhältnis zwischen Gesellschafter einer Kapitalgesellschaft und Kapitalgesellschaft das Trennungsprinzip. Es besteht eine klare Trennung der Sphäre der juristischen Person von der ihrer Gesellschafter. Die Kapitalgesellschaft ist eine eigenständige Rechtspersönlichkeit und steht völlig unabhängig neben dem Gesellschafter. Ein Durchgriff durch die juristische Person auf die dahinterstehenden natürlichen Personen ist unzulässig. Auf Grund dieses Trennungsprinzips werden vertragliche Beziehungen zwischen der juristischen Person und ihren Gesellschaftern prinzipiell auch steuerlich anerkannt.

Die der Personengesellschaft überlassenen oder darlehensweise hingegebenen Wirtschaftsgüter sind Teil des sog. **Sonderbetriebsvermögens** des Gesellschafters. Daneben zählen auch die mit diesen Wirtschaftsgütern in Zusammenhang stehenden Verbindlichkeiten und die Verbindlichkeit aus dem Erwerb des Mitunternehmeranteils zum Sonderbetriebsvermögen. Das Sonderbetriebsvermögen wird in der Regel in einer Sonderbilanz des Gesellschafters erfasst. Vertreten wird, dass die Gewinnermittlung im Rahmen der Sonderbilanz nach den Regeln der Mitunternehmerschaft erfolgt.

Die von der Gesellschaft erhaltenen Vergütungen werden auch **Sonderbetriebseinnahmen** genannt, die damit in Zusammenhang stehenden Aufwendungen sowie die Aufwendungen in Zusammenhang mit dem Beteiligungserwerb heißen **Sonderbetriebsausgaben**.

Unter der **Ergänzungsbilanz** versteht man die Bilanz, die den bei Erwerb der Beteiligung bezahlten Mehrpreis auf die einzelnen Wirtschaftsgüter der Personengesellschaft verteilt darstellt. Die mit der Abschreibung der Wirtschaftsgüter in der Ergänzungsbilanz verbundenen Aufwendungen sind ebenfalls beim jeweiligen Gesellschafter Betriebsausgabe.

Die konkrete Erfolgsermittlung für die Mitunternehmerschaft erfolgt nach der sog. **einheitlichen und gesonderten Gewinnermittlung** iSd § 188 BAO. Dies bedeutet, dass in einem Feststellungsverfahren für sämtliche Gesellschafter der Mitunternehmerschaft deren Gewinn für das betreffende Wirtschaftsjahr ermittelt wird. Dementsprechend müssen die Mitunternehmer insbesondere sämtliche Sonderbetriebseinnahmen und –ausgaben im Rahmen dieses Verfahrens geltend machen.

Beispiel A.57.

Der handelsrechtliche Gewinn der "Mayer KG" beträgt 1.000.000,-. Herr Mayer bezog als Gesellschafter-Geschäftsführer ein aufwandswirksam verbuchtes Gehalt von 250.000,-. Für die Vermietung einer Lagerhalle an die Gesellschaft bezog er (bereits aufwandswirksam verbucht) 50.000,-. Die AfA der Lagerhalle betrug 30.000,-. Für den Erwerb der Gesellschaftsanteile musste Herr Mayer einen Kredit aufnehmen. Die Zinsbelastung daraus beträgt 25.000,-. Für den Verkauf eines privaten Grundstücks an die Gesellschaft erhielt Herr Mayer 500.000,- (Anschaffungspreis 200.000).

Ermitteln Sie die Einkünfte aus Gewerbebetrieb des zu 50 % an der Gesellschaft beteiligten Herrn Mayer.

Beispiel A.58.

Eine OHG mit drei Gesellschaftern (A, B und C), die zu gleichen Teilen beteiligt sind, hat folgende Bilanz:

Aktiva		Passiva	
Anlagevermögen	1400	Eigenkapital: A	400
		B	400
		C	400
Umlaufvermögen	500	Fremdkapital	700
	1900		1900

Im Anlagevermögen sind stille Reserven in Höhe von 600 enthalten. Laut Unternehmensbewertungsgutachten beträgt der Firmenwert der OHG 300. Der Gesellschafter C verkauft seinen Anteil an N.

Wie sieht die Bilanz der OHG nach Eintritt von N aus ?

Welche Ergänzungsbilanz hat N aufzustellen ?

Beispiel A.59.

Ein Tischler betreibt sein Unternehmen

a. als Einzelunternehmer;

b. als OHG. Er wird bei dieser Geschäftsführer und vermietet die Grundstücke an die OHG;

c. als GmbH. Er wird GmbH-Geschäftsführer und vermietet die Grundstücke an die GmbH;

Welche Einkünfte liegen jeweils vor ?

8. Veräußerungsgewinne (§ 24 EStG)

Veräußerungsgewinne sind die

- bei **Veräußerung** des gesamten Betriebes (**Betrieb** ist eine selbständige organisatorische Einheit, eine Zusammenfassung menschlicher Arbeitskraft und sachlicher Produktionsmittel zu einer organisatorischen Einheit, siehe EStR 2000 Rz 409). Es müssen die wesentlichen Grundlagen des Betriebes veräußert werden, dh es muss zumindest abstrakt die Möglichkeit der Fortführung dieses Betriebes durch den Erwerber gegeben sein), eines Teilbetriebes (**Teilbetrieb** ist ein organisch in sich geschlossener, mit einer gewissen Selbständigkeit ausgestatteter Teil eines Betriebes sein, der es vermöge seiner Geschlossenheit ermöglicht, die gleiche Erwerbstätigkeit ohne weiteres fortzusetzen, was wiederum voraussetzt, dass der Teilbetrieb schon vor seiner Übertragung selbständig geführt worden ist und diese Selbständigkeit schon vor der Veräußerung auch nach außen in Erscheinung getreten ist, siehe EStR 2000 Rz 5579 ff) oder eines **Mitunternehmeranteils** bzw
- bei der **Betriebsaufgabe** erzielten Gewinne.

  Eine Betriebsaufgabe liegt dann vor, wenn der bisherige Betriebsinhaber im Rahmen eines einheitlichen wirtschaftlichen Vorganges sich in einem Zug mit der Aufgabe der betrieblichen Tätigkeit aller Wirtschaftsgüter des Betriebsvermögens entweder begibt oder sie in sein Privatvermögen überführt, wobei die Besteuerung des Aufgabegewinnes zeitpunktbezogen in dem Jahr zu erfolgen hat, in welches der Zeitpunkt fällt, zu dem die Aufgabehandlungen bereits soweit fortgeschritten sind, dass dem Betrieb die wesentlichen Grundlagen entzogen sind.

  Da der Aufgabegewinn zeitpunktbezogen zu ermitteln ist, kann er nur einem Veranlagungszeitraum zugeordnet werden; eine Aufteilung auf zwei Veranlagungszeiträume kommt nicht in Betracht (VwGH 19.9.1995, 91/14/0222). Ein sich zB über zwei Jahre erstreckender Liquidationsvorgang wird nicht mehr als begünstigter Veräußerungsvorgang angesehen, da die Zusammenballung der Einkünfte nicht mehr in einer Gewinnermittlungsperiode erfolgt (VwGH 20.10.1993, 91/13/0168):

Der Veräußerungsgewinn wird jedenfalls nach der doppelten Buchführung ermittelt. Für Einnahmen-Ausgaben-Rechner bedeutet dies, im Veräußerungs- bzw Aufgabezeitpunkt einen Wechsel der Gewinnermittlungsart vornehmen zu müssen.

Der Veräußerungsgewinn ist der Betrag, um den der Veräußerungserlös nach Abzug der Veräußerungskosten den Buchwert des Betriebsvermögens übersteigt. Wirtschaftsgüter, die nicht veräußert, sondern ins Privatvermögen übernommen werden, sind mit dem gemeinen Wert zu bewerten. Im Fall des Ausscheidens eines Mitunternehmers ist als Veräußerungsgewinn jedenfalls der Betrag seines negativen Kapitalkontos zu erfassen, den er nicht auffüllen muss.

Für die Auflösung unversteuerter Rücklagen gilt es zu beachten, dass die URL gem § 12 EStG als Teil des letzten laufenden Gewinns gelten, während der IFB gem § 10 EStG zum Veräußerungsgewinn zu rechnen ist.

Da dieser Veräußerungsgewinn ein erhebliches Ausmaß annehmen kann, sieht § 24 EStG iVm § 37 Abs 2, 5 und 7 EStG eine besondere Besteuerung vor:

1. Veräußerungsgewinne sind über Antrag des Stpfl., wenn seit der Eröffnung oder dem letzten entgeltlichen Erwerbsvorgang sieben Jahre verstrichen sind, gleichmäßig verteilt auf drei Jahre anzusetzen („**Progressionsermäßigung**", § 37 Abs 2 EStG). Der Veräußerungsfreibetrag (§ 24 Abs 4 ESG) steht in diesem Fall nicht zu.
2. Sollte der Stpfl. die Progressionsermäßigung nicht beantragen, ist der Veräußerungsgewinn nach Tarif zu besteuern, wobei allerdings gem § 24 Abs 4 EStG ein Veräußerungsfreibetrag von EUR 7.300,- bei Veräußerung des ganzen Betriebes zusteht. Sollte ein Teilbetrieb oder ein Mitunternehmeranteil veräußert werden, so verringert sich der Freibetrag entsprechend.
3. Wird der Betrieb aufgegeben, weil der Stpfl. gestorben ist, (betriebsbezogen) erwerbsunfähig ist oder das 60. Lebensjahr vollendet hat und seine Erwerbstätigkeit einstellt unterbleibt auf Antrag hinsichtlich der zum Betriebsvermögen gehörenden Gebäude die Erfassung der stillen Reserven, wenn das Gebäude als Hauptwohnsitz des Stpfl. dient, keine stillen Reserven darauf übertragen worden sind und nicht veräußert wird. Eine Einstellung der Erwerbsunfähigkeit liegt dann vor, wenn der Gesamtumsatz aus den ausgeübten Tätigkeiten EUR 22.000 und die gesamten Einkünfte aus den ausgeübten Tätigkeiten EUR 730 im Kalenderjahr nicht übersteigen. Ab 2005 ist nur noch der **Verkauf** innerhalb einer Frist von fünf Jahren steuerschädlich (die Veräußerung gilt dann wiederum als rückwirkendes Ereignis iSd § 295a BAO), damit ist die sofortige Vermietung nach Betriebsaufgabe ebenso möglich wie die unentgeltliche Übertragung (*Atzmüller/Herzog/Mayr*, RdW 2004, 624). Sofern das Gebäude danach durch den Steuerpflichtigen oder einen Rechtsnachfolger zur Erzielung von Einkünften verwendet wird, ist der steuerliche Wertansatz um die

unversteuerten stillen Reserven zu kürzen. Der gekürzte Wert dient als Basis für die AfA. Bei Nichteinhaltung der Frist vor Verkauf erfolgt die Nachversteuerung im Jahr der Betriebsaufgabe durch abgeänderten Bescheid mit dem Hälftesteuersatz (bei Vorliegen der Voraussetzungen, dh sofern die 7-Jahres-Frist ab der Betriebseröffnung bei Aufgabe des Betriebes erfüllt war), wobei dann der Wertansatz (wenn das Gebäude vor der Veräußerung zur Erzielung von Einkünften verwendet wurde) wiederum um die versteuerten stillen Reserven zu erhöhen ist, um eine doppelte Erfassung der stillen Reserven zu vermeiden. Dabei ist die Kürzung des Wertansatzes gemäß § 295a BAO rückwirkend zu korrigieren und damit die AfA für jedes Jahr bis zur Veräußerung zu erhöhen.

4. Veräußerungs- und Übergangsgewinne, die entstehen, weil der Stpfl. gestorben ist, (betriebsbezogen) erwerbsunfähig ist oder das 60. Lebensjahr vollendet hat und seine Erwerbstätigkeit einstellt, unterliegen nur dem halben Durchschnittsteuersatz, wenn seit der Eröffnung oder dem letzten entgeltlichen Erwerbsvorgang sieben Jahre verstrichen sind (§ 37 Abs 5 EStG). Der Veräußerungsfreibetrag (§ 24 Abs 4 ESG) steht in diesem Fall nicht zu.

	Anwendungsfall § 37 Abs 5		**kein Anwendungsfall § 37 Abs 5**	
	7-Jahresfrist erfüllt	7-Jahresfrist nicht erfüllt	7-Jahresfrist erfüllt	7-Jahresfrist nicht erfüllt
Veräußerungs-/Aufgabe-gewinn	Auf Antrag ½ Durchschnitt-steuersatz Alternative: Auf Antrag Dreijahres-verteilung Ohne Antrag: volle Steuer-pflicht abzgl. Freibetrag	Voller Steuersatz abzgl. Freibetrag	Auf Antrag Dreijahres-verteilung Ohne Antrag: Volle Steuer-pflicht abzgl. Freibetrag	Voller Steuer-satz abzgl. Freibetrag

Der Veräußerungsgewinn ist im Zeitpunkt der Veräußerung bzw Aufgabe zu ermitteln und zu diesem Zeitpunkt grundsätzlich auch steuerwirksam. Dies gilt auch im Falle von Kaufpreisraten oder einem vom späteren Gewinn oder

Umsatz abhängigen Kaufpreis, sofern diese hinreichend geschätzt werden können (VwGH 17.9.1997, 93/13/0106). Etwas anderes gilt nur im Falle der Veräußerung gegen Leibrente. Hier tritt Steuerpflicht erst ein, wenn die Rentenzahlung den Buchwert des Betriebsvermögens im Zeitpunkt der Betriebsveräußerung übersteigt, wobei in diesem Fall eine Steuerbegünstigung nicht zusteht. Nachträgliche Veränderungen des Veräußerungsgewinns führen zu keiner rückwirkenden Änderung des Veräußerungsgewinns, sondern stellen nachträgliche Betriebseinnahmen bzw –ausgaben iSd § 32 EStG dar (VwGH 17.9.1997, 93/13/0106; RdW 1997, 690; RdW 1998, 221).

Beispiel A.60.

Die Bilanz der Mayer KG" hat folgendes Aussehen (in Tausend EUR):

Aktiva		Passiva	
Anlagevermögen	300	Kapital Mayer	150
Umlaufvermögen	500	Einlage Huber	90
		Einlage Schmidt	60
		URL § 12 EStG	60
		IFB § 10 EStG	40
		Verbindlichkeiten	400
	800		800

Die „Mayer KG“ wird 2004 um 1.060 an die „Müller GesmbH“ verkauft.

Ermitteln Sie den steuerpflichtigen Veräußerungsgewinn der drei Gesellschafter, wenn die Kapitalstände die Beteiligungsverhältnisse widerspiegeln.

9. Begünstigte Besteuerung nicht entnommener Gewinne (§ 11a EStG)

Im Budgetbegleitgesetz 2005 wurde im § 11a EStG die begünstigte Besteuerung nicht entnommener Gewinne zwecks Förderung der Eigenkapitalbildung eingeführt. Durch die Bestimmung wird allerdings nur die Innenfinanzierung durch Eigenkapital (nicht entnommene Gewinne) gefördert. Die Zufuhr von Eigenkapital durch den Unternehmer oder den Kapitalmarkt an das Unternehmen wird durch diese Norm nicht gefördert (*Staringer*, ÖStZ 2005, 416; *Kristen*, SWK 2004, S 569).

In den Genuss dieser Begünstigung kommt der Unternehmer weiters nur in Abhängigkeit seiner Konsumbedürfnisse, da selbst in Gewinnjahren der Unternehmer uU Entnahmen tätigen muss (sofern er von den Früchten seines Unternehmens leben muss!), die den begünstigungsfähigen Gewinn kürzen (vgl unten). Aus diesem Grund ist die Bildung von Eigenkapital durch Innenfinanzierung begrenzt, während diese Möglichkeit in Verlustzeiten gar nicht erst gegeben ist.

Der Anwendungsbereich der Bestimmung beschränkt sich auf **natürliche** Personen, die ihren Gewinn aus **Land- und Forstwirtschaft** bzw **Gewerbebetrieb** durch **Betriebsvermögensvergleich** ermitteln. Ob es sich um ein Einzelunternehmen handelt oder um die Beteiligung an einer diese Einkünfte erzielenden Mitunternehmerschaft ist irrelevant.
Juristische Personen sind hingegen von der Begünstigung ausgeschlossen. Außerdem ist die Norm für Einkünfte aus selbständiger Arbeit, also zB Steuerberater, Ärzte etc nicht anwendbar, was verfassungsrechtliche Bedenken ausgelöst hat (kritisch zB *Bachl*, ecolex 2005, 490f)..
Das Erfordernis der Gewinnermittlung durch Betriebsvermögensvergleich schließt wiederum § 4 Abs 3 EStG-Gewinnermittler von der begünstigten Besteuerung aus.

Die Begünstigung besteht in der Besteuerung des Anstiegs des Eigenkapitals (zur Ermittlung sogleich) mit dem halben Durchschnittsteuersatz nach § 37 Abs 1 EStG. Allerdings erfolgt eine Deckelung des begünstigungsfähigen Eigenkapitalanstiegs mit EUR 100.000 p.a. pro Steuerpflichtigem.
Die Begünstigung kann im Rahmen dieses Höchstbetrags pro Steuerpflichtigem nur einmal ausgeübt werden, wobei jedoch innerhalb dieses steuersubjektbezogenen Höchstbetrags die Zuordnung der Begünstigung zu mehreren aus verschiedenen Betrieben (Mitunternehmerbeteiligungen) stammenden begünstigungsfähigen Gewinnen frei vorgenommen werden kann.

Bei Mitunternehmerschaften ist aufgrund des steuerlichen Durchgriffsprinzips das Ergebnis direkt den Gesellschaftern zuzurechnen, die – sofern es sich um natürliche Personen handelt – die begünstigte Besteuerung in Anspruch nehmen können. Bei mehrstöckigen Personengesellschaften hingegen wird die Mehrfachinanspruchnahme verhindert, indem nur einmalig – an oberster Ebene – die Begünstigung in Anspruch genommen werden kann. Die o.a. Deckelung erfolgt für das ganze Unternehmen, dh die Begünstigung steht einem Mitunternehmer nur aliquot seinem Gewinnanteil inklusive Sonderbetriebsergebnis zu. Juristischen Personen wird dabei ihr Gewinnanteil ebenfalls quotenmäßig zugerechnet, obwohl sie die Begünstigung der nicht entnommenen Gewinne nicht in Anspruch nehmen können.

Der Eigenkapitalanstieg errechnet sich aus dem (steuerlichen) Gewinn abzüglich den Entnahmen zuzüglich den Einlagen des Wirtschaftsjahres, wobei Einlagen nur insoweit berücksichtigt werden dürfen, als sie betriebsnotwendig sind. Übergangs- und Veräußerungsgewinne bleiben bei der Ermittlung des relevanten Gewinns außer Ansatz.
Diese Regelung gibt sicherlich Anlass zu Zweifelsfällen, denn wann eine Einlage betriebsnotwendig (weiterführend *Wolf/Hübl*, SWK 2004, S 338 mwN) ist, kann im Einzelfall strittig sein. Eine Einlage ist nach den EStR Rz 3860e dann betriebsnotwendig, wenn sie dazu dient, entweder einen konkreten Kapitalbedarf aus Anlass konkreter betrieblicher Investitionen oder Aufwendungen, welche andernfalls mit Fremdmitteln finanziert werden müssten, zu decken oder betriebliches Fremdkapital durch Eigenkapital zu ersetzen, weil für die Bedienung der betrieblichen Verbindlichkeit (Tilgung und Zinsen) keine ausreichenden liquiden Mittel im Betrieb vorhanden sind. Wenn eine Einlage lediglich zum Ausgleich von Entnahmen getätigt wird (insbesondere bei Einlagen kurz vor dem Bilanzstichtag), ist nach Ansicht der Finanzbehörden nicht von einer Betriebsnotwendigkeit auszugehen. Insbesondere soll auch dann keine betriebsnotwendige Einlage vorliegen, wenn einer Entnahme eine betragsgleiche Einlage gegenübersteht. Sollte allerdings innerhalb von drei Tagen ein Ausgleich der Entnahme durch eine betragsgleiche Einlage erfolgen, so liegt nach den EStR Rz 3860e keine Entnahme vor.
Anderes gilt nach Ansicht des BMF für Nutzungseinlagen und Nutzungsentnahmen. Nutzungsentnahmen sind nach den EStR Rz 3860d zu berücksichtigen, während Nutzungseinlagen betriebsnotwendige Einlagen darstellen (so auch *Payerer*, ÖStZ 2005, 342).
Für die Ermittlung des Eigenkapitalanstiegs werden nicht steuerbare bzw steuerfreie Gewinne und Vermögensmehrungen wie beispielsweise als Einlagen verbuchte steuerfreie Betriebseinnahmen gem § 3 EStG, ausschließlich buchungstechnische Einlagen (zB die Übertragung eines abgereiften Investitionsfreibetrags ins Eigenkapital) bzw Entnahmen, sowie Ergebnisse von ausländischen Betriebsstätten, die einem Doppelbesteuerungsabkommen mit Befreiungsmethode unterliegen, nicht berücksichtigt (siehe insbesondere EStR Rz 3860d). Werden hingegen aus dem inländischen begünstigungsfähigen Betrieb Mittel in eine ausländische – nach Doppelbesteuerungsabkommen

befreite - Betriebsstätte transferiert, so liegt bei dem inländischen Betrieb eine Entnahme vor. Ebenso stellen nach Ansicht der Finanzverwaltung nicht abzugsfähige Aufwendungen iSd § 20 EStG eine Entnahme dar. Prämien gemäß § 108c (Bildungs- bzw Forschungsprämie), § 108d (Sonderprämien für katastrophenbedingte Ersatzbeschaffung), § 108e (Investitionszuwachsprämie) und § 108 f (Lehrlingsausbildungsprämie) sind jedenfalls als betriebsnotwendige Einlagen zu betrachten. Bei § 4 Abs 1 Gewinnermittlern dürften Wertänderungen des Grund und Bodens auszuscheiden sein.

Es gibt keinen Vortrag begünstigungsfähiger Gewinne, dh ein Gewinn, der aufgrund der Deckelung mit EUR 100.000 nicht begünstigt besteuert werden durfte, kann nicht in einem der Folgejahre begünstigt besteuert werden.

Der laufende (steuerliche) Gewinn darf (maximal in Höhe des errechneten Anstiegs des Eigenkapitals bzw EUR 100.000) mit dem halben Durchschnittsteuersatz gem § 37 Abs 1 EStG versteuert werden. Die nicht entnommenen Gewinne sind allerdings in der Einkommensteuerbemessungsgrundlage enthalten, da § 37 Abs 1 EStG auf das gesamte Einkommen abstellt. Durch diesen Progressionsvorbehalt verbleibt die Progression des Steuerpflichtigen in der entsprechenden Höhe. Außerdem kann es zu einem Schatteneffekt kommen, wenn die Steuer auf den nicht entnommenen Gewinn durch Gewinnentnahmen finanziert werden muss (weiterführend *Grünberger*, RdW 2005, 403).

Um sicherzustellen, dass die begünstigt besteuerten Gewinne auch tatsächlich im Unternehmen verbleiben, es also nachhaltig zu einem Eigenkapitalanstieg kommt, normiert § 11a Abs 3 und Abs 4 EStG eine Nachversteuerung. Sinkt in einem der folgenden Wirtschaftsjahre der Eigenkapitalstand (va durch Entnahmen), so sind die – vorerst - begünstigt besteuerten Zuwächse – höchstens jedoch jener Betrag, der in den letzten sieben Wirtschaftsjahren begünstigt besteuert worden ist - mit dem halben Durchschnittsteuersatz nach § 37 Abs 1 EStG (nach-) zu versteuern. Die Nachversteuerung ist zunächst für den begünstigten Betrag des am weitest zurückliegenden Wirtschaftsjahres innerhalb des siebenjährigen Zeitraums vorzunehmen.

Verluste bleiben dabei jedoch außer Ansatz, dh insoweit das Eigenkapital durch Verluste gemindert wurde, erfolgt keine Nachversteuerung. Insoweit als in dem Betrieb ein *laufender* Verlust vorliegt und zugleich ein Nachversteuerungstatbestand aufgrund Entnahmen eintritt, besteht das Wahlrecht, den nachzuversteuernden Betrag entweder mit dem Verlust

auszugleichen oder diesen auf das laufende und das folgende Wirtschaftsjahr zu verteilen. Im Falle der Inanspruchnahme des Wahlrechts des Verlustausgleichs, wird natürlich für die Zukunft der steuerliche Verlustvortrag gekürzt.
Die Entnahme von Veräußerungsgewinnen führt zu keiner Nachversteuerung, da diese auch bei der begünstigten Besteuerung außer Ansatz bleiben.

Hinsichtlich des anzuwendenden Steuersatzes bzw der Ermittlung der entsprechenden Bemessungsgrundlage im Falle der Nachversteuerung stellen sich einige Zweifelsfragen, die in der Literatur auch zT kontrovers diskutiert wurden. Unbestritten ist, dass der halbe Durchschnittsteuersatz iSd § 37 Abs 1 EStG jenes Jahres anzuwenden ist, in dem die Nachversteuerung zu erfolgen hat.

Umstritten ist, ob der Nachversteuerungsbetrag selbst zum Einkommen zu zählen ist. Teile der Literatur (*Hofmann*, SWK 2005, S 839 ff; *Urnik/Fritz-Schmied*, ÖStZ 2004, 73) vertreten ebenso wie die Finanzverwaltung (EStR Rz 3860i) die Ansicht, dass das steuerliche Einkommen durch den nachzuversteuernden Betrag erhöht wird, während andere diese Sichtweise ablehnen (*Siart/Temm*, SWK 2005, S 785 ff) und eine Klarstellung des Gesetzgebers fordern (mit Alternativvorschlägen *Siart/Temm*, SWK 2004, S 341 ff). Die Nachversteuerung soll eine Art „Entförderung" der ursprünglich begünstigt besteuerten Gewinne darstellen und sollte daher sinnvollerweise zu einer Rückgängigmachung der Tarifermäßigung und nicht zu einem neuerlichen Einbeziehen des nachzuversteuernden Betrages in das Einkommen führen. Die nochmalige Einbeziehung des nachzuversteuernden Betrages führt zu einer Art Doppelbesteuerung, zu einem doppelten Progressionseffekt, nämlich einmal im Jahr der Gewinnerzielung und –„thesaurierung" und einmal im Jahr der Nachversteuerung (kritisch *Kristen*, SWK 2004, S 575). Weiters kommt es zu einem Schatteneffekt, da auch der Durchschnittsteuersatz für das restliche zu versteuernde Einkommen steigt. Daher kann es im Falle einer ursprünglich begünstigten Besteuerung und einer anschließenden Nachversteuerung aufgrund dieser Quasi-Doppelbesteuerung und des Schatteneffekts zu einer höheren Steuerbelastung kommen als ohne Anwendung des § 11a EStG, weshalb sich die vermeintliche Begünstigung des § 11a EStG auch als Verböserung herausstellen kann (generell zu Vorteilhaftigkeitsüberlegungen vgl insbesondere *Siart/Temm*, SWK 2005, S 785 ff; *Kristen*, SWK 2004, S 569ff; *Schuh*, GeS 2004, 159 ff und 396 ff; *Hofmann*, SWK 2005, S 839 ff; *Urnik/Fritz-Schmied*, ÖStZ 2004, 71 ff).

Durch die Anwendung des halben Durchschnittsteuersatzes gem § 37 Abs 1 EStG, kann die gesonderte Versteuerung des Eigenkapital-Herabsinkens auch völlig ins Leere gehen, da § 37 Abs 1 EStG auf das Gesamteinkommen abstellt. Ist das Einkommen im Jahr des Eigenkapitalabbaus negativ, ist der anzuwendende halbe Durchschnittsteuersatz null (vgl *Wala/Szauer*, SWK 2005, S 480). Steueroptimierungsmöglichkeiten bestehen daher vor allem bei Vorliegen von negativen Einkünften aus anderen Einkunftsarten, weil die Ermittlung des Gesamteinkommens (und des Tarifs iSd § 37 Abs 1 EStG) ein innerbetrieblicher (horizontaler) Verlustausgleich vorgenommen werden muss (vgl auch *Bachl*, ecolex 2005, 492). Das BMF ist diesbezüglich anderer Ansicht und spricht in den EStR Rz 3860j von einem freiwilligen Verlustausgleichsverbot (dh einer Unterdrückung des innerbetrieblichen Verlustausgleichs = Ausgleich des Nachversteuerungsbetrages mit dem betrieblichen Verlust), sofern sich der Steuerpflichtige in einem Verlustjahr für die Nachversteuerung entscheidet. Damit käme es hinsichtlich des betrieblichen Verlustes zuerst zu einem vertikalen bzw horizontalem Verlustausgleich mit allfälligen anderen ausgleichsfähigen Einkünften. Ein danach verbleibender Verlust wäre dann dem Verlustvortrag gem § 18 Abs 6 EStG zuzuführen. Als Gesamtbetrag der Einkünfte verbliebe in derartigen Fällen der Nachversteuerungsbetrag. Im Ergebnis würde somit der Nachversteuerungsbetrag jedenfalls besteuert. Dies gilt insoweit, als positive Einkünfte aus anderen Einkunftsquellen vorliegen. Sollten negative Einkünfte aus anderen Einkunftsquellen vorliegen, können diese mit den positiven Nachversteuerungsbetrag verrechnet werden, sodass insoweit eine Nachversteuerung unterbleibt.

Für den Steuerpflichtigen könnte daher ein Anreiz bestehen, in Verlustjahren besonders viel zu entnehmen, da sich für die Nachversteuerung uU nur ein sehr geringer Steuersatz gem § 37 Abs 1 EStG ergibt bzw da der Nachversteuerungsbetrag mit den laufenden Verlusten aus anderen Einkunftsquellen ausgeglichen werden kann, wodurch allerdings der steuerliche Verlustvortrag für die Zukunft gekürzt wird (*Bachl*, ecolex 2005, 492).

Bei der Übertragung (bzw dem Verkauf oder Umgründung) von Betrieben stellt sich die Frage, inwieweit begünstigt besteuerte Beträge nachzuversteuern sind. Wird ein Betrieb oder ein Mitunternehmeranteil veräußert oder ein Betrieb aufgegeben, so führt dies zu keiner Nachversteuerung der in Anspruch genommenen Begünstigung beim Veräußerer. Nur Entnahmen, die nicht mit der Veräußerung zusammenhängen, führen zu einer Nachversteuerung (EStR Rz 3860m). Der Erwerber hat nach Ansicht des BMF (EStR Rz 3860l ff) die Wahl der Anwendung zur Begünstigung auf Basis seines Eigenkapitalanstiegs, der - falls der Erwerber noch kein Unternehmen hat - den Eigenfinanzierungsanteil des Kaufpreises (= erste Einlage) darstellt. Hat der Erwerber bereits ein Unternehmen, das er um den erworbenen Betrieb aus betrieblichen Mitteln ausweitet, ergibt sich bei ihm nur eine Vermögensumschichtung. Im Falle eines unentgeltlichen Erwerbs (va Schenkung) sind die Verhältnisse des Rechtsvorgängers fortzuführen. Daher erfolgt die Nachversteuerung auch – sinnvollerweise – beim Rechtsnachfolger (so auch *Payerer*, ÖStZ 2005, 343).

Grundsätzlich sind bei Umgründungen iSd UmgrStG mit Buchwertfortführung die Verhältnisse des Rechtsvorgängers fortzuführen, jedoch muss entsprechend den Erlässen des Finanzministeriums (EStR Rz 3860o) zum Teil differenziert werden. Bei Umwandlungen iSd Art II stellen Gewinnausschüttungen im Rückwirkungszeitraum keine Entnahmen dar. Ein neu entstehendes Einzelunternehmen bzw eine neu entstehende Mitunternehmerschaft, das bzw die durch die Umwandlung entsteht, gilt als neu eröffnet. Erfolgt eine verschmelzende Umwandlung auf den Hauptgesellschafter, so gilt die Vermögensübernahme nicht als Einlage.
Entnahmen und Einlagen im Rückwirkungszeitraum sind jeweils dem Einbringenden (Art III), Realteilenden (Art V) oder Übertragenden (Art IV) zuzurechnen, daher können derartige Entnahmen zu einem Sinken des Eigenkapitals und damit zu einer Nachversteuerung führen. Rückwirkende Einlagen um zB einen – für das übertragene Vermögen im Umgründungssteuerrecht erforderlichen - positiven Verkehrswert herzustellen, sind nach Ansicht der Finanzverwaltung als betriebsnotwendig anzusehen. Bei einer Einbringung eines (Teil-)Betriebs oder qualifizierten Kapitalanteils in eine Körperschaft gem Art III UmgrStG kann es zu keiner Nachversteuerung kommen, da die übernehmende Körperschaft generell vom Anwendungsbereich des § 11a EStG (und damit auch der Nachversteuerung) nicht erfasst ist.

Wenn der Steuerpflichtige von der Gewinnermittlung durch Betriebsvermögensvergleich auf eine andere Gewinnermittlung wechselt, ist eine Nachversteuerung (vgl oben) vorzunehmen. Dies gilt nur insoweit nicht, als für jedes Wirtschaftsjahr innerhalb des siebenjährigen Nachversteuerungszeitraumes durch geeignete Aufzeichnungen nachgewiesen wird, dass das Eigenkapital nicht gesunken ist (EStR Rz 3860k). Für jene Wirtschaftsjahre, für die kein Nachweis erbracht wird, hat die Nachversteuerung zu erfolgen.

Da die Bestimmung bereits im Jahre 2005 beschlossen wurde, allerdings erst mit der Veranlagung 2004 in Kraft tritt, ist der Anstieg des Eigenkapitals insoweit zu kürzen, als das Eigenkapital im Kalenderjahr 2005 außerhalb eines bei der Veranlagung 2004 zu erfassenden Wirtschaftsjahres sinkt. Dies deshalb, weil der Steuerpflichtige ansonsten einen Anreiz gehabt hätte, im Jahr 2005 möglichst viel zu entnehmen, um begünstigungsschädliche Entnahmen in den Folgejahren nach Möglichkeit zu vermeiden.

A.61.

Die Eigenkapitalentwicklung in einem Einzelunternehmen zeigt in den Wirtschaftsjahren (=Kalenderjahren) 2004-2008 folgendes Bild:

in Tausend EURO	**2004**	**2005**	**2006**	**2007**	**2008**
Eigenkapital-Entwicklung					
Laufendes Ergebnis	150	80	-35	10	0
Betriebsnotwendige Einlage	15				
Entnahmen	-30	-60	-40	-50	-50

Der Einzelunternehmer möchte nach Möglichkeit von der begünstigten Besteuerung nicht entnommener Gewinne gem § 11a EStG Gebrauch machen (2005 kam es zu keinem Absinken des Eigenkapitals).

Ermitteln Sie für die jeweiligen Wirtschaftsjahre die allenfalls begünstigt zu besteuernden Teile sowie allfällige Nachversteuerungsbeträge, wenn der Einzelunternehmer von der Regelung des § 11a EStG Gebrauch macht.

III. Außerbetriebliche Einkünfte

1. Einkünfte aus nicht selbständiger Arbeit (§ 25, 26 EStG)

§ 25 EStG enthält eine Aufzählung der Einkünfte aus nichtselbständiger Arbeit (Arbeitslohn). Es werden vier Arten des Arbeitslohnes genannt:

1.a. Bezüge und Vorteile aus einem bestehenden oder früheren Dienstverhältnis. Der Begriff "Bezüge und Vorteile" ist weit auszulegen und umfasst alle Einnahmen und geldwerten Vorteile, die dem Arbeitnehmer aus einem Dienstverhältnis zufließen, wobei es gleichgültig ist, ob es sich um einmalige oder wiederkehrende Leistungen des Arbeitgebers handelt. Gleichgültig ist ferner, ob Bezüge und Vorteile dem Arbeitnehmer unmittelbar oder nur mittelbar im Wege dritter Personen zufließen.

Entscheidend ist, dass der Vorteil dem Arbeitnehmer wegen seines Dienstverhältnisses zukommt. Ein **Dienstverhältnis** liegt gemäß § 47 Abs 2 EStG vor, wenn der Arbeitnehmer dem Arbeitgeber seine Arbeitskraft schuldet. Dies ist der Fall, wenn die tätige Person in der Betätigung des geschäftlichen Willens unter der Leitung des Arbeitgebers steht oder im geschäftlichen Organismus des Arbeitgebers dessen Anweisungen zu folgen verpflichtet ist. Für die Arbeitnehmertätigkeit ist das Merkmal der Nichtselbständigkeit (kein Unternehmerwagnis, Weisungsgebundenheit, organisatorische Eingliederung, keine Vertretungsmöglichkeit) entscheidend. In dieser Nichtselbständigkeit - nicht in der Art der Tätigkeit - liegt der Unterschied zur selbständigen Arbeit (zB: ein Arzt kann seiner Tätigkeit in einer eigenen Praxis oder im Rahmen eines Angestelltenverhältnisses im Krankenhaus nachgehen).

b. Bezüge und Vorteile von Personen, die an Kapitalgesellschaften nicht wesentlich (bis 25 %) beteiligt sind, auch dann, wenn die Beschäftigung, die sonst alle Merkmale eines Dienstverhältnisses aufweist, aufgrund gesellschaftsvertraglicher Sonderbestimmung ohne Weisungsbindung gestaltet ist.

Wesentlich (zu mehr als 25 %) Beteiligte, die für eine alle Merkmale eines Dienstverhältnisses aufweisende Beschäftigung von der Kapitalgesellschaft Gehälter oder sonstige Vergütungen erhalten, beziehen allerdings Einkünfte aus selbständiger Arbeit (auch wenn Weisungsbindung besteht, vgl § 22 Z 2 EStG). Liegen im Verhältnis eines nicht wesentlich beteiligten Gesellschafters zur Kapitalgesellschaft die übrigen Merkmale eines Dienstverhältnisses (neben der Weisungsbindung) nicht vor, können auch keine Einkünfte aus nichtselbständiger Arbeit erzielt werden. Zur Auslegung des § 25 Abs 1 lit b EStG sowie des § 22 Z 2 EStG vgl. VwGH vom 10.11.2004, 2003/13/0018.

c. Bezüge aus einer in- oder ausländischen gesetzlichen Kranken- oder Unfallversorgung sowie Krankengelder aus Versorgungs- und Unterstützungseinrichtungen der Kammer der selbständig Erwerbstätigen.

d. Bezüge aus einer ausländischen gesetzlichen Kranken- oder Unfallversorgung, die einer inländischen Kranken- oder Unfallversorgung entspricht.

e. Bezüge aus einer Kranken- oder Unfallversorgung der Versorgungs- und Unterstützungseinrichtungen der Kammern der selbständig Erwerbstätigen.

2.a. Bezüge und Vorteile aus inländischen Pensionskassen. Jene Teile der Bezüge und Vorteile, die auf die vom Arbeitnehmer einbezahlten Beträge entfallen, sind nur mit 25% zu erfassen.

b. Bezüge und Vorteile aus ausländischen Pensionskassen. Derartige Bezüge sind nur mit 25% zu erfassen, soweit eine ausländische gesetzliche Verpflichtung zur Leistung von Pensionskassenbeiträgen nicht besteht.

c. Zuwendungen aus Arbeitnehmerförderungsstiftungen iSd § 4 Abs 11 EStG, soweit sie als Bezüge und Vorteile aus einem bestehenden oder früheren Dienstverhältnis anzusehen sind, sowie Bezüge und Vorteile aus Unterstützungskassen.

3. Pensionen aus einer in- oder ausländischen gesetzlichen Sozialversicherung sowie gleichartige Bezüge aus Versorgungs- und Unterstützungseinrichtungen der Kammer der selbständig Erwerbstätigen.

4.a. Bezüge, Auslagenersätze und Ruhe- (Versorgungs-)Bezüge im Sinne des Bezügegesetzes und des Verfassungsgerichtshofgesetzes.

b. Bezüge, Auslagenersätze und Ruhe- (Versorgungs-)Bezüge, die Mitglieder einer Landesregierung (des Wiener Stadtsenates), Bezirksvorsteher (Stellvertreter) der Stadt Wien, Mitglieder eines Landtages sowie deren Hinterbliebene auf Grund gesetzlicher Regelung erhalten, weiters Bezüge, Auslagenersätze und Ruhe-(Versorgungs-)Bezüge, die Bürgermeister, Vizebürgermeister (Bürgermeister-Stellvertreter), Stadträte und Mitglieder einer Stadt-, Gemeinde- oder Ortsvertretung sowie deren Hinterbliebene auf Grund gesetzlicher Regelung erhalten.

c. Bezüge von öffentlich-rechtlich Bediensteten (Beamten) des Bundes aus Nebentätigkeiten im Sinne des § 37 des Beamten-Dienstrechtsgesetzes 1979 und vertraglich Bediensteten des Bundes aus vergleichbaren Tätigkeiten sowie öffentlich Bediensteten anderer Gebietskörperschaften auf Grund vergleichbarer gesetzlicher Regelungen.

5. Bezüge, Auslagenersätze und Ruhe-(Versorgungs-)Bezüge von Vortragenden, Lehrenden und Unterrichtenden, die diese Tätigkeit im Rahmen eines von der Bildungseinrichtung vorgegebenen Studien-, Lehr- oder Stundenplanes ausüben, und zwar auch dann, wenn mehrere Wochen- oder Monatsstunden zu Blockveranstaltungen zusammengefasst werden. Nicht darunter fallen Bezüge, Auslagenersätze und Ruhe-(Versorgungs-) Bezüge von Vortragenden, Lehrenden und Unterrichtenden, die an Einrichtungen tätig sind, die vorwiegend Erwachsenenbildung im Sinne des § 1 Abs 2 des Bundesgesetzes über die Förderung der Erwachsenenbildung und des Volksbüchereiwesens aus Bundesmitteln, BGBl Nr 171/1973, betreiben, ausgenommen Abs 1 Z 1 lit a ist anzuwenden.

Beispiel A.62.

Ein Elektrotechniker hat mit der Funk-GmbH folgende Vereinbarung abgeschlossen: Der Techniker hat dafür zu sorgen, dass eine Sendeanlage immer funktionsfähig ist. Da er keine fixe Arbeitszeit hat, wird er mit einem Rückrufgerät ausgestattet und hat im Falle eines Senderdefektes unverzüglich den Schaden zu beheben. Dabei entstehende Materialkosten werden von der Funk-GmbH getragen. Der Techniker erhält dafür ein Fixum von 500,- pro Monat. Darüber hinaus wird er in Abhängigkeit der erbrachten Reparaturstunden bezahlt.

Welcher Einkunftsart sind die aus dieser Vereinbarung erfliessenden Einkünfte beim Elektrotechniker zuzuordnen ?

Beispiel A.63.

Herr Beck ist an der Rast-GmbH beteiligt.

Welcher Einkunftsart sind folgende Geldflüsse von der GmbH an Herrn Beck zuzuordnen, wenn

a. Herr Beck zu 30 % beteiligt ist, zur Gesellschaft in einem Dienstverhältnis steht und dem Mehrheitseigentümer gegenüber (nicht) weisungsgebunden ist ?

b. Herr Beck zu 20 % beteiligt ist, zur Gesellschaft in einem Dienstverhältnis steht, allerdings gesellschaftsvertraglich Weisungsfreiheit vereinbart wurde?

c. Herr Beck zu 20 % beteiligt ist, und ihm von der Gesellschaft auf Grund eines Gewinnverteilungsbeschlusses 8.000,- ausbezahlt werden ?

d. Herr Beck zu 20 % beteiligt ist, in der GmbH allerdings nicht mitarbeitet, sondern selbständiger Rechtsanwalt ist und von der Gesellschaft für gerichtliche Vertretung 5.000,- überwiesen erhält ?

Beispiel A.64.

Ein pensionierter Einzelunternehmer erhält von der Sozialversicherung der Gewerbetreibenden eine monatliche Pension.

Welcher Einkunftsart sind diese Pensionsleistungen zuzuordnen ?

Leistungen des Arbeitgebers, die nicht unter die Einkünfte aus nichtselbständiger Arbeit fallen:

Einen Katalog solcher Leistungen enthält § 26 EStG. Demnach gehören nicht zu den Einkünften aus nichtselbständiger Arbeit: der Wert der überlassenen Arbeitskleidung, durchlaufende Gelder, Auslagenersätze, Ausbildungskosten, Beträge, die aus Anlass einer Dienstreise als Reisevergütungen, Tages- und Nächtigungsgelder gezahlt werden, die Beförderung des Arbeitnehmers im Werkverkehr, Umzugskostenvergütungen anlässlich einer Versetzung aus betrieblichen Gründen, Beträge, die der Arbeitgeber für seine Arbeitnehmer an Pensionskassen, Unterstützungskassen oder Privatstiftungen iS § 4 Abs 11 ("... wenn der Zweck der Privatstiftung ausschließlich dem Betriebszweck des stiftenden Unternehmers... dient." bzw "... deren Zweck die Unterstützung von betriebszugehörigen Arbeitnehmern ist") leistet.

2. Einkünfte aus Kapitalvermögen (§ 27 EStG) und Kapitalertragsteuer

Zu den Einkünften aus Kapitalvermögen gehören die Erträgnisse eines Geldkapitals, die in Geld oder Geldeswert zufließen. Beim Kapital muss es sich um eigenes Kapital handeln (anderenfalls liegt eine selbständige Einkünfte vermittelnde Vermögensverwaltung vor). Da diese Überschüsse nicht durch Betriebsvermögensvergleich ermittelt werden, zählen zu den Einkünften lediglich die Zuflüsse, nicht hingegen die Wertschwankungen des Geldkapitals selbst bzw allfällige Veräußerungsgewinne (außer bei Spekulationsgewinnen, der Veräußerung von Beteiligungen iS § 31 EStG oder dem Zufluss in Rentenform). Es handelt sich hierbei weiters um eine subsidiäre Einkunftsart, dh die Zuflüsse werden im Rahmen einer Haupteinkunftsart erfasst, falls eine solche vorliegt. Nur bei Fehlen einer Haupteinkunftsart führen die Zuflüsse zu Einkünften aus Kapitalvermögen.

Zu den Einkünften aus Kapitalvermögen zählen insbesondere:

- Gewinnanteile (Dividenden), Zinsen und sonstige Bezüge (verdeckte Gewinnausschüttungen) aus Aktien oder GmbH-Anteilen;
- Gleichartige Bezüge und Rückvergütungen aus Anteilen an Erwerbs- und Wirtschaftsgenossenschaften;
- Gleichartige Bezüge aus (Substanz-) Genussrechten und Partizipationskapital;
- Gewinnanteile aus der Beteiligung an einem Handelsgewerbe als echter stiller Gesellschafter (ein echter stiller Gesellschafter ist im Gegensatz zum unechten, der Mitunternehmer ist, nicht an den stillen Reserven und am Firmenwert des Handelsgewerbes beteiligt; eine Beteiligung nur an den stillen Reserven ist unschädlich); Verlustanteile sind nicht ausgleichsfähig (Wartetaste !);
- Zinsen und andere Erträgnisse aus sonstigen Kapitalforderungen jeder Art (zB aus Darlehen, Anleihen, Einlagen, Guthaben bei Banken etc);
- Diskontbeträge von Wechseln und Anweisungen;
- Unterschiedsbeträge zwischen der eingezahlten Versicherungsprämie und der Versicherungsleistung bei Versicherungen mit einer Höchstlaufzeit von weniger als 10 Jahren, wenn im Versicherungsvertrag nicht laufende, im wesentlichen gleichbleibende Prämienzahlungen vereinbart sind (insb. der sog. "Einmalerlag" als Anlageform - anzuwenden auf nach dem 31.10.1996 abgeschlossene Versicherungsverträge);

- Zuwendungen jeder Art einer nicht gemeinnützigen Privatstiftung an Begünstigte und Letztbegünstigte. Als Zuwendungen gelten dabei auch Einnahmen einschließlich sonstiger Vorteile (insbes. Schulden), die anlässlich der unentgeltlichen Übertragung eines Wirtschaftsgutes an die Privatstiftung vom Empfänger der Zuwendung erzielt werden. Dies gilt nicht hinsichtlich der bei der Zuwendung von Grundstücken mitübertragenen Belastungen des Grundstückes, soweit sie mit dem Grundstück in unmittelbarem wirtschaftlichem Zusammenhang stehen.

Eine Steuerbefreiung besteht für Ausschüttungen aus Genussscheinen und Gewinnanteile auf Grund offener Ausschüttung aus jungen Aktien, deren Anschaffung als Sonderausgabe begünstigt war, sowie für Ausschüttungen von Mittelstandsfinanzierungsgesellschaften aus Aktien und Genussrechten mit einem Nennbetrag von insgesamt höchstens € 25.000,-.

Als Werbungskosten kommen bei dieser Einkunftsart alle Ausgaben in Frage, die in unmittelbarem Zusammenhang mit den Kapitalerträgen stehen (Inkassospesen, Gebühren, Depot- und Verwaltungskosten). Schuldzinsen für ein Darlehen zur Anschaffung der Einkunftsquelle (in diesem Fall des Kapitalstamms) können ebenfalls als Werbungskosten geltend gemacht werden.

Die KESt stellt keine Werbungskosten dar. Ist die KESt mit Endbesteuerungswirkung ausgestattet (vgl dazu unten), gilt sie die Einkommensteuer ab. Wirkt sie nicht als Endbesteuerung, gilt sie als Erhebungsform der ESt und ist daher steuerlich nicht abzugsfähig, wird allerdings dem Empfänger auf seine ESt- (oder KöSt-) Schuld angerechnet. Soweit Aufwendungen in Zusammenhang mit endbesteuerungsfähigen Einkünften stehen, ist allerdings ein Werbungskostenabzug gesetzlich ausgeschlossen (§ 20 Abs 2 EStG). Aufwendungen für Beschaffung und Veräußerung der Kapitalanlage selbst können ebenfalls Werbungskosten darstellen!

In dieser Einkunftsart sind Wertänderungen des Kapitalstamms (selbst der gänzliche Verlust desselben) prinzipiell steuerlich unbeachtlich.

Beispiel A.65.

Die Einlage eines echten stillen Gesellschafters beträgt 20.000. Die Gewinnbzw Verlustanteile dieses Gesellschafters betragen:

im Jahr 1: 5.000,- (Verlust)
im Jahr 2: 8.000,- (Gewinn)

Wie hoch sind die Einkünfte dieses Gesellschafters im Jahre 1 und 2 ?

Kapitalertragsteuer, Endbesteuerung (§ 93 ff EStG 1988)

Die KESt ist keine eigene Steuer, sondern - wie die Lohnsteuer - eine besondere Erhebungsform der Einkommensteuer.

Bei **inländischen Kapitalerträgen,** bei im Inland bezogenen **Kapitalerträgen aus Forderungswertpapieren** sowie bei bestimmten im Inland bezogenen **ausländischen Kapitalerträgen** wird KESt eingehoben (vgl dazu § 95 Abs 3 EStG).

A Inländische Kapitalerträge liegen vor, wenn der Schuldner der Kapitalerträge Wohnsitz, Geschäftsleitung oder Sitz im Inland hat oder Zweigstelle im Inland eines Kreditinstituts ist und es sich um folgende Kapitalerträge handelt:

1. Gewinnanteile, Zinsen und sonstige Bezüge aus Aktien, GmbH-Anteilen und Anteilen an Erwerbs- und Wirtschaftgenossenschaften;
   Gleichartige Bezüge aus Genussrechten und Partizipationskapital;
   Zuwendungen von eigennützigen Privatstiftungen;
2. Einkünfte als echter stiller Gesellschafter;
3. Zinserträge aus Geldeinlagen bei Banken
   Zinserträge aus sonstigen Forderungen gegenüber Banken, denen ein Bankgeschäft zugrunde liegt.

B Kapitalerträge aus Forderungswertpapieren sind Kapitalerträge aus

1. Wertpapieren, die ein Forderungsrecht verbriefen, wenn sie nach dem 31.12.1983 in Schilling oder Euro oder nach dem 31.12.1988 in anderer Währung begeben wurden;
   Wandel- und Gewinnschuldverschreibungen;
   Anteilsscheinen an Immobilien-Investmentfonds
   Anteilen an inländischen Investmentfonds, soweit die ausgeschütteten Erträge allen zuvor genannten Erträgen entsprechen

   Anteile an Kapitalanlagefonds, der Anteile an anderen Kapitalanlagefonds hält;
2. Anteilsrechten an ausländischen Kapitalanlagefonds.

Diese Kapitalerträge sind im Inland bezogen, wenn sich die kuponauszahlende Stelle im Inland befindet.

Für **natürliche Personen** gilt die Einkommensteuer für Kapitalerträge der Gruppe A 1, A 3, B 1 und B 2 durch den KESt - Abzug als abgegolten (KESt = Endbesteuerung), auch wenn das Kapitalvermögen zu einem **Betriebsvermögen** gehört (Einzelunternehmen oder Personengesellschaft). Darüberhinaus wird für Kapitalerträge der Gruppe A 3, B 1 und B 2 durch die KESt auch die Erbschaftssteuer abgegolten, soweit es sich bei den unter A 3, B 1 und B 2 fallenden Einkunftsquellen um solche handelt, die bereits der Endbesteuerung idF des BGBl 12/1993 unterliegen sowie um diesen vergleichbare Kapitalvermögen, soweit deren Erträge im Zeitpunkt des Todes des Erblassers der Sondersteuer des § 37 Abs 8 EStG 1988 unterliegen. Aufgrund dieses statischen Verweises in § 15 Abs 1 Z 17 ErbStG unterliegen dementsprechend insbesondere Anteilsscheine an in- und ausländischen Immobilien-Investmentfonds nicht der Erbschaftsteuerbefreiung (vgl Rz 231 ff und 328 ff Investmentfonds-Richtlinie 2005). Nicht erfasst von der Endbesteuerung sind weiters Erträge aus einer Beteiligung als stiller Gesellschafter (A 2). Bei dieser gilt ebenso wie bei anderen nicht endbesteuerten Erträgen die KESt nur als Vorauszahlung auf die Einkommensteuer. Endbesteuerung tritt bei B1 nur ein, wenn die Forderungswertpapiere und Immobilien-Investmentsfonds (ausgenommen sind somit die „allgemeinen" Investmentfonds) in rechtlicher und tatsächlicher Hinsicht einem unbestimmten Personenkreis angeboten werden. Eine Abgeltung der Erbschaftsteuer erfolgt weiters für Anteile an in- oder ausländischen Kapitalgesellschaften, wenn der Erblasser im Zeitpunkt des Entstehens der Erbschaftsteuerschuld zu weniger als 1 % am Nennkapital beteiligt war.

Bei **Körperschaften**, die Einkünfte aus Kapitalvermögen beziehen (Stiftungen, Vereine, etc), tritt ebenfalls für Kapitalerträge der Gruppe A 3, B 1 und B 2, nicht jedoch für A 1 (für diese gilt, soweit anwendbar, die Befreiung des § 10 KStG), Endbesteuerung hinsichtlich der Körperschaftsteuer ein.

Fällt eine Körperschaft aber unter die Bestimmung des § 7 Abs 3 KStG (nach handelsrechtlichen Bestimmungen buchführungspflichtige Körperschaften, insbesondere Kapitalgesellschaften), so ist eine Endbesteuerung nicht möglich, da sämtliche Einkünfte solche aus Gewerbebetrieb sind.

Für im Inland bezogene Kapitalerträge aus Forderungswertpapieren, die nicht der KESt unterliegen, gibt es darüberhinaus die Möglichkeit, durch Abgabe einer Erklärung auch diese der Endbesteuerung zu unterwerfen (Optionserklärung).

Die Höhe der Kapitalertragsteuer im Falle der Endbesteuerung beträgt **ab 1.7.1996 25%**.

Sie wird vom Schuldner oder der kuponauszahlenden Stelle einbehalten und dem Finanzamt abgeführt. Dem Empfänger der Kapitalerträge wird nur der nach Abzug der KESt verbleibende Betrag ausgezahlt.

Erklärt sich der Dividendenschuldner bereit, die KESt für den Empfänger zu tragen, so unterliegt diese KESt-Übernahme ihrerseits wiederum der KESt (es fällt KESt von der KESt an, davon wieder KESt, ..., dh es liegt eine unendliche geometrische Reihe vor). Daher erhöht sich in diesem Fall, berechnungstechnisch, der Satz der KESt von

$$\frac{25}{100} \quad \text{auf} \quad \frac{25}{75} \quad = \quad 33{,}3\ \%\ \text{der ausbezahlten Beträge.}$$

Dem Steuerabzug im Falle der Endbesteuerung unterliegt der volle Kapitalertrag. Damit zusammenhängende Werbungskosten können nicht abgezogen werden (§ 20 Abs 2 EStG). Dies gilt allerdings nicht zB für Zinsen im Zusammenhang mit Geschäftskonten, da zwischen Soll- und Habenzinsen kein unmittelbarer wirtschaftlicher Zusammenhang besteht.

Die endbesteuerten Einkünfte sind bei der Ermittlung der Steuerbemessungsgrundlage weder beim Gesamtbetrag der Einkünfte noch beim Einkommen zu berücksichtigen.

Für Ausschüttungen aus inländischen Kapitalgesellschaften, Privatstiftungen, Erwerbs- und Wirtschaftsgenossenschaften sowie auf Partizipationskapital und Genussrechte gibt es die Möglichkeit einer tariflichen Veranlagung zum halben Steuersatz (vgl § 37 Abs 4 EStG).

Die Option der Tarifbesteuerung ist allerdings nur

1. in Verlustsituationen oder
2. dann vorzuziehen, wenn andere nicht KESt - besteuerungsfähige Einkünfte von ca maximal EUR 24.000 vorliegen.

In den übrigen Fällen ist die Endbesteuerung die günstigere Variante.

Beispiel A.66.	
Herr Mayer erzielt folgende Einkünfte:	
• Einkünfte aus selbständiger Arbeit	75.000
am Geschäftskonto sind aufgelaufen:	
Habenzinsen	200
Sollzinsen (als BA abgezogen)	1.000
• Einkünfte aus Kapitalvermögen	14.000
davon Dividendenerträge aus Aktien	3.000
davon Zinserträge aus Bundesanleihen	5.000
davon Zinsen aus Sparbüchern	2.000
davon Gewinnanteil aus echter stiller Beteiligung	4.000
An Depotgebühr fallen im Privatvermögen 200,- an.	
Wie werden diese Einkünfte steuerlich behandelt ?	

Seit 2005 besteht gesetzlich auch für nicht im Inland bezogene Kapitalerträge aus den oben in A 3, B 1 und B 2 genannten Kapitaleinkunftsquellen und für ausländische Kapitaleinkünfte im Sinne A 1 eine der KESt-Endbesteuerung vergleichbare Besteuerung. Es wird für diese Kapitaleinkünfte nach § 37 Abs 8 EStG eine Sondersteuer von 25 % erhoben, die unter die Sondersteuer fallenden Kapitaleinkünfte zählen nicht zum Gesamtbetrag der Einkünfte bzw Einkommen, erhöhen somit wie die Endbesteuerung nicht die Progression der übrigen Einkünfte. Dafür besteht für diese der Sondersteuer unterliegenden Einkünfte auch keine Möglichkeit mehr, Werbungskosten abzuziehen (es kommt auch im vorliegenden Zusammenhang § 20 Abs 2 EStG) zur Anwendung. Allfällige ausländische Quellensteuer können allerdings auf die Sondersteuer angerechnet werden. Alternativ zur Sondersteuer besteht die Möglichkeit der Veranlagung dieser unter § 37 Abs 8 EStG fallenden Kapitaleinkünfte mit dem halben Durchschnittsteuersatz.

3. Einkünfte aus Vermietung und Verpachtung (§ 28 EStG)

Zu den Einkünften aus Vermietung und Verpachtung (V&V), die ebenfalls eine subsidiäre Einkunftsart ist, zählen prinzipiell nur

1. Einkünfte aus der Vermietung/Verpachtung von unbeweglichem Vermögen sowie von Sachinbegriffen (zB bewegl. Betriebsvermögen: Betrieb, Bibliothek, Wohnungseinrichtung), während die Vermietung mehrerer, einzelner Gegenstände zu sonstigen Einkünften iS § 29 EStG führt.
2. Einkünfte aus der Überlassung von Rechten auf bestimmte oder unbestimmte Zeit bzw der Gestattung der Verwertung von Rechten (laut Urheberrechtsgesetz): Patente, Markenrechte etc.
3. Einkünfte aus der Veräußerung von Miet- und Pachtzinsforderungen.

Schwierigkeiten bereitet öfter die Abgrenzung zur gewerblichen Vermietung, die zu Einkünften aus Gewerbebetrieb führt. Ob außerbetriebliche vermögensverwaltende Nutzung von Privatvermögen oder eine gewerbliche/betriebliche Tätigkeit vorliegt, ist eine Sachverhaltsfrage, die nach dem objektiven Gesamtbild des jeweiligen Falles zu lösen ist (zB VwGH 13.5.1986, 84/14/0077). Die Vermietung und Verpachtung fällt gem § 31 BAO nur dann unter § 28 EStG, wenn die Betätigung nicht *„über den Rahmen der Vermögensverwaltung (§ 32) hinausgeht."* Nach der Rechtsprechung des VwGH wird *„die Grenze von der privaten Vermögensverwaltung zum Gewerbebetrieb überschritten, wenn nach dem Gesamtbild der Betätigung und unter Berücksichtigung der Verkehrsauffassung die Ausnutzung substanzieller Vermögenswerte durch Umschichtung gegenüber der Nutzung von Grundbesitz im Sinne einer Fruchtziehung aus zu erhaltenden Substanzwerten entscheidend in den Vordergrund tritt."* (zB VwGH 31.5.1983, 82/14/0188).

Die herrschende Abgrenzung geht von Art und Umfang der zusätzlichen Leistungen aus. Gewerblichkeit der Vermietung setzt voraus, dass zur Vermietung besondere, über den Normalfall hinausgehende Umstände hinzutreten, durch die eine über die bloße Nutzungsüberlassung hinausgehende Tätigkeit des Vermieters notwendig wird. Gewerblichen Charakter hat die Tätigkeit des Vermieters somit nur dann, wenn sie in erheblichem Umfang nicht nur laufende Verwaltungsarbeit, sondern jene intensive Beteiligung am wirtschaftlichen Verkehr erfordert, die ihr betrieblichen Charakter verleiht (VwGH 3.5.1983, 82/14/0248). Maßgeblich ist, in welcher Richtung und in welchem Ausmaß die Tätigkeit über die bloße Überlassung des Bestandsobjektes hinausgeht (VwGH 5.10.1994, 94/15/0059). Das Tätigwerden des Vermieters muss deutlich jenes

Ausmaß übersteigen, das üblicherweise mit der Verwaltung eigenen Vermögens verbunden ist (VwGH 22.6.1983, 81/13/0157; vgl auch EStR 2000, Rz 5418 ff).

Die übliche Vermietung von Wohnraum ist in aller Regel dem Bereich der Vermögensverwaltung zuzuordnen. Zur Unterscheidung zwischen noch vermögensverwaltenden und schon gewerblichen Nebenleistungen ist eine Vielzahl von Judikatur ergangen (zB VwGH 10.12.1997, 95/13/0115; im Überblick *Doralt*, EstG[4], § 23 Tz 122; *Quantschnigg/Schuch*, Est-HB, § 28 Tz 4.2.): Großer Umfang der Vermietung führt in der Regel nicht zur Gewerblichkeit, auch wenn dieser Umfang erhebliche Verwaltungsarbeiten mit sich bringt (VwGH 30.4.1989, 88/14/0117). Die Fremdfinanzierung des Bestandobjektes ist nicht ausschlaggebend. Umbaumaßnahmen, mit denen eine bessere Vermietbarkeit erreicht werden soll, gehen nicht über den Rahmen der Vermögensverwaltung hinaus (VwGH 16.2.1988, 87/14/0044). Nebenleistungen, die üblicherweise mit der Zurverfügungstellung von Wohnraum durch den Vermieter erbracht werden, machen die Vermietung ebenfalls noch nicht zur gewerblichen Tätigkeit. Darunter fällt etwa die Beistellung eines Hausbesorgers, Schneeräumung und Müllabfuhr, Zurverfügungstellung von Gemeinschaftsräumen (Waschküchen, Tischtennisräume, Hobby– und Bastelräume, Sauna, Schwimmbad), Überprüfung der Heizfunktionen während der Heizperiode, Aufpassen auf das Mietobjekt, Lüften des Hauses, gelegentliche Übernahme von Post durch den Hausbesorger, Zurverfügungstellung alleine der Wohnungseinrichtung. Zur Gewerblichkeit führen hingegen erhebliche gewerbliche Nebenleistungen vor allem iVm kurzfristigen Vermietungen bzw rasch wechselnden Mietern (zB Abrechnung der Stromkosten, Blumengießen, Zurverfügungstellung von Wäsche, Besteck, Geschirr, Reinigung der Wohnung, Verpflegung der Mieter).

Für Gebäude (-teile), die der Vermietung und Verpachtung dienen, können jährlich **1,5 %** als **AfA** geltend gemacht werden (vgl § 16 Abs 1 Z 8 lit e EStG).

Sonderbestimmungen für Herstellungsaufwand und Erhaltungsaufwand sind in **§ 28 Abs 2 und 3 EStG** vorgesehen, wobei bei letzterem Instandhaltungsaufwand und Instandsetzungsaufwand unterschieden werden kann. Auf Grund der unterschiedlichen steuerlichen Behandlung sind die Aufwandsarten grundsätzlich zu trennen. Ist jedoch der Erhaltungsaufwand durch den Herstellungsaufwand bedingt, liegt insgesamt Herstellungsaufwand vor (vgl EStR 2000, Rz 3179 mwN).

Von **Instandhaltungsaufwand** ist auszugehen, wenn lediglich unwesentliche Gebäudeteile ausgetauscht werden bzw wenn es zu keiner wesentlichen Erhöhung des Nutzwertes oder der Nutzungsdauer kommt (vgl EStR 2000,

Rz 6460 ff). Instandhaltungsaufwand sind insbesondere Aufwendungen iZm folgenden Maßnahmen: Laufende Wartungsarbeiten, Reparaturen, auch wenn diese nicht jährlich anfallen, Ausmalen des Stiegenhauses und der Räume, Anfärbeln der Fassade ohne Erneuerung des Außenverputzes, Ausbessern des Verputzes, Erneuerung von Gebäudeteilen infolge höherer Gewalt. Instandhaltungsaufwendungen sind steuerlich grundsätzlich sofort abzusetzen. Jener Instandhaltungsaufwand, der nicht regelmäßig jährlich wiederkehrt, kann wahlweise über Antrag auf 10 Jahre verteilt werden.

Instandsetzungsaufwendungen, die Wohngebäude betreffen, sind zwingend auf 10 Jahre verteilt abzusetzen. Instandsetzungsaufwand ist jener Aufwand, der zwar nicht zu den Anschaffungs– oder Herstellungskosten gehört, aber allein oder zusammen mit einem Herstellungsaufwand den Nutzungswert des Gebäudes wesentlich erhöht oder die Nutzungsdauer wesentlich verlängert (vgl EStR 2000, Rz 6469). Instandsetzungsaufwand liegt immer dann vor, wenn wesentliche Teile des Gebäudes ausgetauscht werden und nur deshalb kein Herstellungsaufwand zu unterstellen ist, weil bei Austausch von unselbständigen Bestandteilen infolge fehlender Änderung der Wesensart des Gebäudes keine Aktivierung vorzunehmen ist. Instandsetzungsaufwendungen sind insbesondere Aufwendungen iZm folgenden Maßnahmen: Austausch von Fenstern und Türen, Dach und Dachstuhl, Stiegen, Zwischenwänden und Zwischendecken, Unterböden, Aufzugsanlagen, Heizungsanlagen, Elektro–, Gas–, Wasser– und Heizungsinstallationen, Sanitärinstallationen, Erneuerung des Außenverputzes mit Erneuerung der Wärmedämmung, Trockenlegung der Mauern. Eine wesentliche Erhöhung des Nutzungswertes ist zu unterstellen, wenn die genannten unselbständigen Gebäudeteile zur Gänze bzw zu mehr als 25 % ausgetauscht werden. Eine wesentliche Verlängerung der Nutzungsdauer ist anzunehmen, wenn sich die Nutzungsdauer um mehr als 25 % verlängert.

Instandsetzungsaufwendungen und Instandhaltungsaufwendungen im Falle der Zehntelung können nach Aufgabe der Vermietung oder Einlage ins Betriebsvermögen als nachträgliche Werbungskosten geltend gemacht werden und gehen bei Übertragung unter Lebenden idR unter. Instandhaltungs– und Instandsetzungsaufwendungen führen zu keiner Nachversteuerung gem § 28 Abs 7 EStG und zu keiner Verlängerung der Spekulationsfrist. Instandsetzungsaufwand ist bei Ermittlung von Einkünften aus Spekulationsgeschäft gem § 30 Abs 4 EStG den Anschaffungskosten hinzuzurechnen.

Bei Erwerb eines Gebäudes in vernachlässigtem Zustand sind grundsätzlich alle Aufwendungen in nahem zeitlichem Zusammenhang von etwa drei Jahren als nachgeholte Anschaffungskosten zu aktivieren, außer das Gebäude unterliegt den einschränkenden Bestimmungen des MRG betreffend die Mietzinsbildung und der Steuerpflichtige ist überdies als Bauherr anzusehen. Im Anwendungsbereich des § 28 Abs 2 EStG wird diese Aktivierung jedoch durch die Anordnung der zwingenden Verteilung der Instandsetzungsaufwendungen auf 10 Jahre verdrängt. Dabei ist davon auszugehen, dass bei Erwerb eines vernachlässigten Gebäudes alle Aufwendungen in nahem zeitlichem Zusammenhang mit der Anschaffung – also auch jene, die isoliert betrachtet Instandhaltung sind – als Instandsetzungsaufwand anzusehen sind (vgl EStR 2000, Rz 6474).

Herstellungsaufwand ist grundsätzlich auf die Restnutzungsdauer des Gebäudes im Wege der Abschreibung abzusetzen. Herstellungsaufwand sind insbesondere Aufwendungen iZm der Aufstockung eines Gebäudes, der Zusammenlegung von Wohnungen, dem erstmaligen Einbau von Zentralheizungen oder Aufzugsanlagen, die Versetzung von Zwischenwänden, Türen oder Fenstern, der Einbau von Badezimmern und WC (Kategorieanhebung; vgl EStR 2000, Rz 6476).

Folgende Aufwendungen sind, soweit sie Herstellungsaufwand darstellen, gem § 28 Abs 3 EStG über Antrag gleichmäßig auf 15 Jahre verteilt abzusetzen:

- Aufwendungen iSd § 3 – 5 MRG in Gebäuden, die den Bestimmungen des Mietrechtsgesetzes über die Verwendung von Hauptmietzinsen unterliegen.
- Aufwendungen für Sanierungsmaßnahmen, wenn die Zusage für eine Förderung nach dem Wohnhaussanierungsgesetz, dem Startwohnungsgesetz oder den landesgesetzlichen Vorschriften über die Förderung der Wohnhaussanierung vorliegt.
- Aufwendungen auf Grund des Denkmalschutzgesetzes.

Werden zur Finanzierung dieses Herstellungsaufwandes erhöhte Zwangsmieten oder erhöhte Mieten, die auf ausdrücklich gesetzlich vorgesehenen Vereinbarungen beruhen, eingehoben, dann kann der Herstellungsaufwand gleichmäßig auch auf die Laufzeit der erhöhten Mieten, mindestens aber gleichmäßig auf 10 Jahre verteilt werden.

Wird das Gebäude unter Lebenden übertragen, ins Betriebsvermögen eingelegt oder die Vermietung aufgegeben, so können ab dem Folgejahr die restlichen Teilbeträge nicht mehr abgezogen werden. Eine Absetzung von Herstellungsaufwendungen gem § 28 Abs 3 EStG verlängert die Spekulationsfrist auf 15 Jahre. Außerdem löst eine Gebäudeübertragung unter Lebenden eine Nachversteuerung gem § 28 Abs 7 EStG aus.

Beispiel A.67.

Ihr Klient errichtet 2005 in Wien ein Bürogebäude. Die Herstellungskosten des Gebäudes betragen 3.000.000,-. Er überlegt zusätzlich zur Bestandsüberlassung auch die Reinigung des Gebäudes zu übernehmen sowie einen eigenen Elektriker und Installateur für erforderliche Reparaturarbeiten anzustellen.

Welche Auswirkungen hat die Entscheidung ihres Klienten ?

4. Sonstige Einkünfte (§§ 29 - 31 EStG)

Zu den sonstigen Einkünften zählen:

a. wiederkehrende Bezüge
b. Spekulationsgeschäfte
c. die Veräußerung bestimmter (wesentlicher) Beteiligungen
d. Einkünfte aus Leistungen
e. Funktionsgebühren von Funktionären öffentlich-rechtlicher Körperschaften

Wiederkehrende Bezüge (§ 29 Z 1)

Zu den wiederkehrenden Bezügen zählen nicht die Rentenzahlungen betrieblicher Unterstützungskassen, aus den Unterstützungseinrichtungen der Kammern der selbständig Erwerbstätigen oder die Bezüge ausländischer gesetzlicher Sozialversicherungen (diese zählen zu den unselbständigen Einkünften gem § 25 EStG). Privat gezahlte Versorgungsrenten gehören allerdings schon zu den wiederkehrenden Bezügen (nicht jedoch dann, wenn diese als Unterhaltsrenten von gesetzlich unterhaltspflichtigen Personen geleistet werden).

Das besondere an dieser Einkunftsart ist, dass hier allein die Form des Zufließens bereits ausschlaggebend für die Zuordnung ist (die rechtliche Grundlage der Zahlungen hingegen ist irrelevant). Auch eine exakt gleiche Höhe oder ein genau gleicher Abstand der Zahlungen ist unerheblich, es genügt bereits eine gewisse Regelmäßigkeit. Die Zahlungsströme müssen allerdings auf einen einheitlichen Entschluss (und nicht auf einem immer wieder neu begründeten Anspruch) beruhen. Auch hier handelt es sich wieder um eine subsidiäre Einkunftsart (auch gegenüber Spekulationsgeschäften sowie der Veräußerung bestimmter Beteiligungen - diese Einkunftsarten gehen den wiederkehrenden Bezügen bevor!).

Beispiel A.68.

Aufgrund eines Testaments muss der Haupterbe einem Verwandten aus seinem Erbteil eine Leibrente zahlen.

Wirkt sich dies auf die Steuerbelastung des begünstigten Verwandten aus ?

Einkünfte aus Leistungen (§ 29 Z 3 EStG)

Darunter fallen insbes. Einkünfte aus gelegentlicher oder zufälliger Tätigkeit (zB die Vermietung und Verpachtung von Booten, wenn dies nicht im Rahmen einer betrieblichen Tätigkeit geschieht). Betragen sie höchstens EUR 220,- p.a. so sind sie nicht steuerpflichtig. Unter diese Einkunftsart fallen auch Preise, die aufgrund einer persönlichen Leistung errungen und durch eine Fachjury zugesprochen werden.

Funktionsgebühren der Funktionäre von öffentlich-rechtlichen Körperschaften (§ 29 Z 4 EStG)

Diese Einkünfte fallen nur für aktive Funktionäre an (Bezüge aus Pensionskassen wären unselbständige Einkünfte iS § 25 EStG). Entschädigungen für ehemalige Tätigkeiten würden hingegen zu wiederkehrenden Bezügen führen.

Spekulationsgeschäfte (§ 30 EStG)

Der Veräußerungsgewinn auch privater Wirtschaftsgüter kann, falls zwischen Anschaffung und Veräußerung ein bestimmter Zeitraum unterschritten wird, zur Steuerpflicht (Einkünfte aus Spekulationsgeschäft) führen.

- Für Grundstücke und grundstücksgleiche Rechte beträgt die Spekulationsfrist **10 Jahre**. Dies führt auch im Rahmen der Gewinnermittlung gem § 4 Abs 1 EStG zur Steuerpflicht des Veräußerungserlöses ! Für Grundstücke, bei denen innerhalb von 10 Jahren nach ihrer Anschaffung die Fünfzehntelabsetzung für Herstellungsaufwendungen gem § 28 Abs 3 EStG beansprucht wurde, verlängert sich die Frist auf 15 Jahre.

- Bei anderen Wirtschaftsgütern, insbesondere bei Wertpapieren, beträgt die Spekulationsfrist **1 Jahr**.

Für die Berechnung der Spekulationsfrist ist der Zeitpunkt des Zustandekommens der schuldrechtlichen, auf die Eigentumsübertragung ausgerichteten Rechtsgeschäfte maßgeblich. Etwas anderes gilt nur dann, wenn die Parteien bereits vorher eine Vereinbarung geschlossen haben, aufgrund derer das wirtschaftliche Eigentum übergegangen ist. Ein (auch unwiderrufliches) Kaufanbot oder eine bloße Kaufoption sind hierfür aber nicht ausreichend (VwGH 20.11.1997, 96/15/0256, ÖStZB 1998, 484).

Bei unentgeltlich erworbenen Wirtschaftsgütern ist auf den Zeitpunkt des Erwerbs durch den Rechtsvorgänger abzustellen.

Ausnahmen von der Besteuerung (um Härtefälle zu vermeiden) bestehen für:

- **Eigenheime und Eigentumswohnungen** samt Grund und Boden (nach BMF jedenfalls bis ca 1.000 m^2), die dem Veräußerer seit Anschaffung, mindestens jedoch 2 Jahre, ununterbrochen als Hauptwohnsitz dienten. Es muss also sofort nach der Anschaffung für mindestens 2 Jahre der ununterbrochene Hauptwohnsitz begründet worden sein, evtl. unter Berücksichtigung von Adaptierungsarbeiten von bis zu 6 Monaten, jedoch ohne dazwischen liegende vorübergehende Vermietung!

  Wird in einem Eigenheim mit zwei Wohnungen nur eine Wohnung selbst als Hauptwohnsitz verwendet, die andere hingegen vermietet oder betrieblich genutzt, so kommt die Steuerbefreiung nur anteilig hinsichtlich der selbst verwendeten Wohnung zur Anwendung. Voraussetzung dafür ist allerdings, dass die selbst verwendete Wohnung mindestens 2/3 der Gesamtnutzfläche des Eigenheims umfasst. Unter dieser Voraussetzung liegen, wenn die nicht als Hauptwohnsitz genutzten Wohnungsteile zB betrieblich genutzt werden, in Höhe des auf die betrieblich genutzten Wohnungsteile (ausgenommen Grundanteil) entfallenden Veräußerungserlöses betriebliche Einkünfte vor.

- Selbst hergestellte Gebäude. Als „selbst hergestellt“ kann ein Gebäude immer dann bezeichnet werden, wenn die Fertigstellungskosten die (allfälligen) Anschaffungskosten des Rohbaus übersteigen. Grund und Boden ist jedoch abgesehen vom oben dargestellten Fall nicht von der Besteuerung ausgenommen.

- Wirtschaftsgüter, die infolge eines behördlichen Eingriffs oder zur Vermeidung eines solchen nachweisbar unmittelbar drohenden Eingriffs veräußert werden.

Beispiel A.69.

Ihr Klient erwirbt im Mai 2005 eine Eigentumswohnung, die er im September 2005 bezieht. Im August 2005 beauftragt er einen Makler mit dem Verkauf, im November 2005 zieht er aus der Wohnung aus. Die Verlegung des Hauptwohnsitzes erfolgt

a. im November 2005, der Verkauf erfolgt im März 2006.
b. im August 2005, der Verkauf erfolgt im März 2006.
c. im November 2005, der Verkauf erfolgt bereits im August 2005.

Ist der Veräußerungsgewinn in den einzelnen Fällen steuerpflichtig ?

Der Spekulationsgewinn wird wie folgt berechnet:

Veräußerungserlös
- Herstellungs-/Anschaffungskosten
- Instandsetzungsaufwand (ohne Subventionen)
- Veräußerungskosten inkl. Schuldzinsen für Anschaffung

Spekulationsgewinn

Erst seit der geänderten Rechtsprechung des VwGH (16.11.1993, 93/14/0124) und VfGH (11.3.1994, B 1297/93) können Aufwendungen (insbesondere Schuldzinsen), die aus der Anschaffung des Spekulationsobjektes und seiner Erhaltung bis zur Veräußerung erwachsen, als Werbungskosten im Zuge der Spekulationsgewinnermittlung abgesetzt werden.

Besonderheiten bestehen weiters im Fall der Anschaffung durch Renten (BMF 14.6.1999, SWK 1999/21, S 456).

Es existiert allerdings für unbebaute Grundstücke die Begünstigung des § 30 Abs 4 EStG, wonach sich nach 5 Jahren der Spekulationsgewinn um jährlich 10 % vermindert, dh:

im 6 ten Jahr:	90 %
im 7 ten Jahr:	80 %
im 8 ten Jahr:	70 %
im 9 ten Jahr:	60 %
im 10 ten Jahr:	50 %
im 11 ten Jahr:	kein Spekulationsgeschäft mehr

Für Spekulationsgewinne besteht eine **Freigrenze** von insgesamt EUR 440,- pro Jahr.

Beispiel A.70.

Ein Gebäude wurde um 2.000.000,- (unter Verwendung einer Subvention in Höhe von 400.000,-) angeschafft. Nach 5 Jahren wird es um 3.000.000,- veräußert. Für die Anschaffung wurde ein Kredit aufgenommen, für den bisher 100.000,- Zinsen bezahlt wurden. Die Maklerprovision beträgt 10.000,-.

Wie hoch ist der Spekulationsgewinn ?

Im Rahmen dieser Einkünfte besteht eine Einschränkung der Verlustverrechnung: Spekulationsverluste sind nur mit Spekulationsgewinnen, nicht jedoch mit anderen Einkünften ausgleichsfähig !

Hat der Stpfl. infolge des Erwerbes der Wirtschaftsgüter, die er innerhalb der Spekulationsfrist veräußert, Erbschafts- oder Schenkungssteuer entrichtet, wird diese auf die Einkommensteuer angerechnet.

Veräußerung von bestimmten Beteiligungen (§ 31 EStG)

Zu den sonstigen Einkünften zählen auch Veräußerungsgewinne von Beteiligungen an Körperschaften, **wenn der Veräußerer innerhalb der letzten 5 Jahre zu mindestens 1 %** (in Form einer Substanzbeteiligung) **beteiligt war** (auch mittelbar durch Treuhänder oder zwischengeschaltete Kapitalgesellschaften). Eine Substanzbeteiligung wird nicht nur durch Aktien und GmbH-Anteile vermittelt, sondern auch durch andere Wertrechte, die eine Beteiligung an Gewinn und Liquidationserlös vermitteln (Substanzgenussrechte, Partizipationskapital).

Als steuerpflichtig gelten auch Liquidationsgewinne (unabhängig von der Beteiligungshöhe), sowie Maßnahmen des Stpfl., die hinsichtlich der Beteiligung zum Verlust des österreichischen Besteuerungsrechts führen („Wegzugsbesteuerung"). Im Rahmen der Wegzugsbesteuerung ist jedoch zu unterscheiden, ob der Wegzug innerhalb der EU bzw des EWR (soweit mit den EWR-Staaten ein umfassendes Amtshilfeabkommen besteht) erfolgt oder außerhalb. Erfolgt der Wegzug innerhalb der genannten Grenzen, ist die ESt solange nicht zu erheben, als es nicht zur tatsächlichen Veräußerung der Beteiligung oder zum endgültigen Wegzug aus den genannten Grenzen kommt. Kommt es zur tatsächlichen Veräußerung bzw zum endgültigen Wegzug, stellt dieser Vorgang ein rückwirkendes Ereignis iSd § 295a BAO dar, das zur Besteuerung der bei Wegzug innerhalb der genannten Grenzen vorhandenen stillen Reserven berechtigt, sofern diese stille Reserven auch bei tatsächlicher Aufdeckung noch in dieser Höhe vorhanden sind, andernfalls können höchstens die tatsächlich aufgedeckten stillen Reserven besteuert werden.

Als Einkünfte sind der Unterschiedsbetrag zwischen

- dem Veräußerungserlös oder
- dem Abwicklungsguthaben oder
- dem gemeinen Wert

einerseits und den Anschaffungskosten sowie den Werbungskosten andererseits anzusetzen.

Beispiel A.71.

Herr Mayer ist an der Mayer-GmbH zu 0,5 % direkt beteiligt. 20 %-Gesellschafter ist die Beteiligungs-GmbH, die Herrn Mayer zu 50 % gehört.

Wie hoch ist die Beteiligung iSd § 31 EStG des Herrn Mayer an der Mayer-GmbH ?

Die Einkünfte werden wie folgt berechnet:

Veräußerungserlös
- Anschaffungskosten
- Werbungskosten für Anschaffung und Besitz der Beteiligung
- Veräußerungskosten

Veräußerungsgewinn

Hinsichtlich der Finanzierungskosten gelten die gleichen Erwägungen wie bei § 30 EStG.

Auch hier handelt es sich um eine subsidiäre Einkunftsart (betriebliche Einkünfte, aber auch Spekulationseinkünfte gehen bevor). Die Gewinne sind mit Verlusten aus anderen Beteiligungsveräußerungen ausgleichsfähig.

Für diese Einkünfte ist die Begünstigung des § 37 Abs 4 EStG (Anwendung des halben Durchschnittsteuersatzes auf diese Einkünfte) anzuwenden.

Die ESt wird auf Antrag ermäßigt oder erlassen, wenn der Veräußerer die Anteile innerhalb der letzten 3 Jahre vor der Veräußerung erworben und dabei Erbschaftsteuer bezahlt hat (allerdings nur insoweit, als es dadurch sonst zu einer Doppelbelastung mit ErbSt und ESt käme).

Beispiel A.72.

Ihr Klient erbt im Jahr 2004 1000 Anteile an der Alpha-GmbH von seinem Vater, das sind 30% des Stammkapitals.

Die Anschaffungskosten betrugen für den Vater 1.000.000,-, der Steuerkurswert der Anteile beträgt 1.400.000,-. An Erbschaftssteuer wurde 70.000,- bezahlt. 2006 werden von Ihrem Klienten 200 Anteile verkauft (Erlös: 330.000,-, Veräußerungskosten 6.000,-).

Wie hoch sind die daraus erfliessenden Einkünfte ?

In welchem Umfang kann die ErbSt angerechnet werden ?

5. Einlagenrückzahlung

Die Einlagenrückzahlung (§§ 4 Abs 12, 15 Abs 4 EStG) zählt zwar nicht ausschließlich zu den außerbetrieblichen Einkünften, sie kann vielmehr auch bei den betrieblichen Einkunftsarten vorkommen, aus systematischen Überlegungen empfiehlt sich jedoch eine Behandlung im Anschluss an die Regelung des § 31 EStG. Nach der bisherigen Rechtsprechung wurden Einlagenrückzahlungen, die keine Kapitalherabsetzung darstellten, grundsätzlich als Gewinnausschüttungen behandelt, was insbes. an der Judikatur zur ausschüttungsbedingten Teilwertabschreibung (dazu unten Kap. B.5.) nachzuvollziehen ist. Angesichts dieser Judikatur wurde zunächst im Bereich der Körperschaften die Bestimmung über die ausschüttungsbedingte Teilwertabschreibung geschaffen, die nun durch eine allgemeine Regelung über die steuerliche Behandlung der Rückzahlung von Kapital normativ ergänzt wird. Nunmehr werden neben der ordentlichen Kapitalherabsetzung auch die unter dem Begriff der Einlagenrückzahlung zusammengefassten Vorgänge als Verringerung der Anschaffungskosten/Buchwerte und nicht als Ausschüttung behandelt. Zur steuerlichen Behandlung von Einlagenrückzahlungen ist ein umfangreicher BMF-Erlass ergangen (AÖF 1998/88).

Begriff der Einlage

Zu den Einlagen iS § 4 Abs 12 EStG zählen:

- aufgebrachtes Grund-, Stamm- oder Genossenschaftskapital

- sonstige Einlagen und Zuwendungen, die als KRL auszuweisen sind bzw bei Genossenschaft auszuweisen wären
- substanzbeteiligtes Partizipations- und Genussrechtskapital
- als Verbindlichkeit ausgewiesenes verdecktes Nennkapital

Die Bestimmung des § 4 Abs 12 EStG knüpft zum Teil an das Handelsrecht an, soweit es vom aufgebrachten Nennkapital bzw den Kapitalrücklagen spricht. Etwas anderes gilt für das sog. verdeckte Nennkapital, das handelsrechtlich jedenfalls als Verbindlichkeit (Darlehen) auszuweisen ist, dessen Zweckwidmung jedoch von Anfang an der Ersatz von (betriebsnotwendigem) Eigenkapital darstellt.

Nicht zu den Einlagen zählen jene Kapitalrücklagen, die aufgrund von Umgründungen entstanden sind, soweit der in die Rücklage einzustellende Betrag seine Eigenschaft als Gewinnrücklage bzw Bilanzgewinn verloren hat. Die Trennung von thesaurierten Gewinnen und Kapital soll daher über die Grenze der einzelnen Gesellschaft hinaus gewahrt werden.

Aus dem gleichen Grund stellt auch die Umwandlung von thesaurierten Gewinnen in Nennkapital keine Einlage iS § 4 Abs 12 dar, da auch dieser Betrag durch Innenfinanzierung geschaffen wurde. Für diese in Nennkapital umgewandelte Gewinnrücklage besteht die Bindung als der Ausschüttung unterliegender Betrag allerdings nur für längstens zehn Jahre.

Voraussetzung für das Vorliegen einer Einlagenrückzahlung ist

- Es muss eine tatsächliche Leistung der Gesellschaft an den Gesellschafter erfolgen, dh es muss Vermögen aus der Sphäre der Gesellschaft auf Gesellschafter übertragen werden. Dementsprechend stellt die buchmäßige Verrechnung von Einlagen mit einem Jahresfehlbetrag keine Einlagenrückzahlung dar, da bei dieser Form der Einlagenverwendung keine Rückgängigmachung der Außenfinanzierung erfolgt.
- Es muss eine Einlage zurückbezahlt werden. Unter Einlage versteht § 4 Abs 12 EStG das aufgebrachte Grund-, Stamm- oder Genossenschaftskapital, sonstige Einlagen und Zuwendungen, die als Kapitalrücklage auszuweisen sind, Partizipations- und Genussrechtskapital, das als Substanzbeteiligung unter die Bestimmung des § 8 Abs 3 Z 1 KStG fällt sowie das steuerliche verdeckte Grund-, Stamm- oder Genossenschaftskapital. Keine Einlage stellt das durch Innenfinanzierung geschaffene Eigenkapital dar – dessen Ausschüttung stellt daher bei den Empfängern unverändert Einkünfte aus Kapitalvermögen dar. Ebensowenig stellen Kapitalerhöhungen aus

Gewinnrücklagen innerhalb der zehnjährigen Frist des § 32 Z 3 EStG, Beträge, die umgründungsbedingt ihre Eigenschaft als Gewinnrücklage oder innenfinanzierten Bilanzgewinn verloren haben, Nutzungseinlagen und Verlustübernahmen bei Organschaftsverhältnissen eine Einlage im Sinne des § 4 Abs 12 EStG dar.

Einlagenrückzahlung bedeutet, dass ein Zufluss bzw zumindest ein Anspruch auf Zufluss bei den Anteilsinhabern entsteht. Nicht jede handelsrechtliche Verringerung von Einlagen führt daher zu einer Einlagenrückzahlung. Dies gilt insbesondere für die Verwendung von gebundenen und nicht gebundenen Kapitalrücklagen zum Ausgleich eines sonst auszuweisenden Bilanzverlustes bzw zum Ausgleich mit Jahresfehlbeträgen. Eine solche Auflösung der Kapitalrücklage vermindert nicht den Betrag der steuerverhafteten Einlagen, es erfolgt nur eine „Umbuchung" innerhalb des Evidenzkontos. Das gleiche gilt, wenn Kapitalrücklagen für Zwecke der Ausschüttung aufgelöst werden und den Bilanzgewinn entsprechend erhöhen. Sobald der Bilanzgewinn ausgeschüttet wird, ist zu klären, ob und in welchem Umfang eine Einlagenrückzahlung erfolgt ist, die in weiterer Folge bei den Anteilsinhabern als Anschaffungskosten- bzw Buchwertminderung zu behandeln ist und in welchem Ausmaß tatsächlich erzielte Gewinne, die der Ausschüttungsbesteuerung unterliegen, ausgeschüttet werden.

Wird dieser Bilanzgewinn durch spätere Verluste verringert, ist ebenfalls zu klären, ob diese Verringerung zu Lasten der auszahlungsfähigen Einlagen (was keine Reduktion des Evidenzkontos zur Folge hat) oder zu Lasten des als Gewinn auszahlungsfähigen Betrages erfolgen soll.

Konsequenz der Beurteilung als Einlagenrückzahlung

Die Rückzahlung (auch in Form gesellschaftsrechtlicher Ausschüttung) von Einlagen mindert die Anschaffungskosten/Buchwerte. Die Rückzahlung ist als erfolgsneutraler Vorgang nicht als Einkünfte aus Kapitalvermögen (bzw betriebliche Einkünfte) zu behandeln, sodass ein KESt-Abzug bzw Endbesteuerung unterbleibt. Ebenso ist die Beteiligungsertragsbefreiung des § 10 KStG nicht anwendbar. Erfolgswirksamkeit tritt erst ein, wenn die Anschaffungskosten/Buchwerte aufgrund der Einlagenrückzahlung unter "null" sinken. Die Einlagenrückzahlung gilt als Veräußerung einer Beteiligung, weshalb für im Privatvermögen gehaltene Beteiligungen die Steuerpflicht nicht erst bei tatsächlicher Veräußerung/Liquidation/Wegzug eintritt.

Organisatorische Handhabung

Die Körperschaften haben ein Evidenzkonto anzulegen, auf dem sie den Stand der Einlagen iS § 4 Abs 12 EStG und deren Entwicklung darzustellen haben.

Dieses Konto ist erstmalig nach dem Stand des handelsrechtlichen Jahresabschlusses des letzten vor dem 1.1.1996 endenden Wirtschaftsjahres unter Berücksichtigung der zusätzlichen steuerlichen Einlagen zu erstellen (vgl § 124b Z 3 EStG).

	Anfangs-bestand	Zugang	Abgang	Umbuchung	Endbestand
Nennkapital-Subkonto					
Rücklagen-Subkonto					
Bilanzgewinn-Subkonto					
Surrogatkapital-Subkonto					
Darlehenskapital-Subkonto					

Untersucht man die steuerlichen Wirkungen der Einlagenrückzahlung, so ist die Bestimmung insbesondere für in- oder ausländische natürliche Personen von Vorteil: während die Gewinnausschüttung mit 25 % KESt belastet ist, wird die Verringerung der Anschaffungskosten bzw Buchwerte erst bei Verringerung unter 0 steuerpflichtig, wobei insbesondere noch für im PV gehaltene Beteiligung die Erstreckung der steuerlichen Erfassung auf den Zeitpunkt der Veräußerung/Liquidation/Wegzug zu beachten ist. Die Rückzahlung selbst ist im Zeitpunkt ihrer steuerlichen Erfassung mit dem halben Durchschnittsteuersatz zu besteuern (es sei denn, die Beteiligungsveräußerung erfolgt innerhalb der Spekulationsfrist).

Hingegen ergibt sich ein Vorteil der Gewinnausschüttung für inländische Kapitalgesellschaften, da diese mit Ausschüttungen unter die Beteiligungsertragsbefreiung des § 10 KStG fallen.

Beispiel A.73.

Das Eigenkapital der X-GmbH hat zum 31.12.2005 folgendes Aussehen:

Stammkapital	2.000
nicht gebundene Kapitalrücklage	5.000
Bilanzgewinn	1.000

Im Evidenzkonto sind als Einlage das Stammkapital und die nicht gebundene Kapitalrücklage mit den angegebenen Werten seit 1.1.2005 enthalten.

An der X-GmbH sind

Y privat zu 50 % (Anschaffungskosten 1.000) und die

Z- GmbH zu 50 % beteiligt (Buchwert 6.000).

2006: Es liegt ein Jahresfehlbetrag in Höhe von 400 vor, der durch Auflösung der nicht gebundenen Kapitalrücklage beseitigt wird. Es wird keine Gewinnausschüttung vorgenommen.

2007: Es liegt ein Jahresüberschuss von 0 vor. Es erfolgt eine Ausschüttung aus dem Bilanzgewinn in Höhe von 3.500, die durch die Auflösung der nicht gebundenen Kapitalrücklage in Höhe von 2.500 ermöglicht wird.

2008: Y verkauft seinen Anteil im Anschluss an die Ausschüttung des Bilanzgewinns für 2007 um 4.000 an die Z-GmbH. Der Jahresüberschuss in Höhe von 1.000 wird zur Gänze einer Gewinnrücklage zugeführt.

Bestimmen Sie das Evidenzkonto für die Jahre 2005 bis 2007 sowie die steuerlichen Folgen aus den Vorgängen 2006 bis 2008.

IV. Einkommensermittlung

1. Der Gesamtbetrag der Einkünfte

Der Gesamtbetrag der Einkünfte ist die Summe der

Einkünfte aus L&F,
Einkünfte aus selbständiger Arbeit,
Einkünfte aus Gewerbebetrieb,
Einkünfte aus nichtselbständiger Arbeit,
Einkünfte aus Kapitalvermögen,
Einkünfte aus Vermietung und Verpachtung und der sonstigen Einkünfte,

wobei Verluste, die sich aus einzelnen Einkunftsarten ergeben, mit anderen Einkunftsarten auszugleichen sind.

Beispiel A.74.

Welche der nachfolgenden Vermögensänderungen Ihres Klienten (Architekt) sind relevant für seine ESt-Erklärung 2005 ?

a. Verkauf eines vor 5 Jahren geerbten altdeutschen Schranks um 25.000,-;

b. Verkauf eines privaten Gartenanteils von 300 m² (am 12.1.1997 um 15.000,- erworben) am 30.9.2005 um 35.000,-;

c. Erhalt einer goldenen Taschenuhr (Schätzwert: 2.000,-) als Geschenk;

d. Lottogewinn von 30.000,-;

e. Gewinn eines Anerkennungspreises bei einem Architektenwettbewerb iHv 15.000,-. Der Preis wird im Februar 2006 ausbezahlt.

1.1. Verlustausgleich und Verlustvortrag im EStG

Werden in einzelnen Einkunftsarten Verluste erzielt, sind diese mit positiven Ergebnissen anderer Einkunftsarten auszugleichen. Der Verlustausgleich ist Ausfluss des Prinzips der persönlichen Leistungsfähigkeit. Der Stpfl. ist nur insoweit (zur Steuerzahlung) leistungsfähig als er insgesamt positive Einkünfte erzielt.
Verluste, die nicht mit einer der 7 Einkunftsarten in Zusammenhang stehen (Verluste aus Liebhaberei oder bei privaten Wirtschaftsgütern), sind einkommensteuerlich irrelevant.

Verluste sind zunächst einmal **innerbetrieblich** auszugleichen.

> *Beispiel*: Enden auf Grund des Wechsels des Gewinnermittlungszeitraumes zwei Wirtschaftsjahre in einem Kalenderjahr, so sind die Ergebnisse auszugleichen.

Anschließend erfolgt der Verlustausgleich innerhalb derselben Einkunftsart (**horizontaler Verlustausgleich**).

> Beispiel: Verluste aus einem Gewerbebetrieb (zB Beteiligung als Kommanditist an einer Handelsgesellschaft) sind mit Gewinnen aus einem anderen Gewerbebetrieb (zB Installateur-Einzelunternehmen) desselben Stpfl. auszugleichen.

Verbleibt nach dem horizontalen Verlustausgleich innerhalb einer Einkunftsart ein Verlust, so ist dieser Verlust mit Gewinnen aus anderen Einkunftsarten zu verrechnen (**vertikaler Verlustausgleich**).

> *Beispiel*: Verluste aus der Tätigkeit als Nebenerwerbslandwirt sind mit positiven Einkünften aus nichtselbständiger Arbeit auszugleichen.

Sind in einer Einkunftsart begünstigte Einkünfte enthalten, so erfolgt der Verlustausgleich nach Möglichkeit zunächst mit Einkunftsarten ohne begünstigte Einkünfte.

Verluste, die innerhalb eines Kalenderjahres nicht ausgeglichen werden können, dürfen in die folgenden Jahre vorgetragen werden (**Verlustvortrag**) und dann als Sonderausgabe abgezogen werden, wenn folgende Voraussetzungen erfüllt sind:

- Es muss sich um Verluste aus betrieblichen Einkunftsarten handeln.

- Die Einkünfte müssen im Jahr der Verlustentstehung nach § 4 Abs 1 oder § 5 EStG ermittelt werden. Anlaufverluste (= Verluste, die in den ersten drei Veranlagungszeiträumen ab Eröffnung eines Betriebes entstehen) dürfen auch von § 4 Abs 3-Gewinnermittlern vorgetragen werden.

- Der Verlust muss auf Grund einer (materiell) ordnungsmäßigen Buchhaltung ermittelt worden sein. Der Verlust muss überprüfbar errechenbar sein (vgl Kap. 2.11.).

- Die Verluste dürfen zeitlich unbeschränkt vorgetragen werden. Ein Verlustrücktrag ist hingegen nicht möglich.

- Ein Ausgleich oder Abzug der Verluste in den Vorjahren darf nicht möglich gewesen sein.

Da nur betriebliche Verluste vortragsfähig sind, hat der (vertikale) Verlustausgleich vorrangig mit Verlusten aus nicht betrieblichen Einkünften zu erfolgen. Die Verrechnung vorgetragener Verluste kann jedoch in den einzelnen Veranlagungsjahren nur bis zu einer maximalen Höhe von 75% der positiven Einkünfte erfolgen (Vortragsgrenze des § 2 Abs 2b), dh es bleiben trotz Verlustvortrag mindestens 25% der positiven Einkünfte als Bemessungsgrundlage erhalten. Verluste, welche in einem Jahr aus diesem Grund nicht verrechnet werden können, bleiben aber für eine allfällige Verrechnung in Folgejahren bestehen (werden weiter vorgetragen). Überschritten werden können diese beiden Grenzen jedoch insofern, als im Einkommen Sanierungsgewinne oder Veräußerungs- oder Aufgabegewinne enthalten sind: diese können durch alte Verlustvorträge jeweils zur Gänze aufgebraucht werden.

1.2. Einschränkungen des Verlustausgleichs

Folgende Verluste sind im Rahmen der Einkommensermittlung nicht (oder nur beschränkt) ausgleichsfähig:

a. Verluste, die vor Begründung der unbeschränkten Steuerpflicht in Österreich im Ausland erzielt wurden, sind nicht ausgleichsfähig.

b. Verluste aus ausländischen Einkunftsquellen, für deren Besteuerung kraft Doppelbesteuerungsabkommen (DBA) das Ausland zuständig ist, sind nicht ausgleichsfähig (sie können bei der Tarifanwendung allerdings progressionsmindernd wirken).

c. Verluste aus Betrieben, deren Unternehmensschwerpunkt im Verwalten unkörperlicher Wirtschaftsgüter (zB Holding) oder in der gewerblichen Vermietung von Wirtschaftsgütern (zB Leasinggesellschaft) besteht, sind weder ausgleichs- noch vortragsfähig. Sie müssen mit späteren Gewinnen aus demselben Betrieb frühestmöglich verrechnet werden (= zeitlich unbegrenzter Vortrag innerhalb desselben Betriebs). Solche Verluste nennt man **Wartetastenverluste**. Auch Verluste von Mitunternehmerschaften können davon betroffen sein (falls die Mitunternehmerschaft schwerpunktmäßig unkörperliche Wirtschaftsgüter verwaltet). Für die Verrechnung dieser Wartetasteverluste mit späteren Gewinnen aus dieser Tätigkeit gilt die Verrechnungsgrenze des § 2 Abs 2b Z 1 EStG, dh es können maximal 75 % des Gewinns mit Wartetastenverlusten früherer Jahre verrechnet werden. Diese Bestimmung gilt ausschließlich im Bereich der Einkommensteuer, Körperschaften sind davon nicht betroffen.

d. Verlustanteile eines echten stillen Gesellschafters sind ebenfalls nur mit späteren Gewinnanteilen, die zur Auffüllung der Einlage verwendet werden, verrechenbar (Wartetaste).

e. Verluste aus Beteiligungen an Gesellschaften oder Gemeinschaften sind nicht mehr ausgleichsfähig, wenn der Steuervorteil aus der Beteiligung dominiert. Dies ist dann der Fall, wenn Beteiligungsmodelle mit Steuervorteilen aus Verlustzuweisungen beworben werden oder wenn bei einer allgemein angebotenen Beteiligung die Rendite nach Steuern mehr als das Doppelte der entsprechenden Rendite vor Steuern betragen würde (§ 2 Abs 2a). Diese Bestimmung gilt sowohl im Geltungsbereich der Einkommen- als auch der Körperschaftsteuer und betrifft in der

Einkommensteuer beschränkt und unbeschränkt haftende Gesellschafter, wobei die Höhe der geleisteten Einlage unbeachtlich ist. Der Verlustausgleich ist in solchen Fällen weder innerbetrieblich, noch horizontal (innerhalb der Einkunftsart) noch vertikal (mit anderen Einkünften) möglich. Diese Verluste sind mit späteren positiven Einkünften aus der Beteiligung verrechenbar (Wartetaste). Zu den Details dieser Regelung vgl EStR 2000, Rz 163 ff.

f. Verluste aus Leistungen iSd § 29 Z 3 EStG können nur mit Gewinnen aus Leistungen ausgeglichen werden.

g. Verluste aus Spekulationsgeschäften können nur mit Gewinnen aus Spekulationsgeschäften ausgeglichen werden (§ 30 Abs 4 EStG).

h. Verluste aus der Veräußerung einer Beteiligung im Sinne des § 31 EStG sind nur mit Gewinnen aus solchen Beteiligungsveräußerungen ausgleichsfähig.

i. Übergangsverluste bei Wechsel der Gewinnermittlung sind über sieben Jahre gleichmäßig verteilt bei späteren Gewinnen/Verlusten zu berücksichtigen.

j. Zu besonderen Verlustausgleichsbeschränkungen bei Körperschaften vgl unten Kap. B.5.

Beispiel A.75.

Ermitteln Sie aus den folgenden Angaben den Gesamtbetrag der Einkünfte:

Laufender Verlust aus einem 50%igen Kommanditanteil an einem Gewerbebetrieb:	- 15.000,-
Veräußerungsgewinn einer 20 %-Kommandit-Beteiligung aus obigem 50%-Anteil:	7.000,-
Einkünfte aus stiller Beteiligung:	60.000,-

Beispiel A.76.

Ermitteln Sie den Gesamtbetrag der Einkünfte aus folgenden Angaben:

Verlust aus L&FW:	- 15.000,-
Veräußerungsgewinn einer 20 % Kommandit-Beteiligung an einem Gewerbebetrieb:	7.000,-
Einkünfte aus V & V:	60.000,-

Beispiel A.77.

Ermitteln Sie den Gesamtbetrag der Einkünfte aus den folgenden Angaben:

Verlust aus Gewerbebetrieb:	- 15.000,-
Verlust aus V&V:	- 9.500,-
Einkünfte aus endbesteuertem KV:	6.000,-
Gewinn aus der Veräußerung einer 25 %-Beteiligung iS § 31 EStG	8.000,-
Verlust aus Spekulationsgeschäft	- 1.000,-

2. Sonderausgaben

Sonderausgaben stellen (eigentlich steuerlich nicht abzugsfähige) "Kosten der Lebensführung" dar, die ausnahmsweise (insofern sie gesetzlich aufgezählt sind) dennoch steuerlich abzugsfähig sind (vermindern die Bemessungsgrundlage, das zu versteuernde Einkommen). Allerdings sind für bestimmte Arten von Sonderausgaben im Gesetz gemeinsame Höchstgrenzen vorgesehen. Darüber hinausgehende Beträge können vom Stpfl. nicht mehr geltend gemacht werden.

Sonderausgaben können nur geltend gemacht werden, wenn es sich dabei weder um Betriebsausgaben noch um Werbungskosten handelt (zB bei Sonderausgaben für Wohnraumschaffung sind die Ausgaben nur insoweit als Sonderausgaben abzugsfähig, als der Wohnraum für Wohnzwecke verwendet wird und es sich dabei nicht um betrieblich genutzte oder zur Vermietung/Verpachtung verwendete Räumlichkeiten handelt).

Die zulässigen Sonderausgaben sind in § 18 Abs 1 EStG 1988 erschöpfend (taxativ) aufgezählt. Man kann sie in zwei Gruppen einteilen:

Sonderausgaben

... deren Abzug nur bis zu einer Höchstgrenze möglich ist:	... deren Abzug unbegrenzt zulässig ist:
- Versicherungsprämien	- Renten und dauernde Lasten
- Wohnraumschaffung	- Weiterversicherung/ Nachkauf gesetzlicher Pensionsversicherungszeiten
- Wohnraumsanierung	- Steuerberatungskosten
- Genußscheine, junge Aktien	- Verlustabzug
- Kirchenbeiträge	
- begünstigte Spenden	

Alle Sonderausgaben sind im Jahr der Bezahlung geltend zu machen (Ausnahme mangels Zahlung ist der Verlustabzug). Für die Zulässigkeit des Sonderausgabenabzugs ist es unerheblich, ob die Beträge aus eigenen oder fremden Mitteln geleistet wurden (Ausnahme: für Wohnraumschaffung/-sanierung ist der Abzug erst für die Darlehensrückzahlung samt Zinsen zulässig). Freiwillige Zuwendungen sowie Zuwendungen gesetzlich unterhaltspflichtiger Personen und Bestechungsgelder können nicht als Sonderausgaben geltend gemacht werden.

Versicherungsprämien, Wohnraumschaffung/-sanierung, Kirchenbeiträge

Der Stpfl. kann im Rahmen dieser Sonderausgaben auch Beiträge, die er für den Ehegatten oder Kinder iSd § 106 EStG geleistet hat, als Sonderausgaben geltend machen (jedoch nur bis zur gemeinsamen Höchstgrenze - vgl Kapitel

2.14.). Dabei muss die versicherte Person der Ehegatte oder das Kind iSd § 106 EStG sein - wer von der Versicherung begünstigt ist (wem der Versicherungsbetrag zusteht) ist hingegen unerheblich.

2.1. Renten und dauernde Lasten (§ 18 Abs 1 Z 1 EStG)

Beispiele für Renten dieser Art sind außerbetriebliche Versorgungsrenten, Schadenersatzleistungen in Rentenform etc.

Renten sind regelmäßig wiederkehrende Leistungen auf Grund eines besonderen vermögenswerten Anspruches, der als Rentenstammrecht bezeichnet wird. Von Raten unterscheiden sich Renten dadurch, dass bei ihnen der insgesamt zu entrichtende Betrag nicht feststeht, weil das Aufhören der Rentenzahlung idR vom Eintritt eines ungewissen Ereignisses (meist Tod einer Person) abhängt. **Dauernde Lasten** sind Verpflichtungen, die auf Dauer mit einem Grundstück verbunden sind oder auf Dauer einer Person anhaften.

Es gibt verschiedene Rentenarten:

1. **Kaufpreisrenten** liegen vor, wenn im Zusammenhang mit der Übertragung von Wirtschaftsgütern Renten vereinbart sind, wobei der Entgeltcharakter überwiegt. Dies ist der Fall, wenn der nach versicherungsmathematischen Grundsätzen ermittelte Barwert der Rente mit dem gemeinen Wert (bei Betrieb Teilwert) der übertragenen Wirtschaftsgüter annähernd übereinstimmt. Außerbetriebliche Kaufpreisrenten sind erst dann als Sonderausgabe abzugsfähig, wenn die Rentenzahlungen den Kapitalwert übersteigen. Betriebliche Kaufpreisrenten sind mit ihrem Barwert zu aktivieren. Die Auflösung der Rentenverpflichtung stellt einen Ertrag, die laufende Rentenzahlung eine Betriebsausgabe dar.

2. Werden Renten vereinbart, deren Motiv primär die Versorgung des bisherigen Betriebsinhabers und nicht die Gewährung eines angemessenen Kaufpreises ist, so spricht man von einer **Versorgungsrente (bzw gemischten Rente)**.
3. Von den Versorgungsrenten sind die **Unterhaltsrenten** zu unterscheiden, die freiwillig oder an gesetzlich unterhaltsberechtigte Personen ohne Gegenleistung gezahlt werden. Eine Unterhaltsrente wird vorliegen, wenn der tatsächliche Wert des übertragenen Vermögens weniger als die Hälfte des

Rentenbarwerts beträgt. Unterhaltsrenten sind gem § 20 Abs 1 Z 4 EStG 1988 beim Rentenverpflichteten nicht abzugsfähig, dafür allerdings gem § 29 Z 1 EStG vom Empfänger auch nicht zu versteuern.

Renten anlässlich der Übertragung von Betrieben, Teilbetrieben oder Mitunternehmeranteilen:

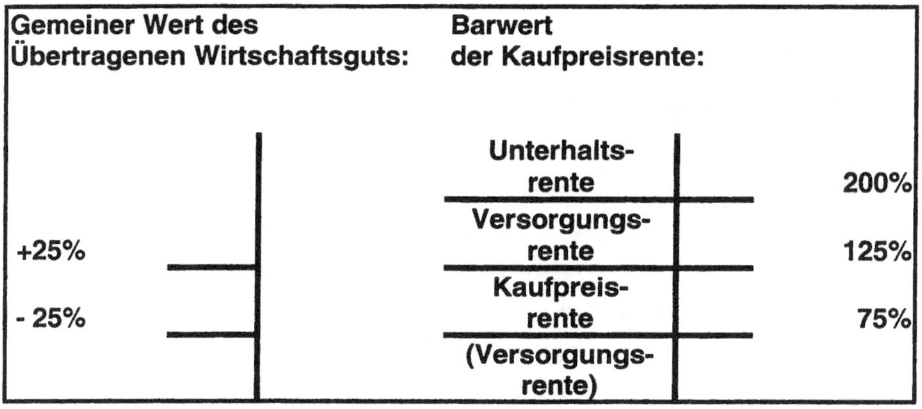

Renten anlässlich der Übertragung von Einzelwirtschaftsgütern:

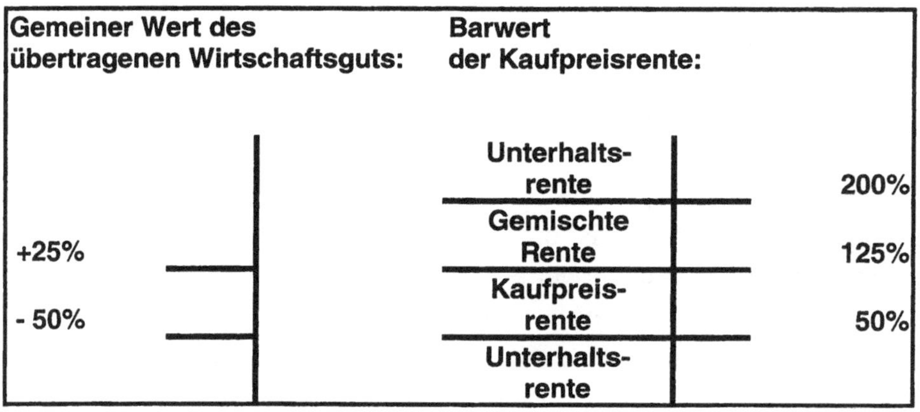

Zur Rentenbesteuerung vgl EStR 2000 Rz 7001 ff.

Für den Wertvergleich sind im Barwert der *Kaupreisrente* auch allfällige Einmalbeträge mit zu erfassen. Liegt im Rahmen einer Betriebsveräußerung eine Kaufpreisrente vor, so handelt es sich um einen entgeltlichen Vorgang. Anderenfalls (bei der *außerbetrieblichen Versorgungs-* und der *Unterhaltsrente*) ist der Vorgang unentgeltlich mit der Konsequenz der Buchwertfortführung für den Betriebserwerber. Im Falle der außerbetrieblichen Versorgungsrente sind die Zahlungen beim Erwerber ab der ersten Zahlung Sonderausgaben (§ 18 Abs 1 Z 1), beim Empfänger hingegen Einkünfte iS § 29 Z 1. Die Zahlungen von Unterhaltsrenten sind hingegen beim Leistenden steuerlich nicht abzugsfähig, beim Empfänger dafür auch nicht steuerbar.

Bei der Veräußerung von Einzelwirtschaftsgütern gegen Renten gelten hingegen andere Regeln. Gleich wie bei der Veräußerung von Betrieben wird auch hier zunächst die *Unterhaltsrente* behandelt (steuerlich nicht abzugsfähig beim Zahler, nicht steuerbar beim Empfänger), da diese ja eigentlich mit dem „Verkauf" des Wirtschaftsguts bzw des Betriebs, Teilbetriebs oder Mitunternehmeranteils in gar keinem inhaltlichen Konnex steht. Im Falle der *Kaufpreisrente* wird ebenfalls der Vorgang als entgeltlich angesehen. Es liegt beim Erwerber eine Anschaffung (für eine evtl. spätere AfA im Rahmen von V&V oder eine nachfolgende Spekulationsgewinnermittlung) vor. Ab dem Überschreiten des nach § 16 BewG ermittelten Barwerts liegen für den Erwerber Sonderausgaben (bei V&V Werbungskosten) vor, beim Empfänger hingegen ab diesem Zeitpunkt Einkünfte gem § 29 Z 1 EStG. Sollte das Einzelwirtschaftsgut im Rahmen eines Betriebsvermögens verwendet werden, für das die Gewinnermittlung nach der doppelten Buchführung erfolgt, ist die Rentenverpflichtung zu passivieren und jährlich neu zu bewerten. Bei Einnahmen-Ausgaben-Rechnern ist die Rentenzahlung bei Anlagevermögen ab dem Überschreiten des Rentenbarwerts Betriebsausgabe, bei Umlaufvermögen hingegen sofort. Die sog. *gemischte Rente* kann nunmehr als Verschmelzung von Kaufpreis- und Unterhaltsrente gesehen werden, wobei die 100%-Marke des Wertverhältnisses als Grenze zwischen Kaufpreisrente (bis zu diesem Betrag: Anschaffung für V&V-AfA oder Spekulationsgewinnermittlung, ab Überschreiten des Barwerts gem § 16 BewG Sonderausgabe/§ 29 Z 1 EStG-Einkünfte) und Unterhaltsrente (für darüber hinausgehende Beträge: keine steuerliche Abzugsfähigkeit beim Zahler, nicht steuerbar beim Empfänger) dient. Eine steuerwirksame *Versorgungsrente* gibt es hingegen bei Übertragung von Einzelwirtschaftsgütern nicht mehr (vgl VwGH 26.1.1999, 98/14/0045; 23.1.2000, 98/15/0119; *Doralt*, RdW 1999, 369).

2.2. Versicherungsbeiträge (§ 18 Abs 1 Z 2 EStG)

Als Sonderausgaben in Betracht kommen nur Beiträge zu freiwilligen Versicherungen (Sozialversicherungsbeiträge sind Betriebsausgaben bzw Werbungskosten). Abzugsfähig sind jedoch lediglich Kranken-, Unfall-, Lebens- oder Pensionsversicherungen bzw entsprechende Beiträge zu Witwen-, Waisen-, Versorgungs-, Sterbe- oder Pensionskassen. Davon ausgeschlossen sind jedoch die gem §§ 108a, 108b und 108g EStG prämienbegünstigten Pensionszusatzversicherungen. Eine weitere Voraussetzung für die Abzugsfähigkeit ist, dass die beitragsempfangende Versicherungsgesellschaft Sitz oder Geschäftsleitung im Inland hat bzw einer ausländische Versicherungsgesellschaft die Erlaubnis zum Geschäftsbetrieb im Inland erteilt wurde. Nach versicherungstechnischen Kategorien gegliedert ergeben sich folgende Regeln der Abzugsfähigkeit:

- **Ablebensversicherungen**

  ... sind stets Sonderausgaben.

- **Rentenversicherungen**

  Reine Erlebensversicherungen oder kombinierte Er-/Ablebensversicherungen sind nur dann abzugsfähig, wenn mindestens eine auf Lebensdauer zahlbare Rente vereinbart ist.

- **Kapitalversicherungen**

  Kapitalversicherungen, die als reine Erlebensversicherungen konzipiert sind, sind als Sonderausgabe nicht abzugsfähig. Kapitalversicherungen als kombinierte Er-/Ablebensversicherungen sind dann als Sonderausgabe abzugsfähig, wenn

  1. zwischen Vertragsabschluß und Anfall der Versicherungssumme im Erlebensfall mindestens 20 Jahre liegen (für Stpfl., die bei Vertragsabschluß bereits das 40. Lebensjahr vollendet haben gilt eine Mindestlaufzeit bis zur Vollendung des 60. Lebensjahrs, für Stpfl., die bei Vertragsabschluß bereits das 50. Lebensjahr vollendet haben hingegen eine Mindestlaufzeit von 10 Jahren),

2. eine "gleichteilige Risikoverteilung" vorliegt, dh bei Lebensversicherungen muss im Fall des Ablebens mindestens die für den Erlebensfall vorgesehene Summe zur Auszahlung gelangen und

3. der Versicherungsvertrag vor dem 1. Juni 1996 abgeschlossen worden ist.

Daraus folgt, dass reine Erlebensversicherungen ebensowenig wie ab dem 1. Juni 1996 abgeschlossene Kapitalversicherungen als Sonderausgabe abzugsfähig sind. Lediglich bei reinen Ablebensversicherungen und Kapitalversicherungen, die vor dem 1. Juni 1996 nach den oben genannten Bedingungen abgeschlossen wurden, sind die Prämien derzeit noch als Sonderausgabe abzugsfähig. Bei Einmalzahlung der Prämie ist auf Antrag eine Verteilung der Prämie über 10 Jahre möglich.

Beispiel A.78.

a. Ein Stpfl. ist bei Vertragsabschluß seiner Er- und Ablebensversicherung am 20.5.1996 46 Jahre alt.
b. Der Stpfl. ist bei Vertragsabschluß seiner Er- und Ablebensversicherung am 20.5.1996 52 Jahre alt.

Wie hoch ist für die Stpfl. jeweils die Mindestlaufzeit, um die Prämien als Sonderausgaben geltend machen zu können ?

Wie ist die Rechtslage bei Versicherungsabschluss am 20.6.1996?

Auch Beiträge zu einer (KFZ-) Insassenunfallversicherung sind als Sonderausgabe abzugsfähig (nicht hingegen die einer Rechtsschutzversicherung) ! Prinzipiell kommen nur Personen-, keine Sachversicherungen (auch nicht die KFZ-Haftpflichtversicherung) als Sonderausgaben in Betracht. Auch freiwillige Höherversicherungen im Rahmen einer Pflichtversicherung (zB der gesetzl. Sozialversicherung) zählen zu den Sonderausgaben.

Versicherungs-Rückvergütungen (Zahlungen, ohne Eintritt eines Versicherungsfalls) sind hingegen von den Prämien abzuziehen (mindern somit die abzugsfähigen Sonderausgaben, zB Rückvergütungen aus einer Krankenzusatzversicherung, wenn in einem Jahr keine Leistung in Anspruch genommen wurde - ein Zuschuss zur Gesundenuntersuchung ist hingegen keine Rückvergütung, denn hier handelt es sich zumeist um den Eintritt eines Versicherungsfalls). Daraus ergibt sich eine Meldepflicht der Versicherungen für geleistete Rückvergütungen.

Als Sonderausgaben zulässige Versicherungsprämien können allerdings nur geltend gemacht werden, wenn eine Bestätigung der Versicherungsgesellschaft über die im betreffenden Kalenderjahr geleisteten Prämienzahlungen vorliegt (der Steuererklärung beizufügen).

2.3. Sonstige Sonderausgaben

- **Mindestens achtjährig gebundene Beträge zur Wohnraumbeschaffung (§ 18 Abs 1 Z 3 lit a EStG)**
- **Aufwendungen zur Errichtung von Eigenheimen und Eigentumswohnungen (§ 18 Abs 1 Z 3 lit b EStG)**
- **Ausgaben zur Sanierung von Wohnraum durch befugte Unternehmer (§ 18 Abs 1 Z 3 lit c EStG)**
- **Darlehensrückzahlungen für Wohnraumschaffung oder Wohnraumsanierung (§ 18 Abs 1 Z 3 lit d EStG)**
- **Erwerb von Genussscheinen an Beteiligungsfonds und jungen Aktien (§ 18 Abs 1 Z 4 EStG)**
- **Kirchenbeiträge bis zu EUR 100,- (§ 18 Abs 1 Z 5 EStG)**
- **Steuerberatungskosten betraglich unbegrenzt (§ 18 Abs 1 Z 6 EStG)**
- **Spenden (§ 18 Abs 1 Z 7 EStG), soweit sie gemeinsam mit Zuwendungen iSd § 4 Abs 4 Z 5 und 6 EStG insgesamt 10 % des sich nach Verlustausgleich ergebenden Gesamtbetrages der Einkünfte des unmittelbar vorangegangenen Kalenderjahres nicht übersteigen.**

2.4. Verlustabzug / Verlustvortrag (§ 18 Abs 6 EStG)

Den Verlustvortrag können alle buchführenden Stpfl. (§ 5 und § 4 Abs 1 EStG-Gewinnermittler) geltend machen. Dabei werden die Verluste aus den betrieblichen Einkunftsarten (L & F, Gewerbebetrieb, selbständige Arbeit) der vorangegangenen Kalenderjahre mit Gewinnen des laufenden Jahres ausgeglichen. Voraussetzung dafür ist die Ordnungsmäßigkeit der Buchführung (diese muss im Jahr der Verlustermittlung gegeben sein, nicht im Jahr des Verlustausgleichs). Geringfügige Verstöße gegen die Ordnungsmäßigkeit (die eine Ermittlung des Verlusts nicht verhindern) schließen allerdings das Recht auf Verlustabzug noch nicht aus ! Auch rein formale Ordnungsmängel sowie betragliche Korrekturen (durch den Stpfl. selbst oder anlässlich einer Betriebsprüfung) sind noch unschädlich. Darüberhinaus ist der Verlustvortrag immer dann zulässig, wenn der Verlust, allenfalls nach Korrektur der Buchführung durch den Steuerpflichtigen oder aufgrund einer Betriebsprüfung, seiner Höhe nach errechnet werden kann und das Ergebnis auch überprüfbar ist (VwGH vom 25.6.1997, 94/15/0083, ÖStZB 1998, 343). Ob damit der VwGH seine strenge Judikatur, wonach Teil- oder Globalschätzungen (= wenn der Verlustbetrag aus den Aufzeichnungen nicht ermittelt werden kann) den Verlustvortrag allerdings ausschließen, aufgegeben hat, ist fraglich, auch wenn er auf die Judikatur des VfGH verweist. Der VfGH hingegen erachtet in seiner Judikatur den Verlustabzug auch im Fall der Schätzung des Gewinns für zulässig, da die Schätzung selbst auf objektiven Grundlagen beruhen muss. Der Verlustabzug kann nur im Veranlagungsweg geltend gemacht werden.

Das Recht auf Verlustabzug (-vortrag) ist ein höchstpersönliches Recht, das nicht unter Lebenden (zB durch Schenkung) übertragbar ist. Durch Erbschaft (zB Erbschaft eines Betriebs) geht hingegen der Verlustvortrag auch dann über, wenn der Erbe den Betrieb nicht fortführt. Der Verlustabzug wird von Amts wegen (nach Abzug aller anderen Sonderausgaben) vorgenommen. Er ist zum frühestmöglichen Zeitpunkt vorzunehmen. Ein Wahlrecht auf Geltendmachung in einem späteren Jahr besteht nicht. Da der Verlustabzug nur für Verluste aus betrieblichen Einkunftsarten zusteht, sind aus Gründen der steueroptimalen Verlustverwertung zuerst die Verluste aus den nicht vortragsfähigen Einkunftsarten auszugleichen.
Der Verlustvortrag kann in späteren Jahren mit maximal 75 % des Gesamtbetrages der Einkünfte verrechnet werden (§ 2 Abs 2b Z 2 EStG).

Beispiel A.79.

Ein Stpfl. bezieht	Einkünfte aus L & F:	- 5.000,-
	Einkünfte aus KV (nicht endbesteuert):	+ 2.000,-
	Einkünfte aus V & V:	- 500,-

Wie hoch ist der vortragsfähige Verlust gem § 18 Abs 6 EStG 1988 ?

Fortsetzung: Im folgenden Jahr betragen die Einkünfte

aus L & F:	+ 1.000,-
aus KV (nicht endbesteuert):	+ 1.500,-
aus V & V:	- 1.000,-

Wie hoch ist das Einkommen ?

Sanierungsgewinne sind steuerlich nicht mehr abziehbar, sondern Bestandteil des zu versteuernden Einkommens. Sollte die Sanierung im Rahmen eines gerichtlichen Ausgleichs bzw Zwangsausgleichs erfolgen, kommt es allerdings nach § 36 EStG zu einer Ermäßigung der Einkommensteuer.

Beispiel A.80.

Ermitteln Sie aus den nachfolgenden Angaben das Einkommen für 2005:

Einkünfte aus KV (nicht endbesteuert):	3.000,-
Gewerbliche Einkünfte:	30.000,-
davon Sanierungsgewinn	20.000,-
Verlustvortrag:	- 6.000,-

2.5. Anlaufverluste (§ 18 Abs 7)

Anlaufverluste sind Verluste, die in den ersten drei Veranlagungszeiträumen ab Eröffnung eines Betriebs entstehen. Diese sind auch bei Gewinnermittlung gem § 4 Abs 3 EStG vortragsfähig. Das Jahr der Betriebseröffnung zählt bereits voll zu diesen drei Jahren (auch wenn der Betrieb erst in der zweiten Jahreshälfte eröffnet wird), die Verluste können aber auch erst im 2. oder 3. Jahr anfallen.

Voraussetzung ist allerdings die **Eröffnung** eines Betriebs, dh die bloße Weiterführung eines unentgeltlich erworbenen Betriebs gilt nicht als "Eröffnung" (vgl VwGH v. 30.11.1993, 93/14/0156). Bei entgeltlichem Erwerb handelt sich (Rechtsmeinung des BMF) schon um eine "Eröffnung" iS dieser Vorschrift. Die Anlaufverluste selbst sind zeitlich unbegrenzt vortragsfähig, so dass theoretisch bis zur Beendigung des Betriebes (auch bei § 4 Abs 3-Gewinnermittlern) ein Verlustabzug möglich ist.

2.6. Sonderausgabenpauschale (§ 18 Abs 2 EStG)

Das Sonderausgabenpauschale beträgt EUR 60,- jährlich. Vom Pauschale erfasst sind die Sonderausgaben des § 18 Abs 1 Z 2 bis 4 EStG, dh:

- Versicherungsbeiträge (Z 2)
- Wohnraumschaffung/-sanierung (Z 3)
- Genussscheine und junge Aktien (Z 4)

Daraus folgt, dass die genannten Sonderausgaben nur insoweit geltend gemacht werden können, als sie den Betrag von 60,- übersteigen. Die übrigen Sonderausgaben, dh

- Renten und dauernde Lasten (Z 1)
- Kirchenbeiträge (Z 5)
- Steuerberatungskosten (Z 6)
- Spenden (Z 7)

werden nicht vom Sonderausgabenpauschale erfasst. Für die vom Pauschale erfassten Sonderausgaben (Z 2 bis 4) gelten gemeinsame Höchstbeträge (Ausnahme: die freiwillige Weiterversicherung in der gesetzlichen Pensionsversicherung):

2.920,- p.a. (für den Stpfl.)
+ 2.920,- p.a. (falls Alleinverdiener-/-erzieherabsetzbetrag zusteht)
+ 1.460,- p.a. (bei mindestens drei Kindern iS § 106 Abs 1, 2 EStG)

Der Zuschlag für mindestens drei Kinder steht unabhängig davon zu, ob Anspruch auf den Alleinverdiener-/-erzieherabsetzbetrag besteht.

Als Sonderausgaben **abgesetzt werden kann nur ein Viertel der tatsächlich nachgewiesenen Sonderausgaben** (dh es ist maximal ein Viertel des Höchstbetrags abzugsfähig).

Beispiel A.81.

Ihr Klient tätigte in Höhe von 1.700,- Prämienzahlungen für abzugsfähige Personenversicherungen, 2.500,- Ausgaben zur Wohnraumsanierung und 2.000,- Anschaffungskosten von Genussscheinen an Beteiligungsfonds.

a. Es steht ihm der Alleinverdienerabsetzbetrag zu und er hat 2 Kinder iSd § 106 EStG.

b. Der Alleinverdienerabsetzbetrag steht ihm nicht zu.

c. Er hat drei Kinder iSd § 106 EStG. Der Alleinverdienerabsetzbetrag steht ihm nicht zu.

Welchen Betrag kann er höchstens als Sonderausgaben von seinem Einkommen absetzen ?

Beträgt der Gesamtbetrag der Einkünfte mehr als 36.400,-, so vermindert sich der Sonderausgabenhöchstbetrag bzw das Sonderausgabenpauschale gleichmäßig in einem solchen Ausmaß, dass sich bei einem Gesamtbetrag der Einkünfte von 50.900,- kein absetzbarer Betrag mehr ergibt. Mit dieser Regelung wird erreicht, dass Sonderausgaben der § 18 Abs 1 Z 2 - 4 EStG einschließlich des Sonderausgabenpauschales von 60,- nur bis zu einem Gesamtbetrag der Einkünfte von 50.900 abzugsfähig sind. Die übrigen Sonderausgaben sind von dieser Einschleifregelung nicht betroffen.

Die Formel für die Ermittlung des Sonderausgabenhöchstbetrages lautet:

$$\frac{[50.900 - \text{Gesamtbetrag der Einkünfte } (>36.400)] \times \text{maximal zulässige Sonderausgaben}}{14.500}$$

Der Betrag von 14.500,- stellt die Differenz der beiden Grenzwerte dar, innerhalb der es zur Einschleifung der Sonderausgaben kommt.

Beispiel A.82. (Fortsetzung von Beispiel A.81.)

Ermitteln Sie für Ihren Klienten den Sonderausgabenhöchstbetrag, wenn er folgende Einkünfte erzielte:

Einkünfte aus Gewerbebetrieb:	50.000
Einkünfte aus V & V:	- 10.000
Einkünfte aus Kapitalvermögen:	15.000
(davon endbesteuert:	10.000)

Für die Erstellung der Steuererklärung wurden dem Steuerberater 800,- bezahlt.

Beispiel A.83.

Ermitteln Sie aus den nachfolgenden Angaben das Einkommen für 2005:

laufender Verlust aus Gewerbebetrieb I	- 30.000
Schuldnachlass zu Gewerbebetrieb I (nicht in laufendem Verlust enthalten)	50.000
Gewinn aus Gewerbebetrieb II	15.000
Verlust aus L & F	- 10.000
Einkünfte aus nichtselbständiger Arbeit	70.000
Sonderausgaben (Lebensversicherung)	- 6.000

Variante: Der Verlust von 10.000 stammt nicht aus L & F, sondern aus einem Gewerbebetrieb III.

V. Einkommensbesteuerung

1. Der Einkommensteuertarif (§ 33 EStG)

Das Einkommen wird mit einem progressiven Steuersatz besteuert. Je höher das Einkommen, desto höher der anzuwendende Steuersatz (vgl § 33 Abs 1 EStG).

Dementsprechend beträgt die Einkommensteuer für die ersten 10.000,- 0 %, während sie für das 51.000,- übersteigende Einkommen 50 % beträgt.

Bei einem Einkommen von 25.000,- beträgt die Einkommensteuer 5.750,-, das sind 23 %, bei einem Einkommen von 51.000,- beträgt die Einkommensteuer 17.085,-, das sind 33,5 %.

Bei einem Einkommen zwischen 10.000,- und 25.000,- ist die Einkommensteuer wie folgt zu berechnen:
(Einkommen – 10.000) x 5.750/15.000

Bei einem Einkommen zwischen 25.000,- und 51.000,- ist die Einkommensteuer wie folgt zu berechnen:
(Einkommen – 25.000) x 11.335/26.000 + 5.750

Bei einem Einkommen zwischen ab 51.000,- ist die Einkommensteuer wie folgt zu berechnen:
(Einkommen – 51.000) x 0,5 + 17.085

Beispiel:

Ermitteln Sie die Einkommensteuer für ein Einkommen von 28.000,-.

(28.000 – 25.000) x 11.335/26.000 + 5.750 = 7.057,88,-

2. Absetzbeträge

Von dem nach obigem Schema ermittelten Betrag sind die dem Steuerpflichtigen zustehenden Absetzbeträge abzuziehen. Da die Absetzbeträge vom ermittelten Steuerbetrag abzuziehen sind, werden sie durch die Steuerprogression nicht beeinflusst.

Alleinverdiener- und Alleinerzieherabsetzbetrag

Der Alleinverdiener- bzw Alleinerzieherabsetzbetrag beträgt ohne Kind EUR 364,- jährlich, bei einem Kind EUR 494,- jährlich, bei zwei Kindern EUR 669,- jährlich und für jedes weitere Kind zusätzlich EUR 220,- jährlich, womit die gesetzlichen Unterhaltsverpflichtungen abgegolten werden sollen. Alleinverdiener ist ein mehr als sechs Monate im Kalenderjahr verheiratet gewesener Steuerpflichtiger, der von seinem unbeschränkt steuerpflichtigen Ehegatten nicht dauernd getrennt lebt, oder ein Steuerpflichtiger mit mindestens einem zum Bezug des Kinderabsetzbetrages berechtigenden Kind, der mehr als sechs Monate mit einem unbeschränkt steuerpflichtigen Partner in einer eheähnlichen Gemeinschaft lebt.

Der Alleinverdienerabsetzbetrag

- steht bei kinderloser Ehe zu, wenn der Ehepartner Einkünfte von höchstens EUR 2.200,- im Jahr erzielt hat;
- steht bei mindestens einem Kind zu, wenn der (Ehe)Partner Einkünfte von höchstens EUR 6.000,- im Jahr erzielt hat.

Alleinerzieher ist, wer mit mindestens einem Kind mehr als sechs Monate nicht in Ehe bzw eheähnlicher Gemeinschaft gelebt hat.

Beispiel A.84.

Herr Mayer lebt seit 2002 mit seiner Freundin zusammen. Am 30.8.2005 heiraten die beiden. Frau Mayer ist als freischaffende Journalistin tätig. Ihre Autorenhonorare betragen 2005 EUR 6.000,-, die Betriebsausgaben betrugen EUR 3.000,-. Daneben bezog Frau Mayer Erträge aus Wertpapieren in Höhe von EUR 2.000,- (endbesteuert). Für eine Lebensversicherung bezahlte sie eine Prämie in Höhe von EUR 1.000,-.

Steht Herrn Mayer, der 2005 ein Einkommen in Höhe von EUR 33.000,- erzielte, der Alleinverdienerabsetzbetrag zu ?

Beispiel A.85. (Variante zu Beispiel A.84.)

Herr und Frau Mayer haben eine zweijährige Tochter.

Steht Herrn Mayer, der 2005 ein Einkommen in Höhe von EUR 33.000,- erzielte, der Alleinverdienerabsetzbetrag zu ?

Verkehrsabsetzbetrag, Arbeitnehmerabsetzbetrag, Grenzgängerabsetzbetrag

Bei Einkünften aus einem bestehenden Dienstverhältnis (daher nicht für Pensionisten) stehen dem Steuerpflichtigen folgende Absetzbeträge zu:

- Verkehrsabsetzbetrag von EUR 291,-
- Arbeitnehmerabsetzbetrag bzw Grenzgängerabsetzbetrag von EUR 54,-.

Pensionistenabsetzbetrag

Bezieht jemand Bezüge für frühere Dienstverhältnisse (nicht selbständige Arbeit iS § 25 Abs 1 EStG), so steht ihm der Pensionistenabsetzbetrag in Höhe von bis zu EUR 400,- zu. Der Pensionistenabsetzbetrag kann allerdings nur bezogen werden, wenn Verkehrs- und Arbeitnehmerabsetzbetrag nicht zustehen. Darüberhinaus wird dieser zwischen EUR 17.000,- und EUR 25.000,- verschliffen und steht daher bei Pensionen über EUR 25.000,- überhaupt nicht mehr zu.

Um eine übermäßige Berücksichtigung des Verkehrs- und Arbeitnehmer- bzw Pensionistenabsetzbetrages zu vermeiden, sieht § 33 Abs 2 EStG vor, dass diese Absetzbeträge insoweit nicht zustehen, als sie jene Steuer übersteigen, die auf die zum laufenden Tarif zu versteuernden nichtselbständigen Einkünfte entfällt.

Beispiel A.86.

Ermitteln Sie die Einkommensteuer für Herrn Mayer:

Einkünfte aus unselbständiger Arbeit:	29.000,-
Einkünfte aus Vermietung und Verpachtung:	18.000,-
private Krankenversicherung:	2.200,-
Zeichnung junger Aktien:	1.500,-

Herr Mayer ist verheiratet und hat eine zweijährige Tochter. Seine Ehefrau erzielt Einkünfte aus Kapitalvermögen in Höhe von 2.900,-.

Alle oben genannten Absetzbeträge sind im Rahmen der Einkommensteuerermittlung vom nach der Tarifbestimmung ermittelten Betrag abzuziehen. Wenn die nach Abzug der Absetzbeträge errechnete Einkommensteuer negativ ist, hat für Alleinverdiener mit mindestens einem Kind bzw Alleinerzieher eine Steuergutschrift des Alleinverdiener- bzw Alleinerhalterabsetzbetrages zu erfolgen. Gleiches gilt für Steuerpflichtige, die Anspruch auf den Arbeitnehmerabsetzbetrag haben; bei diesen kann bis zu 10 % der Werbungskosten in Form von Sozialversicherungsbeiträgen, Pflichtbeiträgen zu gesetzlichen Interessenvertretungen und Wohnbauförderungsbeiträgen gutgeschrieben werden (höchstens jedoch EUR 110,- jährlich). Die Gutschrift darf jedoch nur bis zur Höhe der errechneten negativen Einkommensteuer erfolgen.

Neben diesen im Rahmen der Steuerveranlagung abzuziehenden Absetzbeträgen gibt es die gemeinsam mit der Familienbeihilfe ausbezahlten Kinderabsetzbeträge gemäß § 33 Abs 4 Z 3 EStG.

3. Ermäßigung der Progression (§ 37 EStG)

Das EStG kennt Fälle, in denen die Steuer für bestimmte taxativ aufgezählte Einkünfte auf die Hälfte des auf das Einkommen entfallenden Steuersatzes reduziert wird sowie Fälle, in denen Einkünfte über mehrere Jahre gleichmäßig verteilt angesetzt werden können. Diese Steuerermäßigung wird insbesondere bei zusammengeballt entstehenden Einkünften gewährt. Ohne

Steuerermäßigung würde sich in diesem Fall eine unverhältnismäßig hohe Steuerbelastung ergeben.

Anwendungsfälle für diese geballten Einkünfte sind insbes.:

Veräußerungsgewinne iS § 24 EStG

1. Der „Normalfall" einer Veräußerung (§ 37 Abs 2 EStG)
Gemäß § 37 Abs 2 EStG sind Veräußerungsgewinne, wenn seit der Eröffnung oder dem letzten entgeltlichen Erwerbsvorgang sieben Jahre vergangen sind, über Antrag des Steuerpflichtigen gleichmäßig verteilt über drei Jahre, beginnend mit dem Veranlagungsjahr anzusetzen. In diesem Fall steht dem Steuerpflichtigen allerdings der Veräußerungsfreibetrag nicht zu.

Erfolgt kein derartiger Antrag, so ist der Veräußerungsgewinn zur Gänze im Jahr des Entstehens mit dem vollen Steuersatz zu besteuern. In diesem Fall steht dem Steuerpflichtigen allerdings der Veräußerungsfreibetrag iSd § 24 Abs 4 EStG zu.

2. Außerordentliche Einkünfte (§ 37 Abs 5 EStG)
Sollte der Veräußerungsgewinn allerdings eintreten, weil der Steuerpflichtige gestorben ist, erwerbsunfähig ist oder das 60. Lebensjahr vollendet hat und seine Erwerbstätigkeit einstellt (alle aktiven Tätigkeiten sind zu beenden innerhalb angemessenen Zeitraums – etwa 6 Monate – unschädlich sind die passiven Einkünfte wie insbes. Vermietung und Verpachtung, Kapitalvermögen – vgl ÖStZ 1997, 158 ff), so steht dem Steuerpflichtigen über Antrag der halbe Durchschnittsteuersatz zu, wenn seit der Eröffnung oder dem letzten entgeltlichen Erwerbsvorgang sieben Jahre vergangen sind. In diesem Fall steht dem Steuerpflichtigen allerdings der Veräußerungsfreibetrag iSd § 24 Abs 4 EStG nicht zu.

Umstritten ist, ob der Veräußerungsgewinn zusammengeballt in einer Periode anfallen muss. Die überwiegende Meinung vertritt diese Ansicht unter Berufung auf die "Außerordentlichkeit" der Einkünfte. Nunmehr trifft § 37 Abs 7 EStG eine Regelung dahingehend, dass die Progressionsermäßigung des § 37 Abs 2 EStG nicht zusteht, wenn der Veräußerungsgewinn nicht in einem Veranlagungszeitraum entsteht. In diesem Fall ist daher zwingend die Erfassung zum vollen Steuersatz vorzunehmen. Der Veräußerungsfreibetrag steht allerdings in diesem Fall auch nicht zu. Da für die außerordentlichen Einkünfte keine Regelung ergangen ist, kann daraus geschlossen werden, dass insoweit der in inbes. zwei Perioden entstehende Veräußerungsgewinn dennoch steuerbegünstigt ist.

Werden mehrere Teilbetriebe veräußert, so ist für jeden Teilbetrieb gesondert zu prüfen, ob die Siebenjahresfrist erfüllt ist. Wird der gesamte Betrieb veräußert, so ist nach überwiegender Ansicht ebenfalls für jeden Teilbetrieb gesondert die Frist zu prüfen, wobei sich hier das Problem der verursachungsgerechten Zurechnung des Veräußerungsgewinns auf die einzelnen Teilbetriebe stellen kann.

Beispiel A.87.

Ein Einzelunternehmer erzielt 2005 Einkünfte aus Gewerbebetrieb in Höhe von EUR 220.000,-. In diesem Betrag ist ein Veräußerungsgewinn von EUR 145.000,- aus der Veräußerung seines Betriebes am 30.9.2005 enthalten.

Der Betrieb bestand aus drei Teilbetrieben:

- TB 1 (anteiliger Veräußerungsgewinn EUR 70.000,-) wurde 1984 eröffnet.
- TB 2 (anteiliger Veräußerungsgewinn EUR 40.000,-) wurde 2000 dem Vater abgekauft.
- TB 3 (anteiliger Veräußerungsgewinn EUR 35.000,-) wurde dem Einzelunternehmer von seinem Vater 1999 geschenkt. Der Vater besaß diesen Teilbetrieb seit dem 1.12.1995.

Ermitteln Sie die Summe der steuerermäßigten Veräußerungsgewinne und zeigen Sie deren steuerliche Behandlungsmöglichkeiten auf.

Wechsel der Gewinnermittlungsart

Kommt es im Zuge der Betriebsaufgabe bzw Betriebsveräußerung zu einem Wechsel der Gewinnermittlungsart (ein solcher Wechsel ist dann erforderlich, wenn ein bisher nicht bilanzierender Unternehmer seinen Betrieb veräußert bzw aufgibt), so unterliegt der dabei entstehende Gewinn als außerordentliche Einkunft dem ermäßigten Steuersatz (halber Durchschnittsteuersatz) des § 37 Abs 5 EStG, wenn der Steuerpflichtige gestorben oder erwerbsunfähig ist oder das 60. Lebensjahr vollendet hat und seine Erwerbstätigkeit einstellt. Auf die Einhaltung einer bestimmten Mindestfrist seit dem letzten Wechsel der Gewinnermittlung kommt es nicht an. In allen anderen Fällen eines Wechsels der Gewinnermittlungsart, unabhängig davon, ob dieser zwingend (zB wegen Überschreiten der Buchführungsgrenzen des § 125 BAO) oder freiwillig erfolgt, ist der dabei realisierte Gewinn voll steuerpflichtig.

Neben diesen beiden wesentlichsten steuersatz- bzw progressionsermäßigten Einkünften unterliegen insbesondere auch noch Einkünfte aus Beteiligungen an Körperschaften dem ermäßigten Steuersatz. Der Grund für diese Steuerermäßigung liegt im wesentlichen darin, dass bei der Beteiligungsgesellschaft 25 % KöSt anfällt, wodurch es bei einer Besteuerung zum vollen Steuersatz auch auf Ebene der Anteilsinhaber zu einer übermäßigen Steuerbelastung der Ausschüttung oder im Falle der Veräußerung der thesaurierten Gewinne käme.

Einkünfte aus Beteiligungen

Einkünfte aus Beteiligungen sind gem § 37 Abs 4 EStG grundsätzlich mit dem halben Durchschnittsteuersatz zu besteuern.

Zu den Einkünften aus Beteiligungen zählen sowohl die Beteiligungserträge als auch die Einkünfte aus der Beteiligungsveräußerung.

Beteiligungserträge

Beteiligungserträge sind insbesondere Gewinnanteile jeder Art

- aus einer Beteiligung an einer in- oder ausländischen Kapitalgesellschaft aufgrund von Gesellschaftsrechten oder Substanzgenussrechten,
- aus einer Beteiligung an einer in- oder ausländischen Erwerbs- und Wirtschaftsgenossenschaft in Form von Genossenschaftsanteilen,
- aufgrund von Partizipationskapital im Sinne des BWG oder VAG,
- sowie Zuwendungen jeder Art von einer Privatstiftung an den Begünstigten oder Letztbegünstigten sowie Einnahmen einschließlich sonstiger Vorteile, die anlässlich der unentgeltlichen Übertragung eines Wirtschaftsgutes an eine Privatstiftung vom Empfänger der Zuwendung erzielt werden.

Aufgrund des umfassenden Ertragsbegriffes (Gewinnanteile jeder Art) fallen neben offenen Ausschüttungen auch sog. verdeckte Gewinnausschüttungen (vgl dazu unten Kapitel B.4.) unter die Begünstigung.

Im Zusammenhang mit diesen Erträgen ist zu beachten, dass die Steuerermäßigung sowohl für im Betriebs- als auch im Privatvermögen gehaltene Beteiligungen zusteht und dass diese Erträge endbesteuerungsfähig sind. Die tarifliche Besteuerung mit dem halben Durchschnittsteuersatz wird man daher nur dann wählen, wenn die Steuerbelastung des § 37 Abs 4 EStG unter Berücksichtigung des sog. Schatteneffekts geringer ist als die 25 %-ige Endbesteuerung.

Einkünfte aus Beteiligungsveräußerung

Wird eine der oben genannten im Betriebsvermögen gehaltenen Beteiligungen veräußert, wird die Beteiligungsgesellschaft liquidiert oder beendet, oder kommt es zu einer effektiven Kapitalherabsetzung bzw Einlagenrückzahlung iSd § 4 Abs 12 EStG, so ist der Gewinn aus der Beteiligung steuerbegünstigt, wenn die Beteiligung länger als ein Jahr (analog § 30 EStG!) zum Betriebsvermögen gehört hat.

Für eine im Privatvermögen gehaltene Beteiligung entsteht eine Steuerpflicht der Veräußerung nur unter den Voraussetzungen des § 31 EStG.

Neben der Veräußerung der Beteiligung fällt auch die Entnahme derselben aus dem Betriebsvermögen in das Privatvermögen unter die Regel des § 37 Abs 4 EStG.

Berechnung des ermäßigten Steuersatzes

Die Steuer ermäßigt sich bei den in den §§ 37 Abs 1 EStG genannten Einkünften auf die Hälfte des auf das gesamte Einkommen entfallenden Durchschnittsteuersatzes.

Die Ermittlung des Durchschnittsteuersatzes erfolgt nach der Bestimmung des § 33 Abs 10 EStG. Danach ist der Durchschnittsteuersatz aus dem Quotienten Steuerbetrag nach § 33 Abs 1 EStG abzüglich aller Absetzbeträge mit Ausnahme des Kinderabsetzbetrages und dem Einkommen zu ermitteln, wobei die Absetzbeträge nicht noch einmal abgezogen werden dürfen. Aufgrund dieser Berechnungsmethode stehen die Absetzbeträge (im Gegensatz zur Besteuerung lediglich mit dem vollen Steuersatz) bei Vorliegen von steuerbegünstigten Einkünften im Sinne §§ 37 Abs 1 EStG nicht in voller Höhe zu.

Die Errechnung des Durschnittsteuersatzes erfolgt dabei nach der Formel

$$\text{Durchschnittsteuersatz} = \frac{\text{Einkommensteuer}}{\text{Einkommen}}$$

Beispiel A.88.

Ermitteln Sie die Einkommensteuer für Herrn Mayer für 2005:

Einkünfte aus nichtselbständiger Arbeit (Geschäftsführung der Huber GmbH):	51.000,-
Veräußerungsgewinn aus der privat gehaltenen 20 %-igen Beteiligung an der Huber-GmbH (Erwerb 1994):	25.000,-
Einkünfte aus Vermietung und Verpachtung:	- 3.600,-
private Krankenversicherung:	2.200,-
Zeichnung junger Aktien:	1.500,-

Herr Mayer ist verheiratet und hat eine zweijährige Tochter. Seine Ehefrau erzielt Einkünfte aus Kapitalvermögen in Höhe von 2.900,-.

Beispiel A.89. (Variante zu Beispiel A.88.)

Berechnen Sie die Einkommensteuer des Herrn Mayer, wenn anstelle des Veräußerungsgewinns der GmbH-Beteiligung Gewinnanteile aus der GmbH in Höhe von 25.000,- zugeflossen sind.

B. Die Körperschaftsteuer

1. Steuerpflichtige Körperschaften

Die Körperschaftsteuer ist die „Einkommensteuer der juristischen Personen". Betreffend Gewinn- und Einkommensermittlung bzw Steuerentrichtung verweist das KStG 1988 auf das EStG 1988. Der Körperschaftsteuersatz beträgt seit 2005 25 %.

Von der KöSt werden alle juristischen Personen erfasst (AG, SE, GmbH, Genossenschaften, Stiftungen, Vereine) sowie die nicht rechtsfähigen Personenvereinigungen, wenn die anfallenden Einkünfte nicht bei natürlichen Personen der Einkommensbesteuerung unterworfen werden können. Außerdem unterliegen ihr Betriebe gewerblicher Art von Körperschaften des öffentlichen Rechts.

Als Personensteuer unterscheidet auch die KöSt zwischen beschränkter und unbeschränkter Steuerpflicht. Unbeschränkt (mit dem Welteinkommen) steuerpflichtig ist eine juristische Person in Österreich dann, wenn der **Sitz** oder der **Ort der Geschäftsleitung** im Inland liegt. Der Begriff „Sitz" ist in § 27 BAO definiert: er wird für juristische Personen, in Abhängigkeit von der Rechtsform, durch Vertrag, Satzung, Stiftungsbrief oder Gesetz verankert. Der „Ort der Geschäftsleitung" (ebenfalls § 27 BAO) ist der Mittelpunkt der geschäftlichen Oberleitung, der Ort der Willensbildung des Unternehmens (es kann für jedes Unternehmen maximal einen "Ort der Geschäftsleitung" geben). Hat eine Körperschaft ihren Sitz im Inland und ihren Ort der Geschäftsleitung im Ausland (oder umgekehrt), so spricht man von einer doppelt ansässigen Gesellschaft. Steuerliche Fragen ergeben sich neben dem „Mittelpunkt der Lebensinteressen" als Anknüpfungspunkt für das unbeschränkte Besteuerungsrecht bei Vorliegen eines DBA insbesondere hinsichtlich der Behandlung von Beteiligungserträgen iSd § 10 KStG (vgl dazu *Rosenberger* SWI 2001, 473 und BMF vom 4.9.2001, SWI 2001, 454)

Beschränkt stpfl. Körperschaften im Sinne § 1 Abs 3 Z 1 KStG, dh solche, die weder Sitz noch Geschäftsleitung im Inland haben, unterliegen nur mit ihren in § 98 EStG taxativ aufgezählten inländischen Einkünften der KöSt (vgl näher § 21 Abs 1 KStG).

Die KöSt wird durch Veranlagung (ähnlich der ESt) erhoben. Die KöSt-Erklärung ist bis Ende April bzw bei Einreichung in elektronischer Form bis Ende Juni eines jeden Jahres für das Einkommen des Vorjahres beim Finanzamt einzureichen, sofern nicht eine Vertretung durch einen Wirtschaftstreuhänder erfolgt. Es müssen vierteljährliche Vorauszahlungen per 15.2., 15.5., 15.8. und 15.11. auf die KöSt entrichtet werden.

Die örtliche Zuständigkeit regelt § 58 BAO: es ist danach grundsätzlich jenes Finanzamt zuständig, in dessen Amtsbereich sich die Geschäftsleitung der Körperschaft befindet (ist diese im Ausland, so jenes FA, in dessen Amtsbereich sich ihr Sitz befindet). Für Körperschaften wurde mit dem Jahr 2000 zum Teil die Finanzamtszuständigkeit geändert, insbesondere das bisherige Finanzamt für Körperschaften in Wien wurde aufgelassen und in § 8 AVOG eine Neuregelung der Zuständigkeit vorgenommen, die für sämtliche Körperschaften mit Ausnahme der kleinen und mittleren GmbH sowie Vereinen gilt. Danach sind insbesondere für die AG, große GmbH, Erwerbs- und Wirtschaftsgenossenschaften und Privatstiftungen bestimmte Finanzämter mit erweitertem Aufgabenkreis im jeweiligen Sprengel der Finanzlandesdirektion, in dem sie ihren Sitz haben, für die Erhebung der Köst zuständig.

Persönliche Befreiungen von der KöSt sind in § 5 KStG 1988 geregelt:

> Insbesondere staatliche Monopolbetriebe (außer in privatrechtlicher Form), bis 1991 die OENB, Pensions- und Unterstützungskassen, **Körperschaften, die** nach Satzung, Stiftung oder sonstiger Verfassung sowie nach ihrer tatsächlichen Geschäftsführung **kirchlichen, gemeinnützigen oder mildtätigen Zwecken dienen** (§ 5 Z 6 KStG) sowie eigennützige **Privatstiftungen** mit bestimmten Kapitalerträgen (insbes. Forderungen gegen Banken, Forderungswertpapiere, Beteiligungserträge - vgl dazu die Befreiungsvorschrift des § 13 Abs 2 KStG) sind von der KöSt befreit. Genauere Hinweise zur "Gemeinnützigkeit" liefern die §§ 34 bis 47 BAO: Die betreffende Körperschaft muss die begünstigten Zwecke unmittelbar und ausschließlich fördern (durch Satzung etc und tatsächliche Geschäftsführung) und darf nicht gleichzeitig einen gewerblichen oder land- und forstwirtschaftlichen Betrieb führen. Über das Vorliegen der Voraussetzungen für die Gemeinnützigkeit ergeht kein eigener Feststellungsbescheid, sondern diese werden im Rahmen des Veranlagungsverfahrens geprüft. Es kann allerdings vom Finanzamt eine diesbezügliche (jedoch unverbindliche) Auskunft eingeholt werden. Nähere Hinweise finden sich in den „Vereinsrichtlinien 2001“.

Für echte Mitgliedsbeiträge (keine Gegenleistungen) besteht keine KöSt-Pflicht. Im Gegenzug sind allerdings die damit verbundenen Ausgaben auch nicht steuerlich abzugsfähig. Unechte Mitgliedsbeiträge unterliegen hingegen sehr wohl der KöSt (bei ihnen handelt es sich um pauschalierte Entgelte für wirtschaftliche Gegenleistungen der Körperschaft an ihre Mitglieder).

Die Gewinnermittlung der Körperschaften erfolgt im wesentlichen nach den Vorschriften des EStG 1988. Einige Ausnahmen bestehen bei jenen Bestimmungen, die speziell auf die Verhältnisse natürlicher Personen zugeschnitten sind. Diese können auf juristische Personen zum Teil nicht angewandt werden, wie zB:

§ 18 EStG → an seine Stelle tritt § 8 Abs 4 KStG
§ 20 EStG → an seine Stelle tritt § 12 KStG
§§ 25, 26 EStG (nichtselbständige Einkünfte)
§§ 34, 35 EStG (außergewöhnliche Belastungen)

Körperschaften können grundsätzlich Einkünfte aus sämtlichen Einkunftsarten erzielen. Alle nach Handelsrecht buchführungspflichtigen Körperschaften erzielen allerdings ausschließlich Einkünfte aus Gewerbebetrieb (§ 7 Abs 3 KStG 1988) - bezüglich der Einkunftsermittlung der eigen- bzw gemischtnützigen Privatstiftung, die nach Handelsrecht buchungsführungspflichtig ist, vgl die Vorschrift des § 13 Abs 1 KStG.

2. Abzugsfähige Aufwendungen

Neben den Betriebsausgaben gemäß § 4 Abs 4 EStG sind auch die folgenden Aufwendungen steuerlich abzugsfähig:

Bei AG, GmbH und Genossenschaften sind die im Zuge der Einlagenleistung anfallenden Aufwendungen abzugsfähig (zB Gesellschaftsteuer, sonstige Gründungskosten - Notar, Registergebühren uä; vgl § 11 Z 1 KStG).

Bei Versicherungen können die Zuführungen zu versicherungstechnischen Rückstellungen sowie die Gewährung von Prämienrückerstattungen vom steuerlichen Gewinn abgezogen werden (§§ 15 und 17 KStG). Die Mindeststeuer für Versicherungen beträgt für die in § 17 Abs 3 KStG genannten Einkünfte 20 %.

Seit 2005 können auch unmittelbar mit dem Erwerb von Kapitalanteilen im Sinne des § 10 KStG (dh zu steuerfreien Beteiligungserträgen führenden Kapitalanteilen) in Zusammenhang stehende Fremdkapitalzinsen als Betriebsausgabe abgezogen werden, soweit diese Kapitalanteile zum Betriebsvermögen einer Körperschaft zählen. Dies gilt daher uneingeschränkt für nach § 7 Abs 3 KStG steuerpflichtige Körperschaften, sowie alle anderen Körperschaften, bei denen die Kapitalanteile Bestandteil eines Betriebsvermögens sind (zB zum land- und forstwirtschaftlichen Betrieb einer Privatstiftung zählende Beteiligung).

3. Nicht abzugsfähige Aufwendungen

Liegen sowohl steuerpflichtige als auch steuerfreie Teilbetriebe vor, so können nur mit dem steuerpflichtigen Teilbetrieb zusammenhängende Aufwendungen den Gewinn mit steuerlicher Wirkung vermindern. Darüber hinaus sind auch alle Auszahlungen ohne Betriebsausgabencharakter (vgl § 4 Abs 4 EStG) selbstverständlich nicht steuerlich abzugsfähig. Nicht abzugsfähig sind außerdem auch die offenen und verdeckten Gewinnausschüttungen (vgl dazu unten 4.).

Einzeln aufgezählte Abzugsverbote finden sich in § 12 KStG:

- Aufwendungen für die Erfüllung von Zwecken der Körperschaft (zB lt Satzung festgelegt), da insoweit Gewinnverwendung vorliegt;
- der unangemessene Teil bestimmter Aufwendungen gem § 20 Abs 1 Z 2 lit b EStG (diese stellen uU eine verdeckte Gewinnausschüttung dar);
- Repräsentationsaufwendungen (gem § 20 Abs 1 Z 3 EStG);
- Zuwendungen, deren Gewährung oder Annahme mit gerichtlicher Strafe bedroht sind (gem § 20 Abs 1 Z 5 EStG);
- Aufwendungen für kirchliche, gemeinnützige oder mildtätige Zwecke sowie andere freiwillige Aufwendungen;
- Personensteuern (KöSt) sowie die USt, soweit sie auf nicht abzugsfähige Aufwendungen entfällt (Eigenverbrauch);

- die Hälfte der Aufsichtsratsvergütungen;

- Reisekostenersätze an Aufsichtsratsmitglieder, die die Sätze des § 26 Z 4 EStG übersteigen, zur Hälfte;

- Aufwendungen, die in unmittelbarem wirtschaftlichen Zusammenhang (zum Vorliegen bzw Nichtvorliegen dieses unmittelbaren Zusammenhangs vgl VwGH vom 20.10.1999, 94/13/0027) stehen mit nicht steuerpflichtigen Vermögensmehrungen und Einnahmen (zB Zinsen für einen Kredit zum Erwerb einer nicht zum Betriebsvermögen einer Körperschaft zählenden Beteiligung [zB im außerbetrieblichen Vermögen einer unter § 13 KStG fallenden Privatstiftung gehaltene Beteiligungen], deren Dividenden nach § 10 KStG steuerfrei sind) oder mit Kapitalerträgen, die der Endbesteuerung oder der Bestimmung des § 21 Abs 3 KStG unterliegen; denkbar ist jedoch hinsichtlich der weiterhin zunächst nicht abzugsfähigen Fremdkapitalzinsen der Abzug der kumulierten Schuldzinsen im Zeitpunkt der steuerpflichtigen Veräußerung der Beteiligung, entsprechend der neuen Judikatur des VwGH zum Abzug der Fremdfinanzierungskosten bei Spekulationsgeschäften (vgl VwGH vom 10.10.1996, 94/15/0187, der diese Frage ausdrücklich offenließ sowie VfGH 25.6.1998, B 125/97, ÖStZB 1998, 862; RdW 1998/12, 767 und VfGH vom 27.9.2000, B 2031/98, ÖStZB 2001, 83; KStR 2001, Rz 1211f).

- Ausschüttungsbedingte Teilwertabschreibungen und ausschüttungsbedingte Veräußerungsverluste nach § 12 Abs 3 KStG. Solche Wertminderungen (Verluste) der Beteiligung sind dann nicht steuerlich aufwandswirksam, wenn sie mit einer (Gewinn)Ausschüttung in ursächlichem Zusammenhang stehen (vgl dazu näher unten 5.).

- Fremdkapitalkosten, die in Zusammenhang mit nicht abzugsfähigen Ausgaben iSd § 12 stehen sowie nach den KStR 2001 Fremdkapitalkosten in unmittelbarem Zusammenhang mit offenen und verdeckten Gewinnausschüttungen (vgl auch BMF 14.3.2000; kritisch dazu Damböck, ecolex 2000, 446).

4. Verdeckte Gewinnausschüttungen, verdeckte Einlagen, Nutzungseinlage

Von „**verdeckten Gewinnausschüttungen**" (vA) spricht man, zum Unterschied von offenen, aufgrund eines Gewinnverteilungsbeschlusses gewährten Ausschüttungen, immer dann, wenn Zuwendungen in Form von geldwerten Vorteilen erfolgen, die ihrer Einkleidung nach nicht unmittelbar als Einkommensverwendung erkennbar sind, ihre Wurzel aber im Gesellschaftsverhältnis begründet ist. In der Judikatur erfolgt die Festellung der Verursachung aus dem Gesellschaftsverhältnis anhand des sog. Fremdvergleichs, dh ob dieser Vorteil auch einem nicht an der Gesellschaft beteiligten fremden Dritten gewährt würde. Demgegenüber wird in der Literatur darauf abgestellt, ob ein ordentlicher und gewissenhafter Geschäftsführer das Geschäft in der gleichen Form abgeschlossen hätte.
Beispiele dafür sind unangemessen hohe Zahlungen von der Gesellschaft an den Gesellschafter (zB Mietzahlungen für überlassene Grundstücke oder Gebäude) oder aber unangemessen niedrige Zahlungen des Gesellschafters an die Gesellschaft (zB für die Verwendung von Einrichtungen oder die Inanspruchnahme von Dienstleistungen) oder rechtsgrundlos geleistete Zahlungen der Gesellschaft zugunsten des Gesellschafters (zB Tilgung privater Schulden des Gesellschafters).

Voraussetzung für das Vorliegen einer vA ist neben der objektiven Fremdunüblichkeit das Vorhandensein der subjektiven Absicht der Vorteilsgewährung, die sich auch schlüssig aus den Umständen des Falles ergeben kann (VwGH 27.5.1999, 96/15/0018, ÖStZB 1999, 609).

Die sich aus verdeckten Gewinnausschüttungen ergebenden steuerlichen Folgen sind die gleichen wie für offene Ausschüttungen (die vA wurde jedoch idR als Aufwand verbucht, der nachträglich steuerlich neutralisiert werden muss):

- bei der Kapitalgesellschaft: keine Betriebsausgabe des überhöhten bzw unzulässigen Aufwands, KESt - Abzug, bzw fiktiver Ertrag;

- beim Empfänger: Steuerpflicht in Form der Endbesteuerung (hinsichtlich der ESt) durch KESt oder begünstigter Halbsatz gem § 37 Abs 4 EStG für Ausschüttungen bzw Steuerfreiheit, wenn die vA an eine nach § 10 KStG begünstigte Körperschaft erfolgt.

- Die ertragsteuerlichen Wirkungen der vA müssen zeitlich nicht übereinstimmen, da beim Gesellschafter vielfach das Zufluss-Abfluss-Prinzip zum Tragen kommt (zB überhöhte Pensionszusage an den Gesellschafter-Geschäftsführer: während bei der Körperschaft in Höhe der unangemessen hohen Zuführung zur Pensionsrückstellung bereits im Jahr der Bildung der Rückstellung eine vA vorliegt, ist dies beim Gesellschafter erst mit Zufluss der unangemessen hohen Pension der Fall).

Beispiel B.1.

Eine GmbH mietet ein Grundstück von einem ihrer Gesellschafter. Die jährliche Mietzahlung beträgt 200.000,- (netto, 20 % USt). Das Finanzamt erklärt diesen Betrag als unangemessen hoch, angemessen wären lediglich 100.000,- p.a. (Fremdvergleich). Laut Nebenabrede der Gesellschaft mit dem Gesellschafter erfolgt im Falle der Aufdeckung einer verdeckten Gewinnausschüttung kein KESt-Regreß der Gesellschaft beim Gesellschafter (dh die Gesellschaft übernimmt die anfallende KESt iHv 25 %).

Welche steuerlichen Folgen ergeben sich daraus für die GmbH bzw für ihren Gesellschafter ?

Beispiel B.2.

Die GmbH verkauft dem Gesellschafter ein Grundstück zum Buchwert von 300.000,-. Der Verkehrswert des Grundstücks beträgt 1.000.000,-.

Welche steuerlichen Folgen ergeben sich daraus für die GmbH bzw für ihren Gesellschafter, wenn die Veräußerung zum Buchwert nicht wirtschaftlich veranlasst war ?

VA können auch an Nicht-Gesellschafter erfolgen, so insbesondere an mittelbare Gesellschafter oder an dem Gesellschafter nahestehende Personen. Die Zurechnung erfolgt dessen ungeachtet zum Gesellschafter, wenn für diesen ein Vorteil aus seiner Gesellschafterstellung resultiert. Sollte hingegen kein solcher Vorteil feststellbar sein, so erfolgt die Zurechnung unmittelbar beim

Leistungsempfänger, wobei der Vorteil dann aber mangels Gesellschafterstellung nicht Einkünfte aus Kapitalvermögen darstellen kann (VwGH vom 28.5.1998, 96/15/0114, ÖStZB 1998, 687; RdW 1998/9, 576). Auch der Fall, dass der Zuwendungsempfänger einer vA zwar Gesellschafter bei Begründung der vA, nicht aber bei deren Zufluss (Vereinnahmung) ist, ändert nichts am Vorliegen deren Rechtsfolgen (vgl VwGH 15.7.1998, 96/13/0039, ÖStZB 1999, 87).

Eine verdeckte Gewinnausschüttung kann sich bei Komplementär-GmbHs auch dann ergeben, wenn im Rahmen einer Betriebsprüfung der KG-Gewinn erhöht wird: der auf die GmbH dann entfallende erhöhte Gewinnanteil führt bei ihren Gesellschaftern zu einer verdeckten Gewinnausschüttung!

Auch der Umstand, dass sich eine Komplementär-GmbH ihr Haftungsrisiko zu Gunsten der Kommanditisten nicht entsprechend abgelten lässt, kann bei diesen zu einer verdeckten Gewinnausschüttung führen.

VA können auch bei Vereinen vorkommen, insbesondere in Form von überhöhten Funktionärsgebühren oder im Erbringen von Sachleistungen ohne angemessene Gegenleistung (vgl VwGH 24.2.2000, ÖStZB 2000, 361).

VA können sich aus Gewinnzuschätzungen bei der Gesellschaft durch eine Betriebsprüfung ergeben. Es ist in solchen Fällen durch den Gesellschafter zu beweisen, dass derartige Mehrgewinne nicht ausgeschüttet, sondern thesauriert wurden (vgl VwGH 25.3.1999, 97/15/0059, ÖStZB 1999, 648).

Umstritten ist, ob eine Kapitalgesellschaft einen außerbetrieblichen Bereich aufweisen kann (zB Liebhaberei). Nach der österreichischen Rechtsprechung ist dies denkbar (vgl VwGH 22.9.1987, 86/14/0196; 30.9.1998, 97/13/0035), nach der neueren Rechtsprechung in Deutschland hingegen nicht (BFH 4.12.1996, I R 54/95; BFH 8.7.1998 I R 123/97). Dort sind die Verluste der Körperschaft aus der Liebhaberei als vA an die Gesellschafter zu behandeln. Es ist aber stets zu prüfen, ob die Verluste nicht ihre Ursache im Gesellschaftsverhältnis haben, da dann keine Liebhaberei, sondern vA vorliegt. Da nach der Rechtsprechung des VwGH eine Kapitalgesellschaft einen außerbetrieblichen Bereich aufweisen kann, kann sie daher auch außerbetriebliches Vermögen (Privatvermögen) besitzen (vgl VwGH 20.6.2000, 98/15/0169; *Wiesner*, RWZ 2000, 229; bestätigt durch VwGH 24.6.2004, 01/15/0002; *Wiesner*, RWZ 2004, 225 ff; kritisch dazu *Bruckner*, ÖStZ 2005, 119).

Keine vA liegt vor, wenn es zu einem sog. Vorteilsausgleich kommt, wenn daher der durch die Leistung der Gesellschaft Begünstigte seinerseits eine begünstigende Leistung an die Gesellschaft erbringt. Ein solcher Vorteilsausgleich ist allerdings nach der Judikatur nur dann anzuerkennen, wenn zwischen den Vorgängen, zwischen denen ein Ausgleich stattfinden soll, ein innerer Zusammenhang besteht und eine ausdrückliche, eindeutige Vereinbarung über den Vorteilsausgleich vorliegt. Von einer solchen Vereinbarung kann nur abgesehen werden, wenn ein von vornherein bestehender innerer Zusammenhang zwischen Leistung und Gegenleistung offenkundig ist (VwGH 24.3.1998, 97/14/0118, ÖStZB 1998, 737).

VA können auch rückgängig gemacht werden. Erfolgt die Rückgängigmachung zB erst im Zeitpunkt ihrer Aufdeckung im Rahmen einer Betriebsprüfung, so ändert dies nichts mehr an ihrer steuerlichen Behandlung als vA. Die Rückgängigmachung wird nach überwiegender Auffassung als Einlage gewertet, denkbar ist uE aber auch das Vorliegen von negativen Einkünften aus Kapitalvermögen. Erfolgt die Rückgängigmachung hingegen in einem zeitlichen Naheverhältnis zum Anfall der vA, jedenfalls aber noch vor dem Bilanzstichtag des Wirtschaftsjahres, in dem die vA anfiel, so treten die Rechtsfolgen der vA nicht ein.

Eine **verdeckte Einlage** liegt vor, wenn der Gesellschafter der Gesellschaft einen in ein Rechtsverhältnis gekleideten Vorteil verschafft (zB Verkauf eines Vermögensgegenstandes zu einem unangemessenen niedrigen Preis). In diesem Fall sind wie bei jeder Einlage in eine Körperschaft auf die gesamte Einlage die Regeln des § 6 Z 14 EStG anzuwenden. Dies bedeutet, dass die Gesellschaft den erworbenen Gegenstand mit dem gemeinen Wert zu aktivieren hat und nicht nur mit dem geringeren Kaufpreis, sowie dass der Gesellschafter in Höhe der Differenz zwischen gemeinem Wert der Gegenleistung und tatsächlicher Gegenleistung nachträgliche Anschaffungskosten hinsichtlich seines Gesellschaftsanteils hat.

Von der verdeckten Einlage zu unterscheiden ist die sog. **Nutzungseinlage**, deren Wesen darin besteht, dass der Körperschaft ein Wirtschaftsgut zur Nutzung überlassen wird oder Leistungen erbracht werden, eine Abgeltung des Nutzens durch die Körperschaft aber nicht oder nur in einem unangemessen niedrigen Ausmaß erfolgt (zB unentgeltliche Überlassung von

Fremdkapital/von Grundstücken an die Gesellschaft). Umstritten ist, ob die Körperschaft einen fiktiven angemessenen (fremdüblichen) Aufwand und korrespondierend der Gesellschafter einen entsprechenden fiktiven Ertrag aus der Nutzungsüberlassung hat oder ob mangels Entgeltlichkeit kein fiktiver Aufwand/Ertrag vorliegt (in diesem letztgenannten Sinne die Rechtsprechung in Deutschland aufgrund BFH GrS 26.10.1987, GrS 2/86, BStBl II 1988, 348 sowie bisher die Auffassung des BMF, bestätigt zuletzt durch FLD Tirol vom 7.6.2000, SWK 2000, S 526 sowie KStR 2001 Rz 679; vgl zusammenfassend auch *Aigner/Aigner*, SWK 2001, S 850).

5. Beteiligungsertäge, Schachtelbeteiligungen, Aufwendungen aus Beteiligungen iS § 10 KStG

Beteiligungsertragsbefreiung nach § 10 Abs 1 KStG:

Da Gewinne, die von einer Körperschaft an eine andere Körperschaft ausgeschüttet werden, sowohl bei der ausschüttenden als auch der empfangenden Gesellschaft besteuert würden (und letztlich bei der natürlichen Person, die als Ende der Kette Gesellschafter der letzten empfangenden Kapitalgesellschaft ist, dann auch noch der Endbesteuerung oder der durch § 37 Abs 4 EStG ermäßigten ESt unterliegen), sieht § 10 Abs 1 KStG die sog. „***Beteiligungsertragsbefreiung***" vor, dh die (*offene und verdeckte*) Gewinnausschüttung einer(s) inländischen Kapitalgesellschaft, Erwerbs- und Wirtschaftsgenossenschaft (auf Grund einer Beteiligung in Form von Aktien, GmbH-Anteilen, Genossenschaftsanteilen), Sparkasse, VVaG (auf Grund von Partizipationskapital), sonstigen juristischen Person aus Genussrechten an eine andere inländische juristische Person ist bei der Empfängerin steuerfrei (dh MWR -).

Die Steuerbefreiung des § 10 Abs 1 KStG ist unabhängig von der Höhe der Anteile an der jeweiligen inländischen Körperschaft. Ebenso wenig besteht eine gesetzliche Mindestbehaltefrist, sodass die Erträge bereits im Jahr des Erwerbs des Anteils steuerfrei sind. Auch kommt es nicht darauf an, dass die Beteiligung unmittelbar gehalten wird, sodass auch bei Zwischenschaltung einer Mitunternehmerschaft bei der Körperschaft der anteilige Beteiligungsertrag steuerfrei ist.

Ein KESt-Abzug unterbleibt, wenn eine Körperschaft zumindest zu 25 % an der ausschüttenden Gesellschaft beteiligt ist (§ 94 Z 2 EStG).

Veräußerungsgewinne und –verluste einer nationalen Schachtelbeteiligung:

Gewinne oder Verluste aus der unter die Beteiligungsertragsbefreiung des § 10 Abs 1 KStG fallenden Beteiligung sind allerdings steuerwirksam, wobei der Veräußerungsverlust nur dann steuerwirksam ist, wenn er nicht ausschüttungsbedingt ist im Sinne des § 12 Abs 3 Z 1 KStG. Dieser nicht ausschüttungsbedingte Veräußerungsverlust ist bei nationalen Schachtelbeteiligungen, die zum Anlagevermögen zählen, steuerlich gleichmäßig über sieben Jahre zu verteilen. Das gleiche gilt für Teilwertabschreibungen von nationalen Schachtelbeteiligungen, die zum Anlagevermögen zählen.

internationale Schachtelbeteiligung:

Die zumindest 10 %ige Beteiligung einer inländischen Kapitalgesellschaft, Erwerbs- und Wirtschaftsgenossenschaft oder einer sonst nach Handelsrecht buchführungspflichtigen Körperschaft (zB Sparkasse), die die Gewinnermittlung nach § 7 Abs 3 KStG zur Folge hat oder einer sonstigen unbeschränkt steuerpflichtigen ausländischen Körperschaft, die einer inländischen unter § 7 Abs 3 KStG fallenden Körperschaft vergleichbar ist, an einer ausländischen Körperschaft ist steuerbegünstigt, wenn

- die ausländische Gesellschaft einer inländischen Kapitalgesellschaft vergleichbar ist oder
- es sich bei der ausländischen Gesellschaft um eine sog. EU-Gesellschaft handelt, die in der Anlage der EU-Mutter-Tochter-Richtlinie aufgezählt ist, in einem EU-Staat unbeschränkt steuerpflichtig ist und zwingend einer in der Richtlinie genannten Steuer unterliegt.

Die bloß mittelbare Beteiligung ist daher ebenso begünstigt wie bei der nationalen Schachtelbeteiligung. Im Gegensatz zur nationalen Schachtelbeteiligung ist aber eine Mindestbeteiligungsquote von 10 % erforderlich. Weiters besteht auch eine gesetzliche Mindestbehaltefrist von einem Jahr, sollte innerhalb desselben die Eigenschaft als internationale Schachtelbeteiligung wiederum wegfallen besteht Steuerpflicht für sämtliche Erträge aus dieser Beteiligung.

Der Besitz einer internationalen Schachtelbeteiligung beginnt am Tag des Erwerbs einer solchen mindestens 10 % des Kapitals umfassenden Beteiligung. Unter den Begriff Kapitalanteil sind neben dem Gesellschaftsanteil auch Surrogatanteile, dh insbes. Substanzgenussrechte zu subsumieren.

Die Steuerbefreiung erstreckt sich bei Vorliegen der erwähnten Voraussetzungen für internationale Schachtelbeteiligungen aufgrund § 10 Abs 2 KStG jedenfalls auf die **Beteiligungserträge**, unabhängig von der steuerlichen Behandlung der Veräußerungsgewinne.

Hinsichtlich der Veräußerungsgewinne, Veräußerungsverluste und Teilwertabschreibungen aus internationalen Schachtelbeteiligungen ist nunmehr entsprechend § 10 Abs 3 KStG zu unterscheiden:

- Grundsätzlich sind Veräußerungsgewinne, Veräußerungsverluste und Teilwertabschreibungen aus internationalen Schachtelbeteiligungen steuerneutral. Etwas anderes gilt nur für Liquidationsverluste und Verluste aufgrund Insolvenz von internationalen Schachtelbeteiligungen. Diese sind insoweit steuerwirksam, als der Liquidations- bzw Insolvenzverlust die Summe der in den letzten fünf Jahren vor dem Jahr der Liquidationseröffnung erhaltenen Ausschüttungen übersteigt. Der Veräußerungsgewinn etc ist dann steuerunwirksam, wenn die Behaltefrist von einem Jahr ab Anschaffung der Beteiligung erfüllt ist. Ob die gesamte Beteiligung veräußert wird oder eine Beteiligungsquote von zumindest 10 % oder weniger als 10 % ist gleichgültig; ein jeder Veräußerungsvorgang ist steuerneutral.

- Anstelle der Steuerneutraltität der Substanzgewinne besteht auch die Möglichkeit der Option zur Steuerpflicht von Veräußerungsgewinnen, Veräußerungsverlusten und Teilwertabschreibungen aus internationalen Schachtelbeteiligungen. Diese Option ist im Jahr des Erwerbs der internationalen Schachtelbeteiligung im Rahmen der Abgabe der Körperschaftsteuererklärung auszuüben und ist unwiderruflich. Sie gilt auch für spätere Hinzuerwerbe von Anteilen zu einer bereits bestehenden internationalen Schachtelbeteiligung. Sollte die Beteiligung innerhalb eines Konzerns übertragen werden, ist auch der Erwerber an die vom Veräußerer ausgeübte Option gebunden (diese Bindung innerhalb des Konzerns wird trotz insoweit unklaren Wortlauts wohl auch gelten bei Veräußerung einer Beteiligung, für die keine Optionserklärung abgegeben wurde), unabhängig davon, ob der Erwerber selbst bereits ebenfalls eine internationale Schachtelbeteiligung an derselben ausländischen Körperschaft hält und für diese Anschaffung keine Optionserklärung zur Steuerpflicht abgegeben hat. Eine Bindung bei Veräußerung an einen nicht zum Konzern zählenden Erwerber besteht nicht. Ebensowenig wird eine Bindung an eine frühere Options- oder Nichtoptionserklärung bestehen, wenn zwischenzeitig die Eigenschaft als internationale Schachtelbeteiligung weggefallen ist und nunmehr wieder neu entsteht. Für Veräußerungsverluste und nicht ausschüttungsbedingte Teilwertabschreibungen besteht wie bei nationalen Beteiligungen die Verpflichtung zur Verteilung des Aufwands über einen Zeitraum von sieben Jahren. Aus steuerplanerischer Sicht wird die Optionserklärung nur dann abgegeben werden, wenn mit dem Risiko von insbesondere Teilwertabschreibungen gerechnet wird. Fremdfinanzierungskosten der Beteiligung spielen hingegen keine Rolle, da die Zinsen aufgrund § 11 Abs 1 Z 4 KStG grundsätzlich immer abzugsfähig sind.

- Steuerpflicht trotz internationaler Schachtelbeteiligung
  Zu beachten ist weiters, ob sich die Voraussetzungen für die Anerkennung als internationale Schachtelbeteiligung geändert haben. Es kann nämlich trotz Erfüllung der Formalkriterien durch Verordnung des Bundesministeriums für Finanzen zur Vermeidung von Missbräuchen die Begünstigung versagt werden (§ 10 Abs 4 KStG).

Dies gilt insbesondere für folgende Fälle:

- Der Unternehmensschwerpunkt der ausländischen Gesellschaft liegt in der Erzielung von Zinseinnahmen, der Überlassung beweglicher körperlicher und unkörperlicher Wirtschaftsgüter und der Veräußerung von Beteiligungen. Der Unternehmensschwerpunkt setzt jedoch begrifflich voraus, dass zumindest 50 % der Gesamttätigkeit auf die genannten Einkunftsquellen entfällt, und auch die Erträge überwiegend diesen Tätigkeitsfeldern zuzurechnen sind (sog. Passivgesellschaften).
- Die ausländische Gesellschaft unterliegt hinsichtlich der Ermittlung der Bemessungsgrundlage bzw hinsichtlich des Steuersatzes keiner der KöSt vergleichbaren Steuer. Damit soll vermieden werden, dass Ausschüttungen aus Gesellschaften, die im Ausland keiner oder nur sehr geringer Steuerbelastung unterliegen (weniger als 15%), nicht auch in Österreich steuerfrei bleiben.
-

Alle beiden genannten Voraussetzungen müssen **kumulativ** erfüllt sein. Liegen alle Voraussetzungen vor, so sind die Schachtelerträge in Österreich KöSt-pflichtig. Gemäß VO BGBl II 2004/295 genügt es aber, dass einer der in § 10 Abs 4 angeführten Gründe besonders stark ausgeprägt ist und der andere Grund annähernd verwirklicht wird. Die ausländische Steuer kann aber auf die österreichische KöSt angerechnet werden, wobei sie die in Österreich steuerpflichtigen Erträge erhöht.

Die Neuregelung des § 10 Abs 3 und 4 KStG tritt für Körperschaften, die vor dem 1.1.2001 im Firmenbuch eingetragen waren, erst mit der Veranlagung für das Jahr 2006 in Kraft. Bis dorthin gilt hinsichtlich der steuerlichen Behandlung von Veräußerungsgewinnen, -verlusten und Teilwertabschreibungen von Beteiligungen, die bereits 2005 zum Vermögen der Körperschaft gezählt haben, sowie für den Missbrauchsverdachtsfall des § 10 Abs 4 KStG die „alte Rechtslage" (siehe dazu die Vorauflage dieses Buches). Für Beteiligungen, die nach dem 31.12.2005 erworben werden, gilt uneingeschränkt die neue Rechtslage des § 10 Abs 3 KStG.

Beispiel B.3.

Eine 30 %-ige Beteiligung wurde von der B-GmbH am 7.12.2004 um 1.000.000,- erworben. 2005 und 2006 werden Beteiligungserträge in Höhe von je 50.000,- erzielt. Die Beteiligung wird am 30.7.2007 um 1.300.000,- veräußert.

Welche steuerlichen Konsequenzen ergeben sich aus diesem Beteiligungserwerb in den Jahren 2005, 2006, 2007, wenn die Beteiligung an einer

a. inländischen Kapitalgesellschaft gehalten wird.
b. ausländischen Kapitalgesellschaft gehalten wird und im Ausland 5 % KESt einbehalten werden und für diese Beteiligung 2004 von der Option auf Steuerpflicht
    ba. nicht Gebrauch gemacht wird
    bb. Gebrauch gemacht wird.

Beispiel B.4. (Variante zu Beispiel B.3.)

Die Beteiligung an der Kapitalgesellschaft beträgt 8 %.

Beispiel B.5.

Am 24.1.2004 wurde eine 7 %-Beteiligung an der deutschen Stein-AG erworben, die am 30.7.2005 auf 12 % aufgestockt wurde.

Ab welchem Zeitpunkt sind die Beteiligungserträge bzw der Veräußerungsgewinn steuerbefreit?

Beteiligung

an einer **inländischen** Gesellschaft iS § 10 Abs 1 KStG:	an einer **ausländischen** (Kapital-) Gesellschaft iS § 10 Abs 2 KStG:
in jedem Fall [MWR -] in Höhe des Dividendenertrags. Beteiligungsertragsbefreiung liegt immer vor, unabhängig von der Höhe und der Dauer der Beteiligung	[MWR -] in Höhe des Dividendenertrags nur dann endgültig, wenn Beteiligung ≥ 10 % ist und seit mindestens einem Jahr besteht
KESt in Höhe von 25 % wird nur einbehalten, wenn die Beteiligung < 25 % ist (kann auf KöSt angerechnet oder zurückgefordert werden gem § 240 BAO).	Quellensteuer wird je nach ausld. Recht einbehalten und nur dann auf die österr. KöSt angerechnet, wenn keine int. Schachtel vorliegt!
	Bei der ausländischen (Kapital-) Gesellschaft darf es sich um keine unter § 10 Abs 4 KStG fallende „Körperschaft" handeln
Veräußerungsgewinne sind steuerpflichtig	Veräußerungsgewinne sind nach Ablauf der Behaltefrist von einem Jahr steuerfrei; Ausnahme: Option auf Steuerpflicht der internationalen Schachtelbeteiligung

Aufwendungen aus Beteiligungen (§ 12 Abs 3 KStG):

Für Beteiligungen iS § 10 KStG, dh solche, die unter die Beteiligungsertragsbefreiung des § 10 Abs 1 oder 2 KStG fallen, gibt es spezielle Regelungen für ausschüttungsbedingte Teilwertabschreibungen bzw ausschüttungsbedingte Verluste sowie für sonstige Teilwertabschreibungen bzw Verluste aus dem Beteiligungsabgang (für internationale Schachtelbeteiligungen gilt dies grundsätzlich nur für den Fall der Option zur Steuerpflicht).
Soweit die Bestimmungen des § 10 Abs 1 oder 2 KStG nicht anwendbar sind und die Beteiligungserträge daher der Körperschaftsteuer unterliegen, entfalten die Bestimmungen des § 12 Abs 3 KStG keine Wirkung.

1. <u>Ausschüttungsbedingte Aufwendungen (§ 12 Abs 3 Z 1 KStG)</u>

Soweit eine Teilwertabschreibung bzw ein Verlust aus dem Abgang der Beteiligung in ursächlichem Zusammenhang mit einer Gewinnausschüttung der Tochtergesellschaft steht, kann die Muttergesellschaft die Abschreibung bzw den Verlust steuerlich nicht geltend machen. Mit dieser Bestimmung soll vermieden werden, dass die Muttergesellschaft zusätzlich zur steuerfreien Gewinnausschüttung noch einen Aufwand in Form der(s) ausschüttungsbedingten Teilwertabschreibung bzw Verlusts aus dem Beteiligungsabgang geltend machen kann.

Problematisch an dieser Bestimmung ist das Feststellen des unmittelbaren Zusammenhangs zwischen Aufwand und Gewinnausschüttung. Der Wert einer Beteiligung setzt sich nämlich aus dem Substanz-, dem Ertrags- und dem funktionalen Wert zusammen.

Nur in solchen Fällen, in denen der Wertverlust der Beteiligung ausschließlich auf eine Minderung des Substanzwertes durch Ausschüttungen zurückgeführt werden kann, wird ein solcher unmittelbarer Zusammenhang ohne größere Zweifel bestehen. Liegt daneben auch eine Minderung des Ertragswerts vor, die zu einer Teilwertabschreibung berechtigt, so ist jedenfalls zu prüfen, ob und wie weit die Teilwertabschreibung ausschüttungsbedingt ist, wobei sich hier aber Probleme in der Prüfmethode stellen.

Aufwendungen in Wirtschaftsjahren, die dem der Gewinnausschüttung folgen, stehen jedenfalls nicht in einem ursächlichen Zusammenhang mit der Ausschüttung, da ein solcher Zusammenhang, wenn überhaupt, nur innerhalb der gleichen Periode vorliegen kann.

2. Sonstige Aufwendungen (§ 12 Abs 3 Z 2 KStG)

Für Teilwertabschreibungen und Verluste aus dem Abgang von Beteiligungen, die nicht in einem ursächlichen Zusammenhang mit der Gewinnausschüttung stehen, ist eine Einschränkung der steuerlichen Geltendmachung derart vorgesehen, dass diese Aufwendungen nicht mehr im Jahr ihres Entstehens zur Gänze, sondern nur noch gleichmäßig verteilt über sieben Wirtschaftsjahre, beginnend mit dem Wirtschaftsjahr des Entstehens des Aufwands geltend gemacht werden können.
Diese Einschränkung gilt allerdings nur für im Anlagevermögen gehaltene Beteiligungen, nicht für im Umlaufvermögen gehaltene.

Eine Ausnahme von der Aufwandsverteilung über sieben Jahre gibt es insoweit, als

- in späteren Jahren eine Zuschreibung zur in früheren Jahren abgeschriebenen Beteiligung vorgenommen wird. In Höhe der Zuschreibung kann die Aufwandsverteilung vorgezogen werden, wobei unklar ist, ob neben der Zuschreibung noch eine „periodenzugehörige" 1/7-Abschreibung erfolgen darf oder die Zuschreibung auf die „periodenzugehörige" 1/7-Abschreibung betraglich anzurechnen ist (letzterer Auffassung sind die KStR 2001 Rz 1234);
- stille Reserven anlässlich der Veräußerung oder eines sonstigen Ausscheidens (Liquidation der Beteiligungsgesellschaft) der Beteiligung steuerwirksam aufgedeckt werden. Die stillen Reserven müssen somit aus dem Abgang der in früheren Jahren teilwertberichtigten Beteiligung stammen. Steuerwirksam ist der Beteiligungsabgang nur dann, wenn er körperschaftsteuerpflichtig ist;
- im Wirtschaftsjahr der Verursachung des Aufwands anlässlich des Abgangs einer anderen zum Anlagevermögen gehörenden und von dieser Vorschrift des § 12 Abs 3 Z 2 KStG nicht berührten Beteiligung stille Reserven steuerwirksam aufgedeckt und auf Antrag des Steuerpflichtigen gegenverrechnet werden.

  Diese dritte Ausnahmevorschrift kennt folgende Voraussetzungen:
  -- Die Aufdeckung der stillen Reserven muss im Jahr der Verursachung des über sieben Jahre zu verteilenden Aufwands erfolgen;
  -- die stillen Reserven müssen aus dem Abgang einer zum Anlagevermögen zählenden anderen Beteiligung stammen. Zuschreibungen zu anderen Beteiligungen sind daher ebensowenig tauglich wie der Abgang von zum Umlaufvermögen zählenden Beteiligungen;

-- der Begriff „Beteiligung“ umfasst nicht nur solche iS § 10 KStG, sondern auch zB stille Beteiligungen oder Anteile an Mitunternehmerschaften;
-- die „Beteiligung“ darf nicht von der Vorschrift des § 12 Abs 3 Z 2 KStG erfasst sein, dh für diese Beteiligung darf nicht selbst die Siebentel-Verteilung im Jahr des Abgangs angewendet worden sein. Etwas anderes kann nur dann gelten, wenn aufgrund der hohen aufgedeckten stillen Reserven die gesamte noch offene Siebentelabschreibung verrechnet werden konnte und darüberhinaus nun noch verrechenbare stille Reserven verbleiben. In diesem Fall können die verbleibenden stillen Reserven, da die Beteiligung nun nicht mehr von der Vorschrift des § 12 Abs 3 Z 2 KStG erfasst ist, mit dem Aufwand der anderen Beteiligung verrechnet werden;
-- die Aufdeckung der stillen Reserven muss steuerwirksam erfolgen.

<u>3. Vermeidung von Kaskadeneffekten (§ 12 Abs 3 Z 3 KStG)</u>
Mit dem AbgÄG 2004 wurde eine weitere Bestimmung in § 12 Abs 3 KStG aufgenommen. Nach dieser Regelung ist bei Einlage durch einen bloß mittelbar beteiligten Gesellschafter eine Teilwertabschreibung auf die Beteiligung beim unmittelbar an der den Zuschuss erhaltenden Gesellschaft beteiligten Gesellschafter oder weiteren Zwischengesellschaften grundsätzlich nicht steuerwirksam nicht möglich. Damit soll vermieden werden, dass auf mehreren Konzernebenen durch einen Zuschuss eine steuerwirksame Teilwertabschreibung mangels Werthaltigkeit des Zuschussesbetrages möglich ist. Das gleiche gilt, wenn der Zuschuss durch mehrere Konzernebenen jeweils der unmittelbaren Tochtergesellschaft gewährt wird und dieser Zuschuss somit erst durch mehrere Konzernebenen durchgeleitet wird, ehe er bei der Zielgesellschaft ankommt. Etwas anderes, nämlich die Abschreibbarkeit des Zuschusses gilt nur dann, wenn nachweislich kein wirtschaftlicher Zusammenhang zwischen Zuschuss und Ansatz des niedrigeren Teilwerts besteht. Soweit die Bestimmung des § 12 Abs 3 Z 3 KStG zur Anwendung kommt, ist die Nichtabschreibbarkeit des Teilwerts (im Gegensatz zur ausschüttungsbedingten Teilwertabschreibung) mit keiner Verminderung des steuerlichen Beteiligungsbuchwerts verbunden – es darf somit steuerlich gar nicht der niedrigere Teilwert angesetzt werden - sodass spätere Wertzuwächse zu keiner Besteuerung nicht steuerwirksamer Abschreibungen führen. Das gleiche wie für den Nichtansatz des niedrigeren Teilwerts in einer Beteiligungskaskade gilt auch für Veräußerungsverluste oder sonstige Verluste anlässlich des Ausscheidens einer Beteiligung bei einer Zwischengesellschaft.

Beispiel B.6.

Der Buchwert der Beteiligung an der inländischen Stein-AG beträgt zum 31.12.2005 1.000, der Teilwert 650.
Im abgelaufenen Wirtschaftsjahr erfolgte eine Gewinnausschüttung von 350.

a) Die Gewinnausschüttung stammt aus aufgelösten Gewinnrücklagen.

b) Die Gewinnausschüttung stammt aus der Rückzahlung eines im Vorjahr getätigten Gesellschafterzuschusses; der Ertragswert der Beteiligung hat sich zwischenzeitlich nicht geändert.

c) Gegen Ende des Wirtschaftsjahres musste die Stein-AG massive Einbrüche bei Absatzmärkten sowie einige bedeutende Forderungsausfälle hinnehmen.

Wie ist diese Teilwertabschreibung steuerlich zu behandeln?

Beispiel B.7. (Fortsetzung zu Beispiel B.6.)

Die Beteiligung an der inländischen Stein-AG wird im Jahr 2007 um 740 veräußert.

Welche steuerliche Auswirkung hat die Beteiligungsveräußerung?

Beispiel B.8. (Variante zu Beispiel B.6.)

Die Beteiligung besteht an der unter den Anwendungsbereich des § 10 Abs 2 und 3 KStG fallenden **ausländischen** Stein-AG.
Die Beteiligung an der **ausländischen** Stein-AG wird im Jahr 2007 um 740 veräußert.

Welche steuerliche Auswirkung hat die Beteiligungsveräußerung, wenn anlässlich der Anschaffung der Beteiligung an der Stein-AG im Jahr 2004
a) nicht auf Steuerpflicht optiert
b) auf Steuerpflicht optiert wurde?

6. Gruppenbesteuerung

Die Gruppenbesteuerung hat die bis inklusive 2004 geltende Organschaft abgelöst (zu dieser vgl die Vorauflage dieses Buches). Ziel der Gruppenbesteuerung ist die Durchbrechung des für Körperschaften geltenden Trennungsprinzips derart, dass Gewinne und Verluste der in der Gruppe vereinten Körperschaften miteinander verrechnet werden und der sog. Gruppenträger das Gesamtergebnis der Gruppe versteuert (vgl ausführlich zur Gruppenbesteuerung *Mühlehner/Zöchling*, SWK Sonderheft 2004 – Die neue Gruppenbesteuerung).

persönlicher Anwendungsbereich

Gruppenmitglied

Gruppenmitglieder können folgende Körperschaften sein:

- unbeschränkt steuerpflichtige Kapitalgesellschaften und Erwerbs- und Wirtschaftsgenossenschaften;
- nicht unbeschränkt steuerpflichtige ausländische Körperschaften, die mit einer inländischen Kapitalgesellschaft oder Erwerbs- und Wirtschaftsgenossenschaft vergleichbar sind und ausschließlich mit unbeschränkt steuerpflichtigen Gruppenmitgliedern oder dem Gruppenträger finanziell verbunden sind.

Hinsichtlich der unbeschränkt steuerpflichtigen Körperschaften entspricht der Anwendungsbereich daher der bisherigen Regelung bei Organgesellschaften.

Nicht zuletzt durch die europäischen Grundfreiheiten (Niederlassungsfreiheit; Kapitalverkehrsfreiheit) ist die Ausweitung des Konzepts der Gruppenbesteuerung auf nicht unbeschränkt steuerpflichtige Körperschaften geboten. Dabei muss es sich um ausländische (dh wohl nach ausländischem Recht gegründete) Körperschaften handeln, die inländischen Kapitalgesellschaften oder Erwerbs- und Wirtschaftsgenossenschaften vergleichbar sind und ausschließlich mit unbeschränkt steuerpflichtigen Gruppenmitgliedern (bzw dem Gruppenträger) finanziell verbunden sind. Nur eine durch unbeschränkt steuerpflichtige Gruppenmitglieder (bzw den Gruppenträger) unmittelbar gehaltene Beteiligung an einer ausländischen Körperschaft berechtigt diese zur Gruppenmitgliedschaft. Jede von dieser ausländischen, ein Gruppenmitglied darstellenden Körperschaft gehaltene Beteiligung an einer anderen ausländischen Körperschaft schließt letztgenannte vom Anwendungsbereich der Gruppenbesteuerung aus. Sollten neben unbeschränkt steuerpflichtigen Gruppenmitgliedern (bzw dem Gruppenträger) noch weitere in- oder ausländische nicht zur Gruppe zählende Körperschaften beteiligt sein, ist dies für die Gruppenmitgliedschaft der ausländischen Körperschaft unschädlich.

Bei den Gruppenmitgliedern unterscheidet man weiters die Begriffe „Beteiligungskörperschaft“ und „beteiligte Körperschaft“. Unter „Beteiligungskörperschaft“ versteht man die Rolle eines Gruppenmitgliedes als „Tochtergesellschaft“, unter „beteiligte Körperschaft“ versteht man die Rolle eines Gruppenmitgliedes als „Muttergesellschaft“. Da zumindest im Inlandsfall eine mehrstöckige Gruppe ohne weiteres möglich ist, kann ein Gruppenmitglied zugleich Beteiligungskörperschaft wie auch beteiligte Körperschaft sein. Letztlich wird dies auch für beschränkt steuerpflichtige Körperschaften gelten, da auch diese „beteiligte Körperschaft“ sein können, allerdings nur im Verhältnis zu unbeschränkt steuerpflichtigen „Beteiligungskörperschaften“.

Gruppenträger

Gruppenträger können sein

- unbeschränkt steuerpflichtige Kapitalgesellschaften;
- unbeschränkt steuerpflichtige Erwerbs- und Wirtschaftsgenossenschaften;
- unbeschränkt steuerpflichtige Versicherungsvereine auf Gegenseitigkeit im Sinne des VAG;
- unbeschränkt steuerpflichtige Kreditinstitute im Sinne des BWG;
- beschränkt steuerpflichtige Körperschaften iSd Mutter-TochterRL, wenn sie mit einer Zweigniederlassung im Firmenbuch eingetragen sind und die Beteiligung an den Gruppenmitgliedern der Zweigniederlassung zuzurechnen ist;
- beschränkt steuerpflichtige, einer österreichischen Kapitalgesellschaft (dh AG, GmbH) vergleichbare Gesellschaften, die den Ort der Geschäftsleitung in einem Mitgliedstaat des EWR haben, wenn sie mit einer Zweigniederlassung im Firmenbuch eingetragen sind und die Beteiligung an den Gruppenmitgliedern der Zweigniederlassung zuzurechnen ist;
- Beteiligungsgemeinschaften, wenn sie ausschließlich aus den zuvor genannten Steuerpflichtigen bestehen.

Für die Funktion als Gruppenträger ist es unerheblich, welche wirtschaftliche Tätigkeit dieser ausübt. Es ist daher insbesondere auch eine vermögensverwaltende Holding zur Übernahme der Gruppenträgerrolle berechtigt.

Sachliche Voraussetzungen für Gruppenmitgliedschaft

Finanzielle Eingliederung

Abgesehen vom persönlichen Anwendungsbereich verbleibt als sachliches Eingliederungskriterium die finanzielle Verbindung zwischen Gruppenträger und Gruppenmitglied. Finanzielle Verbindung liegt vor, wenn

- die beteiligte Körperschaft unmittelbar mehr als 50% des gesellschaftsrechtlichen Kapitals (=Nennkapital) und der Stimmrechte besitzt;
- die beteiligte Körperschaft mittelbar über eine Personengesellschaft oder zusammen mit einer unmittelbar gehaltenen Beteiligung in einem Ausmaß beteiligt ist, dass sie unter Berücksichtigung der an der Personengesellschaft bestehenden Beteiligungsquote mehr als 50% des gesellschaftsrechtlichen Kapitals und der Stimmrechte besitzt;
- die beteiligte Körperschaft zum Teil unmittelbar und zum Teil mittelbar über eine unmittelbar gehaltene Beteiligung an einem (in- oder ausländischen) Gruppenmitglied, das für sich nicht bereits mehr als 50% des gesellschaftsrechtlichen Kapitals und der Stimmrechte besitzt, insgesamt eine Beteiligung von mehr als 50% des gesellschaftsrechtlichen Kapitals und der Stimmrechte besitzt. Aufgrund der gesetzlichen Formulierung ist daher in diesem Fall eine geringfügige unmittelbare Beteiligung erforderlich (im Gegensatz zur Beteiligung über eine Personengesellschaft);
- die Beteiligungsgemeinschaft insgesamt unmittelbar mehr als 50% des gesellschaftsrechtlichen Kapitals und der Stimmrechte besitzt und zumindest ein Mitbeteiligter zumindest 40% des gesellschaftsrechtlichen Kapitals und der Stimmrechte besitzt und jeder weitere Mitbeteiligte zumindest 15% hält.

Die finanzielle Verbindung muss grundsätzlich während des gesamten Wirtschaftsjahres des jeweiligen Gruppenmitglieds bestehen. Eine rückwirkende Begründung der Verbindung, insbesondere in Fällen einer unter den Anwendungsbereich des UmgrStG fallenden Umgründung, ist jedoch möglich.

Gruppenantrag

Neben der finanziellen Eingliederung bedarf es noch eines vor dem Ende des Wirtschaftsjahres des jeweiligen Gruppenmitglieds durch die gesetzlichen Vertreter der inländischen Körperschaften und des Gruppenträgers unterfertigten Gruppenantrags. In diesem sind neben den Beteiligungsverhältnissen der Gruppenmitglieder und deren Wirtschaftsjahren insbesondere eine Erklärung über den Abschluss eines Steuerausgleichs aufzunehmen. Zweck dieses Steuerausgleichs ist insbesondere, „Verwerfungen“ in den Steuerbelastungen und daraus resultierende gesellschaftsrechtliche Probleme der einzelnen an der Gruppe beteiligten Körperschaften zu verhindern. Dabei wird in Literatur zwischen positivem und negativem Steuerausgleich unterschieden. Anwendungsvoraussetzung für das Vorliegen eines positiven Steuerausgleichs ist, dass ein Gewinn des Gruppenmitglieds dem Gruppenträger zugerechnet wird, denn dadurch kommt es zu einer Belastung des Gruppenträgers in Form einer höheren Steuerbemessungsgrundlage. In einem solchen Fall verhindert die Vereinbarung des Steuerausgleichs das Vorliegen des Tatbestands der verdeckten Einlage, die aus gesellschaftsrechtlicher Sicht hinsichtlich des Grundsatzes der Kapitalerhaltung allerdings keine weiteren Probleme bereiten würde. Anwendungsvoraussetzung für das Vorliegen eines negativen Steuerausgleichs ist hingegen, dass ein Verlust des Gruppenmitglieds dem Gruppenträger zugerechnet wird, denn dadurch käme es zu einer Begünstigung des Gruppenträgers in Form einer geringeren Steuerbemessungsgrundlage verbunden mit dem Verlust des Verlustvortragsrechts auf Ebene des Gruppenmitglieds. In einem solchen Fall verhindert die Vereinbarung des Steuerausgleichs das Vorliegen des Tatbestands der verbotenen Einlagenrückgewähr.

Die Wirkung des positiven Steuerausgleichs besteht nun darin, dass die Muttergesellschaft eine Forderung gegenüber der Tochtergesellschaft erfolgswirksam einbucht, die ertragsteuerrechtlich nicht als Betriebseinnahme zu behandeln ist. In der GuV wird diese erfolgswirksam eingebuchte Forderung im Posten „Steuern vom Einkommen und Ertrag“ ausgewiesen, wodurch erreicht wird, dass letztlich im wesentlichen nur der von der Muttergesellschaft (= Gruppenträger) persönlich verursachte Ertragsteueraufwand in der GuV ausgewiesen wird. Umgekehrt besteht die Wirkung des negativen Steuerausgleichs darin, dass die Muttergesellschaft eine Verbindlichkeit gegenüber der Tochtergesellschaft erfolgswirksam einbucht, die ertragsteuerrechtlich nicht als Betriebsausgabe zu behandeln ist. In der GuV wird diese erfolgswirksam eingebuchte Verbindlichkeit im Posten „Steuern vom Einkommen und Ertrag“ ausgewiesen, wodurch erreicht wird, dass letztlich im wesentlichen nur der von der Muttergesellschaft (= Gruppenträger) persönlich verursachte Ertragsteueraufwand in der GuV ausgewiesen wird. Auf Seite der Tochtergesellschaft (= Gruppenmitglied) besteht die Wirkung des positiven Steuerausgleichs darin, dass sie eine Verbindlichkeit bzw Rückstellung erfolgswirksam einbucht, die ertragsteuerrechtlich nicht als Betriebsausgabe zu behandeln ist, wobei auch hier in der GuV der Ausweis im

Posten „Steuern vom Einkommen und Ertrag“ erfolgt, während die Wirkung des negativen Steuerausgleichs darin besteht, dass eine Forderung erfolgswirksam eingebucht wird, die ertragsteuerrechtlich nicht als Betriebseinnahme zu behandeln ist.
Für ausländische Gruppenmitglieder ist ein unterfertigter Gruppenantrag sowie die Vereinbarung eines Steuerausgleichs nicht erforderlich.

Steuerliche Wirkung der Gruppenbesteuerung

Die steuerlichen Einkünfte der inländischen Gruppenmitglieder werden saldiert. Die Beteiligungsquote spielt bei inländischen Gruppenmitgliedern hinsichtlich der Ergebniszurechnung keine Rolle, es kommt stets zur vollständigen steuerlichen Einkünftezurechnung bei der „beteiligten Körperschaft“ bzw beim Gruppenträger. Sollte das Einkommen sämtlicher Gruppenmitglieder inklusive Gruppenträger negativ sein, entsteht beim Gruppenträger ein vortragsfähiger Verlust iSd § 8 Abs 4 KStG, der durch spätere Auflösung oder Veränderung der Gruppe nicht betroffen ist. Verlustvorträge aus Zeiten vor der Gruppenbildung (sog. Vorgruppenverluste) des Gruppenträgers können mit sämtlichen Einkünften von Gruppenmitgliedern unter Beachtung der 75%-Verrechnungsgrenze des § 2 Abs 2b EStG verrechnet werden. Vorgruppenverluste von Gruppenmitgliedern (gleichgültig ob es sich um „beteiligte Körperschaften“ oder „Beteiligungskörperschaften“ handelt) können jedoch nur mit späteren Gewinnen des betreffenden Gruppenmitglieds verrechnet werden, wobei insoweit die 75%-Verrechnungsgrenze des § 2 Abs 2b EStG nicht gilt. Die gleichen Grundsätze gelten auch für sog. Außergruppenverluste, worunter Verlustvorträge verstanden werden, die aufgrund der Regelungen insbesondere des UmgrStG dem Rechtsnachfolger (=Gruppenmitglied) zugerechnet werden. Verlustvorträge, die umgründungsbedingt innerhalb der Gruppe übertragen werden, fallen als solche nicht unter die Bestimmung der Außergruppenverluste.
Bezüglich der ausländischen nicht unbeschränkt steuerpflichtigen Gruppenmitglieder besteht nach § 9 Abs 6 Z 6 KStG die Möglichkeit der Geltendmachung von nach österreichischem Steuerrecht ermittelten Verlusten (ob nach ausländischem Recht ebenfalls ein Verlust vorliegt ist irrelevant), wobei das Ausmaß der Geltendmachung von Auslandsverlusten von der Höhe der Beteiligungsquote der an der ausländischen Körperschaft beteiligten Gruppenmitglieder abhängt. Im Gegensatz zum Inlandsgruppenmitglied kommt es beim Auslandsgruppenmitglied somit zu einer aliquoten Verlustzurechnung. Sollte es in späteren Jahren zu einer Berücksichtigung des Verlustes im Ausland kommen, besteht in Höhe einer sonst erfolgenden doppelten Verlustverwertung eine Nachversteuerung in Österreich. Sollte vor tatsächlicher Nachversteuerung

die betreffende ausländische Körperschaft aus der Gruppe ausscheiden, kommt es jedenfalls zur Nachversteuerung in Österreich. Gemildert wird die Nachversteuerung im Falle des Untergangs des ausländischen Gruppenmitglieds aufgrund Liquidation oder Insolvenz insoweit, als bei tatsächlichem und endgültigem Vermögensverlust der zuzurechnende Betrag um die während der Gruppenzugehörigkeit nicht steuerwirksamen Teilwertabschreibungen zu kürzen ist.

Der insbesondere aus gesellschaftsrechtlichen Gründen erforderliche Steuerausgleich ist nach § 9 Abs 6 Z 5 KStG erfolgsneutral.

Teilwertabschreibungen auf Beteiligungen an anderen zur Unternehmensgruppe gehörenden Körperschaften sind nach § 9 Abs 7 KStG nicht steuerwirksam. Systemkonform sollte daher auch eine spätere Zuschreibung auf diese Beteiligung nicht steuerwirksam sein bzw ein Veräußerungsgewinn in Höhe der steuerunwirksamen Teilwertabschreibung nicht steuerpflichtig sein. Für ab 1.1.2005 angeschaffte Beteiligungen an anschließend in die Gruppe aufgenommene inländische Körperschaften gibt es die Möglichkeit der Abschreibung des anlässlich der Anschaffung abgegoltenen Firmenwerts. Dessen Berechnung ergibt sich aus der Differenz von Anschaffungskosten der Beteiligung und dem anteiligen handelsrechtlichen Eigenkapital zuzüglich den stillen Reserven im nicht abnutzbaren Anlagevermögen.

Um die steuerlichen Wirkungen der Gruppenbesteuerung auch tatsächlich in Anspruch nehmen können, bedarf es einer Mindestdauer der Gruppenzugehörigkeit. Diese beträgt für jedes einzelne Gruppenmitglied zumindest drei Wirtschaftsjahre á 12 Monate; bei kürzerer Gruppenzugehörigkeit treten insoweit die Wirkungen nicht ein, eine Veranlagung im Rahmen der Gruppenbesteuerung ist gegebenenfalls rückgängig zu machen.

Beispiel B.9.

Die Supermarktkette „Saldi GmbH" ist an folgenden Gesellschaften beteiligt:

- „Köstlich GmbH": Die „Saldi GmbH" ist zu 99 % an der „Köstlich GmbH" beteiligt . Der durchschnittliche Jahresgewinn der „Köstlich GmbH" beträgt vor Berücksichtigung der zuzurechnenden Ergebnisse von Tochtergesellschaften 5 Mio €.

- „Schlank OHG": Die „Schlank OHG" ist eine 50 %-ige Tochter der „Saldi GmbH" und der „Köstlich GmbH". Der durchschnittliche Jahresverlust der „Schlank OHG" beträgt 2 Mio €.

- „Schlucker GmbH": Diese ist die 100 %-ige Tochter der „Schlank OHG" Der durchschnittliche Jahresgewinn der „Schlucker GmbH" beträgt 8 Mio €.

- „Grütze GmbH“: Diese hat Sitz und Ort der Geschäftsleitung in Deutschland und ist eine 80 %-ige Tochtergesellschaft der „Saldi-GmbH“. Die restlichen Anteile gehören der amerikanischen „Huntz AG“. Der zu erwartende Verlust der „Grütze GmbH“ beträgt 1 Mio €.

Die „Saldi GmbH" erzielt aufgrund wirtschaftlicher Probleme in den folgenden Jahren Verluste von voraussichtlich 4 Mio pro Jahr vor Berücksichtigung der zuzurechnenden Ergebnisse der Tochtergesellschaften.

Welches steuerliche Ergebnis brächte die Vereinbarung einer größtmöglichen Gruppe zwischen den genannten Unternehmen?

Wie bereits oben erwähnt, können Vorgruppenverluste des Gruppenmitglieds nur mit späteren Gewinnen dieses Gruppenmitglieds verrechnet werden.
Wird die Gruppenmitgliedschaft beendet, stehen die nicht verrechneten Vorgruppenverluste wieder dem ehemaligen Gruppenmitglied als Verlustvortrag zu, alle während der Gruppe entstandenen und noch nicht verwerteten Verluste des Gruppenmitglieds bleiben Verlustvortrag des ehemaligen Gruppenträgers.

Beispiel B.10.

a. 2005 erzielt das Gruppenmitglied einen Verlust von 100, der Gruppenträger einen Gewinn von 150.

b. 2005 erzielt das Gruppenmitglied einen Gewinn von 100, der Organträger einen Gewinn von 150.

c. Variante zu a und b.: Welche Änderungen ergeben sich, wenn ein Vorgruppenverlust des Gruppenmitglieds in Höhe von 90 vorhanden ist.

Ermitteln Sie jeweils das steuerliche Ergebnis der Gruppe.
Wie würde jeweils das steuerliche Ergebnis ohne Gruppenantrag aussehen ?

Beispiel B.11.

Ermitteln Sie die Auswirkungen der nachfolgenden Beteiligungen auf den hr. und str. Gewinn der Muttergesellschaft:

Beteiligung an:	Höhe in %	gesamte Ausschüttung	hr. Ergebnis	str. Ergebnis	str. MWR
A-AG (inld.)	20%	100.000	200.000	250.000	50.000
B-AG (inld.)	30%	100.000	200.000	250.000	50.000
C-AG (inld.)	75%	30.000	200.000	250.000	50.000
Gruppenantrag mit C-AG besteht!					
D-AG (ausld.)	8%	100.000	200.000	250.000	50.000
E-AG (ausld.)	30%	100.000	200.000	250.000	50.000
F-OHG (inld.)	20%	0	200.000	250.000	50.000
G-GmbH (ausld.) Gruppenmitglied!	70%	10.000	30.000	- 40.000	---------

Im Ausland werden 15 % Quellensteuer einbehalten.
Die inländische KESt beträgt 25 %.

7. Verluste

Das KStG kennt keine Einschränkung des Verlustausgleichs betreffend Betriebe, deren Unternehmensschwerpunkt(e) im Verwalten unkörperlicher Wirtschaftsgüter oder in der gewerblichen Vermietung von Wirtschaftsgütern gelegen ist (sind). Zu beachten ist allerdings die Einschränkung des Verlustausgleichs bezüglich der Verluste aus einer Beteiligung, wenn das Erzielen von steuerlichen Vorteilen im Vordergrund steht (§ 2 Abs 2a EStG).

Den Körperschaften steht ebenso wie den natürlichen Personen der Verlustabzug nach den Bestimmungen des § 18 Abs 6 und Abs 7 EStG zu. Auch die Vortragsgrenze des § 2 Abs 2b EStG ist entsprechend anzuwenden. Innerhalb der Gruppe ist die Vortragsgrenze nur auf Ebene des Gruppenträgers zu beachten, nicht hingegen bei Verrechnung von Vorgruppenverlusten mit dem Gewinn des entsprechenden Gruppenmitglieds.

Eine Ausnahme von der Möglichkeit der Verrechnung von Verlustvorträgen besteht für den sog. **Mantelkauf** (vgl § 8 Abs 4 Z 2 KStG).
Ein solcher Mantelkauf liegt vor, wenn die ***wirtschaftliche und organisatorische Struktur*** der Gesellschaft und aufgrund eines entgeltlichen Erwerbs dieser Gesellschaft die ***Gesellschafterstrukutur*** derart geändert ist, dass nach dem Gesamtbild der Verhältnisse eine Identität des Steuerpflichtigen nicht mehr besteht. Es müssen alle drei Strukturänderungen innerhalb eines überschaubaren Zeitraums von ca. einem Jahr zusammentreffen, damit von einem Mantelkauf gesprochen werden kann.

Liegt ein solcher Mantelkauf vor, so können ab diesem Zeitpunkt die vorhandenen Verluste nicht mehr abgezogen werden. Eine Einschränkung besteht insoweit, als der Verlustabzug im Jahr des Eintritts des Mantelkauftatbestandes insoweit vorgenommen werden kann, als es infolge der Änderung der wirtschaftlichen Struktur zur steuerwirksamen Aufdeckung stiller Reserven gekommen ist.

Ein Mantelkauf liegt allerdings trotz Verwirklichung der Strukturänderungen nicht vor, wenn die Sanierung des Steuerpflichtigen mit dem Ziel der Erhaltung eines wesentlichen Teils der betrieblichen Arbeitsplätze erfolgt.

8. Mindestkörperschaftsteuer

Der Körperschaftsteuersatz beträgt linear 25 %. Unbeschränkt steuerpflichtige Kapitalgesellschaften (inklusive Organgesellschaften - gemäß VfGH vom 5.3.1998, B 2419/97 nicht verfassungswidrig, sodass gleiches wohl auch für unbeschränkt steuerpflichtige Gruppenmitglieder gilt) haben aber gem § 24 Abs 4 KStG jedenfalls eine Mindeststeuer in bestimmter Höhe zu entrichten (auch in Verlustjahren). Übersteigt diese Mindest - KöSt die tatsächliche Körperschaftsteuerschuld, gilt sie als Vorauszahlung und kann zeitlich unbegrenzt verrechnet werden.
Durch die Einführung dieser Mindeststeuer soll neben dem fiskalpolitischen Effekt durch die „Verteuerung“ der Rechtsform der Trend in die Kapitalgesellschaft gebremst werden.

Hinsichtlich der Höhe der Mindeststeuer wird zwischen folgenden Tatbeständen unterschieden:

- Für eine GmbH beträgt die Mindeststeuer 1.750 € jährlich (5 % des gesetzlichen Mindestkapitals von 35.000 €);
- für die AG beträgt die Mindeststeuer 3.500 € jährlich (5 % des gesetzlichen Mindestkapitals von 70.000 €);
- für Kreditinstitute und Versicherungsunternehmen beträgt die Mindeststeuer 5.452 € jährlich, wobei fraglich ist, wann festzustellen ist, ob ein Kreditinstitut oder Versicherungsunternehmen vorliegt. UE ist dies jederzeit möglich, mit der Wirkung, dass ab dem Quartal, wo die Eigenschaft wegfällt, nur noch die „normale“ Mindest-KöSt je nach Rechtsform anfällt bzw ab dem Entstehen eines Kreditinstitutes und Versicherungsunternehmens folgenden vollen Quartal die erhöhte Mindest-KöSt zu zahlen ist;
- für Kapitalgesellschaften, die erstmals unbeschränkt steuerpflichtig werden (insbesondere durch Gründung), beträgt die Mindeststeuer in den ersten vier Kalendervierteljahren unabhängig von ihrer Rechtsform, ihrer Tätigkeit und ihrem Umsatz jedenfalls 273 € pro Quartal.

Die Mindeststeuerpflicht entsteht nach Abschluss des Gesellschaftsvertrages mit dem ersten vollen Kalendervierteljahr, das der Begründung der unbeschränkten Körperschaftsteuerpflicht folgt. Die unbeschränkte Steuerpflicht entsteht mit der ersten nach außen gerichteten Rechtshandlung einer Gesellschaft (zB Eröffnung des Geschäftskontos, Abschluss eines Kauf-/Mietvertrages).

Mindeststeuerpflicht besteht auch während des Liquidationszeitraums der Kapitalgesellschaft. Die Mindeststeuerpflicht endet grundsätzlich mit Erstellung der Liquidationsschlussbilanz, sodass letztmalig für das letzte vor der Liquidationsschlussbilanzerstellung abgelaufene volle Kalendervierteljahr Mindeststeuer zu entrichten ist.

Die KöSt-Schuld ist vorrangig mit der Mindeststeuer zu verrechnen, sodass bei Vorauszahlungen, die höher sind als die anrechenbaren Mindeststeuern des Veranlagungsjahres und der vorangegangenen Jahre, ein Guthaben entstehen kann, das vom Finanzamt rückforderbar ist.

Eine Besonderheit besteht noch im Rahmen der Gruppenbesteuerung. Sollte der körperschaftsteuerliche Gewinn der Gruppe kleiner sein als die rechnerischen Beträge der Mindeststeuer der einzelnen an der Gruppe beteiligten Kapitalgesellschaften, ist für jede dieser Kapitalgesellschaften vom Gruppenträger die Mindeststeuer zu entrichten. Mindeststeuerguthaben einzelner Gruppenmitglieder aus Zeiten vor Gruppenzugehörigkeit können mit entsprechenden Gewinnen späterer Jahre derart verrechnet werden, dass diese Mindeststeuerbeträge dem unmittelbar beteiligten Gruppenmitglied bzw dem Gruppenträger zugerechnet werden.

Beispiel B.12.

Der Gesellschaftsvertrag der „Arm GmbH" wird am 30.6.2005 abgeschlossen, die erste Handlung der Gesellschaft erfolgt in Form der Kontoeröffnung am 2.7.2005.

In den Jahren 2005 bis 2007 erzielt die „Arm GmbH“ Anlaufverluste.

Ermitteln Sie die Mindeststeuer für die genannten Jahre.

Beispiel B.13. (Fortsetzung B.12.)

Welche Rechtsfolgen treten ein, wenn die „Arm GmbH“ 2008 ein körperschaftsteuerpflichtiges Einkommen (dh nach Verrechnung mit Anlaufverlusten) von

a) 10.000 €
b) 4.000 €

erzielt?

9. Liquidation von Körperschaften

Bei der Besteuerung der Liquidation von Körperschaften ist nach § 19 Abs 1 KStG zu unterscheiden zwischen der Liquidation von Körperschaften, die unter die Regelung des § 7 Abs 3 KStG fallen (solchen, die nur Einkünfte aus Gewerbebetrieb haben – insbes. AG und GmbH) und allen anderen Körperschaften. Für die § 7 Abs 3 KStG Körperschaften gilt, dass dem Abwicklungs-Endvermögen, das sich aus dem Veräußerungserlös der verkauften Wirtschaftsgüter und dem gemeinen Wert der an die Gesellschafter ausgekehrten Wirtschaftsgüter zusammensetzt das Abwicklungs-Anfangsvermögen, das dem Vermögen zum der Liquidation vorangegangenen Wirtschaftsjahr entsprechend der letzten Steuerbilanz entspricht, gegenüber zu stellen ist. Der sich daraus ergebende Liquidationsgewinn ist mit 25 % steuerpflichtig. Nicht steuerpflichtig im Rahmen der Liquidationsgewinnermittlung sind Veräußerungsgewinne oder bei Nichtveräußerung die stillen Reserven von internationalen Schachtelbeteiligungen, für die keine Option auf Steuerpflicht abgeben wurde, ebensowenig abgereifte IFB. Steuerfrei sind auch die im Abwicklungszeitraum von der Körperschaft erzielten Beteiligungserträge iSd § 10 KStG.

Eine Besonderheit besteht bezüglich des Veranlagungszeitraums. Während der Liquidation hat keine Veranlagung der zu liquidierenden Gesellschaft zu erfolgen, wenn und soweit der Liquidationszeitraum drei Jahre nicht übersteigt. Ist die Liquidation nach drei Jahren nicht abgeschlossen, kann vor Ablauf der Dreijahresfrist ein Antrag auf Verlängerung des Liquidationszeitraums gestellt werden.

Für die Gesellschafter der liquidierten Körperschaft ist die Auskehrung des Liquidationsgewinns nach den allgemeinen Regeln des Ertragsteuerrechts steuerpflichtig (vgl insbesondere auch § 31 Abs 2 Z 1 EStG, wonach es bei Liquidation nicht auf die Beteiligungsquote ankommt). Ist eine Körperschaft an der liquidierten Körperschaft beteiligt, ist der Unterschiedsbetrag zwischen dem ausgekehrten Liquidationsgewinn und dem Buchwert der Beteiligung steuerpflichtig, und zwar auch dann, wenn thesaurierte Gewinne ausgeschüttet werden, die nach § 10 Abs 1 KStG steuerfrei hätten ausgeschüttet werden können (vgl VwGH vom 24.2.1999, 96/13/0008). Etwas anderes gilt für Gewinne aus der Liquidation einer internationalen Schachtelbeteiligung; diese ist nach den Regeln des § 10 Abs 3 KStG steuerfrei, wenn keine Option auf Steuerpflicht abgeben wurde.

Für alle anderen, nicht unter § 7 Abs 3 KStG fallenden Körperschaften gelten die allgemeinen Regeln über die Betriebsveräußerung und Betriebsaufgabe, somit insbesondere auch die Regeln des § 24 EStG, deren Anwendung bei Liquidation einer unter § 7 Abs 3 KStG fallenden Körperschaft nach überwiegender Ansicht nicht möglich ist.

Beispiel B.14.

Die X-GmbH wird im Jahr 2005 liquidiert. Die Bilanz zum 31.12.2004 zeigte folgendes Bild:

Anlagevermögen	6.000	Eigenkapital	4.000
Umlaufvermögen	4.000	Bewertungsreserve	500
		Schulden	5.500
	10.000		10.000

Im Anlagevermögen ist ein Grundstück enthalten (Buchwert 500, gemeiner Wert 900), das an den Gesellschafter zurückgestellt wird. Das restliche Anlagevermögen, zu dem auch die ausgewiesene Bewertungsreserve zählt, wird versilbert, sodass ein Liquidationserlös von 15.000 erzielt wird. Das Umlaufvermögen wird zu Buchwerten versilbert.

Im Laufe des Jahres 2005 wurde der Bilanzgewinn für 2004 in Höhe von 1.000 an den Gesellschafter ausgeschüttet. Der Bilanzgewinn ist im ausgewiesenen Eigenkapital zum 31.12.2004 enthalten.

Es besteht ein kumulierter Verlustvortrag in Höhe von 5.000.

Aufgabe:
Ermitteln Sie den Liquidationsgewinn der X-GmbH.

C. Kommunalsteuer

Da die Gewerbeertragsteuer, und mit ihr auch die der Finanzierung der Gemeinden dienende Lohnsummensteuer, im Rahmen der Steuerreform 1993 (SteuerreformG 1993) abgeschafft wurde, musste eine den Gemeinden zufließende neue Steuer, die sog. Kommunalsteuer (BGBl 1993/818) geschaffen werden. Die Kommunalsteuer wird ab 1.1.1994 erhoben und bezieht sich auf die jeweils in einem Kalendermonat gewährten Arbeitslöhne an die Dienstnehmer einer inländischen Betriebsstätte eines Unternehmens.

I. Grundbegriffe der Kommunalsteuer

Für die Erhebung der Kommunalsteuer sind insbes. die Begriffe „Dienstnehmer", „Unternehmer" und „Betriebsstätte" relevant und in den speziellen Abschnitten dieses Gesetzes definiert.

1. Der Dienstnehmerbegriff im KommStG

§ 2 des genannten Gesetzes definiert den Begriff des Dienstnehmers wie folgt: „Dienstnehmer sind Personen, die in einem Dienstverhältnis im Sinne des § 47 Abs 2 des Einkommensteuergesetzes 1988 stehen, sowie an Kapitalgesellschaften beteiligte Personen im Sinne des § 22 Z 2 des Einkommensteuergesetzes 1988."

Somit verweist das KommStG auf § 47 Abs 2 des EStG 1988, mit der Folge, dass die nach einkommensteuerlichen Gesichtspunkten steuerlich anerkannten Dienstverhältnisse automatisch auch für die KommSt relevant sind. Daraus folgt insbes., dass die von Dienstgeber und Dienstnehmer gewählte Form oder Bezeichnung des Dienstverhältnisses nicht ausschlaggebend ist, sondern vielmehr eine eigenständige (abgabenrechtliche) Beurteilung (iS § 47 Abs 2 EStG) stattzufinden hat. Neben Personen, die in einem Dienstverhältnis gem § 47 Abs 2 EStG stehen zählen dazu va auch alle Gesellschafter von Kapitalgesellschaften, die zwar (entweder kraft Beteiligungshöhe oder wegen gesellschaftsvertraglicher Bestimmung) nicht weisungsgebunden sind, jedoch sonst gegenüber der Gesellschaft in der Art von Dienstnehmern tätig sind.

Aus diesem Grunde ist auch für Zwecke der KommSt die abgrenzende Judikatur des VwGH (zB Abstellen auf Weisungsgebundenheit und Bestehen eines Unternehmerrisikos, das zB bei Kostenersatz auszuschließen ist) für die Beurteilung des Vorliegens eines abgabenrechtlichen Dienstverhältnisses heranzuziehen. Va das Kriterium der Weisungsgebundenheit und das Fehlen des Unternehmerrisikos sind hier als notwendige Voraussetzungen für ein Dienstverhältnis im abgabenrechtlichen Sinne zu werten, wenngleich das Fehlen der Weisungsgebundenheit bei Gesellschaftern einer Kapitalgesellschaft dennoch nicht das Vorliegen eines abgabenrechtlichen (kommst-lichen) Dienstverhältnisses verhindert (vgl § 2 KommStG). Werden Gesellschafter gegenüber der Gesellschaft, an der sie beteiligt sind, hingegen selbständig in Form eines Werkvertrages oder eines Auftragsverhältnisses tätig, so wird idR. nicht vom Vorliegen eines Dienstverhältnisses auszugehen sein.

Umstritten ist in der Literatur die Behandlung eines mehrheitlich an der Gesellschaft beteiligten Gesellschafter-Geschäftsführers. Ein solcher ist nämlich aufgrund seiner über 50 % liegenden Beteiligung grundsätzlich nicht weisungsgebunden, und auch eine organisatorische Eingliederung in den Geschäftsablauf wird nur in Form einer freiwilligen Unterordnung, somit gerade nicht in der für Dienstnehmer geltenden verpflichtenden Unterordnung erfolgen. Im Zweifel wird man diese freiwillige Unterordnung derart verankern, dass im Geschäftsführungsvertrag ausdrücklich eine Klausel eingebaut wird, wonach die Ausübung der Geschäftsführung nicht unter Eingliederung in die geschäftliche Organisation der Gesellschaft erfolgt. Dies hat aber den VwGH nicht davon abgehalten, im Erkenntnis vom 18.9.1996, 96/15/0121 auszusprechen, dass auch ein 100% Gesellschafter-Geschäftsführer mit seinen Geschäftsführerbezügen kommunalsteuerpflichtig ist, wenn nach dem Gesamtbild der Verhältnisse ein Dienstverhältnis vorliegt, wofür insbes. auch eine regelmäßige Gehaltsauszahlung spricht. Die regelmäßige Gehaltsauszahlung (= Auszahlung in gleichbleibender Höhe unabhängig vom Erfolg des Unternehmens) wurde vom VwGH sogar als so dominant eingestuft, dass bereits dieses Kriterium allein als einziges, gegen ein Unternehmerwagnis sprechendes Indiz ausreicht, die Kommunalsteuerpflicht zu begründen (Erkenntnis vom 26.11.1996, 96/14/0028). Ein solches Dienstverhältnis liegt aber nun gerade - im Gegensatz zur Auffassung des VwGH - nicht vor, wenn die oben angeführten Kriterien (Beherrschungsmöglichkeit aufgrund mehr als 50%iger Beteiligung, keine persönliche und organisatorische Eingliederung in den Geschäftsbetrieb) erfüllt sind. In der jüngeren Rechtsprechung zeigt der VwGH jedenfalls auch einige Kriterien auf, die gegen ein Dienstverhältnis iS § 47 EStG sprechen (Geschäftsführer bezieht kein fixes Gehalt sondern

Abhängigkeit der Vergütung vom Erfolg der Gesellschaft, hat keinen Anspruch auf Urlaubsgeld und Weihnachtsremuneration sowie auf eine Abfertigung und auf Urlaub und muss im Falle einer Abwesenheit selbst für eine Vertretung sorgen – Aufhebung des angefochtenen Bescheids, Erkenntnis vom 24.2.1999, 97/13/0146). Gegen ein Dienstverhältnis spricht insbesondere auch das Vorliegen von Unternehmerwagnis, das vorliegt, wenn sowohl die Einnahmen- als auch Ausgabenseite maßgeblich beeinflusst werden kann und damit der materielle Erfolg der Tätigkeit, was bei Vorliegen eines umsatz- und gewinnabhängigen Entlohnungssystem der Fall sein kann (vgl VwGH vom 26.7.2000, 2000/14/0061) bzw bei Vorliegen einer Rückerstattungspflicht von als bloße Vorauszahlung erhaltene Geschäftsführerbezüge im Falle von insbes. Verlusten sowie das Tragen des mit der Geschäftsführung verbundenen Aufwands durch den Geschäftsführer bzw das erfolgsunabhängige Tragen eines Teils der Verwaltungsgemeinkosten des Unternehmens (vgl VwGH vom 29.1.2005, 2002/13/0186). In der Entscheidung vom 10.11.2004, 2003/13/0018 hat der VwGH seine bisherige Judikatur aufgearbeitet und ist zum Ergebnis gekommen, dass für die Dienstnehmereigenschaft iSd § 47 Abs 2 EStG die Kriterien der Weisungsbindung und Eingliederung in den geschäftlichen Organismus so stark sind, dass nur bei Vorliegen von Zweifeln an den beiden Kriterien (wobei ein Geschäftsführer in aller Regel in in den geschäftlichen Organismus eingegliedert ist), noch zusätzlich auf das Unternehmerrisiko abzustellen ist. Daher liegt grundsätzlich immer ein kommunalsteuerpflichtiges Dienstverhältnis vor, wenn keine Weisungsbindung des Geschäftsführers besteht, umgekehrt kann bei gesellschaftsvertraglicher Weisungsbindung, aber einzelvertraglichem Ausschluss bei Gesellschaftern mit der Beteiligung < 50% die Kommunalsteuerpflicht durch Begründen eines freien Dienstverhältnisses vermieden werden.

Darüber hinaus sind auch Personen Dienstnehmer, die nicht von einer inländischen Betriebsstätte eines Unternehmens zur Arbeitsleistung im Inland überlassen werden, beim Unternehmer, dem sie überlassen werden. Dies bedeutet, dass die Personalgestellung durch einen ausländischen Arbeitskräfteüberlasser (jemand, der im Inland keine Betriebsstätte hat) zur KommSt beim Unternehmer führt, bei dem die überlassenen Arbeitskräfte tätig werden, während die Personalgestellung durch einen inländischen Arbeitskräfteüberlasser (jemand, der im Inland eine Betriebsstätte hat) bei diesem zur KommSt führt. Sollte eine Person mehr als sechs Monate einem anderen überlassen werden, ist ab dem 7. Monat die Gemeinde, in der sich die Unternehmensleitung des Beschäftigers befindet, erhebungsberechtigt.

2. Der Unternehmerbegriff im KommStG

Die Anknüpfung des KommStG erfolgt an den Begriff des „Unternehmens“ . Der Unternehmensbegriff wird zwar nicht ausdrücklich definiert, jedoch in § 3 umfänglich umschrieben:

> „§ 3 (1) Das Unternehmen umfasst die gesamte gewerbliche und berufliche Tätigkeit des Unternehmers. Gewerblich oder beruflich ist jede nachhaltige Tätigkeit zur Erzielung von Einnahmen, auch wenn die Absicht, Gewinn (Überschuss) zu erzielen fehlt oder eine Personenvereinigung nur gegenüber ihren Mitgliedern tätig wird. Als Unternehmer und Unternehmen gelten stets und in vollem Umfang Körperschaften im Sinne des § 7 Abs 3 des Körperschaftsteuergesetzes 1988, Stiftungen sowie Mitunternehmerschaften im Sinne des Einkommensteuergesetzes 1988 und sonstige Personengesellschaften.“
>
> (2) Unternehmer ist, wer eine gewerbliche oder berufliche Tätigkeit selbständig ausübt. Die gewerbliche oder berufliche Tätigkeit wird nicht selbständig ausgeübt, soweit natürliche Personen, einzeln oder zusammengeschlossen, einem Unternehmen derart eingegliedert sind, dass sie den Weisungen des Unternehmers zu folgen verpflichtet sind.“

Diese Umschreibung deckt sich umfänglich weitestgehend mit der Begriffsbestimmung des UStG 1994 (vgl die Formulierungen in § 2 Abs 1 UStG). Eine Abweichung des umsatzsteuerlichen und kommunalsteuerlichen Unternehmerbegriffs ergibt sich erst durch die Änderung des § 3 Abs 1 dritter Satz KommStG, wo, abweichend vom UStG, nun auch für das KommStG eine Unternehmereigenschaft kraft Rechtsform eingeführt wurde („Als Unternehmer und Unternehmen gelten stets und in vollem Umfang Körperschaften im Sinne des § 7 Abs 3 des Körperschaftsteuergesetzes 1988, Stiftungen sowie Mitunternehmergemeinschaften im Sinne des Einkommensteuergesetzes 1988 und sonstige Personengesellschaften.“). Ein weiterer Unterschied zum UStG ergibt sich aus dem Fehlen einer "Liebhaberei"-Regelung für den Bereich der KommSt (vergleichbar der Formulierung in § 2 Abs 5 Z 2 UStG), dh dass auch Tätigkeiten, die iS des EStG oder UStG als Liebhaberei zu qualifizieren sind, für die KommSt relevant und in diesem Zusammenhang gewährte Arbeitslöhne Teil der Bemessungsgrundlage der KommSt sind. Auch das Vorliegen einer (umsatzsteuerlichen) Organschaft wirkt sich nicht im Bereich der KommSt aus. Mangels einer eigenen, die Unterordnung regelnden Bestimmung ist die Organgesellschaft (die unselbständige Tochter) Unternehmer im Sinne des KommStG.

Eine die Unternehmereigenschaft ausschließende Unterordnungsregel findet sich in § 3 Abs 2 KommStG ausschließlich für natürliche Personen.
Aufgrund der (gesetzlich fingierten) Unternehmereigenschaft einer jeden unter § 7 Abs 3 KStG fallenden Körperschaft ist nunmehr auch die als Arbeitsgesellschafterin einer GmbH & Co KG fungierende GmbH kommunalsteuerpflichtig, wenn der Empfänger Dienstnehmer im Sinne des KommStG ist. Eine solche Dienstnehmereigenschaft des Gesellschafter-Geschäftsführers wird allerdings insbes. bei der „Ein-Mann-GmbH & Co KG" unter den oben genannten Voraussetzungen der Weisungsfreiheit und überwiegend erfolgsabhängigen Geschäftsführervergütung nicht vorliegen.

Die Kommunalsteuerpflicht kann somit im Rahmen aller Einkunftsarten iS des EStG 1988 mit Ausnahme der Einkünfte aus nicht selbständiger Arbeit entstehen. Außerhalb des Unternehmensbereichs bezahlte Arbeitslöhne zählen hingegen nicht zur Bemessungsgrundlage der KommSt (zB der Lohn eines Hausmädchens eines Einzelunternehmers, das dessen Privathaushalt in Ordnung hält).

Auch ausländische Unternehmer können in Österreich kommunalsteuerpflichtig werden, wenn sie im Inland über eine Betriebsstätte iS § 4 KommStG verfügen.

Die öffentliche Hand ist gem § 3 Abs 3 KommStG nur im Rahmen ihrer Betriebe gewerblicher Art (§ 2 KStG 1988) sowie ihrer land- und forstwirtschaftlichen Betriebe gewerblich oder beruflich tätig:

> „(3) Die Körperschaften des öffentlichen Rechts sind nur im Rahmen ihrer Betriebe gewerblicher Art (§ 2 des Körperschaftsteuergesetzes 1988) und ihrer land- oder forstwirtschaftlichen Betriebe gewerblich oder beruflich tätig. Als Betriebe gewerblicher Art im Sinne dieses Bundesgesetzes gelten jedoch stets Wasserwerke, Schlachthöfe, Anstalten zur Müllbeseitigung, zur Tierkörpervernichtung und zur Abfuhr von Spülwasser und Abfällen sowie die Vermietung und Verpachtung von Grundstücken durch öffentlich-rechtliche Körperschaften."

3. Der Betriebsstättenbegriff im KommStG

Der Begriff der Betriebsstätte wird in § 4 des genannten Gesetzes definiert:

> „§ 4 (1) Als Betriebsstätte gilt jede feste örtliche Anlage oder Einrichtung, die mittelbar oder unmittelbar der Ausübung der unternehmerischen Tätigkeit dient. § 29 Abs 2 und § 30 der Bundesabgabenordnung sind sinngemäß mit der Maßgabe anzuwenden, dass bei Eisenbahn- und Bergbauunternehmen auch Mietwohnhäuser, Arbeiterwohnstätten, Erholungsheime und dergleichen als Betriebsstätten gelten.
>
> (2) Bei einem Schifffahrtsunternehmen gilt als im Inland gelegene Betriebsstätte auch der inländische Ort, an dem ein Schiff in einem Schiffsregister eingetragen ist. Gleiches gilt für auf solchen Schiffen befindliche Einrichtungen zur Ausübung einer unternehmerischen Tätigkeit."

Er umfasst somit jede feste örtliche Anlage zur unmittelbaren oder mittelbaren (zB auch Sozialeinrichtungen wie Arbeiterwohnstätten, Urlaubsheime, für die Dienstnehmer eingerichtete Sport- und Freizeiteinrichtungen) Ausübung der unternehmerischen Tätigkeit (Parallele zum alten Betriebsstättenbegriff des GewStG, Verweis auf § 29 Abs 2 BAO):

- Geschäftsleitung;

- Zweigniederlassungen, Fabrikationsstätten, Warenlager, Ein- und Verkaufsstellen;

- Baustellen, deren Dauer mehr als 6 Monate betrug oder betragen wird.

Zivilrechtliches Eigentum an diesen Betriebsstätten ist nicht erforderlich, es genügt die wirtschaftliche Verfügungsmacht (die auch ein Mietvertrag oder eine unentgeltliche Überlassung vermitteln kann).

Der Unternehmer hat, falls Betriebsstätten in verschiedenen Gemeinden liegen, die Dienstnehmer, denen Arbeitslöhne gewährt wurden, den einzelnen Betriebsstätten zuzuordnen, wobei va die organisatorische Zugehörigkeit der Dienstnehmer als Kriterium heranzuziehen ist (zB Vorhandensein eines Arbeitsplatzes, regelmäßiges Aufsuchen von Geschäftsstellen etc). Maßgeblich ist insbes. jene Betriebsstätte, von der aus der Dienstnehmer leitend eingesetzt wird (auch falls der Dienstnehmer zB im Ausland tätig wird). Gesellschafter sind stets dem Sitz bzw der Geschäftsleitung des Unternehmens zuzurechnen.

II. Ermittlung der KommSt

1. Bemessungsgrundlage und Steuertarif der KommSt

Bemessungsgrundlage der Kommunalsteuer ist die Summe der in einem Kalendermonat gewährten Aktivlöhne (dh die Einkünfte aus nicht selbständiger Arbeit iS § 25 Abs 1 Z 1 lit a und lit b EStG sowie die sonstigen Vergütungen jeder Art iS § 22 Z 2 EStG) bzw 70 % des Gestellungsentgelts bei Arbeitskräfteüberlassung. Auszuscheiden sind jedoch die in § 5 Abs 2 lit a bis e KommStG genannten Bezugsarten bzw Bezugskomponenten (zB Ruhe- und Versorgungsbezüge, Bezüge an behinderte Dienstnehmer im Sinne des Behinderteneinstellungsgesetzes, Abfertigungen etc). Der Zeitpunkt der Gewährung richtet sich (beim Dienstgeber) nach dem Abflussprinzip, dh zum Zeitpunkt der Barzahlung bzw Verrechnung mit einem Bezugsvorschuss oder einem gewährten Darlehen. Bei Banküberweisungen gilt als Zeitpunkt des Abflusses beim Dienstgeber der Zeitpunkt der Erteilung des Überweisungsauftrags (als Zeitpunkt des Zuflusses beim Dienstnehmer hingegen erst der Zeitpunkt der Gutschrift auf dem Konto des Dienstnehmers).

Der anzuwendende Steuersatz beträgt 3% der Bemessungsgrundlage, wobei ein Freibetrag von 1.095 € zur Anwendung kommt, falls bei einem Unternehmen die Bemessungsgrundlage 1.460 € nicht übersteigt.

2. Steuerschuldner, Fälligkeit und Entrichtung der KommSt

Steuerschuldner der KommSt ist der Unternehmer, der die Arbeitslöhne gewährt hat. Im Falle der Gestellung von Arbeitskräften durch eine inländische Betriebsstätte ist der überlassende Unternehmer Steuerschuldner. Gesellschafter haften als Gesamtschuldner, wobei auch nach außen nicht in Erscheinung tretende Gesellschafter (atypisch stiller Gesellschafter, Kommanditist) persönlich und unbeschränkt für die KommSt herangezogen werden können. Persönliche Befreiungen werden in § 8 KommStG aufgezählt (die Österr. Bundesbahnen mit 66 % der Bemessungsgrundlage sowie bestimmte mildtätige und/oder gemeinnützige Körperschaften, Personenvereinigungen und Vermögensmassen).

Mit Ablauf des Kalendermonats, in dem Lohnzahlungen gewährt oder Gestellungsentgelte gezahlt werden, entsteht die Steuerschuld, fällig wird die KommSt hingegen jeweils zum 15. des nachfolgenden Kalendermonats. Die KommSt ist eine Selbstbemessungsabgabe, wobei allerdings die Gemeinden monatliche Bescheide erlassen können, wenn sich die Selbstberechnung als falsch erweist oder gänzlich unterbleibt. Nach Ablauf des Kalenderjahres muss der Unternehmer bis 31.3. des Folgejahres eine nach Monaten gegliederte Jahreserklärung abgeben, im Falle der Betriebsstättenschließung binnen eines Monats nach Schließung.

Beispiel C.1.

Der Einzelunternehmer E besitzt einen Betrieb in Tulln.

Die Bruttolohnsumme sämtlicher Mitarbeiter beträgt im Monat September 200.000,-. In diesem Betrag ist eine Abfertigung an einen mit 30.9. ausgeschiedenen Dienstnehmer in Höhe von 60.000,- enthalten.

Ermitteln Sie Höhe und Fälligkeit der Kommunalsteuer.

Beispiel C.2. (Variante zu Beispiel C. 1.)

Die Bruttolohnsumme beträgt 2.000,-. In diesem Betrag ist eine Abfertigung an einen mit 30.9. ausgeschiedenen Dienstnehmer in Höhe von 800,- enthalten.

Ermitteln Sie Höhe und Fälligkeit der Kommunalsteuer.

D. Die Umsatzsteuer - das UStG 1994

Die Umsatzsteuer ist eine Objektsteuer (dh sie berücksichtigt nicht die persönlichen Verhältnisse des Steuersubjekts), die am wirtschaftlichen Verkehr (Verkehrsteuer), dh am Austausch von Lieferungen und sonstigen Leistungen, anknüpft. Sie stellt nach der ESt die mit Abstand aufkommensstärkste Steuer dar (2005: 16,47 Mrd. €), ihr Aufkommen steht anteilig Bund, Ländern und Gemeinden zu (gemeinschaftliche Bundesabgabe).

1. Grundprinzip der Umsatzsteuer (Mehrwertsteuer)

Wirtschaftlich belastet wird durch die Umsatzsteuer nach dem Mehrwertsteuersystem (Vorsteuerabzug in der Unternehmerkette) der Letztverbraucher, dh jeder Unternehmer ist zwar verpflichtet von den für seine Lieferungen und Leistungen erhobenen Entgelte Umsatzsteuer abzuführen, kann jedoch die selbst für im Rahmen seines Unternehmens bezogenen Lieferungen und Leistungen entrichtete Umsatzsteuer als sog. Vorsteuer zum Abzug bringen (die Differenz ergibt, falls Umsatzsteuer > Vorsteuer, die sog. Zahllast, im umgekehrten Fall ein Vorsteuerguthaben, das ausgezahlt oder mit anderen Abgabenschulden verrechnet werden kann), so dass die USt in der Unternehmerkette einen „durchlaufenden Posten" darstellt. Einzig der Letztverbraucher (der private Konsument) ist nach diesem System nicht zum Vorsteuerabzug berechtigt und muss (über den Bruttopreis) dem letzten Unternehmer in der Kette dann die Umsatzsteuer vergüten (Steuerüberwälzung, Steuerzahler ist der Unternehmer, der die Umsatzsteuererklärung abgibt und die USt abführt; Steuerträger ist der Konsument, der den Bruttopreis bezahlt; Steuerzahler und Steuerträger sind somit nicht identisch).

1.1. Der Unternehmerbegriff des USt-Rechts

Nach § 2 Abs 1 UStG 1994 ist Unternehmer, „wer eine gewerbliche oder berufliche Tätigkeit selbständig ausübt. Das Unternehmen umfasst die gesamte gewerbliche oder berufliche Tätigkeit des Unternehmers. Gewerblich oder beruflich ist jede nachhaltige Tätigkeit zur Erzielung von Einnahmen, auch wenn die Absicht, Gewinn zu erzielen, fehlt oder eine Personenvereinigung nur gegenüber ihren Mitgliedern tätig wird."

Damit ergeben sich gegenüber dem Betriebsbegriff des Einkommensteuerrechts folgende wesentlichen Unterschiede:

- **Unternehmenseinheit des USt-Rechts:** Während nach UStG jeder Unternehmer nur über ein Unternehmen verfügen kann (als Inbegriff seiner selbständigen gewerblichen und beruflichen Tätigkeit), kann eine natürliche Person nach EStG mehrere unterschiedliche betriebliche wie außerbetriebliche Einkunftsquellen besitzen.

- **Voraussetzung der „Betrieblichkeit" im ESt-Recht:** Nach EStG setzt der Betriebsbegriff die Erzielung „betrieblicher Einkünfte" iS der §§ 21 - 23 EStG voraus, während das „Unternehmen" iS des UStG durchaus auch aus außerbetrieblichen Einkünften iS des EStG (zB Einkünften aus Vermietung und Verpachtung) bestehen kann.

- **Keine Unternehmereigenschaft „kraft Rechtsform" im USt-Recht:** Während gem EStG bestimmte protokollierte (Kapital-) Gesellschaften automatisch Einkünfte aus Gewerbebetrieb erzielen, ist die Unternehmereigenschaft gem UStG auch bei Kapitalgesellschaften an ihre unternehmerische Tätigkeit iS des UStG (insbes. das unternehmerische Auftreten nach außen) geknüpft, dh dass zB reine Innengesellschaften oder rein vermögensverwaltende Holdinggesellschaften keine Unternehmer iS des UStG sind.

Als Folge der Unternehmenseinheit, die sich auf alle in- und ausländischen Betriebsstätten des Unternehmers erstreckt, bleiben (auch entgeltliche, zB mittels innerbetrieblicher Verrechnungspreise) Lieferungs- und Leistungsbeziehungen der einzelnen Betriebe untereinander umsatzsteuerlich irrelevant (sog. „Innenumsätze").

Ausdrücklich nicht selbständig (und damit nicht unternehmerisch iS des UStG) sind die Tätigkeiten natürlicher bzw juristischer Personen, die „einem Unternehmen derart eingegliedert sind, dass sie den Weisungen des Unternehmers zu folgen verpflichtet sind" bzw „dem Willen eines Unternehmers derart untergeordnet" sind, „dass sie keinen eigenen Willen" haben (§ 2 Abs 2 Z 1 und Z 2). Damit wird (in Z 2 leg.cit.) im USt-Recht das Institut der Organschaft etabliert, dh Leistungen zwischen Organträger und Organgesellschaft sind umsatzsteuerlich irrelevant. Seit 2005 ist daher zu beachten, dass das Vorliegen einer Gruppe iSd § 9 KStG nicht gleichgesetzt wird mit dem Vorliegen einer umsatzsteuerlichen Organschaft. Während für das Vorliegen der Gruppenmitgliedschaft die finanzielle Eingliederung (und das Vorliegen des Gruppenantrags) ausreichend ist, ist umsatzsteuerlich eine umfassende finanzielle (zumindest mehr als 50%), wirtschaftliche (betriebswirtschaftlich sinnvolle Ergänzung von Mutter und Tochter bzw dienende Funktion der Tochter) und organisatorische (zumindest ein Leitungsorgan der Mutter muss auch bei der Tochter eine entsprechende Funktion ausüben) Unterordnung der Tochtergesellschaft unter die Muttergesellschaft erforderlich. Diese Wirkung wird jedoch in Z 2 „auf Innenleistungen zwischen den im Inland gelegenen Unternehmensteilen beschränkt. Diese Unternehmensteile sind als ein Unternehmen zu behandeln. Hat der Organträger seine Geschäftsleitung im Ausland, gilt der wirtschaftlich bedeutendste Unternehmensteil im Inland als Unternehmer."

Diese Organschaft des USt-Rechts benötigt somit die Voraussetzungen der finanziellen, wirtschaftlichen und organisatorischen Eingliederung des Organs in den Organträger, jedoch keinen Ergebnisabführungsvertrag. Außerdem kommt als Organträger jeder Unternehmer iS des USt-Rechts (und nicht nur eine Kapitalgesellschaft) in Frage. Durch die Anpassung an das USt-Recht der EU wurde die (nach altem UStG 1972) auch über die Grenze zulässige Organschaft in ihrer Wirkung auf das Inland beschränkt. Diese Einschränkung betrifft jedoch nicht nur jenes Ausland, das ebenfalls Mitglied der EU ist (sog. Gemeinschaftsgebiet), sondern auch sog. Drittländer. Lieferungen an Organgesellschaften im Drittlandgebiet oder Gemeinschaftsgebiet können, bei Vorliegen der entsprechenden Voraussetzungen, nach § 7 UStG steuerfreie Ausfuhrlieferungen sein, die im Drittland gelegene Organgesellschaft wird bezüglich Vorsteuerabzug wie ein selbständiger ausländischer Unternehmer behandelt. Aus dem Drittlandgebiet von ihr empfangene Lieferungen lösen die Einfuhrumsatzsteuer aus.

1.2. Das USt-Recht in der Europäischen Union

Durch den Beitritt Österreichs zur Europäischen Union wurde die Angleichung des österreichischen Umsatzsteuerrechts an das Gemeinschaftsrecht notwendig. Die umfangreichen Änderungserfordernisse ließen es zweckmäßig erscheinen, von einer Novellierung des UStG 1972 Abstand zu nehmen und ein neues Umsatzsteuergesetz 1994 zu schaffen, das mit Wirksamkeit des Beitritts Österreichs zur EU in Kraft trat.

Mit dem UStG 1994 wurden die sehr detaillierten EU-Richtlinien auf dem Gebiet der Umsatzsteuer in innerstaatliches Recht umgesetzt, wobei es sich im wesentlichen um zwei Richtlinien handelt:

1. Die **6. USt-Richtlinie** sieht eine Harmonisierung der Umsatzsteuern im Gemeinschaftsgebiet der EU vor. Ihr liegt das "Ursprungslandprinzip" zugrunde (dh Lieferungen und Leistungen sind in jenem Land zu besteuern, in dem sie erbracht werden).

2. Die **Übergangsrichtlinie** enthält das EU-Binnenmarktkonzept nach Wegfall der Steuergrenzen bei grundsätzlicher Beibehaltung des "Bestimmungslandprinzips" (dh Lieferungen und Leistungen sind in jenem Land zu besteuern in das sie exportiert werden). Die Inhalte der Übergangsrichtlinie haben vorläufigen Charakter und sollen bei Einführung des Ursprungslandprinzips wieder wegfallen.

Das Hauptproblem des Übergangs vom Bestimmungslandprinzip zum Ursprungslandprinzip ist, dass bei diesem die Besteuerung vielfach in einem anderen Land erfolgt als in jenem, in dem der Leistungsempfänger den Vorsteuerabzug geltend macht. Da das Umsatzsteueraufkommen der einzelnen Mitgliedstaaten durch die Einführung des Ursprungslandprinzips nicht geschmälert werden soll (fiskalische „Weitergeltung des Bestimmungslandprinzips"), sind als Ergänzung dazu Umsatzsteuer-Ausgleichszahlungen zwischen den einzelnen Mitgliedstaaten in Form des sogenannten "Clearing-Verfahrens" vorgesehen. Erst wenn sich die Mitgliedstaaten über die Vorgangsweise bei diesen Umsatzsteuer-Ausgleichszahlungen geeinigt haben, kann das Ursprungslandprinzip eingeführt werden. Die Umsetzung dieser Richtlinien sowie der im Beitrittsvertrag vereinbarten Ausnahme- und Übergangsregelungen wurde gesetzestechnisch folgendermaßen gelöst:

- Die Angleichung an die 6. USt-Richtlinie wurde im Gesetzestext des UStG 1994 vorgenommen.

- Allgemeine Übergangsvorschriften sind in § 28 UStG 1994 und zeitlich begrenzte Fassungen einzelner Gesetzesvorschriften in § 29 UStG 1994 enthalten.

- Die auf der Übergangsrichtlinie basierende Binnenmarktregelung wurde wegen ihres vorläufigen Charakters nicht in den Gesetzestext des UStG 1994 eingearbeitet, sondern als eigenständiger Anhang zu § 29 Abs 8 UStG 1994 konzipiert.

Für die Anwendung des UStG 94 sind die folgenden Bezeichnungen wesentlich:

- Inland:
Inland ist Österreich, Mitglied der Europäischen Union.

- Gemeinschaftsgebiet:
Das Gemeinschaftsgebiet umfasst das Inland und die zum Gemeinschaftsgebiet zählenden Gebiete der übrigen Mitgliedstaaten der EU (zum Zeitpunkt des Erscheinens dieser Auflage: Belgien, Dänemark, Deutschland, Estland, Großbritannien, Finnland, Frankreich, Griechenland, Irland, Italien, Lettland, Litauen, Luxemburg, Malta, Niederlande, Polen, Portugal, Schweden, Slowakei, Slowenien, Spanien, Tschechien, Ungarn, Zypern).

- Drittlandsgebiet:
Drittlandsgebiet ist das Gebiet, das nicht Gemeinschaftsgebiet ist, dh dasjenige Ausland, das nicht Mitglied der EU ist sowie die nicht zum Gemeinschaftsgebiet zählenden Territorien der Mitgliedstaaten.

- Innergemeinschaftlicher (ig.) Erwerb:
Um das Bestimmungslandprinzip im Geschäftsverkehr zwischen Unternehmern im Rahmen der Übergangsregelung weiterhin aufrecht zu erhalten, tritt an die Stelle der Einfuhrumsatzsteuer (EUSt) der sog. ig. Erwerb. Einen ig. Erwerb tätigt jeder, der als Unternehmer oder juristische Person ohne Unternehmereigenschaft eine Lieferung aus einem Mitgliedstaat der EU nach Österreich erhält. Der Empfang dieser Lieferung ist in Österreich als ig. Erwerb umsatzsteuerpflichtig, wenn der Lieferer Unternehmer (ausgenommen ust-befreiter Kleinunternehmer) ist und die Lieferung im Rahmen seines Unternehmens erfolgt („Erwerbsteuer“ tritt an die Stelle der beim Import aus Drittländern anfallenden Einfuhrumsatzsteuer EUSt - während die EUSt jedoch im Rahmen der Einfuhr anlaßbezogen anfällt und von den Zollbehörden errechnet und vorgeschrieben wird, ist die Erwerbsteuer im Rahmen der regelmäßigen Umsatzsteuervoranmeldung als Selbstbemessungsabgabe vom Unternehmer zu errechnen und kann auch gleich in der selben Umsatzsteuervoranmeldung als Vorsteuer abgezogen werden!).

- Innergemeinschaftliche (ig.) Lieferung:
Eine ig. Lieferung liegt immer dann vor, wenn im Rahmen einer Lieferung von einem Unternehmer (kein Kleinunternehmer) oder einer juristischen Person ohne Unternehmereigenschaft ein Gegenstand von Österreich in ein anderes Land des Gemeinschaftsgebiets gelangt. Ist diese Lieferung im Erwerberstaat steuerbar, so ist die Lieferung beim österreichischen Exporteur umsatzsteuerfrei. Als ig. Lieferung bzw ig. Erwerb gilt dabei allerdings auch das Verbringen von Gegenständen in eine Betriebsstätte ins zum Gemeinschaftsgebiet zählende Ausland (ein Vorgang, der im Inland sowie im Drittland als umsatzsteuerfreier Innenumsatz zu klassifizieren ist).

- Schwellenerwerber:
Von der Erwerbsbesteuerung sind folgende (atypischen) Erwerber ausgenommen:

- Unternehmer, die nur steuerfreie Umsätze ausführen, die zum Ausschluss des Vorsteuerabzugs führen (zB Kleinunternehmer);

- pauschalierte Landwirte (Besteuerung nach den Durchschnittsätzen des § 22 UStG);

- juristische Personen ohne Unternehmereigenschaft oder die den Gegenstand nicht im Rahmen ihres Unternehmens erwerben.

Diese Erwerber müssen die ig. Erwerbe erst dann versteuern, wenn ihre ig. Erwerbe im vorangegangenen oder im laufenden Kalenderjahr die sog. Erwerbsschwelle überschritten haben. Alle bis zum Überschreiten der Erwerbschwelle getätigten Umsätze stellen keinen ig. Erwerb dar. Auf den Einsatz dieser Regelung kann auch verzichtet (und somit in jedem Fall freiwillig Erwerbsteuer geltend gemacht) werden.

- Erwerbsschwelle:
Grenzwert von € 11.000,- bei dessen Überschreiten Schwellenerwerber ihre ig. Erwerbe versteuern müssen.

- Lieferschwelle:
Im Rahmen der sog. „Versandhandelsregelung" (Art 3 Abs 3 des Anhangs zum UStG 94) wird bestimmt, dass in den Fällen in denen ein Lieferer Gegenstände in einen anderen Mitgliedstaat befördert oder versendet die Lieferung dort als

ausgeführt gilt, wo die Beförderung oder Versendung endet. Diese Regel gilt nur bei Abnehmern, die keine ig. Erwerbe versteuern müssen (Private, Kleinunternehmer oder andere Schwellenerwerber unter der Erwerbsschwelle) und bei Lieferern, die die Lieferschwelle überschreiten (€ 100.000), dh wenn ihre ig. Lieferungen diesen Betrag im vorangegangenen Kalenderjahr überschritten haben oder im laufenden Kalenderjahr ab jener Lieferung, mit der die Lieferschwelle des jeweiligen Mitgliedstaates überschritten wird.

2. Steuerbare Umsätze (§ 1 UStG)

Der Umsatzsteuer unterliegen

1. Lieferungen und sonstige Leistungen, die ein Unternehmer im Inland gegen Entgelt im Rahmen seines Unternehmens ausführt.

2. der Eigenverbrauch im Inland.

3. die Einfuhr von Gegenständen.

4. der innergemeinschaftliche Erwerb im Inland gegen Entgelt (Art 1 Anlage zu § 29 Abs 8).

2.1. Lieferungen und sonstige Leistungen

Lieferungen sind Leistungen, durch die ein Unternehmer den Abnehmer oder in dessen Auftrag einen Dritten befähigt, im eigenen Namen über einen Gegenstand zu verfügen. Dabei sind unter dem Begriff Gegenstand jede körperliche Sache bzw Sachgesamtheit (zB Bibliothek als Gesamtheit aller Bücher) sowie jene unkörperlichen Sachen zu verstehen, die nach der Verkehrsauffassung wie körperliche Sachen behandelt oder gemeinsam mit diesen umgesetzt werden.
Sonstige Leistungen sind Leistungen, die nicht in einer Lieferung bestehen, somit insbesondere die Einräumung von Rechten und Erbringung von Dienstleistungen. Eine sonstige Leistung kann auch in einem Unterlassen oder im Dulden einer Handlung oder eines Zustandes bestehen.

Für die Umsatzsteuerbarkeit müssen sämtliche Voraussetzungen erfüllt sein. Eine Lieferung oder sonstige Leistung ist daher nur dann umsatzsteuerbar, wenn sie

- von einem **Unternehmer** (§ 2 UStG 1994) erbracht wird. Unternehmer ist, wer eine gewerbliche oder berufliche Tätigkeit selbständig ausübt. Gewerblich oder beruflich ist jede nachhaltige Tätigkeit zur Erzielung von Einnahmen. Auf die Gewinnerzielungsabsicht kommt es hingegen nicht an. Das Vorliegen umsatzsteuerlicher Liebhaberei (§ 2 Abs 5 Z 2 UStG 1994) schließt jedoch die Unternehmereigenschaft aus.

- im **Inland** ausgeführt wird. Eine Lieferung oder sonstige Leistung wird im Inland ausgeführt, wenn der Ort der Lieferung oder sonstigen Leistung (siehe unten) im Inland liegt.

- gegen **Entgelt** erfolgt. Entgelt ist dabei das als Gegenleistung für die Lieferung oder sonstige Leistung hingegebene. Entgelt ist dabei alles, was der Empfänger aufzuwenden hat, um eine Lieferung oder sonstige Leistung zu erhalten. Zum Entgelt gehört auch, was der Empfänger freiwillig aufwendet, um die Lieferung oder sonstige Leistung zu erhalten, sowie was Dritte dem Unternehmer für die Lieferung oder sonstige Leistung gewähren. Nicht zum Entgelt gehören durchlaufende Posten. Für die Ermittlung des Entgelts für Lieferungen und den Eigenverbrauch von Kunstgegenständen, Sammlungsstücken, Antiquitäten oder bestimmten anderen beweglichen körperlichen Gegenständen besteht eine Sonderregelung in Form der Differenzbesteuerung (§ 24 UStG 1994). Liegt einer Zahlung keine Leistung zugrunde, unterliegt die Zahlung nicht der USt (zB Versicherungsentschädigung für Untergang eines Wirtschaftsgutes). Sollte einer „Entschädigungszahlung" aber ein Leistungsaustausch zugrunde liegen, unterliegt die „Entschädigungszahlung" der USt (zB „Entschädigung" für das Stilllegen eines Unternehmensteiles).

- im **Rahmen des Unternehmens** erfolgt. Lieferungen und sonstige Leistungen, die nicht für den Geschäftsbereich des Unternehmens erbracht werden, sind nicht umsatzsteuerbar. Da das Unternehmen die gesamte gewerbliche oder berufliche Tätigkeit des Unternehmers umfasst, sind Innenumsätze zwischen verschiedenen Betrieben eines Unternehmers nicht umsatzsteuerbar.

Der Lieferung gegen Entgelt gleichgestellt wird die Entnahme eines Gegenstands durch den Unternehmer aus seinem Unternehmen für Zwecke außerhalb des Unternehmens. Mit dieser in § 3 Abs 2 UStG enthaltenen Regelung wird der sog. Entnahmeeigenverbrauch von Gegenständen erfasst. Voraussetzung für die Umsatzsteuerpflicht ist, dass der Erwerb der Gegenstände, die nunmehr dem Unternehmen entnommen werden, zum Vorsteuerabzug berechtigt haben.
Das gleiche gilt nach § 3 Abs 2 UStG für Gegenstände, die anderen unentgeltlich zugewendet werden, dh insbesondere für sog. Werbegeschenke, es sei denn, es handelt sich um Geschenke von geringem Wert sowie für den Bedarf des Personals des Unternehmens. Auch hier ist Voraussetzung für die Umsatzsteuerpflicht, dass beim Erwerb Vorsteuerabzugsberechtigung bestand. Bei diesem der Lieferung gleichgestellten Tatbestand handelt es sich um einen Ersatztatbestand, wodurch der Unternehmer, der seinen persönlichen Bedarf aus dem Unternehmen deckt, den übrigen Letztverbrauchern gleichgestellt wird.

Einer sonstigen Leistung gegen Entgelt werden gleichgestellt die Verwendung eines dem Unternehmen zugeordneten Gegenstandes, der zum vollen oder teilweisen Vorsteuerabzug berechtigt hat durch den Unternehmer für Zwecke, die außerhalb des Unternehmens liegen oder für den Bedarf seines Personals, soweit keine Aufmerksamkeiten vorliegen sowie die unentgeltliche Erbringung von anderen sonstigen Leistungen durch den Unternehmer für Zwecke, die außerhalb des Unternehmens liegen oder für den Bedarf seines Personals, soweit keine Aufmerksamkeiten vorliegen. Gesetzlich ausgeschlossen ist der Nutzungseigenverbrauch bei Grundstücken.

Mit diesen Regelungen werden die bis Ende 2005 als Entnahmeeigenverbrauch und Verwendungseigenverbrauch geregelten Sachverhalte in den Anwendungsbereich des Leistungstatbestandes integriert, zum Teil kommt es zu einer Erweiterung des Eigenverbrauchstatbestandes, wenn nunmehr gesetzlich auch die unentgeltliche Zuwendung eines Gegenstandes (ausgenommen solche mit geringem Wert) für Zwecke des Unternehmens als umsatzsteuerpflichtige Lieferung behandelt wird. Entsprechend dieser Regelung würden somit auch Werbegeschenke, die aus unternehmerischen Gründen gewährt werden, umsatzsteuerpflichtig sein. Fraglich ist, ob damit auch Mengenrabatte als unentgeltliche und damit umsatzsteuerpflichtige Lieferung behandelt werden müssen – uE ist dies nicht der Fall, der Mengenrabatt stellt eine Form der Entgeltsminderung dar, sodass insoweit keine Umsatzsteuerpflicht besteht.

Einen besonderen Fall der Lieferung stellt die Werklieferung dar. Eine solche liegt vor, wenn eine Leistung an einem vom Auftraggeber beigestellten Gegenstand erbracht wird und dabei auch vom Unternehmer selbst beschaffte Stoffe verwendet werden und es sich bei dem vom Unternehmer selbst beschafften Stoff nicht bloß um Zutaten oder sonstige Nebensachen handelt. Ein Beispiel ist die Herstellung eines Schmuckstücks aus vom Auftraggeber beigestellten Silber, wenn der Unternehmer wie vereinbart Edelsteine zur Verzierung verwendet. Andernfalls, dh wenn es sich bei dem vom Unternehmer selbst beschafften Stoff bloß um Zutaten oder sonstige Nebensachen handelt, liegt eine sog. Werkleistung vor, die als sonstige Leistung zu behandeln ist. Beispiel für eine derartige Werkleistung ist das Schneidern eines Anzugs aus vom Besteller beigestelltem Stoff, wenn der Unternehmer nur Zwirn und Knöpfe selbst beschafft.
Von der Werklieferung abzugrenzen ist die sog. Montagelieferung, bei der die Lieferung eines Gegenstandes eindeutig im Vordergrund steht und der Zusammenbau (= Montage) als Nebenleistung erbracht wird.

2.2. Eigenverbrauch im Inland

Eigenverbrauch iSd § 1 Abs 1 Z 2 UStG liegt aufgrund der seit 2004 geltenden Neuregelung des ehemaligen Entnahmeeigenverbrauchs als Lieferung iSd § 3 Abs 2 UStG bzw des ehemaligen Verwendungseigenverbrauchs als sonstige Leistung iSd § 3a Abs 1a UStG nur mehr dann vor, wenn ein Unternehmer

1. Ausgaben (Aufwendungen) tätigt, die Leistungen betreffen, die Zwecken des Unternehmens dienen und ertragsteuerlich nach § 20 Abs 1 Z 1-5 EStG bzw § 12 Abs 1 Z 1-5 KStG nichtabzugsfähige Aufwendungen sind ("Aufwandstatbestand").

2. Ausgaben (Aufwendungen) des Unternehmers für Leistungen im Ausland, die, wären sie im Inland erbracht worden, unter das Vorsteuerabzugsverbot des § 12 Abs 2 Z 2 UStG fielen, jedoch nur insoweit, als der Unternehmer im Ausland einen Anspruch auf Vergütung der ausländischen Vorsteuer hat.

2.3. Einfuhr von Gegenständen (Einfuhrumsatzsteuer)

Eine **Einfuhr** liegt vor, wenn ein Gegenstand aus dem Drittlandsgebiet in das Inland gelangt. Die Einfuhrumsatzsteuer ergibt sich aus dem Bestimmungslandprinzip. Werden Waren aus einem Drittland ins Inland verbracht, so ist von jedem, dh Unternehmer wie Nichtunternehmer die entsprechende Einfuhrumsatzsteuer zu entrichten. Für Unternehmer ergibt sich hinsichtlich der Abfuhr der EUSt eine gewisse Erleichterung seit bestehen der Neuregelung des § 26 Abs 3 Z 2 UStG.

2.4. Innergemeinschaftlicher Erwerb im Inland gegen Entgelt

An die Stelle der Einfuhrumsatzsteuer, die nur mehr im Handel mit Drittländern gilt, tritt - solange das Ursprungslandprinzip noch nicht eingeführt ist - für innergemeinschaftliche Lieferungen zwischen Unternehmern die Umsatzsteuer auf den Erwerb eines Gegenstandes im Inland (kurz "Erwerbsteuer").

Ein **innergemeinschaftlicher Erwerb** gegen Entgelt liegt vor, wenn

1. bei einer Lieferung ein Gegenstand aus einem Mitgliedstaat in einen anderen Mitgliedstaat gelangt,

2. der Erwerber ein Unternehmer, der den Gegenstand für sein Unternehmen erwirbt, oder eine juristische Person, die nicht Unternehmer ist oder die den Gegenstand nicht für ihr Unternehmen erwirbt, ist und

3. die Lieferung an den Erwerber durch einen Unternehmer gegen Entgelt im Rahmen seines Unternehmens ausgeführt wird (wobei die Lieferung nach dem Recht des Mitgliedstaates, der für die Besteuerung des Lieferers zuständig ist, nicht auf Grund der Sonderregelung für Kleinunternehmer steuerfrei sein darf).

Ein innergemeinschaftlicher Erwerb liegt nicht vor, wenn der Erwerber als Unternehmer unecht steuerbefreit ist (zB Kleinunternehmer), USt-pauschalierter Landwirt oder eine nicht steuerpflichtige juristische Person ist und die "Erwerbsschwelle" von 11.000 € im vorangegangenen Kalenderjahr von ihm nicht überstiegen wurde und im laufenden Kalenderjahr ebenfalls noch nicht überstiegen wird (ab Übersteigen der Erwerbsschwelle liegt ig. Erwerb vor).

Der Erwerber kann für die Erwerbsbesteuerung optieren, wodurch er für zwei Kalenderjahre gebunden wird.

Dem innergemeinschaftlichen Erwerb gegen Entgelt ist die **innergemeinschaftliche Verbringung** von Gegenständen zur eigenen Verwendung gleichgestellt (vgl Art 1 Abs 3 BMR). Das bloße – nicht nur zur vorübergehenden Verwendung erfolgende - Verbringen eines Gegenstands vom Inland in eine ausländische Betriebsstätte ein und desselben Unternehmers ist somit im Inland zwar umsatzsteuerfrei, unterliegt jedoch als ig. Erwerb im übrigen Gemeinschaftsgebiet der dortigen Umsatzsteuer!
Beispiel für Verbringung: Der Unternehmer U überführt eine bisher im Inland genutzte Maschine in seine in einem anderen Mitgliedstaat gelegene Betriebsstätte.

Jeder Unternehmer, der innergemeinschaftliche Umsätze ausführen könnte, erhält eine **Umsatzsteuer-Identifikationsnummer** (UID) zugeteilt. Formal dient die UID den Finanzverwaltungen der Kontrolle des innergemeinschaftlichen Handels. Die UID des Lieferers und des Empfängers sind in Rechnungen über innergemeinschaftliche Lieferungen anzugeben. Alle zum Vorsteuerabzug berechtigten Unternehmer haben prinzipiell auch Anspruch auf eine UID. Auch Schwellenerwerber die die Erwerbsschwelle überschritten haben oder voraussichtlich überschreiten werden bzw auf die Erwerbsschwelle verzichten, können eine UID beantragen. Die Vergabe der UID erfolgt durch Bescheid (dh kann vom Steuerpflichtigen auch angefochten werden, zB wenn die persönlichen Daten nicht korrekt sind). Falls die Erstvergabe der UID nicht automatisch erfolgt, kann sie schriftlich beantragt werden. Organträger können den Antrag auf Erteilung separater UID für die Organgesellschaften stellen (soweit diese auf eigene Rechnung und in eigenem Namen ig. Umsätze ausführen oder ig. Erwerbe bewirken).

Eine UID benötigt, wer

- ig. Lieferungen ausführt bzw
- ig. Erwerbe tätigt.

Alle umsatzsteuerlich erfassten Unternehmer erhalten die UID automatisch zugewiesen, ausgenommen

- Kleinunternehmer,
- pauschalierte Land- und Forstwirte,
- Unternehmer, die lediglich Einkünfte aus Vermietung und Verpachtung erzielen,
- andere Gruppen von Unternehmern, die voraussichtlich keine ig. Lieferungen erbringen werden.

Eine UID besitzt folgenden Aufbau:

AT U 12345678

AT...	Staatenkennzeichen für Österreich
U...	Kennzeichnung der Umsatzsteuer
1234567...	laufende Nummer
8...	Prüfziffer

Im Rahmen des sog. „Bestätigungsverfahrens" muss ein Unternehmer, der ig. Lieferungen ausführt, abklären, ob die UID seines Geschäftspartners tatsächlich gültig ist (nur dann ist er berechtigt an diesen umsatzsteuerfrei zu liefern). Lässt der Lieferer dabei die Sorgfalt eines ordentlichen Kaufmanns vermissen, so entfällt die Umsatzsteuerbefreiung und der Lieferer schuldet die USt, wurde er hingegen trotz Sorgfalt getäuscht (zB Angabe einer falschen UID durch seinen Abnehmer), so schuldet der Abnehmer die USt. Die Anfragen sind (unter Angabe der UID des anfragenden Unternehmers) an das UID-Büro des BMF zu richten (Erdbergstraße 192-196, A-1034 Wien), wobei zwei Stufen vorgesehen sind:

- Stufe 1: Anfrage zur Gültigkeit einer UID (ohne Bezug auf einen bestimmten Unternehmer);
- Stufe 2: Bestätigung der UID für einen bestimmten Namen und eine bestimmte Adresse in einem anderen Mitgliedstaat.

Bei Anfragen der Stufe 2 (nur sie bieten letztlich Sicherheit betreffend eine bestimmte UID) ist jedoch mit längerer Wartezeit zu rechnen. Folgende standardisierten Antworten des BMF sind möglich:

- Die UID ist gültig!
- Die UID ist ungültig!
- Die UID des Anfragenden ist ungültig!

Die Unternehmer sind darüber hinaus verpflichtet, dem Finanzamt vierteljährlich Angaben über die erbrachten ig. Lieferungen zu machen (zusammenfassende Meldung, ZM). Darin sind alle ig. Lieferungen an Abnehmer im übrigen Gemeinschaftsgebiet (EU-Ausland) in betraglicher Höhe (Vierteljahressumme der Bemessungsgrundlage) und unter Angabe der UID des Lieferers und der Abnehmer anzuführen.

Die ZM muss bis zum Ende jedes einem Kalendervierteljahr folgenden Kalendermonats auf dem amtlichen Vordruck U13 bzw U14 (Fortsetzungsblatt) erfolgen bzw bei Vorliegen der entsprechenden elektronischen Voraussetzungen über Finanz-Online.

Beispiel D.1.

Beurteilen Sie folgende Vorgänge:

a) Ein Hotelier lässt sich von seiner Tischlerei eine neue Rezeption bauen.

b) Ein Lebensmittelhändler entnimmt regelmäßig Obst für den privaten Gebrauch.

c) Für die Nichterfüllung eines Kaufvertrages erhält das Unternehmen Schadenersatz.

d) Der Gemischtwarenhändler A verkauft seinen Privat-PC an seinen Schwiegersohn.

e) Ein unselbständig Erwerbstätiger verkauft sein Auto an einen Freund.

f) Ein Steuerberater erstellt unentgeltlich die Steuererklärung für einen Freund und lässt dabei einen bei ihm angestellten Berufsanwärter Erhebungen durchführen, wofür dieser drei Stunden aufwendet.

g) 50 Liter Wein werden aus der Schweiz durch einen Händler / eine Privatperson nach Österreich eingeführt.

h) Ein deutscher Weinhändler liefert einem österreichischen Großhändler / einer Privatperson 50 Liter Wein von Deutschland nach Österreich.

i) Der im Inland ansässige Organträger A unterhält im Inland die Organgesellschaft B, in Deutschland die Organgesellschaft C sowie die Betriebsstätte D und in Norwegen die Organgesellschaft N und die Betriebsstätte S. A versendet Waren an B, C, D, N und S.

j) Der in Norwegen ansässige Organträger N unterhält im Inland die Organgesellschaften NA-GmbH (5 Mio Umsatz) und NB-GmbH (3 Mio Umsatz), sowie die Betriebsstätte NN (2 Mio Umsatz). N sendet Waren an die NA-GmbH, die NB-GmbH sowie die Betriebsstätte NN. Warenlieferungen finden jedoch auch zwischen der NA-GmbH, der NB-GmbH und der Betriebsstätte NN statt.

Beispiel D.2.

Der österreichische Unternehmer A liefert am 23.2. und am 3.3. Waren im Wert von jeweils 200.000,- an den Unternehmer M (UID: DE 34345656) in München (Rechnungsdatum = Lieferdatum). Außerdem versendet er Gegenstände im Wert von 350.000,- am 12.3. nach Paris an den Unternehmer F (UID: FR 23234545). Er selbst verbringt am 22.3. eine Produktionsanlage in seine ausländische Betriebsstätte nach Berlin (Buchwert = 150.000,-, deutsche UID des österr. Unternehmers A: DE 67678989). Welche Angaben hat die ZM des A im ersten Quartal zu enthalten?

2.5. Ort der Lieferung oder sonstigen Leistung

Eine **Lieferung** wird im Inland ausgeführt, wenn die Verschaffung der Verfügungsmacht an den Abnehmer im Inland (= Bundesgebiet) erfolgt. Im Falle der Versendung oder Beförderung gilt jener Ort als Lieferort, an dem sich der Gegenstand zum Zeitpunkt des Beginns der Versendung oder Beförderung an den Erwerber befindet, wobei die Versendung mit der Übergabe an den Spediteur, Frachtführer oder Verfrachter beginnt. Dies gilt auch für die innergemeinschaftliche Lieferung. (Der innergemeinschaftliche Erwerb allerdings wird in jenem Mitgliedstaat bewirkt, in dem sich der Gegenstand am Ende der Beförderung oder Versendung befindet.) Die innergemeinschaftliche Lieferung bzw der Erwerb neuer Fahrzeuge wird immer nach dem Bestimmungslandprinzip besteuert. Im Falle des Erwerbs neuer Fahrzeuge werden auch Privatpersonen wie Unternehmer behandelt.

Eine **sonstige Leistung** wird nach § 3a Abs 12 UStG an dem Ort ausgeführt, von dem aus der Unternehmer sein Unternehmen (seine Betriebsstätte) betreibt. Von dieser Grundregel bestehen zahlreiche Ausnahmen:

- Eine sonstige Leistung im Zusammenhang mit einem Grundstück wird dort ausgeführt, wo das Grundstück gelegen ist (§ 3a Abs 6 UStG).

- Eine Beförderungsleistung wird am Ort der Beförderung nach Maßgabe der zurückgelegten Beförderungsstrecke erbracht. Die Beförderung (und die Vermittlung der Beförderung) eines Gegenstandes, die in einem Mitgliedsstaat beginnt und in einem anderen Mitgliedsstaat endet (innergemeinschaftliche Beförderung), wird an dem Ort ausgeführt, an dem die Beförderung des Gegenstandes beginnt. Ausnahme: Verwendet der Leistungsempfänger gegenüber dem Beförderungsunternehmer eine ihm von einem anderen Mitgliedstaat als dem Abgangsort erteilte UID, so gilt die Beförderungsleistung im Land der UID als ausgeführt. Diese Ausnahme gilt auch für Leistungen, die im Zusammenhang mit einer innergemeinschaftlichen Beförderung eines Gegenstandes stehen (§ 3a Abs 7 UStG).

- Leistungen auf dem Gebiet der Kultur, der Kunst, des Sports, der Wissenschaft, des Unterrichts, der Unterhaltung und ähnliche Tätigkeiten sowie Nebentätigkeiten des Transportgewerbes (Umschlag, Lagerung etc), Werkleistungen an und Begutachtung von beweglichen körperlichen Gegenständen werden dort ausgeführt, wo der Unternehmer ausschließlich oder zum wesentlichen Teil tätig wird (§ 3a Abs 8 UStG).

- Für bestimmte Leistungen (sog. Katalogleistung), die an Unternehmer erbracht werden, ist der Ort der sonstigen Leistung dort, wo der Empfänger sein Unternehmen betreibt; ob es sich um einen Unternehmer des Gemeinschaftsgebietes handelt, ist dabei irrelevant. Werden derartige Leistungen an Nichtunternehmer erbracht, die weder Wohnsitz noch Sitz im Gemeinschaftsgebiet haben, ist Ort der sonstigen Leistung deren Wohnsitz bzw Sitz. Unter diese Regelung fallen zB Leistungen im Zusammenhang mit Urheberrechten, Werbeleistungen, Leistungen freiberuflicher Unternehmer, Beratungsleistungen, Bank-, Finanz- und Versicherungsleistungen, Datenverarbeitung, Personalgestellung sowie die Vermittlung derartiger Leistungen (§ 3a Abs 10 UStG).

- Der Ort einer Vermittlungsleistung bestimmt sich nach dem Ort, an dem der vermittelte Umsatz ausgeführt wird. Verwendet bei der Vermittlungsleistung der Leistungsempfänger gegenüber dem Vermittler eine ihm von einem anderen Mitgliedstaat erteilte UID, so gilt die unter dieser Nummer in Anspruch genommene Vermittlungsleistung als in dem Gebiet des anderen Mitgliedstaates ausgeführt (§ 3a Abs 4 UStG).

  - Telekommunikationsdienstleistungen sowie Rundfunk- und Fernsehdienstleistungen sind als Leistungen in die Katalogleistungen des § 3a Abs 10 UStG 1994 (als Z 13 und 14) aufgenommen, wodurch sich in bestimmten Fällen der Leistungsort verschiebt, da § 3a Abs 9 lit c lautet: „erbringt ein Unternehmer, der sein Unternehmen vom Drittlandsgebiet aus betreibt, eine sonstige Leistung an eine Körperschaft des öffentlichen Rechts mit Sitz im Inland, soweit sie nicht Unternehmer ist, so wird die Leistung im Inland ausgeführt, wenn sie dort genutzt oder ausgewertet wird. Das gilt sinngemäß, wenn die Leistung von einer im Drittlandsgebiet gelegenen Betriebsstätte des Unternehmers ausgeführt wird.“ Die Mitgliedstaaten der EU sind im Mehrwertsteuerausschuss übereingekommen, dass bis zum Ergehen einer Gemeinschaftsregelung sämtliche Mitgliedstaaten einen Ausnahmeantrag gem Art 27 der USt-RL stellen, der es ihnen ermöglicht, den Ort von Telekommunikationsdiensten abweichend von der bisherigen Besteuerung am Unternehmerort nach den Vorschriften der Katalogleistungen zu bestimmen, um Steuerumgehungen im Telekommunikationssektor zu bekämpfen. Die Ortsbestimmung nach § 3a Abs 9 UStG 1994 bedeutet, dass

- bei Leistungen an einen Unternehmer der Empfängerort maßgeblich ist,
- bei diesen Leistungen der Übergang der Steuerschuld in Frage kommt und
- gem § 3a Abs 13 UStG 1994 durch Verordnung bestimmt werden kann, dass der Ort der Leistung nicht im Drittland, sondern im Inland liegt, wenn die Leistung im Inland genutzt oder ausgewertet wird. Die entsprechende Verordnung erging als VO BGBl II 2005/383, wobei im § 2 dieser Verordnung auch die Telekommunikationsdienste definiert werden als „solche Dienstleistungen, mit denen Übertragung, Ausstrahlung oder Empfang von Signalen, Schrift, Bild oder Ton oder Informationen jeglicher Art über Draht, Funk, optische oder sonstige elektromagnetische Medien gewährleistet werden; dazu gehören auch die Abtretung und Einräumung von Nutzungsrechten an Einrichtungen zur Übertragung, Ausstrahlung oder zum Empfang.“. Diese Maßnahme wurde mit der Bekämpfung von Steuerumgehungen gerechtfertigt, „da inzwischen immer mehr Steuerpflichtige und Nichtsteuerpflichtige in der Gemeinschaft Telekommunikationsdienstleistungen von außerhalb der Gemeinschaft in Anspruch nehmen, um die Zahlung der Mehrwertsteuer zu umgehen. Die Maßnahme ist ferner notwendig, um die in einem Mitgliedstaat niedergelassenen Anbieter von Telekommunikationsdienstleistungen davon abzuhalten, sich außerhalb der Gemeinschaft niederzulassen.“

Im Anwendungsbereich der Binnenmarkt-Richtlinie kann durch Vorlage der UID der Ort der Vermittlungsleistung, von Beförderungsleistungen und damit zusammenhängenden Leistungen sowie Leistungen an beweglichen körperlichen Gegenständen nach Art 3a BMR in den Mitgliedstaat verlegt werden, der die UID erteilt hat.

Der Begriff des sog. **„Reihengeschäfts“** findet sich nach der Anpassung der UStG 1994 an die 2. Vereinfachungsrichtlinie (BGBl 1996/756) nicht mehr im Umsatzsteuergesetz (es finden sich auch keine speziellen Regelungen dafür in der 6. USt-RL), allerdings in der VO BGBl II 2005/584, § 1 Abs 5 für den dort geregelten speziellen Sachverhalt. Unter einem Reihengeschäft verstand man vor der Rechtslage von 1997 allgemein die Lieferung eines Gegenstands in einer Unternehmerkette, wobei bis 1996 die Lieferung an den letzten Abnehmer gleichzeitig als Lieferung aller übrigen Unternehmer galt. In Anlehnung an das dt. UStG (in dem der Begriff des „Reihengeschäfts“ nach wie vor Verwendung findet), wird dieser Begriff nach wie vor in Literatur und Praxis verwendet, wenngleich die Regelung des Lieferorts nunmehr nach den allgemeinen Regeln des USt-Rechts zu erfolgen hat:

- nach § 3 Abs 7 UStG 1994 wird grundsätzlich dort geliefert, wo sich der Gegenstand zum Zeitpunkt der Verschaffung der Verfügungsmacht befindet;

- im Falle der Beförderung bzw Versendung wird gem § 3 Abs 8 UStG 1994 dort geliefert, wo die Beförderung/Versendung beginnt;

- in dem Sonderfall, dass der Gegenstand der Lieferung bei der Beförderung oder Versendung an den Abnehmer oder in dessen Auftrag an einen Dritten aus dem Drittlandsgebiet in das Inland gelangt, ist die Lieferung als im Einfuhrland ausgeführt zu behandeln, wenn der Lieferer oder sein Beauftragter Schuldner der bei der Einfuhr zu entrichtenden USt ist (§ 3 Abs 9 UStG 1994, dh die Klausel „verzollt und versteuert“ bedeutet Lieferung im Inland, die Klausel „unverzollt und unversteuert“ bedeutet Lieferung im Ausland).

Reihengeschäfte sind somit eine Aneinanderreihung mehrerer zeitlich nacheinander ablaufender Lieferungen, die gegebenenfalls auch an unterschiedlichen Orten bewirkt werden. Für jede nacheinander bewirkte Lieferung ist dabei festzustellen, ob mit der Lieferung eine Beförderung bzw Versendung einhergeht (Transportlieferung) oder ob der Liefergegenstand nicht bewegt wird („ruhende Lieferung“). An einem Ort können dabei in mehreren „logischen Sekunden“ nacheinander „ruhende Lieferungen“ bewirkt werden, aber keinesfalls können mehrere Transportlieferungen am selben Ort erfolgen. In jeder Lieferkette können aber mehrere Transportlieferungen, wenn auch an unterschiedlichen Orten, vorkommen.

Bei Transportlieferungen gilt als Lieferort jener Ort, an dem die Beförderung bzw das Versenden beginnt, bei „ruhenden Lieferungen“ gilt als Lieferort der Ort der Verschaffung der Verfügungsmacht, dh „ruhende Lieferungen“, die einer Transportlieferung vorangehen gelten als dort ausgeführt, wo die Transportlieferung beginnt, „ruhende Lieferungen“ die auf eine Transportlieferung folgen gelten hingegen als dort ausgeführt, wo die vorangehende Transportlieferung endete.

Nach der Rechtslage der VO BGBl II 2005/584, § 1 Abs 5 liegt ein Reihengeschäft vor, wenn von drei Unternehmern über denselben Gegenstand Umsatzgeschäfte abgeschlossen werden und bei denen der erste Unternehmer oder der erste Abnehmer dem letzten Abnehmer in der Reihe unmittelbar die Verfügungsmacht an dem Gegenstand verschafft. Diese spezielle Regelung des Reihengeschäfts steht im Zusammenhang mit der Einfuhr von Gegenständen aus einem Drittland. Sollte nämlich im Rahmen eines derartigen Reihengeschäfts der letzte Abnehmer in der Reihe Schuldner der Einfuhrumsatzsteuer sein (was voraussetzt, dass die Lieferung an ihn „unverzollt und versteuert“ erfolgt), so ist auch er berechtigt, die entrichtete EUSt als Vorsteuer abzuziehen, wenn die Lieferung an den letzten Abnehmer auch nach den Regeln des Abs 2 der genannten VO umsatzsteuerfrei ist (vgl VO BGBl II 2005/584, § 1 Abs 1). Die Umsatzsteuerfreiheit der Lieferung an den letzten Abnehmer wiederum hängt von folgenden Voraussetzungen ab:

- Der erste Abnehmer in der Reihe hat im Inland weder Wohnsitz, Sitz, gewöhnlichen Aufenthalt oder Betriebsstätte und ist im Inland nicht zur Umsatzsteuer erfasst
- Der letzte Abnehmer wäre zum Vorsteuerabzug berechtigt
- Über die Lieferung wird keine Rechnung ausgestellt, in der Umsatzsteuer ausgewiesen ist.

Liegen diese Voraussetzungen kumuliert vor, besteht für die konkrete Lieferung Umsatzsteuerfreiheit. Allerdings steht dem letzten Abnehmer auch kein Vorsteuerabzug zu.

Diese Regelung der VO BGBl II 2005/584, ersetzt die bis zu diesem Zeitpunkt geltende VO 800/1974.

Im Anwendungsbereich der BMR gibt es die Besonderheit des Reihengeschäfts in Form des sog. Dreiecksgeschäfts (Art 25 BMR). Ein solches liegt vor, wenn eine Lieferung zwischen drei Unternehmern, die in drei Mitgliedstaaten ansässig sind, derart erfüllt wird, dass der erste Unternehmer in der Lieferkette unmittelbar an den letzten Unternehmer in der Lieferkette liefert. In diesem Fall ist der innergemeinschaftliche Erwerb des mittleren Unternehmers in der Lieferkette (sog. Erwerber) unter den Bedingungen des Art 25 Abs 3 BMR von der Umsatzsteuer befreit, und die Steuer wird unmittelbar vom Empfänger der steuerpflichtigen Lieferung geschuldet, was insbesondere für den Erwerber eine erhebliche Vereinfachung darstellt.

Beispiel D.3.

Bestimmen Sie alle Lieferorte in folgenden Reihengeschäften:

a) Unternehmer C (Wien) bestellt bei Unternehmer B (Linz) Waren, die dieser bei Unternehmer A (Salzburg) ordert. A befördert die Waren direkt zu C.

b) Unternehmer D (Wien) bestellt bei Unternehmer C (Linz) Waren, die dieser bei Unternehmer B (Salzburg) ordert. Da dieser sie jedoch nicht vorrätig hat, bestellt er sie seinerseits bei Unternehmer A (Innsbruck). A befördert die Waren direkt zu D.

c) Unternehmer C (Wien) bestellt bei Unternehmer B (Linz) Waren, die dieser bei Unternehmer A (Salzburg) ordert. C holt die Waren selbst von A in Salzburg ab.

d) Unternehmer D (Wien) bestellt bei Unternehmer C (Linz) Waren, die dieser bei Unternehmer B (Salzburg) ordert. Da dieser sie jedoch nicht vorrätig hat, bestellt er sie seinerseits bei Unternehmer A (Innsbruck). D holt die Waren selbst von A in Innsbruck ab.

e) Unternehmer C (Wien) bestellt bei Unternehmer B (Linz) Waren, die dieser bei Unternehmer A (Salzburg) ordert. B holt die Waren von A ab und befördert sie weiter zu C.

f) Unternehmer C (Wien) bestellt bei Unternehmer B (Linz) Waren, die dieser bei Unternehmer A (Bern) ordert. A befördert die Waren direkt zu C (Klausel „verzollt und versteuert").

g) Unternehmer C (Wien) bestellt bei Unternehmer B (Linz) Waren, die dieser bei Unternehmer A (Bern) ordert. A befördert die Waren direkt zu C (Klausel „unverzollt und unversteuert").

Lieferungen an private Abnehmer, die den Gegenstand der Lieferung im Inland abholen und im Reiseverkehr in einen anderen Mitgliedstaat bringen, sind im Inland steuerpflichtig. Die Besteuerung erfolgt im Ursprungsland, während im Bestimmungsland die Lieferung nicht steuerbar ist. Das gleiche gilt für unecht befreite Unternehmer, Kleinunternehmer, pauschalierte Landwirte und nicht steuerpflichtige juristische Personen, die die Erwerbsschwelle (11.000 €) nicht überschritten haben. Soweit diese Unternehmer auf die Anwendung des Ursprungslandprinzips verzichten, kommt das Bestimmungslandprinzip zur Anwendung.
Das Ursprungslandprinzip gilt für Privatpersonen auch für verbrauchsteuerpflichtige Waren (Mineralöle, Alkohol und alkoholische Getränke, Tabakwaren).

Beispiel D.4.

Bestimmen Sie den Ort der Steuerpflicht:

1) Die dreiköpfige österreichische Familie S. hat in Italien geurlaubt und folgende Dinge eingekauft, die sie nach Österreich einführt: Textilien im Wert von € 1.500,-, 1 Espressomaschine, 20 Liter Rotwein.

2) Ein österreichischer Beamter, der nebenbei als Kleinunternehmer mit Weinen handelt, kauft bei einem italienischen Winzer 60 Liter Rotwein und transportiert diesen selbst nach Österreich.

Im Bereich des innergemeinschaftlichen Versandhandels gilt hinsichtlich Privatpersonen und die genannten (Klein-)Unternehmer eine Sonderregelung, wonach als Lieferort jener Mitgliedstaat gilt, in dem die Beförderung oder Versendung endet. Dies gilt allerdings nur dann, wenn die Lieferungen des Lieferanten in einen anderen Mitgliedstaat im vorangegangenen Kalenderjahr die "Lieferschwelle" (= 100.000 €) überschritten haben oder bei Nichtüberschreitung im Vorjahr im laufenden Kalenderjahr ab Überschreiten der "Lieferschwelle". Durch diese Fiktion wird erreicht, dass im innergemeinschaftlichen Versandhandel hinsichtlich Privatpersonen und diesen gleichgestellte Personen das Bestimmungslandprinzip gilt.

Beispiel D.5.

Bestimmen Sie den Ort der Steuerpflicht:

Eine österreichische Privatperson bestellt bei einem Pariser Versandhaus Textilien. Das Versandhaus überschreitet die Lieferschwelle.

3. Umsatzsteuerbefreiungen (§ 6 UStG)

Mit Feststellung der Umsatzsteuerbarkeit ist noch nichts über die tatsächliche Umsatzsteuerpflicht gesagt. Das Umsatzsteuergesetz kennt nämlich im § 6 einen Katalog von Umsatzsteuerbefreiungen.

Dabei sind zwei Formen der Umsatzsteuerbefreiung zu unterscheiden:

- die echte Umsatzsteuerbefreiung
- die unechte Umsatzsteuerbefreiung

3.1. Die echte Umsatzsteuerbefreiung

Diese zeichnet sich dadurch aus, dass der Unternehmer, der eine echt umsatzsteuerbefreite Leistung bewirkt, die an seine Lieferanten bezahlte Umsatzsteuer (= Vorsteuer) vom Finanzamt rückerstattet erhält.
Bei echt steuerbefreiten Umsätzen findet eine vollständige Entlastung des Umsatzes von der Umsatzsteuer statt.

Das UStG 1994 kennt folgende echt steuerbefreite Umsätze:

- Ausfuhrlieferungen: Eine Ausfuhrlieferung liegt vor, wenn der Unternehmer
  a) den Gegenstand der Lieferung in das Drittlandsgebiet befördert oder versendet oder
  b) das Umsatzgeschäft mit einem ausländischen Abnehmer (keinen Wohnsitz (Sitz) im Inland oder ausländische Zweigniederlassung eines inländischen Unternehmers, die das Geschäft im eigenen Namen getätigt

hat) abgeschlossen hat, und der Abnehmer den Gegenstand der Lieferung in das Drittland befördert oder versendet hat.

- Innergemeinschaftliche Lieferungen: Solche liegen vor, wenn der Unternehmer oder Abnehmer den Gegenstand der Lieferung in das übrige Gemeinschaftsgebiet befördert oder versendet, der Erwerber Unternehmer oder eine nicht steuerpflichtige juristische Person ist und der Erwerb des Gegenstandes der Lieferung beim Abnehmer in einem anderen Mitgliedstaat der Umsatzsteuer unterliegt oder befreit ist.
  Als innergemeinschaftliche Lieferung gilt auch die innergemeinschaftliche Verbringung. Verbringung ist anzunehmen, wenn ein Unternehmer einen Gegenstand seines Unternehmens von einem EU-Land in ein anderes EU-Land zu seiner eigenen Verfügung bringt (ausgenommen nur vorübergehende Verwendung).
  Beispiel: Ein französischer Unternehmer überführt eine Maschine aus seiner deutschen Betriebsstätte in seine französische, um sie dort fortan zu verwenden.

- Lohnveredelungen an Gegenständen der Ausfuhr: Eine Lohnveredelung liegt vor, wenn der Unternehmer einen Gegenstand, den der Auftraggeber zu diesem Zweck ins Gemeinschaftsgebiet eingeführt oder im Gemeinschaftsgebiet erworben hat, bearbeitet oder verarbeitet oder eine sonstige Leistung bewirkt und den be- oder verarbeiteten Gegenstand in das Drittlandsgebiet befördert oder versendet oder das Umsatzgeschäft mit einem ausländischen Auftraggeber abgeschlossen hat, und der Auftraggeber den Gegenstand der Lieferung vom Inland in das Drittland befördert oder versendet hat.

- Umsätze für die Seeschiffahrt und Luftfahrt (zB Lieferungen, Umbauten, Instandsetzungen, Wartungen, Vercharterungen und Vermietungen, etc)

- grenzüberschreitende Güterbeförderung (inkl. Besorgung) sowie bestimmte damit zusammenhängende Leistungen

- grenzüberschreitende Personenbeförderung mit Schiff und Flugzeug

- die Lieferung von Gold an Zentralbanken

- die Vermittlung bestimmter Umsätze

Alle diese Umsätze sind aufgrund des Bestimmungslandprinzips steuerbefreit.

3.2. Die unechte Umsatzsteuerbefreiung

Auch für diese ist keine Umsatzsteuer zu entrichten. Der Unternehmer verliert jedoch die Möglichkeit des Vorsteuerabzugs für an ihn erbrachte Leistungen, weshalb die vorangegangene Stufe des Umsatzprozesses endgültig mit der Umsatzsteuer belastet ist.

Sinnvoll ist diese Regelung nur, wenn die Leistung direkt an den Letztverbraucher erfolgt. Ist hingegen ein Unternehmer Leistungsabnehmer, so fällt bei Leistungserbringung an den Letztverbraucher möglicherweise nochmals Umsatzsteuer an.

Insbesondere folgende Umsätze sind unecht umsatzsteuerbefreit:

- Umsätze der Träger der Sozialversicherung und ihrer Verbände untereinander und an die Patienten;

- Umsätze der Kranken- und Pflegeanstalten, soweit sie von Körperschaften des öffentlichen Rechts getätigt werden;

- Umsätze aus der Tätigkeit als Arzt, Dentist, Psychotherapeut oder Hebamme.

Bewirkt ein Arzt neben nach § 6 Abs 1 Z 19 UStG 1994 befreiten Umsätzen steuerpflichtige Umsätze (zB Verkauf von Medikamenten aus einer Hausapotheke, Lieferung von Kontaktlinsen durch einen Augenarzt; Vortragstätigkeit auf Ärztekongressen), so sind die abziehbaren Vorsteuerbeträge nach Maßgabe des § 12 Abs 4 bzw 5 UStG 1994 zu ermitteln (dh exakt zuzuordnen oder im Verhältnis der Umsätze aufzuteilen).
Psychologen (nach der Definition des Psychologengesetzes BGBl 1990/360) fallen jedoch nur dann unter die Befreiung des § 6 Abs 1 Z 19 UStG 1994, wenn sie tatsächlich therapeutisch tätig sind (also zB keine Seminarleiter, Ersteller von Tauglichkeitstests oder Firmenberater).

- Leistungen von Kreditinstituten (Kreditgewährung, Zahlungsverkehr, Einlagen- und Wertpapiergeschäft etc);

- Umsätze und Vermittlung von Gesellschaftsanteilen;

- Umsätze von Grundstücken;

- Vermietung und Verpachtung von Grundstücken; (die Vermietung von Wohnungen unterliegt dem ermäßigten Steuersatz von 10 %.);

- Umsätze von Kleinunternehmern. Das sind Unternehmer mit Wohnsitz oder Sitz im Inland, deren Umsätze im Veranlagungszeitraum netto € 22.000,- nicht übersteigen (VwGH 28.10.1998, 98/14/0057, ÖStZB 1999, 222). Das einmalige Überschreiten der Umsatzgrenze um nicht mehr als 15% innerhalb eines Zeitraumes von fünf Kalenderjahren ist jedoch unbeachtlich (dh die Kleinunternehmerregelung bleibt für den entsprechenden Unternehmer aufrecht). Kleinunternehmer können durch Abgabe einer sog. Verzichtserklärung (die nur bis zur Rechtskraft des USt-Bescheides wieder zurückgenommen werden kann) auf die Anwendung der Kleinunternehmerregelung auch verzichten (dh auf Regelbesteuerung optieren). Eine solche Verzichtserklärung bindet den Unternehmer auf mindestens 5 Jahre (inkl. des Jahres der Abgabe der Verzichtserklärung). Dies wird insbesondere dann sinnvoll sein, wenn nicht sicher ist, ob die € 22.000,- Grenze überschritten wird. Ein Überschreiten hat nämlich die normale Umsatzsteuerpflicht zur Folge, was für den Unternehmer bei Unmöglichkeit einer nachträglichen Rechnungskorrektur zur Folge hat, dass er die Umsatzsteuer aus den erzielten (Netto-)Umsätzen zu entrichten hat (USt in diesem Fall keine Belastung des Letzterbrauchers, sondern des Unternehmers). Bleiben die Umsätze unter € 7.500,- muss der Kleinunternehmer keine Umsatzsteuer-Erklärung abgeben (§ 21 Abs 6 UStG 1994).

Auch ein Unternehmer, der ausschließlich (unecht) steuerfreie Umsätze ausführt, hat jedoch die Aufzeichnungspflichten des § 18 Abs 2 UStG 1994 zu beachten, dh seine Aufzeichnungen insb. zeitgerecht iS des § 131 Abs 1 Z 2 BAO (1 Monat und 15 Tage nach Ablauf des Kalendermonats) zu führen.

Beispiel D.6.

Beurteilen Sie folgende Vorgänge:

Ein Computer-Händler verkauft PCs

a) und liefert sie von seinem Wiener Geschäft persönlich zu seinem Abnehmer in Mistelbach / Zürich / München.

b) und liefert sie von seinem ungarischen Lager nach Budapest.

c) und der Abnehmer holt sie von seinem Wiener Geschäft ab und bringt sie nach Mistelbach / Zürich / München.

d) und bestellt diese beim Großhändler in Graz, der sie direkt nach Mistelbach / Zürich / München liefert.

e) und bestellt diese beim Produzenten in Italien, der sie direkt nach München liefert.

Beispiel D.7.

Beurteilen Sie folgenden Vorgang:

Ein Salzburger Unternehmer lässt eine Stanzmaschine aus seiner bayrischen Betriebsstätte in das Salzburger Stammwerk transportieren.

Beispiel D.8.

Beurteilen Sie folgende Vorgänge:

a) Ein Vorarlberger Textilunternehmen befördert Stoffe nach Norditalien, um sie dort einfärben zu lassen. Nach Abschluss der Bearbeitung werden die Stoffe zurück nach Vorarlberg geliefert.

b) Ein Vorarlberger Textilunternehmen erhält von einem Schweizer Unternehmer Wolle, das er zu Garn verarbeitet und anschließend zurück in die Schweiz versendet.

Beispiel D.9.

Stellen Sie den Ort der Beförderungsleistung fest:

a) Ein Gegenstand wird von Österreich in die Schweiz befördert. Der dabei zurückgelegte Weg liegt jeweils zur Hälfte in Österreich und der Schweiz.

b) Ein österreichischer Unternehmer beauftragt ein Beförderungsunternehmen einen Gegenstand von Wien nach München zu bringen. Die Beförderungsstrecke in Österreich beträgt ~ 300 km, jene in Deutschland ~ 140 km.

c) Ein Gegenstand wird im Auftrag eines italienischen Unternehmers von Wien nach München transportiert. Der italienische Unternehmer verwendet gegenüber der beauftragten Spedition seine italienische UID.

Beispiel D.10.

Bestimmen Sie den Ort der sonstigen Leistung:

1) Die Zillertaler Schürzenjäger veranstalten ein Konzert in Berchtesgaden.

2a) Ein österreichischer Steuerberater übernimmt für einen deutschen Unternehmer die steuerliche Vertretung in Österreich.

2b) Ein österreichischer Steuerberater übernimmt für die österreichische Betriebstätte eines deutschen Unternehmers die steuerliche Vertretung in Österreich.

3a) Ein österreichischer Handelsvertreter vermittelt der OMV den Verkauf von Kunstdünger an einen britischen Unternehmer. Der Kunstdünger wird von Österreich nach Großbritannien/in die Schweiz versendet.

3b) Ein österreichischer Immobilienmakler vermittelt einem deutschen Unternehmer den Ankauf eines Grundstückes an der spanischen Mittelmeerküste.

3.3. Spezialfall Grundstücksumsätze

Grundstückumsätze sind nach § 6 Abs 1 Z 9 lit a UStG grundsätzlich unecht umsatzsteuerbefreit.

Es wurde allerdings die Möglichkeit eines „Opting–Out" von der unechten Befreiung gem § 6 Abs 1 Z 9 lit a UStG zu Gunsten einer „normalen" Umsatzsteuerpflicht in § 6 Abs 2 UStG geschaffen. Wird von der Option Gebrauch gemacht, unterbleibt beim Verkäufer eine sonst erforderliche Vorsteuerberichtigung gem § 12 Abs 10 UStG; die Grundstückslieferung wird mit 20 % Umsatzsteuer fakturiert, die vom Erwerber nach Maßgabe des § 12 UStG als Vorsteuer geltend gemacht werden kann. Bei Verzicht auf die Option zur Steuerpflicht liegt weiterhin ein unecht befreiter Umsatz vor; der Verkäufer verfügt über keine Vorsteuerabzugsmöglichkeit bzw hat eine Vorsteuerberichtigung gem § 12 Abs 10 UStG vorzunehmen. Dem Erwerber steht aufgrund des unecht befreiten Umsatzes kein Vorsteuerabzug zu. Bei Option zur Umsatzsteuerpflicht erhöht sich die Grunderwerbsteuerbelastung, da die Umsatzsteuer in die Bemessungsgrundlage der GrESt einzubeziehen ist. Die Grunderwerbsteuer ihrerseits zählt jedoch nicht zur Bemessungsgrundlage der Umsatzsteuer.

In den UStR 2000, Rz 793ff sowie Rz 900 wird in diesem Zusammenhang noch folgendes ausgeführt:

- Vor dem Umsatz (= Schlüsselübergabe) ist die zukünftige Grundstückslieferung grundsätzlich als unecht umsatzsteuerbefreit anzusehen, weshalb ein Vorsteuerabzug (für Bauträger) zunächst unterbleibt. Die Option zur Umsatzsteuerpflicht (verbunden mit dem Recht auf Vorsteuerabzug) ist frühestens im Umsatzzeitpunkt möglich. Anzahlungen stellen keinen Umsatz dar.
- Anzahlungen auf später umsatzsteuerpflichtig behandelte Grundstücksumsätze unterliegen nicht der Umsatzbesteuerung.
- Die Optionsausübung stellt eine Änderung der Verhältnisse iSd § 12 Abs 10 bis 12 UStG dar. Bei der Vorsteuerberichtigung ist für Anlagevermögen die Zehntel–Regelung zu beachten (§ 12 Abs 10 UStG), beim Umlaufvermögen ist die Umsatzsteuer zeitlich unbegrenzt zur Gänze berichtigbar (§ 12 Abs 11 UStG).
- Die Option kann für jeden einzelnen Umsatz (und innerhalb des einzelnen Umsatzes für jeden abgrenzbaren Grundstücksteil) ausgeübt werden.

Besonderheiten bestehen insbesondere auch für gemischt genutzte Grundstücke infolge des EuGH-Urteils in der Rs Seeling vom 8.5.2005, 269/00. In diesem Urteil wurde vom EuGH ausgesprochen, dass für gemischt genutzte Gebäude ein Vorsteuerabzug von den gesamten Herstellungskosten zulässig ist, auch wenn nur ein Teil des Gebäudes unternehmerisch genutzt wird. Im Gegenzug ist für die teilweise private Verwendung des Gebäudes ein „Eigenverbrauch" in Form einer sonstigen Leistung iSd § 3a Abs 1a UStG zu versteuern. Diese Auffassung des EuGH findet grundsätzlich Deckung in den Bestimmungen des UStG 1994, wo § 12 Abs 2 UStG für gemischt genutzte Gebäude einen Vorsteuerabzug bei auch nur geringster unternehmerischer Verwendung von den gesamten Herstellungskosten zulassen.

Mit 1.5.2004 kam es allerdings zu einer nicht unerheblichen Änderung dieser Rechtslage. In § 3a Abs 1a UStG wurde ein neuer letzter Satz eingefügt, wonach die dort geregelte Gleichstellung der Verwendung von Gegenständen für Zwecke außerhalb des Unternehmens mit einer vom Unternehmen erbrachten sonstigen Leistung (dh der frühere Verwendungseigenverbrauch) nicht gilt für die Verwendung eines dem Unternehmen zugeordneten Grundstücks. Mit dieser Neuregelung wird somit die Verwendung für unternehmensfremde Zwecke gesetzlich ausgeschlossen mit der dadurch indirekt beabsichtigten Wirkung, dass insoweit auch kein Vorsteuerabzug mehr für den privaten Anteil des Gebäudes zusteht, was durch die insoweit neue Bestimmung des § 12 Abs 3 Z 4 UStG auch tatsächlich normiert wird. Beide neue Bestimmungen werden im Lichte der Mehrwertsteuer-Richtlinie kritisch beurteilt, da weder eine Rechtfertigung für die Einschränkung der Eigenverbrauchbesteuerung wie für den Vorsteuerabzug gesehen wird (vgl zB *Beiser/Pülzl* SWK 2004, S 444; *Prodinger*, SWK 2004, S 447). Auch der Gesetzgeber selbst lässt sich hinsichtlich der beiden neuen Bestimmungen gewissermaßen noch eine Hintertür offen in der Bestimmung des § 12 Abs 10a UStG, wonach bei nicht ausschließlich unternehmerisch genutzten Gebäuden, bei denen hinsichtlich des nicht unternehmerisch genutzten Teiles ein Vorsteuerabzug in Anspruch genommen werden konnte, eine Vorsteuerkorrektur über einen Zeitraum von 20 Jahren zu erfolgen hat. Geht man davon aus, dass § 12 Abs 3 Z 4 UStG gemeinschaftskonform ist, bedürfte es dieser Regelung des § 12 Abs 10a UStG mangels tatsächlichen Anwendungsbereichs nicht.

Beispiel D.11.

Ein Bauträger bietet eine Eigentumswohnung um 1.000.000,- an. Die Summe der Vorsteuern, die bei einer Option gem § 6 Abs 2 UStG von ihm geltend gemacht werden könnten, beträgt 100.000,- und der Bauträger ist bereit, diesen Betrag wirtschaftlich an den Erwerber weiterzugeben (durch Senkung des Kaufpreises auf 900.000,-). Der Käufer erwirbt die Wohnung um sie zu vermieten.

Variante:
Der Käufer erwirbt die Wohnung um sie zu vermieten, der Mietvertrag endet jedoch nach vier Jahren und der Käufer verwendet die Wohnung danach selbst.

Ermitteln Sie jeweils den Betrag der Umsatzsteuer sowie die für den Käufer anfallenden Kosten.

4. Bemessungsgrundlage und Höhe der Umsatzsteuer

4.1. Bemessungsgrundlage (§§ 4, 5 UStG)

Bemessungsgrundlage für **Lieferungen und sonstige Leistungen** ist das Entgelt. Entgelt ist alles, was der Empfänger einer Lieferung oder sonstigen Leistung (oder auch ein Dritter) aufzuwenden hat. Dazu zählen neben dem eigentlichen Kaufpreis des Gegenstandes auch damit verbundene Kosten (zB Vertragserrichtung, Gebühren), aber auch freiwillige Leistungen des Empfängers oder eines Dritten (zB Subventionen) für den Erhalt des Gegenstandes ("Extrahonorar", Spende). Die Umsatzsteuer selbst und durchlaufende Posten gehören nicht zum Entgelt.
Wird eine Leistung erbracht, die aus einer Hauptleistung und einer unselbständigen Nebenleistung besteht, so bemisst sich die Umsatzsteuer einheitlich von der Hauptleistung (Grundsatz der einheitlichen Leistung). Sollte sich die Nebenleistung allerdings von der Hauptleistung trennen lassen, liegt jedenfalls keine einheitliche Leistung, sondern es liegen zwei getrennt zu beurteilende Leistungen vor. Dies gilt zB für den vertraglich insoweit eindeutig erkennbar verzinslich gestundeten Kaufpreis: die Leistung ist zu trennen in die Lieferung/sonstige Leistung und das Kreditgeschäft. Der USt unterliegt nur die Lieferung/sonstige Leistung, das Kreditgeschäft ist hingegen unecht USt-befreit. Sollte hingegen nur in wirtschaftlicher Betrachtungsweise eine Verzinsung enthalten sein, die aber vertraglich nicht eindeutig in ihren Konditionen dargelegt ist, liegt eine als einheitliche Leistung zu beurteilende Lieferung/sonstige Leistung vor, sodass Bemessungsgrundlage der Umsatzsteuer das Gesamtentgelt der Lieferung/sonstige Leistung ist. Für Kunstgegenstände, Sammlungsstücke, Antiquitäten und Gebrauchtgegenstände (inkl. Gebrauchtwagen), die ein Unternehmer von einem nicht zum Vorsteuerabzug Berechtigten erworben hat, besteht insoferne eine Sonderregelung, als nur der Unterschiedsbetrag zwischen Ankaufspreis und Verkaufspreis (netto) der Umsatzsteuer zu unterwerfen ist (Differenzbesteuerung - § 24 UStG). Eine ähnliche Regelung gibt es unter bestimmten Voraussetzungen für Reiseleistungen im § 23 UStG.

Bemessungsgrundlage für die **Entnahme-Lieferung** iSd § 3 Abs 2 UStG sind der Einkaufs(Wiederbeschaffungs)preis bzw die Selbstkosten der entnommenen oder unentgeltlich zugewendeten Gegenstände im Zeitpunkt des Umsatzes. Für die als sonstige Leistung iSd § 3a Abs 1a UStG zu behandelnde **Verwendung** eines Gegenstands für Zwecke außerhalb des Unternehmens sind Bemessungsgrundlage die auf die Nutzung des Gegenstandes entfallenden Kosten, bei Verwendung von Mitarbeitern für Zwecke außerhalb des Unternehmens die entsprechenden Personalkosten, beim **Eigenverbrauch** die auf die Ausführung der Leistung entfallenden Kosten oder die nichtabzugsfähigen Ausgaben (Aufwendungen).

Unter den auf die Nutzung entfallenden Kosten sind neben den variablen auch die anteiligen Fixkosten (zB AfA) zu verstehen.

Bemessungsgrundlage der **Einfuhr**umsatzsteuer ist der Zollwert der eingeführten Ware.

Der **innergemeinschaftliche Erwerb** wird - wie die Lieferungen und sonstigen Leistungen - nach dem Entgelt bemessen.

Ändert sich die Bemessungsgrundlage (nachträgliche Anschaffungskostenerhöhung bzw -verminderung), so ist die Umsatzsteuer (aber auch die Vorsteuer) entsprechend § 16 UStG im Zeitpunkt der Änderung zu korrigieren. Gleichfalls zu korrigieren sind uneinbringliche Forderungen, da es sonst zu einer Belastung des Unternehmers mit der Umsatzsteuer kommt, obwohl er kein Entgelt erhalten hat. Bloß zweifelhafte Forderungen berechtigen hingegen noch nicht zur Umsatzsteuerkorrektur.

4.2. Umsatzsteuersätze (§ 10 UStG)

Das UStG 1994 kennt vier Steuersätze:

- den Normalsteuersatz von **20 %**, der immer dann Anwendung findet, wenn keiner der anderen Steuersätze anzuwenden ist.

- den ermäßigten Steuersatz von **10 %**. Dieser gilt insbes. für Lieferungen, Eigenverbrauch und Einfuhr der in der Anlage zum § 10 des UStG 1994 aufgezählten Gegenstände (dazu zählen Lebensmittel, Holz, Bücher und Zeitungen), die Vermietung von Wohnungen und Hotelzimmer, Künstler, gemeinnützige, mildtätige oder kirchliche Institutionen, Gaststättenumsätze, sowie Leistungen der Rundfunk- und Entsorgungsunternehmen.

- den ermäßigten Steuersatz von **12 %** für die Lieferung von selbsterzeugtem Wein .

- einen ermäßigten Steuersatz von **16 %** für die in den Gebieten Jungholz und Mittelberg (= Zollausschlussgebiet) bewirkten Umsätze durch Unternehmer, die einen Wohnsitz (Sitz), gewöhnlichen Aufenthalt oder eine Betriebsstätte in diesen Gebieten haben. Dies gilt nicht für die Lieferung und die Vermietung von Kraftfahrzeugen an Leistungsempfänger, die ihren Wohnsitz oder Sitz im Inland, ausgenommen in den Gebieten Jungholz und Mittelberg, haben, und für Umsätze an die Betriebsstätte eines Unternehmers im Inland, ausgenommen in den Gebieten Jungholz und Mittelberg. Die Regelung gilt ferner nicht für Umsätze, die einem 10- oder 12%igen USt-Satz unterliegen.

Durch den ermäßigten Steuersatz für die Gemeinden Jungholz und Mittelberg sollen Wettbewerbsnachteile für dort ansässige Unternehmer im Hinblick auf die geringere umsatzsteuerliche Belastung in Deutschland (dt. USt-Normalsatz = 16%) vermieden werden. Solche Wettbewerbsnachteile können aber nicht eintreten, wenn die Umsätze (Lieferungen oder sonstige Leistungen) an Leistungsempfänger im übrigen Bundesgebiet ausgeführt werden. In diesen Fällen käme es bei Anwendung des ermäßigten Steuersatzes vielmehr zu einem nicht gerechtfertigten Wettbewerbsvorteil für in den Gemeinden Jungholz und Mittelberg ansässige Unternehmer gegenüber den Unternehmern im übrigen Bundesgebiet. Diese Systemwidrigkeit soll bei der Lieferung und der Vermietung von Kraftfahrzeugen bereinigt werden.

Diese Steuersätze sind EU-konform. Die EU sieht einen Mindeststeuersatz von 15 % bei der Normalsteuer und 5 % beim ermäßigten Satz vor. In den EU-Nachbarländern Deutschland und Italien zB liegt der Normalsatz bei 16 bzw 19 %.

Beispiel D.12.

Ermitteln Sie den Betrag der Umsatzsteuer:

Der Student K. kauft Computerausrüstung in einem Wiener Computerfachgeschäft um 4.000,- netto. Die Hälfte des Nettokaufpreises bezahlt er selbst bei Abholung. Den Restbetrag überweisen seine Eltern auf das Konto des Computerhändlers.

Beispiel D.13.

Berechnen Sie die Höhe der Umsatzsteuer.

Ein Künstler verschönert eine Müllverbrennungsanlage und erhält dafür vom Entsorgungsbetrieb ein Entgelt von 1 Mio. Darüber hinaus leistet die Gemeinde einen "Materialkostenzuschuss" von 5 Mio.

Beispiel D.14.

Ermitteln Sie den Betrag der Umsatzsteuer:

Ein Antiquitätenhändler verkauft einen Empire-Schreibtisch, den er um 2.000 aus dem Nachlass einer alten Dame erworben hat, um brutto 5.000 an einen privaten Sammler.

Beispiel D.15.

Aus 2005 besteht eine Forderung in Höhe von 120.000,- (inkl. 20 % USt). Welche umsatzsteuerlichen Konsequenzen ergeben sich, wenn der Schuldner

a. 2006 trotz zweimaliger Mahnung immer noch nicht zahlt und die Forderung daher um 40 % berichtigt wird.

b. 2006 Konkurs anmeldet und die Konkursquote voraussichtlich 10 % beträgt.

5. Der Vorsteuerabzug (§ 12 UStG)

Ein Unternehmer kann

- die von anderen Unternehmern in einer Rechung an ihn gesondert ausgewiesene Steuer für Lieferungen und sonstige Leistungen, die im Inland für sein Unternehmen ausgeführt worden sind,
- die entrichtete Einfuhrumsatzsteuer für Gegenstände, die für sein Unternehmen eingeführt worden sind,
- die Steuer für den innergemeinschaftlichen Erwerb von Gegenständen für sein Unternehmen

als Vorsteuer abziehen.

Das Recht auf Vorsteuerabzug besteht unabhängig davon, ob der Unternehmer im Inland Umsätze ausführt oder im Inland eine Betriebsstätte hat (dadurch keine Diskriminierung ausländischer Unternehmer).

Für den Vorsteuerabzug müssen somit **folgende Voraussetzungen** erfüllt sein:

- Sowohl Lieferant bzw Leistungserbringer als auch Empfänger müssen Unternehmer sein.

- Die Lieferung bzw sonstige Leistung muss für das Unternehmen des Empfängers erfolgen. Dies ist dann der Fall, wenn zumindest zu 10 % unternehmerische Zwecke verfolgt werden (Bagatellregelung). Für Gebäude gilt jedoch, dass die Lieferung auch bei kleinstem unternehmerischen Zweck als für das Unternehmen ausgeführt gelten. Im übrigen ist bei gemischt genutzten Gütern anstelle der vollständigen umsatzsteuerlichen Zuordnung zum Unternehmen auch nur eine anteilige Zuordnung zum Unternehmen möglich (§ 12 Abs 2 Z 1 UStG). Nicht als für das Unternehmen ausgeführt gilt der Erwerb und die Miete eines PKW, Kombi oder Kraftrades. Für diese kann die in Rechnung gestellte Umsatzsteuer daher nicht abgezogen werden (Ausnahme für Fahrschulen, Autohändler und Beförderungsunternehmen).

- Die Lieferungen oder sonstigen Leistungen dürfen nicht dazu verwendet werden, um unecht befreite Umsätze auszuführen.

- Es muss eine Rechnung im Sinne § 11 UStG vorliegen.

Rechnungen müssen die folgenden Angaben enthalten:

- Name und Anschrift des liefernden oder leistenden Unternehmers;
- Name und Anschrift des empfangenden Unternehmers;
- Menge und handelsübliche Bezeichnung der Lieferung oder sonstigen Leistung;
- Tag der Lieferung oder Zeitraum der Leistung;
- Entgelt der Leistung;
- auf das Entgelt entfallende Umsatzsteuer.

Weiters hat die Rechnung folgende Angaben zu enthalten:

- das Ausstellungsdatum
- eine fortlaufende Nummer mit einer oder mehreren Zahlenreihen, die zur Identifizierung der Rechnung einmalig vergeben wird
- UID-Nummer des die Leistung erbringenden Unternehmers, für die das Recht auf Vorsteuerabzug besteht

Für Kleinbetragsrechnungen (Gesamtbetrag inkl. USt ≤ € 150,-) muss der Empfänger und die auf das Entgelt entfallende Umsatzsteuer nicht ausgewiesen werden. Es genügt die Angabe des Steuersatzes.

Ein in einer Rechnung zu hoch ausgewiesener Umsatzsteuerbetrag wird dennoch geschuldet. Das gleiche gilt für jemanden, der in einer Rechnung einen Umsatzsteuerbetrag ausweist, obwohl er gar kein Unternehmer ist oder keinen steuerbaren Umsatz ausführt (§ 11 Abs 12 und 14 UStG).

Ändern sich bei einem Gegenstand, den ein Unternehmer in seinem Unternehmen als Anlagevermögen verwendet oder nutzt, in den auf das Jahr der erstmaligen Verwendung folgenden vier Kalenderjahren, die Verhältnisse, die für den Vorsteuerabzug maßgebend waren, so ist die Vorsteuer zu berichtigen. Für Grundstücke ist ein Zeitraum von neun Kalenderjahren heranzuziehen.

Seit 1994 gibt es die Möglichkeit der **Vorsteuerpauschalierung** (§ 14 UStG 1994) für Unternehmer, die die Einkommensteuerpauschalierung nach § 17 EStG in Anspruch nehmen können (umsatzsteuerlich ist entscheidend, dass der Vorjahresumsatz ≤ € 220.000,- war). Die Inanspruchnahme der Vorsteuerpauschalierung ist allerdings von der Inanspruchnahme des § 17 EStG unabhängig. Das Vorsteuerpauschale beträgt 1,8 % des Umsatzes, höchstens jedoch € 3.960,- mit Ausnahme der Umsätze aus Hilfsgeschäften. Daneben kann noch extra die für Anschaffungen oder Herstellungen von abnutzbarem Anlagevermögen von netto mindestens 1.100,- und für in die Betriebsleistungen unmittelbar eingehende Umlaufvermögen (Vorräte) bezahlte Umsatzsteuer als Vorsteuer geltend gemacht werden.

Eine besondere Regelung sieht § 13 UStG noch für den Vorsteuerabzug im Zusammenhang mit einer ausschließlich durch den Betrieb veranlassten Reise vor. In diesem Fall kann der Unternehmer die auf die Mehraufwendungen für Verpflegung entfallende abziehbare Vorsteuer nur aus den nach § 26 Z 4 EStG festgesetzten Pauschalbeträgen (derzeit brutto 26,40 €) errechnen. Der dabei anzuwendende Steuersatz beträgt 10 %. Dies bedeutet, dass je vollem Tag Verpflegungsmehraufwand 2,40 € als Vorsteuer und dementsprechend 24 € netto als Betriebsausgabe geltend gemacht werden können. Das gleiche gilt für Dienstnehmern für deren Reisen erstatteten Verpflegungsmehraufwand. Sollte den Dienstnehmern eine höhere Vergütung für Verpflegungsmehraufwand bezahlt werden, ist von dem über den Pauschalbetrag des § 26 Z 4 EStG ein Vorsteuerabzug ausgeschlossen (sollte allerdings die Vergütung mehr als das doppelte des Pauschalbetrages ausmachen, steht kein Vorsteuerabzug zu).
Die gleichen Grundsätze gelten auch für Nächtigungskosten im Zusammenhang mit Reisen. Entsprechend den Regeln des § 26 Z 4 EStG kann entweder ein Nächtigungspauschale von derzeit 15 € oder die tatsächlichen Nächtigungskosten (inklusive Früchstück) geltend gemacht werden. In beiden Fällen ist die Vorsteuer abzugsfähig, bei Geltendmachung des Pauschalbetrages wiederum von 10 %, sodass bei Anwendung des Nächtigungspauschales ein Betrag von 1,36 € als Vorsteuer und dementsprechend 13,64 € netto als Betriebsausgabe geltend gemacht werden kann.

Beispiel D.16.

Herr Maier ist Computer-Händler und tätigt folgende Geschäfte:

a) Er verkauft am 27.3. drei PC zu je 1.500,- (netto, 20 %). Die Rechnung wird am 30.3. (3.4.) gelegt. Zahlungsziel ist der 30.4. Zu diesem Zeitpunkt überweist der Kunde, die Firma "Top-AG" 2.400,-. Weitere 2.400,- gehen im Juni ein. Die restlichen 600,- werden endgültig nachgelassen.

b) Am 20.9. erwirbt er Heizöl im Wert von 3.000,- (10 % USt). Der Transport erfolgt durch den Lieferanten und wird mit 150,- in Rechnung gestellt (Variante: Der Transport erfolgt durch einen von Herrn Maier engagierten Transporteur, der dafür 150,- verlangt).

c) Herr Maier erwirbt auch gebrauchte Computer. Ein solcher wird ihm vom nicht berufstätigen Studenten Karl H. um 300,- zuzüglich 60,- Umsatzsteuer am 12.10. verkauft.

d) Herr Maier kauft am 20.10. von der Firma "Müller GmbH" einen 2005 erstmalig zugelassenen, gebrauchten PKW um netto 25.000,-.

e) Herr Maier lässt am 7.11. durch einen Transporteur 40 Computer aus Bern / Mailand nach Wien bringen. Der Wert der Computer beträgt 50.000,-. Die Transportkosten betragen 900,- von denen die Hälfte auf die Schweiz / Italien entfällt.

Beurteilen Sie die Geschäftsfälle aus umsatzsteuerlicher Sicht.

Beispiel D.17.
Ermitteln Sie zu Beispiel A 17 die abziehbare Vorsteuer!

6. Steuerschuldner – Reverse Charge - Fiskalvertreter

Grundsätzlich ist der Unternehmer, der die Leistung erbringt, der Steuerschuldner. Sollte der eine Lieferung erbringende Unternehmer im Inland weder einen Wohnsitz (Sitz) noch seinen gewöhnlichen Aufenthalt oder eine Betriebsstätte haben und der Leistungsempfänger Unternehmer oder eine juristische Person des öffentlichen Rechts sein, ist der Leistungsempfänger verpflichtet, die auf diese Lieferung entfallende Umsatzsteuer einzubehalten und im Namen und für Rechnung des leistenden ausländischen Unternehmers an das für diesen zuständige Finanzamt abzuführen. Der inländische Leistungsempfänger haftet für die Abfuhr der Umsatzsteuer, dh sollte er, wenn auch irrtümlich, keine Umsatzsteuer einbehalten und der ausländische Unternehmer diese nicht an das für ihn zuständige Finanzamt abführen, trägt die Umsatzsteuerlast der Leistungsempfänger. Diese in § 27 Abs 4 UStG normierte Regelung gilt nur für Lieferungen, nicht für sonstige Leistungen.

In bestimmten Fällen geht die Steuerschuld auf den Empfänger der Leistung über – sog. **Reverse Charge System**. Dies ist nach § 19 Abs 1 UStG insbesondere dann der Fall, wenn bei sonstigen Leistungen und Werklieferungen der leistende Unternehmer im Inland weder einen Wohnsitz (Sitz) noch seinen gewöhnlichen Aufenthalt oder eine Betriebsstätte hat und der Leistungsempfänger Unternehmer oder eine juristische Person des öffentlichen Rechts ist. In diesen Fällen haftet allerdings der leistende Unternehmer für die Umsatzsteuer. In derartigen Fällen bedarf es keinen eigenen Ausweises der Umsatzsteuer in der Rechnung, ein solcher Ausweis wird vielmehr als eigene Umsatzsteuerschuld nach § 11 Abs 12 UStG angesehen. In der Rechnung ist neben der UID des Leistungsempfängers auch auf den Übergang der Steuerschuld hinzuweisen.
Das gleiche gilt bei Bauleistungen iSd § 19 Abs 1a UStG, die an einen Empfänger erbracht werden, der seinerseits mit der Erbringung der Bauleistungen beauftragt ist bzw üblicherweise selbst Bauleistungen erbringt sowie bei den in § 19 Abs 1b UStG genannten Lieferungen.

Sollte ein Unternehmer im Inland weder einen Wohnsitz (Sitz) noch seinen gewöhnlichen Aufenthalt oder eine Betriebsstätte haben, so kann er einen sog. Fiskalvertreter bestellen, sollte der Unternehmer im Gemeinschaftsgebiet weder einen Wohnsitz (Sitz) noch seinen gewöhnlichen Aufenthalt oder eine Betriebsstätte haben, so muss er einen sog. Fiskalvertreter bestellen, wenn er im Inland steuerpflichtige Umsätze tätigt (§ 27 Abs 7 UStG). Dementsprechend bedarf es keinen Fiskalvertreters bei Umsätzen, bei denen es aufgrund § 27 Abs 4 UStG zum Einbehalten der USt durch den Leistungsempfänger verbunden mit der Haftung desselben kommt sowie bei Umsätzen, bei denen aufgrund des Reverse Charge Systems der Leistungsempfänger Steuerschuldner ist. Grundsätzlich bedarf es daher des Fiskalvertreters insbesondere bei Leistungen an Nichtunternehmer. Einer Bestellung eines Fiskalvertreters bedarf es darüber hinaus bei Unternehmern, die innergemeinschaftliche Lieferungen und innergemeinschaftliche Erwerbe tätigen. Der vom Unternehmer zu bestellende Fiskalvertreter hat alle abgabenrechtlichen Rechte und Pflichten des von ihm vertretenen Unternehmers wahrzunehmen und muss eine Zustellungsvollmacht besitzen.

Beispiel D.18.

a) Die dem Unternehmer U gehörende Produktionsmaschine ist defekt und wird vom Unternehmer Z in den Räumlichkeiten des Unternehmers U in Linz repariert. Unternehmer Z hat seinen Sitz in Wien / Bern / Preßburg.

Variante:
Die Maschine wird zum Zwecke der Reparatur vom Unternehmer U an den Unternehmer Z geliefert, der sie an seinem Unternehmenssitz in Wien / Bern / Preßburg repariert.

b) Unternehmer Z repariert die Waschmaschine der Privatperson P vor Ort. Unternehmer Z hat seinen Sitz in Wien / Bern / Preßburg.

7. Entstehen der Steuerschuld und Fälligkeit (§§ 19, 21 UStG)

Bei Lieferung oder sonstiger Leistung entsteht die Steuerschuld grundsätzlich mit Ablauf des Monats, in dem die Lieferung oder sonstige Leistung ausgeführt worden ist **(Sollbesteuerung)**. Es kommt somit nicht auf die Vereinnahmung des Entgelts an. Der Zeitpunkt des Entstehens der Steuerschuld verschiebt sich um einen Monat, wenn die Rechnungsausstellung erst nach Ablauf des Monats der Lieferung oder sonstigen Leistung erfolgt ist. Anzahlungen sind im Zeitpunkt ihrer Vereinnahmung der Umsatzsteuer zu unterwerfen.

Beim innergemeinschaftlichen Erwerb entsteht die Steuerschuld mit Ausstellung der Rechnung, spätestens jedoch am 15. Tag des dem Erwerb folgenden Monats.

Beim Eigenverbrauch entsteht die Steuerschuld mit Ablauf des Monats, in dem der Eigenverbrauch stattfindet.

Bei unrichtigem oder unberechtigtem Steuerausweis entsteht die Steuerschuld mit Ablauf des Monats, in dem die Rechnung ausgefolgt wird.

Die Vorsteuer ist im der Rechnungslegung zweitfolgenden Monat abzugsfähig, die Einfuhrumsatzsteuer ist im der tatsächlichen Bezahlung zweitfolgenden Monat abzugsfähig. Etwas anderes gilt in den Fällen des § 26 Abs 3 Z 2 UStG, wonach die Einfuhrumsatzsteuerschuld bei Zuständigkeit des Finanzamtes frühestens am 15. Tag des auf den Voranmeldungszeitraum, in dem die Einfuhrumsatzsteuerschuld entsteht, zweitfolgenden Kalendermonat fällig ist. In diesem Fall ist zum selben Zeitpunkt auch die Einfuhrumsatzsteuer bereits als Vorsteuer abzugsfähig.

Von der Sollbesteuerung unterscheidet sich die **Istbesteuerung**. Diese erfolgt unabhängig von der Rechnungslegung. Die Steuerschuld tritt hier mit Ablauf des Monats der Vereinnahmung des Entgelts ein.

Der **Istbesteuerung** unterliegen **zwingend:**

- Freiberufler im Sinne des § 22 Z 1 EStG
- Versorgungungsunternehmen (Gas, Wasser, Elektrizität, Abfallbeseitigung), bei denen das Entgelt mit Rechnungslegung als vereinnahmt gilt.

Folgende Unternehmer (die ihre Gewinne nach dem Zufluss-/Abflussprinzip ermitteln) unterliegen **grundsätzlich** der **Istbesteuerung, können** über Antrag jedoch **auf Sollbesteuerung optieren** (§ 17 (2) und (3) UStG 1994):

- Nicht buchführungspflichtige Einkünfteerzieler im Sinne der §§ 21 und 23 EStG.

- Nicht unter §§ 21 und 23 EStG fallende Steuerpflichtige, sofern der Gesamtumsatz in einem der beiden vorangegangenen Kalenderjahre € 110.000,- nicht überstiegen hat.

Ist der Unternehmer nur hinsichtlich einzelner Betriebe nicht buchführungspflichtig, so erstreckt sich die Verpflichtung zur Berechnung der Steuer nach vereinnahmten Entgelten nur auf diese Betriebe. Auch der Antrag auf Sollbesteuerung kann auf einzelne Betriebe beschränkt werden.

Die Steuer ist **zwingend** nach vereinbarten Entgelten (**Sollbesteuerung**) zu berechnen:

- bei nicht buchführungspflichtigen Einkünfteerzielern im Sinne der §§ 21 und 23 EStG mit Beginn des Kalenderjahres, für das die Buchführungspflicht eingetreten ist,

- bei nicht unter §§ 21 und 23 EStG fallenden Steuerpflichtigen, wenn der Gesamtumsatz in zwei aufeinander folgenden Kalenderjahren € 110.000,- überstiegen hat, mit Ablauf dieses Zeitraumes.

Die Umsatzsteuer ist am 15. Tag des auf den Kalendermonat des Entstehens der Steuerschuld zweitfolgenden Monats fällig.

Beispiel D.19.

Ermitteln Sie den Fälligkeitszeitpunkt der Umsatzsteuer für das Beispiel D.16.

8. Lücken im System - der Umsatzsteuerbetrug

Der Umstand, dass es sich bei der Umsatzsteuer um eine Selbstbemessungsabgabe handelt, dh der Unternehmer errechnet die Höhe der Zahllast bzw Gutschrift selbst, verleitet oftmals zu ungesetzlichem Missbrauch, dessen Höhe schwer zu schätzen ist, vermutlich aber einen beachtlichen Teil des offiziellen Umsatzsteueraufkommens ausmacht.

Es können dabei folgende Unterarten des Betrugs unterschieden werden:

• Strafrechtliche (zumeist Eigentums-) Delikte, die (uU durchaus korrekte) umsatzsteuerliche Konsequenzen nach sich ziehen;

• der Umsatzsteuerbetrug im engeren Sinne, dh es werden falsche oder fingierte Bemessungsgrundlagen zur Hinterziehung geschuldeter Umsatzsteuer oder zur Geltendmachung unberechtigter Vorsteuerüberhänge verwendet.

Wenn etwa ein Unternehmer im Ausland neue PKW auf Kredit beschafft (zur vermeintlichen Vermietung im Rahmen seines Unternehmens im Inland), das Eigentum an diesen dabei den ausländischen Händlern überlässt (durch Überlassung der KFZ-Papiere) sie anschließend jedoch nicht im Inland vermietet sondern sie in andere (Dritt-) Länder verkauft, in denen die KFZ-Papiere für den Eigentumsnachweis nicht erforderlich sind, und dabei die Steuerbefreiung des § 7 UStG geltend macht, so kann dies, falls die Voraussetzungen des § 7 UStG erfüllt werden, aus Sicht des UStG durchaus rechtens sein.

Anders liegen die Dinge hingegen dann, wenn unmittelbar gegen das UStG selbst verstoßen wird. Eine in jüngster Zeit oft beobachtete Variante läuft dabei etwa wie folgt ab: Eine inländische Herstellerfirma eines hochpreisigen Produkts wendet sich an eine inländische Exportfirma. Diese soll eine große Menge des Produkts an einen ausländischen Abnehmer gegen Provision exportieren. Der Exporteur zahlt dabei Umsatzsteuer für den Produktpreis an den Hersteller, die er sich vom Finanzamt als Vorsteuer zurückholen kann, exportiert die Waren allerdings umsatzsteuerfrei (zB nach § 7 UStG). Plötzlich entpuppt sich jedoch der inländische Hersteller als Scheinfirma, die die geschuldete Umsatzsteuer natürlich nicht ans Finanzamt abgeführt hat, sondern „verschwindet“. Die vom Exporteur ausgeführten Waren wurden uU wieder nach Österreich zurückgeschleust und warten bereits darauf von einer weiteren „Herstellerfirma“ an einen anderen österreichischen Exporteur verkauft zu werden! In diesem Fall mangelt es dem „Hersteller“ eigentlich schon an der Unternehmereigenschaft, so dass er auch nicht zur Inrechnungstellung der USt berechtigt wäre (tut er dies dennoch, so schuldet er diese jedoch gem § 11 UStG dem Fiskus, sein Abnehmer ist jedoch mangels Unternehmereigenschaft des Verkäufers nicht zum Vorsteuerabzug berechtigt, auch dann nicht, wenn er im „Guten Glauben“ erwirbt!).

Umfangreiche Missbräuche der hier dargestellten Art sind dazu geeignet das gesamte Umsatzsteuersystem in Frage zu stellen! Von Vertretern der Finanzverwaltung wird daher in Reaktion darauf sowie zur Erhöhung der innerstaatlichen Rechtssicherheit bereits die Ausweitung des Bestätigungsverfahrens iS des Art 7 BMR (UID-Verfahren) auf das Inland sowie die unbare Abwicklung der Umsatzsteuer gefordert.

E. Sonstige wesentliche Gesetze

1. Neugründungs-Förderungsgesetz - NeuFöG

Mit dem NeuFöG wird das Ziel verfolgt, Unternehmensgründungen von bestimmten Gründungskosten und Abgaben zu entlasten. Voraussetzung für die Inanspruchnahme der Begünstigungen sind:

- Nachweisliche Durchführung einer Gründungsberatung durch die in § 4 Abs 3 NeuFöG genannte Stelle durch Bestätigung dieser Beratung auf dem dafür aufgelegten Formular.
- Vorliegen einer Neugründung
  Diese liegt vor, wenn eine bisher nicht vorhandene betriebliche Struktur geschaffen wird, die zu Einkünften aus Land- und Forstwirtschaft, selbständiger Arbeit oder Gewerbebetrieb führt. Das bloße Erwerben eines bestehenden Betriebes stellt daher keine Neugründung dar, wenn sich an der übernommenen betrieblichen Struktur nichts wesentliches ändert. Werden hingegen wesentliche Betriebsgrundlagen im Rahmen einer „Betriebsübertragung“ nicht mitübertragen, wird vielfach eine begünstigungsfähige Neugründung vorliegen. Ebenfalls keine Neugründung ist der bloße Rechtsformwechsel eines Unternehmens.
- Die die (zukünftige) Betriebsführung innerhalb von zwei Jahren nach der Neugründung beherrschende Person (Betriebsinhaber) hat sich bisher nicht in vergleichbarer Art beherrschend betrieblich betätigt. Mit dieser Einschränkung möchte man ausschließen, dass Personen, die bereits einmal die Begünstigungen des NeuFöG in Anspruch genommen haben, für einen vergleichbaren Betrieb ein weiteres Mal die Begünstigung in Anspruch nehmen.
  Als die Betriebsführung beherrschende Person werden angesehen:
  - Ein Einzelunternehmer;
  - ein unbeschränkt haftender Gesellschafter einer Personengesellschaft;

- ein beschränkt haftender Gesellschafter einer Personengesellschaft, wenn dieser zumindest mit 50 % an der Personengesellschaft beteiligt ist oder, falls er auch zur Geschäftsführung befugt ist, mit mehr als 25 % beteiligt ist;
- Gesellschafter einer Kapitalgesellschaft, wenn dieser zumindest mit 50 % an der Kapitalgesellschaft beteiligt ist oder, falls er auch zur Geschäftsführung befugt ist, mit mehr als 25 % beteiligt ist.

Ob diese Anteile unmittelbar oder mittelbar gehalten werden ist gleichgültig. Für die Frage, ob sich jemand bereits in vergleichbarer Art beherrschend betrieblich betätigt hat, kommt es nicht nur darauf an, dass er in der gleichen Branche tätig war, sondern auch, dass diese vergleichbare Tätigkeit innerhalb der letzten 15 Jahre ausgeübt wurde. Vor mehr als 15 Jahren ausgeübte vergleichbare Tätigkeiten sind ebenso unschädlich wie Tätigkeiten in anderen Branchen.

- Keine Erweiterung der Betriebsstruktur um bereits bestehende Betriebe innerhalb eines Zeitraums von 12 Monaten ab dem Monat der Neugründung.

Sind die oben genannten Bedingungen erfüllt, können nach § 1 NeuFöG folgende Befreiungen in Anspruch genommen werden:

- Stempelgebühren und Bundesverwaltungsabgaben im unmittelbaren Zusammenhang mit Schriften und Amtshandlungen der Neugründung;
- Grunderwerbsteuer für die Einbringung von Grundstücken auf gesellschaftsvertraglicher (!) Grundlage unmittelbar im Zusammenhang mit der Neugründung, wenn als Gegenleistung für diese Einbringung Gesellschaftsrechte gewährt werden;
- Gerichtsgebühren anlässlich der Eintragung des neu gegründeten Unternehmens im Firmenbuch;
- Grundbucheintragungsgebühren für die begünstigt eingelegten Grundstücke;
- Gesellschaftsteuer für den Erwerb von Gesellschaftsrechten unmittelbar im Zusammenhang mit der Neugründung durch den ersten Erwerber;
- Dienstgeberbeiträge iSd FLAG, Wohnbauförderungsbeiträge des Dienstgebers und Beiträge zur Unfallversicherung für die ersten zwölf Monate ab Neugründung.

Neben der Neugründung wird auch die entgeltliche bzw unentgeltliche Betriebsübertragung durch das NeuFöG begünstigt, wenn der neue Betriebsinhaber (siehe dazu oben) sich bisher nicht in vergleichbarer Art beherrschend betätigt hat. In diesem Fall stehen folgende Befreiungen im Rahmen der Betriebsübertragung zu:

- Stempelgebühren und Bundesverwaltungsabgaben im unmittelbaren Zusammenhang mit Schriften und Amtshandlungen der Neugründung;
- Gerichtsgebühren anlässlich der Eintragung des neu gegründeten Unternehmens im Firmenbuch;
- Gesellschaftsteuer für den Erwerb von Gesellschaftsrechten unmittelbar im Zusammenhang mit der Neugründung durch den ersten Erwerber;
- für die Grunderwerbsteuer im Zusammenhang mit dem Betriebsübergang besteht ein Freibetrag von € 75.000,-, sodass nur insoweit GrESt erhoben wird, als der Wert der übertragenen Grundstücke € 75.000,- übersteigt.

Hinsichtlich dieser Begünstigungen bei Betriebsübertragung besteht eine fünfjährige Beobachtungsfrist, sollte innerhalb derselben der Betrieb insbesondere übertragen oder aufgegeben werden, würde die Begünstigung rückwirkend entfallen.

2. Gesellschaftsteuer

Einlagen von Gesellschaftern in inländische Kapitalgesellschaften im Sinne des Kapitalverkehrsteuergesetzes (KVG) unterliegen der Gesellschaftsteuer. Tatbestände der Gesellschaftsteuer sind somit insbesondere:

- Einlagen anlässlich des Ersterwerbs von Gesellschaftsanteilen, insbesondere daher Einlagen anlässlich der Gründung einer Gesellschaft oder der Kapitalerhöhung;
- Sonstige Zuschüsse eines Gesellschafters ins Eigenkapital der Gesellschaft;
- Verzicht auf gegenüber der Gesellschaft entstandene Ansprüche, zB Forderungsverzicht gegenüber Gesellschaft.

Die Gesellschaftsteuer beträgt 1 % vom Wert der Einlage bzw sonstigen Maßnahme des Gesellschafters.

Grundsätzlich unterliegen der Gesellschaftsteuer nur Leistungen des unmittelbaren Gesellschafters, sodass in der Regel Leistungen eines bloß mittelbaren Gesellschafters (sog. Großmutterzuschüsse) nicht gesellschaftsteuerpflichtig sind.

Unter das KVG fallen insbesondere folgende Gesellschaften

- Kapitalgesellschaften (AG, GmbH);
- Kommanditgesellschaften, zu deren persönlich haftenden Gesellschaftern eine Kapitalgesellschaft gehört;
- Kommandit-Erwerbsgesellschaften, zu deren persönlich haftenden Gesellschaftern eine Kapitalgesellschaft gehört.

Zu den Gesellschaftsrechten, deren Ersterwerb dementsprechend Gesellschaftsteuer auslöst, gehören daher

- Aktien;
- GmbH-Anteile;
- Kommanditanteile an einer KG bzw KEG (nicht hingegen Komplementäranteile!);
- Genussrechte;
- Forderungen, mit denen eine Beteiligung am Gewinn oder Liquidationserlös der Gesellschaft gewährt wird (somit insbesondere atypisch stille Beteiligungen an einer Kapitalgesellschaft – zB GmbH & atypisch stille Gesellschaft).

3. Erbschafts-Schenkungssteuer

Im Zusammenhang mit dem Unternehmenssteuerrecht sollen hier kurz die Befreiungen von der Erbschafts-Schenkungssteuer anlässlich der unentgeltlichen Unternehmensnachfolge dargestellt werden.

Gemäß § 15a ErbStG ist die Übertragung folgender Vermögen bis zu einem Freibetrag von (anteilig) € 365.000,- steuerbefreit:

- Übertragung eines Betriebes eines Einzelunternehmens, wenn zumindest ein Viertel des Betriebes übertragen wird (gleichgültig ist, ob dieser Teil an eine oder mehrere Personen übertragen wird);
- Übertragung eines Teilbetriebes eines Einzelunternehmens, wenn es sich um den gesamten steuerlichen Teilbetrieb handelt oder um einen Anteil am Teilbetrieb, sofern der Wert des gesamten Teilbetriebes oder des Anteils am Teilbetrieb mindestens ein Viertel des Werts des gesamten Betriebes beträgt(gleichgültig ist, ob dieser Teilbetrieb(santeil) an eine oder mehrere Personen übertragen wird);
- Übertragung eines zumindest 25%igen Anteils an einer Mitunternehmerschaft (gleichgültig ist, ob dieser Mitunternehmeranteil an eine oder mehrere Personen übertragen wird);

- Übertragung eines zumindest 25%igen Anteils an einer Kapitalgesellschaft (gleichgültig ist, ob dieser Kapitalgesellschaftsanteil an eine oder mehrere Personen übertragen wird).

Weitere Voraussetzungen für die Steuerfreiheit sind neben der Übertragung des genannten begünstigten Vermögens,

- dass der Erwerber eine natürliche Person ist;
- dass der Geschenkgeber das 55. Lebensjahr vollendet hat oder wegen körperlicher oder geistiger Gebrechen in einem Ausmaß erwerbsunfähig ist, dass er nicht in der Lage ist, den Betrieb fortzuführen bzw die mit seiner Stellung als Gesellschafter verbundenen Aufgaben bzw Verpflichtungen zu erfüllen.

Der Freibetrag steht bei Übertragung des gesamten Betriebs in Höhe von € 365.000,- zu. Wird nur ein Teil des Betriebs übertragen, steht der Freibetrag im Verhältnis des Werts des unentgeltlich übertragenen Teiles zum Wert des Gesamtbetriebs zu. Bei Übertragung von (Anteilen) an Teilbetrieben steht der Freibetrag ebenfalls im Verhältnis des Werts des unentgeltlich übertragenen Teilbetriebs zum Wert des Gesamtbetriebs zu. Bei Übertragung von Mitunternehmeranteilen steht der Freibetrag anteilig entsprechend der übertragenen Mitunternehmeranteilsquote zu, das gleiche gilt bei Übertragung von Gesellschaftsanteilen.

Dieser Freibetrag steht für jeden Betrieb/Gesellschaftsanteil zu, dh sollte jemand drei Betriebe haben, so steht für jeden ein Freibetrag von je € 365.000,- zu.

Hinsichtlich dieser Steuerbefreiung besteht eine fünfjährige Beobachtungsfrist, sollte innerhalb derselben der Betrieb insbesondere übertragen oder aufgegeben werden, würde die Begünstigung rückwirkend entfallen. Dies gilt insbesondere aber dann nicht, wenn der Erwerber selbst unter die Begünstigung des § 15a ErbStG fällt, dh eine zB altersbedingte unentgeltliche Übertragung des innerhalb von fünf Jahren unentgeltlich erhaltenen Vermögens vornimmt.

Anhang: Lösungen zu den Übungsbeispielen

Beispiel A.1.

Zuordnung von ESt und KÖSt

Verwaltungspraxis	**ESt**	**KÖSt**	**USt**
Besitzsteuer	X	X	
Verkehrsteuer			X
Verbrauchsteuer			
Einhebung			
direkte Steuer	X (1)	X (1)	
indirekte Steuer			X
Pers. Verhältnisse			
Subjektsteuer	X	X	
Objektsteuer			X
Veranlagung			
veranlagte Steuer	X	X	
Selbstbemessung			X

Anmerkungen:

(1) außer Lohnsteuer (LSt) und Kapitalertragsteuer (KESt): indirekte Steuern

Beispiel A.2.

a. Es besteht nach wie vor ein Wohnsitz iSd § 26 Abs 1 BAO in Österreich. Daher unterliegt der Techniker prinzipiell mit seinem Welteinkommen (inkl. der ausländischen Einkünfte) der Einkommensteuer in Österreich. Eine Zu- bzw Aufteilung des Besteuerungsrechts an einzelnen Einkommensbestandteilen kann durch Doppelbesteuerungsabkommen oder über Antrag gem § 48 BAO erfolgen.

b. Der Techniker kann über die Wohnung nicht mehr frei verfügen; es liegt kein Wohnsitz mehr vor (daher nur beschränkte Steuerpflicht). Die ausländischen Einkünfte sind in Österreich nicht steuerpflichtig.

c. Die Wohnung ist nicht unmittelbar benutzbar --> kein Wohnsitz --> beschränkte Steuerpflicht --> die ausländischen Einkünfte sind in Österreich nicht steuerpflichtig.

Auf die Konsequenzen der VO BGBl 2005/528 sei hingewiesen.

Beispiel A.3.

a. Steuer = (50.000 - 10.000) x 0,3 = 40.000 x 0,3 = **12.000**

b. Steuer = 50.000 x 0,3 = **15.000**

c. Steuer = 50.000 x 0,3 - 10.000 = 15.000 - 10.000 = **5.000**

Beispiel A.4.

a. Es liegt ein Fall *gekorener Liebhaberei* vor. Ein Gasthaus stellt normalerweise eine Einkunftsquelle dar. Allerdings ist in diesem Fall nicht zu erwarten, dass ein Gesamtgewinn erzielt wird. Die Ursachen dafür liegen in den beschränkten Öffnungszeiten (= kein marktkonformes Verhalten) und der Lohnstruktur (= mangelnde Vergleichbarkeit zu ähnlichen Betrieben, nicht gewinnorientierte Bewirtschaftung).

b. Eine Betätigung, der üblicherweise aus privater Vorliebe nachgegangen wird, erweckt den Verdacht, keine Einkunftsquelle darzustellen (*geborene Liebhaberei*). Die Liebhabereivermutung ist aber widerlegbar. Wenn es objektiv wahrscheinlich ist, dass in absehbarer Zeit ein Gesamtgewinn erzielt werden kann, liegt dennoch - wie in diesem Fall - eine Einkunftsquelle vor.

c. Verlustbringende Teilbetriebe, die aus Gründen der Marktpräsenz weitergeführt werden, gelten nicht als Liebhaberei (§ 1 Abs 3 L-VO).

Beispiel A.5.

a. Da die OHG keine gewerbliche sondern ausschließlich land- und forstwirtschaftliche Tätigkeit ausübt, erzielt sie Einkünfte aus L & F.

b. Da die OHG auch eine gewerbliche Tätigkeit ausübt, zählen sämtliche Gewinne zu den Einkünften aus Gewerbebetrieb.

c. Kapitalgesellschaft erzielen ex lege Einkünfte aus Gewerbebetrieb (§ 7 Abs 3 KStG).

Beispiel A.6.

Durch das zweimalige unmittelbar aufeinanderfolgende Überschreiten der Buchführungsgrenzen ist der Steuerpflichtige grundsätzlich ab dem 1.1.X4 buchführungspflichtig.

Beispiel A.7. (Variante zu A.6.)

Ab X5 ist eine Buchführung nach § 125 BAO nicht mehr erforderlich.

Beispiel A.8.

Variante a: Durch die Eintragung im Firmenbuch ist der Gastwirt zur Gewinnermittlung gem § 5 EStG (vollständiger Betriebsvermögensvergleich) verpflichtet. Dies bedeutet, dass die 700.000 Veräußerungsgewinn als Teil seiner betrieblichen Einkünfte der Besteuerung unterliegen.

Variante b: Bei Gewinnermittlung gem § 4 Abs 1 EStG bleiben Wertänderungen und Veräußerungserlöse von Grund und Boden steuerlich außer Ansatz. Da darüber hinaus die Spekulationsfrist des § 30 EStG (10 Jahre) überschritten ist, sind die 700.000 Veräußerungsgewinn steuerlich nicht zu erfassen (nicht steuerbar).

Beispiel A.9.

Variante a: Im Falle der Gewinnermittlung gem § 5 EStG hat eine zwingende Teilwertabschreibung des Handelswarenlagers (strenges Niederstwertprinzip für das Umlaufvermögen) stattzufinden, dh die Gewinnminderung in Höhe von 50.000 wirkt sich zwingend bereits 2004 aus.

Variante b: Der § 4 Abs 1-Gewinnermittler besitzt ein Wahlrecht: er kann bereits 2004 die Teilwertabschreibung vornehmen oder aber bis zur Veräußerung 2005 zuwarten und dann, durch den niedrigen Verkaufserlös von 100.000 und den Buchwertabgang der ungeminderten 150.000 den steuerlichen Verlust von 50.000 realisieren.

	§ 5-Gewinnermittlung:			§ 4 Abs 1-Gewinnermittlung: (oder optional wie § 5)	
2004:	- 50.000	(TW-Abschreibung)	2004:	---	(keine Abschreibung)
2005:	- 100.000	(Buchwertabgang)	2005:	- 150.000	(Buchwertabgang)
	100.000	(Verkaufserlös)		100.000	(Verkaufserlös)
	- 50.000	Gesamtverlust 2004/2005		- 50.000	

Beispiel A.10.

Der Gewinn erhöht das Einkommen jenes Kalenderjahres, in dem das abweichende Wirtschaftsjahr endet, in diesem Fall des Jahres 2005.

Beispiel A.11.

Durch die Anschaffung der Waren auf Ziel entstehen beim Stpfl. zwei Wirtschaftsgüter: das „positive“ Wirtschaftsgut Handelsware (Aktivum, Wert 250.000) und das „negative“ Wirtschaftsgut Lieferantenverbindlichkeit (Passivum, Wert 250.000). Aus der Wertgleichheit folgt, dass die bloße Anschaffung für den Stpfl. mit keiner Gewinnänderung verbunden ist (dies wäre erst zB bei der Berechnung von Zinsen durch den Lieferanten der Fall).

Beispiel A.12.

Variante a: In Höhe der bezahlten Ablöse kann das Mietrecht aktiviert werden, dh das steuerliche BV erhöht sich um 100.000. Da der Auszahlung ein positives WG gegenübersteht ist der Vorgang selbst ohne Auswirkung auf den steuerlichen Gewinn (das Mietrecht muss allerdings, bei einem befristeten Mietvertrag, gewinnmindernd abgeschrieben werden).

Variante b: Da der Abschluss des Mietvertrags mit keiner Auszahlung verbunden ist, kann das Mietrecht nicht aktiviert werden (es liegt keine entgeltliche Anschaffung vor, deshalb existieren auch keine aktivierbaren Anschaffungskosten).

Beispiel A.13.

a. Es besteht Aktivierungspflicht. Die jährliche Abschreibung ist zu 90 % steuerwirksam.

b. Keine Aktivierung bei § 4 Abs 1-Gewinnermittler, Wahlrecht für § 5-Gewinnermittler. 10 % der Anschaffungskosten sind über die Nutzungsdauer hinweg abschreibbar.

Beispiel A.14.

Da der betriebliche Nutzungsanteil > 20 % ist, kann er einen entsprechenden Anteil der Herstellungskosten des Hauses (25 % von 2 Mio = 500.000) ins Anlagenverzeichnis aufnehmen und davon steuerlich gewinnmindernd Abschreibungen (AfA) berechnen.

Wäre der Anteil der Praxis an der Nutzfläche zB nur 15 %, so würde das gesamte Haus zum Privatvermögen zählen; trotzdem könnten 15 % der AK in Form von AfA steuerlich abgeschrieben werden; anteilige Betriebsausgaben (für allfällige Reparaturen etc) könnten ebenfalls steuerlich geltend gemacht werden.

Auch der umgekehrte Fall ist denkbar: betriebliche Nutzung zB 85 % führt dazu, dass das gesamte Haus zum BV zählt. Es kann für das gesamte Haus AfA geltend gemacht werden (die untergeordnete private Nutzung müsste als Entnahme behandelt werden).

Beispiel A.15.

a) Gewinnermittlung nach § 4 Abs 1 EStG:

Es liegt eine erfolgsneutral zu verbuchende Anschaffung vor.

Vorräte an Verbindlichkeit (bzw Bank) 500.000

Gewinnermittlung nach § 4 Abs 3 EStG:

Es liegt bei Bezahlung eine Betriebsausgabe in Höhe von 500.000 vor.

b) Gewinnermittlung nach § 4 Abs 1 EStG:

Die Umsatzerlöse aus dem unbaren Verkauf der Fertigerzeugnisse sind im Zeitpunkt des Entstehens der Forderung steuerpflichtig.

Gewinnermittlung nach § 4 Abs 3 EStG:

Steuerpflicht für den Verkauf ensteht erst im Zeitpunkt des Zuflusses des Forderungsbetrags.

Beispiel A.16.

Gewinnermittlung nach § 4 Abs 3 EStG:

Umsatzerlöse	50.000
Lohnaufwand	- 10.000
Abschreibung Computer	- 1.000
sonstiger Aufwand	- 9.000
Sozialversicherung	-4.000
Gewinn	26.000

Gewinnermittlung nach § 17 EStG:

Umsatzerlöse	50.000
Lohnaufwand	- 10.000
Sozialversicherung	-4.000
Betriebsausgabenpauschale (6 %)	- 3.000
Gewinn	33.000

In diesem Fall ist die Gewinnermittlung nach § 4 Abs 3 EStG günstiger !

Beispiel A.17.

Tagessatz: EUR 26,40 x 3 =	79,20
Für Do. zählen 9 Stunden (> 3),	
daher: 9/12 x EUR 26,40 =	19,80
Summe Tagessätze:	99,00
Nächtigungen: EUR 15 x 3 =	45,00
Kilometergeld: 1.450 x EUR 0,356 =	516,20
Summe Reiseaufwand:	**660,20**

Berechnung der Vorsteuer:

$$\frac{(\text{Tagessätze} + \text{Nächtigungsgeld}) \times 0{,}10}{1{,}10} = \frac{144{,}00 \times 0{,}10}{1{,}10} = \mathbf{13{,}09\ VSt}$$

Steuerlich absetzbarer Reiseaufwand: 660,20 - 13,09 = **647,11 EUR**

Beispiel A.18.

a. Steuerlicher Restwert: 28.000 * 3/8 = 10.500

Zeitwert: 12.000

Versicherungsentschädigung: 12.000 * 80 % = 9.600

--> Werbungskosten: 900

b. Werbungskosten: 10.500

lohnsteuerpflichtige Einnahme: 12.000

Beispiel A.19.

PKW 1: Anschaffungskosten 30.000

AfA 12,5% = 3.750

Das EStG enthält eine Beschränkung der jährlichen Abschreibung auf max. 12,5 %; als Bemessungsgrundlage der AfA sind die historischen Anschaffungskosten heranzuziehen.

PKW 2: Anschaffungskosten 52.000

strl. angemessen: 34.000 (65,4%) (lt VO BGBl 2004/466)

Bemessungsgrundlage der AfA: 34.000

AfA 12,5 % (1/2 Jahr) = 2.125

PKW 3: Leasingaufwand 12 x 450 = 5.400

Tilgung (22.000-10.000)/3 Jahre = 4.000/Jahr

AfA 12,5 % von 22.000 = 2.750/Jahr

--> Aktivposten 4.000-2.750 = 1.250

--> Betriebsausgabe 2.750 + 1.400 (Zinsen) = 4.150

Beispiel A.20.

a. gebrauchter Kombi:

$\frac{34.000}{68.000} = 0,50$ **--> 1/2 nicht abzugsfähig!**

--> hrl. pAvA 30.000 : 3 Jahre = 10.000

--> AfA Bemessungsgrundlage 30.000 x 1/2 = 15.000

--> AfA nach Differenzmethode 15.000 : 5 (= 8 - 3 Jahre) = 3.000

--> MWR: + 7.000

b. Wandteppich:

5 x 730 = 3.650 --> Obergrenze

10.000 = **63,5% nicht angemessen!**

Da ein Wandteppich nicht abnutzbar ist, kann keine AfA geltend gemacht werden.

c. Antiker Büroschrank:

150 % von 8.000 = **12.000,- (max. angemessen)**

--> 24.000,- (= 2/3) unangemessen!

Als AfA können 1.200 abgesetzt werden: --> **MWR: + 2.400**

d. Strafmandat: abzugsfähig, **keine MWR !**

e. Repräsentationsaufwendungen:

Da sämtliche Aufwendungen Bewirtungsspesen iS § 20 Abs 1 Z 3 EStG sind, kann die Hälfte der Aufwendungen als Betriebsausgabe abgesetzt werden: --> **MWR: + 2.500**

Beispiel A.21.

Anschaffungspreis	1.000.000
- Rabatt (Anschaffungspreisminderung)	- 20.000
+ Transport (Anschaffungsnebenkosten)	+ 5.000
Rechnungssumme	985.000
- Skonto (Zinsaufwand)	- 19.700
- Subvention	- 50.000
Anschaffungskosten	915.300

Anmerkung: Da die Montagekosten nicht einzeln zurechenbar sind, kann keine Aktivierung erfolgen.

Beispiel A.22.

Rechtslage aufgrund GesRÄG 1996 und AbgÄndG 1996 :

Materialaufwand	300.000
+ Fertigungskosten	500.000
Herstellungskosten hrl.	**800.000**
+ Materialgemeinkosten	150.000
+ Fertigungsgemeinkosten	400.000
Herstellungskosten strl.	**1.350.000**

Der handelsrechtliche Mindestansatz besteht in den Einzelkosten. Die steuerlichen Herstellungskosten umfassen zusätzlich die (variablen und fixen) Material- und Fertigungsgemeinkosten.

Beispiel A.23. (Fortsetzung des Beispiels A.22. Variante 1)

Die Erneuerung des schadhaften Daches stellt Erhaltungsaufwand dar. Die Herstellungskosten sind daher um die Kosten der Dacherneuerung zu reduzieren.

Die Kosten für das Ausmalen stellen ebenfalls einen Erhaltungsaufwand dar, weshalb keine Aktivierung erfolgen darf.

Aktivierungspflicht besteht daher handelsrechtlich nur für 700.000, steuerrechtlich für 1.150.000.

Beispiel A.24.

a) Die AK von Grund und Boden bestehen aus:

Grund	800.000
Restbuchwert der Lagerhalle	300.000
Abbruchkosten	200.000
AK	1.300.000

b)

AK Grund	800.000
AK Lagerhalle	300.000

Der Restbuchwert von 100.000 ist Betriebsausgabe. Die Abbruchkosten von 200.000 sind laut VwGH auf Grund und Boden zu aktivieren, uE sind sie hingegen ebenfalls laufender Aufwand. Die Anschaffungskosten des Grund und Boden betragen weiterhin 800.000.

c) Die AK von Grund und Boden betragen 800.000.

Die AK der neu errichteten Lagerhalle setzen sich folgendermaßen zusammen:

Errichtungskosten der neuen Halle	600.000
Restbuchwert der alten Halle	300.000
Abbruchkosten	200.000
AK Lagerhalle	1.100.000

d) Die AK von Grund und Boden betragen wiederum 800.000. Die Generalsanierung ist anschaffungsnaher Erhaltungsaufwand und zählt daher zu den AK der Lagerhalle.

alte Lagerhalle	300.000
Generalsanierung	400.000
AK Lagerhalle	700.000

Beispiel A.25.

Gewinnermittlung nach § 4 Abs 1:

2005: Wahlrecht: Abwertung auf 6.000.000 oder Fortführung der Normalabschreibung (500.000 p.a.) auf Buchwert 9.000.000.

2007: Bei Inanspruchnahme des Abschreibungswahlrechts ist eine Zuschreibung auf die Anschaffungskosten von 10.000.000 abzüglich der vorzunehmenden AfA wegen des Gebots des uneingeschränkten Wertzusammenhangs nicht möglich.

Gewinnermittlung nach § 5:

2005: handelsrechtlich besteht Abschreibungspflicht, wenn aus Sicht 2002 die Wertminderung von Dauer ist. Bei nicht dauernder Wertminderung erfolgt bei Sachanlagevermögen keine Abschreibung.

2007: Bei Durchführung einer handelsrechtlichen außerplanmäßigen Abschreibung in 2002 ist gemäß § 208 Abs 1 HGB 1996 eine Zuschreibung auf 8.000.000 (Anschaffungskosten von 10 Mio abzüglich der bis dahin (fiktiv) angefallenen pAvA iHv 2 Mio) vorzunehmen. Gemäß § 208 Abs 2 HGB kann die Zuschreibung unterbleiben, wenn ein niedrigerer Wertansatz bei der steuerlichen Gewinnermittlung unter der Voraussetzung beibehalten werden kann, dass er auch im handelsrechtlichen Jahresabschluss beibehalten wird. Eine Anhangsangabe ist erforderlich (§ 208 Abs 3 HGB).

Beispiel A.26.

Die Forderungsrisiken sind ausreichend konkretisiert. Die gemahnten Forderungen werden einzelwertberichtigt, wobei die in der jeweils gleichen Mahnstufe befindlichen Forderungen im Wege der Schätzung im gleichen Prozentausmaß berichtigt werden.

Es wird eine „pauschale" Einzelwertberichtigung von EUR 25.000 (10% x 100.000 + 30% x 50.000) gebildet, die folgendermaßen zu verbuchen ist:

Forderungsabschreibung	an	EWB Forderungen L&L	25.000

Pauschale, auf Erfahrungswerten beruhende Forderungsabschreibungen sind handelsrechtlich dem Stetigkeitsgebot entsprechend weiterhin zu bilden. Steuerlich sind sie jedoch nicht zulässig.

(1.000.000 - 100.000 - 50.000) x 1,5 % = 12.750

PWB Forderungen L&L	an	sonstige betr. Erträge	2.250
			MWR –2.250

Beispiel A.27.

X1:	Forderungsabschreibung	an	EWB Forderungen	20.000
X2:	Kassa/Bank	an	Forderung	70.000

Da der offene Betrag der Forderung in Höhe von 30.000 größer ist als der Bilanzwert der Forderung in Höhe von 10.000, ist der gesamte Tilgungsbetrag der Forderung steuerneutral. Eine Steuerwirkung resultiert aus der Tilgung erst, wenn der Betrag der ausstehenden Forderungen das Ausmaß der Einzelwertberichtigung unterschreitet.

X3: Kassa/Bank	an	Forderung	25.000
EWB Forderung	an	sonst. betr. Erträge	15.000

Beispiel A.28.

Anschaffungskosten:

$$200.000 + 300.000*1{,}1^{-1} + 300.000*1{,}1^{-2} + 480.000*1{,}1^{-3} = 1.081.292$$

Maschine	an	Verbindlichkeit aus L & L	1.081.292
(schwebende) Vorsteuer	an	Verbindlichkeit aus L & L	216.258,4

Beispiel A.29.

sonstiger Aufwand	an	Rückstellung für Schadenersatz	100.000

Da der Kaufmann mit überwiegender Wahrscheinlichkeit mit einer Schadenersatzverpflichtung von 100.000 rechnet, ist dieser Betrag der nach vernünftiger kaufmännischer Beurteilung notwendige Rückstellungsbetrag.

Beispiel A.30.

Eine Bewertung (Abschreibung) des Spezialstahls selbst ist nicht möglich, da das wirtschaftliche Eigentum daran noch nicht erworben wurde und noch gar keine bilanzielle Erfassung erfolgte. Es ist eine Rückstellung für drohende Verluste aus schwebenden Geschäften zu bilden. Die Höhe hängt dem Bilanzstichtagsprinzip entsprechend von der Verhältnissen am 31.12. ab, weshalb eine Rückstellung iHv 10 pro Tonne zu bilden ist.

sonstiger betrieblicher Aufwand	an	RSt für droh. Verluste	1.000

Ob darüber hinaus auch die weitere Wertminderung berücksichtigt werden kann, hängt davon ab, ob es sich um die Konkretisierung des bereits zum Bilanzstichtag vorhandenen Risikos handelt, oder ob die Wertminderung eine andere (zusätzliche) Ursache hat. Soweit es sich um eine Konkretisierung des bereits vor dem Bilanzstichtag verursachten Risikos handelt, kann sowohl handels- als auch steuerrechtlich ein weiterer Aufwand in Höhe von 500 geltend gemacht werden. Sollte es sich hingegen um eine nach dem Bilanzstichtag eingetretene weitere Verlustursache handeln, so kann zwar handelsrechtlich eine Abwertung auf den nahen Zukunftswert analog auch für die Drohverlustrückstellung vorgenommen werden, steuerrechtlich ist dieser, gegen das Stichtagsprinzip wirkende, zusätzliche Aufwand allerdings nicht zulässig.

Beispiel A.31.

6.500 / 5 = 1.300 Privatentnahme

--> Betriebsausgaben: 6.500 - 1.300 = 5.200

Beispiel A.32.

Wareneinsatz	an	Lager	400
Privat	an	Eigenverbrauch (20%)	450
Privat	an	USt (20%)	90

Beispiel A.33.

Anschaffungskosten = 1.300.000

(Kaufpreis + anschaffungsnaher Erhaltungsaufwand)

a. Gebäude im Privatvermögen befindlich:

Als Teilwert können, da seit Anschaffung nicht mehr als 10 Jahre vergangen sind, **maximal die AKO** angesetzt werden:

--> Einlagewert = **1.300.000,-**

b. außerbetriebliche Nutzung (V&V):

Der Einlagewert errechnet sich aus den AKo abzüglich der AfA. Als AfA kommt ein Satz von 1,5 % p.a. in Betracht: 1,5 % x 6 Jahre = 9 %

--> 91% Einlagewert von 1.300.000,- = **1.183.000,-**

c. betriebliche Nutzung:

Geht man davon aus, dass das eingelegte Gebäude unmittelbar davor aus dem Betriebsvermögen entnommen wurde, ist es mit dem Teilwert in Höhe von **1.400.000,-** anzusetzen.

d. betriebliche Nutzung im Ausmaß von 10 %:

Die historischen Anschaffungskosten sind um die geltend gemachten AfA-Beträge zu vermindern: 5 % x 6 Jahre x 10 % = 3 %

--> 97 % Einlagewert von 1.300.000,- = **1.261.000,-**

Nach Ablauf der 10-Jahresfrist wäre die Einlage mit dem Teilwert anzusetzen.

Beispiel A.34.

Im Falle eines Beteiligungsausmaßes von nur 10 % kommt entsprechend des Rz 2583 EStR 2000 die zwingende Zuschreibungsbestimmung gem § 6 Z 13 EStG iVm § 208 HGB gar nicht zur Anwendung, da der Verweis in § 6 Z 13 EStG isoliert auf den dritten Satz des § 228 Abs 1 HGB interpretiert wird.

Im Falle eines Beteiligungsausmaßes von 30 % ist § 6 Z 13 EStG einschlägig:

Wertsteigerung 1997

Da die dem § 6 Z 13 EStG mit AbgÄG 1996 angefügten Sätze erstmals 1998 anzuwenden sind, besteht keine steuerliche Verpflichtung zur Zuschreibung. Soll aus steuerlichen Gründen von der Zuschreibung abgesehen werden, so darf auch handelsrechtlich keine Zuschreibung in Höhe von 200 erfolgen. Jedenfalls ist zu dokumentieren, dass der Wegfall der Abschreibungsgründe 1997 stattgefunden hat.

Wertsteigerung 2005

Fällt der Grund der außerplanmäßigen Abschreibung gänzlich weg, so besteht für Anteile an Körperschaften, die eine mindestens 20 %-Beteiligung iSd § 228 Abs 1 HGB darstellen, die steuerrechtliche Verpflichtung zur Zuschreibung. Es hat steuerrechtlich und damit auch handelsrechtlich eine Zuschreibung in Höhe von 100 zu erfolgen.

Beispiel A.35.

<u>Verbuchung des Tauschvorganges bei A</u>

EDV-Hardware (Laptop)	2.000			
Vorsteuer	320			
		an	Tauscherlöse	2.000
		an	Umsatzsteuer	320

- **EStG**: Veräußerungspreis (= Tauscherlös) des hingegebenen und Anschaffungskosten des erworbenen WG ist jeweils der gemeine Wert des hingegebenen WG.
- **UStG**: Das Entgelt für das hingegebene WG besteht im gemeinen Wert des erworbenen WG (alles, was B aufgewendet hat).

Die Umsatzsteuer beträgt daher 1.600 x 0,2 = 320

Das Entgelt für das erworbene WG besteht im allgemeinen im gemeinen Wert des hingegebenen WG. Daher würde sich eine Vorsteuer von 2.000 x 0,2 = 400 ergeben.

Dieser Fall ist allerdings anders gelagert: Der Unternehmer A liefert an B einen PC mit einem gemeinen Wert von 2.000 und erhält dafür einen Laptop mit einem gemeinen Wert von nur 1.600. Sofern der gemeine Wert des Laptop zutreffend ist, hat A für die Lieferung des PC nur 1.600 vereinbart. A hat also seinen PC zu einem Preis geliefert, der seinen gemeinen Wert unterschreitet. In Höhe des Unterschiedsbetrages (400) liegt somit ein verdeckter Preisnachlass vor, der das Entgelt wie ein offener Preisnachlass mindert.

Daher beträgt die Vorsteuer 1.600 x 0,2 = 320

Allerdings steht nun der Laptop mit einem Wert in der Bilanz, der um 400 über seinem gemeinen Wert liegt. Unter der Annahme, dass der gemeine Wert dem steuerlichen Teilwert bzw dem handelsrechtlich beizulegenden Wert entspricht, ist eine Abwertung des Laptop handelsrechtlich zwingend vorzunehmen und steuerlich zumindest für den protokollierten Kaufmann obligatorisch.

<u>Verbuchung des Tauschvorganges bei B</u>

EDV-Hardware (PC)			1.600	
Vorsteuer			320	
	an	Tauscherlöse		1.600
	an	Umsatzsteuer		320

- **EStG**: Veräußerungspreis (= Tauscherlös) des hingegebenen und Anschaffungskosten des erworbenen WG ist jeweils der gemeine Wert des hingegebenen WG.

- **UStG**: Das Entgelt für das hingegebene WG (= Bemessungsgrundlage für die Umsatzsteuer) besteht im allgemeinen im gemeinen Wert des erworbenen WG (2.000 x 0,2= 400).

  Allerdings hat B den PC wegen des verdeckten Preisnachlasses unter seinem gemeinen Wert, nämlich um 1.600 erworben. Dieser Betrag ist die Basis für die Berechnung der Umsatzsteuer (1.600 x 0,2 = 320).

  Als Entgelt für das erworbene Wirtschaftsgut (= Bemessungsgrundlage für die Vorsteuer) ist der gemeine Wert des hingegebenen Wirtschaftsgutes heranzuziehen (1.600 x 0,2 = 320).

Beispiel A.36.

Steuerliche Behandlung bei A

EStG:	AKo	1.600	(gemeiner Wert PC abzüglich Zuzahlung)
	Tauscherlös	2.000	(gemeiner Wert PC)
UStG:	Vorsteuer	400	(Bmgdl.: gemeiner Wert PC)
	Umsatzsteuer	400	(Bmgdl.: gemeiner Wert Laptop + Zuzahlung)

Steuerliche Behandlung bei B

EStG:	AKo	2.000	(gemeiner Wert Laptop + Zuzahlung)
	Tauscherlös	1.600	(gemeiner Wert Laptop)
UStG:	Vorsteuer	400	(Bmgdl.: gemeiner Wert Laptop + Zuzahlung)
	Umsatzsteuer	400	(Bmgdl.: gemeiner Wert PC)

Beispiel A.37.

Bei Gewinnermittlung § 5 (Maßgeblichkeit des Handelsrechts)

a. Abschreibungen für X0 und X1:

   hrl. Abschreibung (pAvA): 2.500 / 4 Jahre = 625 pAvA

   strl. Abschreibung (AfA): Die strl. Abschreibung wird über die wirtschaftliche ND von 5 Jahren vorgenommen.

   2.5000 / 5 Jahre = 500 AfA

   Am hrl. Konto wird allerdings nur die pAvA verbucht, die Differenz zur AfA wird in Nebenaufzeichnungen (MWR) erfasst: + 125

b. Anwendung der verbrauchsorientierten Abschreibung (nur hrl. möglich):

   pAvA 2002 = 15 x 25 = 375

   pAvA 2005 = 28 x 25 = 700

   Die strl. AfA bleibt hingegen unverändert (X0 und X1 je: 500)

   --> MWR 2002: - 125

   --> MWR 2005: + 200

c. Vornahme einer hrl. außerplanmäßigen Abschreibung auf null:

apAvA 2005 = 1.250

die steuerliche AfaA beträgt 1.500 --> MWR (apAvA): - 250

d. Eine Teilwertabschreibung auf 900 ist erforderlich, wenn die Wertminderung von Dauer ist.

pAvA 2005 = 625

apAvA 2005 = 350

die steuerliche AfA beträgt 500 --> MWR: + 125

die steuerliche TWA beträgt 600 --> MWR: - 250

Der Restbuchwert von 900 ist auf die Restnutzungsdauer zu verteilen!

Jahr	pAvA	apAvA	AfA	TWA	MWR	hr. RBW	str. RBW
X0	625		500		125	1.875	2.000
X1	625		500		125	1.250	1.500
X1		350		600	-250	900	900

Bei Gewinnermittlung § 4 Abs 3:

a. AfA je 500

b. steuerlich nicht möglich, daher Lösung wie a.

c. AfaA 1.500

d. Teilwertabschreibung bei § 4 Abs 3 nicht möglich; es liegt auch kein Fall einer AfaA vor.

Beispiel A.38. (Fortsetzung zu A.37.)

Es kommt die Formel: neue Abschreibung = Restbuchwert / Restnutzungsdauer für die hr. wie str. Neuberechnung der Abschreibung zur Anwendung:

a. Verkürzung der ND um je 1 Jahr:

Restbuchwert X0 (hr.): 1.875

Restbuchwert X0 (str.): 2.000

1.875 / 2 Jahre = 937,5 pAvA (je X1 und X2)

2.000 / 3 Jahre = 666,6 AfA (je X1 und X2)

--> MWR: + 270,9 (je X1 und X2)

--> MWR: - 666,6 (X3)

die MWR X3 entspricht der str. AfA und setzt sich folgendermaßen zusammen:

+ 125,0	MWR X0
+ 270,9	MWR X1
+ 270,9	MWR X2
+ 666,6	(Rundungsfehler!)

b. Verlängerung der ND um je 1 Jahr:

Restbuchwert X0 (hr.): 1.875

Restbuchwert X0 (str.): 2.000

1.875 / 4 Jahre = 468,75 pAvA (je X1 bis X4)

2.000 / 5 Jahre = 400 AfA (je X1 bis X5)

--> MWR: + 68,75 (je X1 bis X4)

--> MWR: - 400 (entspricht der AfA für X5)

die MWR X5 entspricht der str. AfA und setzt sich folgendermaßen zusammen:

+	125,00	MWR X0
+	68,75	MWR X1
+	68,75	MWR X2
+	68,75	MWR X3
+	68,75	MWR X4
+	400,00	

c. Restnutzungsdauer im HR: 3 Jahre

Restnutzungsdauer im StR: 3 Jahre

Restbuchwert X0 (hrl.): 1.875

Restbuchwert X0 (strl.): 2.000

--> pAvA unverändert = 625

2.000 / 3 Jahre = 666,6 (AfA X1 bis X3)

--> MWR: - 41,6 (X1 bis X3)

+	125,0	MWR X0
-	41,6	MWR X1
-	41,6	MWR X2
-	41,6	MWR X3
	0,-	(Rundungsfehler!)

Beispiel A.39.

Abschreibung des Vertriebsrechtes (immaterielles AV) auf die ND:

500.000 /4,5 Jahre	= 111.111,-	=	pAvA = AfA
X0: 55.556	pAvA = AfA		(immat. Anlagevermögen)
X1: 55.556	pAvA = AfA		
388.888	apAvA = TWA		

hr. = str. Restbuchwert = 0,-

X3: Zuschreibung auf den Restbuchwert, der ohne TWA vorliegen würde (Wahlrecht):

RBW X3 ohne TWA = 111.111, daher Zuschreibung 111.111,-

Beispiel A.40.

Die strl. AfA beträgt in diesem Fall nur 3 % der Herstellungskosten (§ 8 Abs 1 EStG). Handelsrechtlich muss hingegen (Vorsichtsprinzip) über die kürzere Nutzungsdauer verteilt abgeschrieben werden:

pAvA X0 (1/2-Jahr):	100.000
AfA X0 (1/2-Jahr):	30.000
pAvA X1:	200.000
AfA X1:	60.000
--> MWR X0:	+ 70.000
--> MWR X1:	+ 140.000

Da für ein Verwaltungsgebäude nur 2 % AfA ohne besonderen Nachweis zulässig ist, ist ein gemischter AfA-Satz zu ermitteln:

$$3\ \% * 2/3 + 2\ \% * 1/3 = 2{,}67\ \%$$

AfA X0:	26.666,7
AfA X1:	53.333,3
--> MWR X0:	+ 73.333,3
--> MWR X1:	+ 146.666,7

Beispiel A.41.

Der Firmenwert errechnet sich als Differenz Kaufpreis - Buchvermögen (= Eigenkapital) - stille Reserven:

7.500.000 - 5.000.000 - 1.000.000 = 1.500.000

Handelsrechtlich ist dieser Betrag im Falle der Aktivierung gleichmäßig über die voraussichtliche Nutzungsdauer abzuschreiben (§ 203 Abs 5 HGB). Der Firmenwert kann jedoch auch sofort aufwandswirksam verbucht werden.

Steuerrechtlich hingegen ist die Abschreibung (AfA) des Firmenwerts basierend auf einer 15jährigen Nutzungsdauer zwingend vorgeschrieben (§ 8 Abs 3 EStG). Da die tatsächliche Nutzungsdauer (für hr. Zwecke) allerdings nur sehr schwer zu schätzen ist, wird vielfach pAvA = AfA angenommen:

1.500.000 / 15 Jahre = 100.000 AfA = pAvA (bei Aktivierung)

bei hrl. Sofortabschreibung: X1: MWR + 1.400.000

ab X2: MWR - 100.000

Beispiel A.42.

Restbuchwert per Oktober 2004 (hrl. und strl.):

pAvA = AfA des ursprünglichen Gebäudes = 150.000 p.a.

Nutzung bis einschließlich 1. Halbjahr 2004 = 12,5 Jahre

3.000.000 - 12,5 x 150.000 = 1.125.000

Neue Abschreibungsbasis:	1.125.000
	1.600.000
	2.725.000

neue pAvA = 2.725.000 / 20 Jahre= 136.250

pAvA 2004: 75.000 + 68.125 (1/2-Jahresabschreibung!)

pAvA 2005: 136.250

Annahme, dass steuerlich für den Ausbau kein Nachweis über die kürzere Nutzungsdauer erbracht wird und durch den Ausbau insgesamt ein neues Gebäude entsteht:

AfA (andere betr. Zwecke gem § 8 Abs 1 EStG = 2 %): 54.500

AfA 2004 (1/2): 75.000 + 27.250

AfA 2005: 54.500

--> MWR 2004: + 40.875

--> MWR 2005: + 81.750

Entstünde durch den Ausbau kein neues Gebäude, so könnte der bereits bestehende (und durch den Ausbau wirtschaftlich länger nutzbare) Gebäudeteil über 20 Jahre abgeschrieben werden, während die durch den Ausbau entstandenen eigenständigen neuen Gebäudeteile über die gesetzliche Frist des § 8 Abs 1 EStG abzuschreiben sind.

Variante: Neue Abschreibungsbasis: 1.125.000

500.000

1.625.000

neue pAvA und AfA =1.625.000 /7,5 Jahre = 216.666,7

pAvA 2004: 75.000 + 108.333,3 (1/2-Jahresabschreibung !)

pAvA 2005: 216.666,7

Beispiel A.43.

In diesem Fall handelt es sich, nach der Judikatur des VwGH, um eine Sachgesamtheit, deren Gesamtpreis über EUR 400 hinausgeht, weshalb die Begünstigung des § 13 EStG nicht beansprucht werden kann. Das Ensemble ist vielmehr über die wirtschaftliche Nutzungsdauer abzuschreiben.

Beispiel A.44.

Durch die Preisminderung sinken die Anschaffungskosten unter die Grenze von EUR 400 netto: 487,5 (netto) x 0,8 = 390 (netto)

Die Sofortabschreibung gem § 13 EStG ist daher für diese Investition möglich.

Beispiel A.45.

Die siebenjährige Behaltefrist für das Grundstück ist erfüllt. Da es sich bei einer Beteiligung um ein unkörperliches Wirtschaftsgut handelt, ist die Übertragung einer stillen Reserve eines Grundstücks auf die Anschaffungskosten einer Beteiligung allerdings nicht möglich !

Beispiel A.46. (Fortsetzung zu A.45.)

Stille Reserven können im Umfang von 500.000 (Verkaufspreis minus Buchwert) auf die Lagerhalle übertragen werden, da die Behaltefrist von 7 Jahren für das Grundstück eingehalten wurde und die 12- bzw bis Fertigstellung 24-monatige Verwendungsfrist nicht abgelaufen ist.

Dotierung BWR § 12 EStG an BWR § 12 EStG 500.000

Gemäß § 12 Abs 5 EStG gelten als Anschaffungs- bzw Herstellungskosten die um die übertragenen stillen Reserven gekürzten Beträge.

vorläufiger hr. Gewinn	1.000.000
- pAvA (1/2-Jahr)	- 90.000
Jahresüberschuss	910.000

vorläufiger str. Gewinn	1.000.000
- AfA (1/2-Jahr)	- 19.500
str. Gewinn	980.500

Beispiel A.47. (Variante zu A.45.)

Es können keine stillen Reserven auf die fertig gestellte Lagerhalle übertragen oder einer Übertragungsrücklage zugeführt werden, da die (nun auf 15 Jahre erhöhte) Behaltefrist für das verkaufte Grundstück nicht eingehalten wurde.

Beispiel A.48. (Variante zu A.45.)

Eine Übertragung der stillen Reserve des Grundstücks auf den LkW ist zulässig: zum Zeitpunkt der Übertragung wird der LkW im Inland verwendet, daher sind die Voraussetzungen für die Übertragung erfüllt. Da es für bereits übertragene stille Reserven keine Behaltefrist gibt (vergleichbar der Regelung für geltend gemachte Investitionsfreibeträge mit ihrer vierjährigen Behaltefrist) kann die Verwendung im Ausland nachträglich (zum Unterschied vom IFB) auch nichts mehr an der bereits übertragenen stillen Reserve ändern.

str. AKo des LKW:	850.000,-	
	- 500.000,-	stille Reserven
	350.000,-	

Beispiel A.49.

Für dieses Gebäude kommen folgende steuerlichen Gestaltungsmöglichkeiten in Betracht:

- Der Sanierungsaufwand iHv 1.500.000 kann gem § 8 Abs 2 EStG über zehn Jahre abgesetzt werden.
- Stillen Reserve können anteilig auf Gebäude und Grund übertragen werden; dies kürzt die steuerlichen Anschaffungskosten und damit die zukünftigen Abschreibungen des Gebäudes.

- Von den Anschaffungskosten des Gebäudes können steuerlich wirksam lediglich 2 % Jahresabschreibung (Verwaltungsgebäude) geltend gemacht werden.

Beispiel A.50.

Berücksichtigung der Geschäftsfälle a. - d.:

a. Die Übertragung von stillen Reserven auf Finanzanlagen ist seit 1996 nicht mehr zulässig. Abgesehen davon wäre die Übertragung der RL § 12 EStG aus 2004, die aus der Veräußerung eines körperlichen Wirtschaftsgutes stammt, ebenfalls nicht möglich, da eine Beteiligung ein unkörperliches Wirtschaftsgut darstellt.

   steuerliche Erfolgswirksamkeit: 0

b. Eine Übertragung von stillen Reserven auf Grund und Boden ist nur möglich, wenn die stillen Reserven aus der Veräußerung von Grund und Boden stammen. Eine Übertragung auf das Gebäude setzt lediglich voraus, dass die stillen Reserven aus körperlichen Wirtschaftsgütern stammen. Der Angabe ist nicht entnehmbar, ob die stillen Reserven aus dem Verkauf von Grund und Boden stammen.

   Unterstellt man, dass die stillen Reserven nicht aus der Veräußerung von Grund und Boden stammen, so können stille Reserven nur auf den Gebäudewert übertragen werden. Die steuerlichen Anschaffungskosten des Gebäudes betragen dann 500.000.

pAvA (1/2- Jahr)	30.000		
AfA (1/2- Jahr)	7.500		
pAvA	an	kumulierte Abschreibung	30.000
RL § 12	an	BWR	100.000
BWR	an	Auflösung BWR	5.000

   steuerliche Erfolgswirksamkeit: AfA - 7.500

   Würden die stillen Reserven aus der Veräußerung von Grund und Boden stammen, so müssten in Anwendung der Einheitlichkeit des bebauten Grundstücks die stillen Reserven im Verhältnis des Werts von Grund und Boden zum Gebäudewert aufgeteilt werden.

c. Verkauf der alten Maschine:

Buchwertabgang:	- 110.000
pAvA = AfA:	- 40.000
Verkaufserlös:	+ 100.000
str. Gewinnänderung:	- 50.000

Selbst wenn stille Reserven aufgedeckt werden würden, könnten sie nicht übertragen werden, da die 7-Jahresfrist nicht erfüllt ist.

d. Veräußerungserlös: + 300.000

Dieser Betrag kann einer Übertragungsrücklage zugeführt werden, da die Behaltefrist erfüllt und kein Ausschluss aus der Übertragung stiller Reserven gegeben ist. Die Rücklage ist bis 29.12.2006 zu verwenden.

Dotierung URL § 12 EStG an URL § 12 EStG 300.000

steuerliche Erfolgswirksamkeit: 0

prov. strl. Gewinn 2005:	10.000.000
Geschäftsfall b.:	- 7.500
Geschäftsfall c.:	- 50.000
steuerlicher Gewinn:	**9.942.500**

Rücklagenspiegel

	Stand 31.12.2004	Zuführung	bestimm-ungs-gemäße Auflösung	nicht be-stimmungs-gemäße Auflösung	Um-buchung	Stand 31.12.2005
RL § 12 (2004)	100.000				-100.000	0
BWR § 12			5.000		100.000	95.000
RL § 12 (29.12.2005 unkörperl.)		300.000				300.000
Summe	**100.000**	**300.000**	**5.000**	**0**	**0**	**395.000**

Beispiel A.51. (Variante zu A.50.)

In diesem Fall kann die Übertragungsrücklage von 100.000 nicht auf das neu angeschaffte Grundstück übertragen werden.

Dadurch erhöht sich die AfA-Basis im Vergleich zum vorigen Beispiel auf 600.000: 1/2-AfA: 9.000

Auch eine Übertragung auf die erworbene Beteiligung an der X-GmbH ist aufgrund der Bestimmungen des StruktAnpG 1996 nicht möglich. Die Übertragungsrücklage ist daher 2005 erfolgswirksam aufzulösen.

prov. str. Gewinn 2005:	10.000.000
Geschäftsfall b.:	- 9.000
Geschäftsfall c.:	- 50.000
Auflösung URL § 12 2004:	+ 100.000
steuerlicher Gewinn:	**10.041.000**

Beispiel A.52.

Anschaffungen des Kalenderjahres 2003: C+D: 60
Durchschnitt der letzten drei Jahre: 42/3 = 14
Zuwachs: 46
davon 10%=4,6 Investitionszuwachsprämie

Beispiel A.53.

Die handelsrechtlichen Zuweisungen ergeben sich wie folgt:

2005: 11.500.000 – 10.300.000 = 1.200.000

2006: 13.500.000 – 11.500.000 = 2.000.000

2007: 15.000.000 – 13.500.000 = 1.500.000

Die steuerliche Differenz per 31.12.1989 ist über 20 Jahre gleichmäßig zu verteilen. Der Differenzbetrag von 1.400.000,- ist dementsprechend 1990 im Ausmaß von 95%, 1991 im Ausmaß von 90%, etc von dem nach EStG 1988 errechneten Deckungsbetrag abzuziehen.

offener Differenzbetrag	2005: 20%
	2006: 15%
	2007: 10%

2005: steuerlicher Stand der Pensionsrückstellung:

Wert 2005	9.900.000
offener Differenzbetrag	350.000
str. Stand 2004	9.550.000

10.800.000,- - 0,20 x 1.400.000 = 10.520.000 str. Stand 2005

--> str. Zuführungsbetrag daher: 10.520.000 - 9.550.000 = 970.000

MWR: - 970.000 + 1.200.000 = + 250.000,-

2006: 12.000.000 - 0,15 x 1.400.000 = 11.790.000 str. Stand 2006

--> str. Zuführungsbetrag daher: 11.790.000 - 10.520.000 = 1.270.000

MWR: - 1.270.000 + 2.000.000 = + 730.000

2007: 13.400.000 - 0,10 x 1.400.000 = 13.260.000 str. Stand 2007

--> str. Zuführungsbetrag daher: 13.260.000 - 11.790.000 = 1.470.000

MWR: - 1.470.000 + 1.500.000 = + 30.000

Beispiel A.54. (Fortsetzung zu A.53.)

Bemessungsgrundlage der Wertpapierdeckung ist der str. Stand der Pensionsrückstellung zum vorangegangenen Bilanzstichtag. Die erforderliche Wertpapierdeckung der nachfolgenden Bilanzstichtage beträgt:

31.12.2005: 9.550.000,- x 37,5% = **3.581.250,-**

31.12.2006: 10.520.000,- x 40% = **4.208.000,-**

31.12.2007: 11.790.000,- x 42,5% = **5.010.750,-**

Beispiel A.55. (Fortsetzung zu A.54.)

Alle Wertpapiere mit Ausnahme der Aktien der EGO-AG gelten als deckungsfähige Papiere iSd § 14 Abs 5 Z 4 EStG. Heranzuziehen ist jeweils der Nennwert der Papiere bzw der Erstausgabebetrag der Investmentzertifikate.

Die vorhandene Wertpapierdeckung erweist sich als ausreichend zum 31.12.2005 sowie grundsätzlich zum 31.12.2006.

Bundesanleihe:	Buchwert 3.264.000 (Kurs 102) -->	
	Nennwert	3.200.000,-
Anleihe:	Nennwert	450.000,-
Fonds:	Erstausgabebetrag	100.000,-
		3.750.000,-

2006: Durch die Veräußerung der Anleihe ergäbe sich eine Unterdeckung von 3.581.250 - 3.300.000 = 281.250,-. --> **Strafzuschlag: +168.750,- (MWR +)**

Da jedoch die die Anleihe getilgt und andere Wertpapiere binnen zwei Monaten nach beschafft werden , fällt kein Strafzuschlag an.

2007: Jedenfalls ergibt sich jedoch eine **Unterdeckung zum 31.12.2007:**

4.208.000,- - 3.750.000,- = **458.000,-**

Aus diesem Grund wird ein **Strafzuschlag** in Höhe von 458.000,- x 60% = **274.800,- (MWR +)** fällig !

Beispiel A.56.

Im ersten Schritt ist zu prüfen, ob für D überhaupt eine Urlaubsrückstellung zu bilden ist:

Das Arbeitsjahr des D läuft vom 1.8. - 31.7., während das Wirtschaftsjahr des Unternehmens dem Kalenderjahr entspricht.

Bezogen auf den Zeitraum 1.8. - 31.12. (= fünf Monate) müsste D 12,5 Urlaubstage verbraucht haben (D stehen pro Monat 30/12 = 2,5 Urlaubstage zu). Da er allerdings in diesem Zeitraum nur 3,5 Urlaubstage verbraucht hat, ist eine Rückstellung für die noch nicht konsumierten 9 Tage (12,5 - 3,5) zu bilden.

Im nächsten Schritt ist das Bruttojahresentgelt des D zu ermitteln.

Monatsgehalt (14 mal)	56.000,-	
Überstungstundenpauschale	6.000,-	
Sachbezug	3.600,-	
		65.600,-
Lohnnebenkosten (30% von 656.000)		19.680,-
Bruttojahresentgelt		85.280,-

In einem weiteren Schritt ist dieses Bruttojahresentgelt auf einen Leistungstag umzurechnen. Laut Angabe fallen im Unternehmen 216 Leistungstage an, sodass ein Leistungstag (= *Bruttotagesentgelt*) des D 394,81,- (85.280/216) kostet.

In einem letzten Schritt ist die Anzahl der nicht konsumierten Urlaubstage mit dem Bruttotagesentgelt zu multiplizieren, sodass der Urlaubsrückstellung ein Betrag von **3.553,-** zuzuführen ist.

Folgt man der Rechtsprechung des VwGH, so ist das Bruttojahresentgelt in Höhe von 85.280,- durch 260 zu teilen, sodass sich eine steuerliche Rückstellung von **2.952**,- ergibt.

Beispiel A.57.

Einheitlicher und gesonderter Gewinn der KG

Gewinn KG	1.000.000
Geschäftsführerbezug Mayer	+ 250.000
Sonderbetriebseinnahme Lagerhalle Mayer	+ 50.000
- Sonderbetriebsausgabe Lagerhalle AfA Mayer	- 30.000
- Fremdkapitalzinsen für Anteilserwerb Mayer	- 25.000
einheitlicher und gesonderter Gewinn	1.245.000

Folgende Einkünfte werden Herrn Mayer vorweg zugerechnet:

Geschäftsführerbezug	+ 250.000
Sonderbetriebseinnahme Lagerhalle	+ 50.000
- Sonderbetriebsausgabe Lagerhalle AfA	- 30.000
- Fremdkapitalzinsen für Anteilserwerb	- 25.000
Summe Vorweggewinn:	245.000
Gewinnanteil KG	500.000
Gewinnanteil Mayer	745.000

Der Verkauf eines bisher im Privatvermögen gehaltenen Grundstücks ist nur im Falle des Spekulationstatbestandes (§ 30 EStG) steuerpflichtig.

Beispiel A.58.

Der "Unternehmenswert" beläuft sich auf:

Eigenkapital	1.200,-
stille Reserven	600,-
Firmenwert	300,-
Summe	2.100,-

C veräußert seinen 1/3-Anteil um 700,-.

Bilanz der OHG (nach Eintritt)

Aktiva		Passiva		
Anlagevermögen	1400	Eigenkapital:	A	400
			B	400
			N	400
Umlaufvermögen	500	Fremdkapital		700
	1900			1900

Ergänzungsbilanz N

Aktiva		Passiva	
Firmenwert	100	Eigenkapital	300
Anlagevermögen	200		
	300		300

Beispiel A.59.

a) Der Tischler bezieht Einkünfte aus Gewerbebetrieb.

b) Auch hier bezieht der Tischler nur Einkünfte aus Gewerbebetrieb (die Grundstücksmiete und die Geschäftsführerbezüge werden als Sonderbetriebseinnahme beim Gesellschafter erfasst).

c) Die Gewinnausschüttungen der GmbH führen beim Tischler zu Einkünften aus Kapitalvermögen (Endbesteuerung oder tarifliche Besteuerung mit Halbsatz). Durch die Geschäftsführerbezüge gelangt der Tischler zu sonstigen selbständigen Einkünften (bei Beteiligung an GmbH > 25 %). Die Grundstücksvermietung führt zu Einkünften aus Vermietung und Verpachtung.

Beispiel A.60.

Veräußerungsgewinn:	Veräußerungserlös	1.060
	- Buchvermögen	- 300
	vorläufiger Veräußerungsgewinn	760

Die URL § 12 EStG ist Bestandteil des letzten laufenden Gewinns --> es verbleibt ein Veräußerungsgewinn iS § 24 EStG in Höhe von 700,-.

Variante 1: Progressionsermäßigung

Mayer: 50 % Gesellschafter	anteiliger Veräußerungsgewinn:	350
Huber: 30 % Gesellschafter	anteiliger Veräußerungsgewinn:	210
Schmidt: 20 % Gesellschafter	anteiliger Veräußerungsgewinn:	140

Die Veräußerungsgewinne sind auf Antrag jeweils zu 1/3 bei der Veranlagung der Kalenderjahre 2004 - 2006 zu versteuern.

Variante 2: Veräußerungsfreibetrag

Mayer: 50 % Gesellschafter	anteiliger Veräußerungsgewinn	350.000
	- anteiliger Freibetrag	- 3.650
	steuerpflichtiger Veräußerungsgewinn	346.350
Huber: 30 % Gesellschafter	anteiliger Veräußerungsgewinn:	210.000
	- anteiliger Freibetrag:	- 2.190
	steuerpflichtiger Veräußerungsgewinn	207.810
Schmidt: 20 % Gesellschafter	anteiliger Veräußerungsgewinn	140.000
	- anteiliger Freibetrag	- 1.460
	steuerpflichtiger Veräußerungsgewinn	138.540

Die steuerpflichtigen Veräußerungsgewinne unterliegen 2004 der tarifmäßigen Besteuerung.

Beispiel A.61.

in Tausend EURO	2004	2005	2006	2007	2008
Eigenkapital-Entwicklung					
Laufendes Ergebnis	150	80	-35	10	0
Betriebsnotwendige Einlage	15				
Entnahmen	-30	-60	-40	-50	-50
Eigenkapital-Anstieg	135	20	keiner	keiner	keiner
Eigenkapital-Abfall	keiner	keiner	-40	-40	-50
begünstigt besteuerter Teil	100	20	0	0	0

Nachversteuerung					
Nachversteuerung erforderlich	nein	nein	ja	ja	ja
bisher begünstigt besteuert (7 WJ)	0	100	120	80	40
Nachversteuerungsbetrag	0	0	-40	-40	-40

Die nachzuversteuerenden Beträge sind jeweils auf 2 Jahre verteilt mit dem halben Durchschnittsteuersatz gem § 37 Abs 1 EStG zu versteuern (zu den diesbezüglichen Zweifelsfragen vgl oben).
Im Jahr 2006 besteht, aufgrund des Vorhandenseins eines laufenden Verlustes, das Wahlrecht den Verlust mit dem Nachversteuerungsbetrag zu verrechnen und nur den Restbetrag (auf 2 Jahre verteilt) zu versteuern oder den gesamten Nachversteuerungsbetrag (auf 2 Jahre verteilt) zu versteuern.

Beispiel A.62.

Es handelt sich hierbei um Einkünfte aus nichtselbständiger Arbeit, da Bezüge aus einem Dienstverhältnis vorliegen. Das Bestehen fixer Dienstzeiten ist nicht Voraussetzung eines Arbeitsverhältnisses. Der Umstand, dass der Techniker jederzeit erreichbar ist und auf Abruf zur Verfügung steht, stellt eine Eingliederung in das Unternehmen der Funk-GmbH dar. Gleichfalls sprechen der Kostenersatz des Arbeitgebers und der erfolgsunabhängige Grundlohn für das Vorliegen eines Dienstverhältnisses.

Beispiel A.63.

a. Ist Herr Beck weisungsgebunden, erzielt er als wesentlich Beteiligter gemäß § 22 Z 2, zweiter Teilstrich EStG Einkünfte aus sonstiger selbständiger Arbeit. Die Weisungsbindung ist dabei unmaßgeblich.

   Ist Herr Beck nicht weisungsgebunden, erzielt er Einkünfte aus selbständiger Arbeit gemäß § 22 Z 2, erster Teilstrich EStG (Verwalten fremden Vermögens).

b. Herr Beck erzielt Einkünfte aus nichtselbständiger Arbeit gem § 25 Abs 1 Z 1 lit b EStG.

c. Wenn Herr Beck die Beteiligung im Privatvermögen hält, handelt es sich hierbei um Einkünfte aus Kapitalvermögen, die dem KESt-Abzug unterliegen und endbesteuerungsfähig sind.

d. Es handelt sich um Einkünfte aus selbständiger freiberuflicher Tätigkeit.

Beispiel A.64.

Obwohl der Einzelunternehmer während seiner Aktivzeit Einkünfte aus Gewerbebetrieb erzielt hat, liegen nun Einkünfte aus nichtselbständiger Arbeit vor (§ 25 Abs 1 Z 3 lit a EStG).

Beispiel A.65.

Der Verlust im Jahr 1 darf nicht mit positiven Einkünften verrechnet werden, sondern ist auf "Wartetaste" zu legen und mit späteren Gewinnen zu verrechnen. Von dem Gewinn des Jahres 2 (8.000,-) dient zunächst ein Anteil von 5.000,- zum Wiederauffüllen seiner Einlage (= Ausgleich des Verlusts des Jahres 1 am Einlagenkonto). In dieser Höhe ergibt sich daher keine steuerliche Wirkung.

Seine Einkünfte aus Kapitalvermögen betragen daher: 8.000,- - 5.000,- = **3.000,-**

Von diesen 3.000,- werden allerdings nur 75 % ausbezahlt (25 % KESt): 2.250,- ausbezahlt, 750,- KESt (wird dem Gesellschafter später auf seine ESt angerechnet).

Beispiel A.66.

1. Variante Endbesteuerung:

Einkünfte aus selbst. Arbeit	75.000
Einkünfte aus Kapitalvermögen:	
stille Beteiligung	4.000
Besteuerung nach dem Tarif:	79.000
betriebliche Kapitalerträge	200
private Kapitalerträge	10.000
Endbesteuerung (25 % KESt):	10.200

Bei den Einkünften aus selbständiger Arbeit dürfen die Sollzinsen als BA abgesetzt werden, weil sie mit den endbesteuerten Habenzinsen in keinem wirtschaftlichen Zusammenhang stehen.

Bei der Beteiligung als echter stiller Gesellschafter wird zwar KESt einbehalten, in diesem Fall gilt der KESt-Abzug allerdings nur als Vorauszahlung auf die ESt.

Die Depotgebühr ist als in unmittelbarem wirtschaftlichem Zusammenhang mit den endbesteuerten Erträgen stehend grundsätzlich nicht als Werbungskosten abzugsfähig.

2. Variante tarifliche Steuerbelastung für Aktien:

Einkünfte aus selbst. Arbeit inkl Zinsen	75.200
Einkünfte aus Kapitalvermögen:	
stille Beteiligung	4.000
private Kapitalerträge aus Zinsen	7.000
Aktien	3.000
Besteuerung nach dem Tarif:	89.200

Diesfalls werden die Aktien statt mit 25 % KESt mit dem halben Durchschnittssteuersatz besteuert, die übrigen Kapitalerträge statt mit 25 % KESt mit dem Durchschnittsteuersatz, der insgesamt durch die Veranlagung der endbesteuerungsfähigen Kapitalerträge einer höheren Progression unterliegt.

Die Depotgebühr ist als in unmittelbarem wirtschaftlichem Zusammenhang mit den endbesteuerten Erträgen stehend grundsätzlich nicht als Werbungskosten abzugsfähig.

Beispiel A.67.

ohne Nebenleistungen: 3.000.000 * 1,5 % = 45.000,- AfA p.a. (Einkünfte aus V&V)

mit Nebenleistungen: --> die AfA richtet sich nach der zukünftigen Nutzung durch die Mieter; gewerbliche Vermietung ist als solche nicht maßgebend für Inanspruchnahme der 4 % AfA gemäß § 8 Abs 1 EStG;

Beispiel A.68.

Diese Zahlungen sind, als wiederkehrende Bezüge, beim Empfänger steuerpflichtig ! Günstiger wäre hier die Zahlung eines Einmalbetrags, da dieser keine ESt-Pflicht nach sich zieht !

Beispiel A.69.

a. Der Veräußerungsgewinn ist **steuerfrei** (die Wohnung war 2 Jahre hindurch Hauptwohnsitz - tatsächliche Nutzung von Sept. 2003 - Nov. 2005).

b. Der Veräußerungsgewinn ist **steuerpflichtig** (die Wohnung war keine 2 Jahre hindurch Hauptwohnsitz - tatsächliche Nutzung Sept. 2003 - August 2005).

c. Auch in diesem Fall ist der Veräußerungsgewinn steuerpflichtig (zwischen der Begründung des Hauptwohnsitzes und der Veräußerung liegen weniger als 2 Jahre).

Beispiel A.70.

Veräußerungserlös:	3.000.000,-
abzüglich Anschaffungskosten (ohne Subventionen):	- 1.600.000,-
abzüglich Kreditzinsen:	- 100.000,-
abzüglich Maklerprovision:	-10.000,-
Spekulationsgewinn	**1.290.000,-**

Beispiel A.71.

Da der Beteiligungsbegriff des § 31 EStG sowohl direkte (0,5 %) als auch indirekte (10 %) Substanzbeteiligungen umfasst, verfügt Herr Mayer über eine Beteiligung von 10,5 %.

Beispiel A.72.

1. Ermittlung des steuerpflichtigen Veräußerungsgewinns:

Veräußerungserlös:	330.000,-
Anschaffungskosten:	- 200.000,-
Veräußerungskosten:	- 6.000,-
Veräußerungsgewinn:	124.000,-
Einkünfte gem § 31 EStG:	**124.000,-**

2. Ermittlung der anrechenbaren Erbschaftssteuer:

Steuerkurswert:	1.400.000,-
Anschaffungskosten:	- 1.000.000,-
stille Reserven (40 %)	400.000,-

Belastungssatz der ErbSt bezogen auf den Steuerkurswert:

$$\frac{70.000,-}{1.400.000,-} = \mathbf{5\ \%}$$

Stille Reserven in den verkauften Anteilen: 200.000,- x 40 % = 80.000,-

Für diese 80.000,- entsteht eine Doppelbelastung.

Anrechenbare ErbSt: 80.000,- x 5 % = 4.000,-

Von den Einkünften iHv 124.000,- wird ESt ermittelt, auf die dann ErbSt in Höhe von 4.000,- angerechnet wird.

Beispiel A.73.

2005: Das Evidenzkonto setzt sich aus der Stammeinlage und der nicht gebundenen Kapitalrücklage zusammen.

	Anfangs-bestand	Zugang	Abgang	Umbuchung	Endbestand
Nennkapital-Subkonto	2.000				2.000
Rücklagen-Subkonto	5.000				5.000
Bilanzgewinn-Subkonto					

Evidenzkontostand 31.12.2005: 7.000

2006: Die Auflösung der nicht gebundenen Kapitalrücklage führt zu keiner Verringerung des Evidenzkontos, es erfolgt vielmehr eine Umbuchung auf das Bilanzgewinn-Subkonto.

Mangels Gewinnausschüttung kommt es auch zu keinen Ausschüttungserträgen.

	Anfangs-bestand	Zugang	Abgang	Umbuchung	Endbestand
Nennkapital-Subkonto	2.000				2.000
Rücklagen-Subkonto	5.000			-400	4.600
Bilanzgewinn-Subkonto				+400	400

Evidenzkontostand 31.12.2006: 7.000

2007: Es erfolgt, da die Ausschüttung erst 2008 erfolgt, noch kein Abgang der Einlagen, sondern wiederum eine Umbuchung auf Bilanzgewinn.

	Anfangs-bestand	Zugang	Abgang	Umbuchung	Endbestand
Nennkapital-Subkonto	2.000				2.000
Rücklagen-Subkonto	4.600			-2.500	2.100
Bilanzgewinn-Subkonto	400			+2.500	2.900

Evidenzkontostand 31.12.2007: 7.000

2008: Ausschüttung

Die Ausschüttung des auf Bilanzgewinn umgebuchten Betrages der ungebundenen Kapitalrücklage führt zu einer Verringerung des Evidenzkontos.

Die Ausschüttung der restlichen 600 Bilanzgewinn (3.500 abzüglich der auf dem Bilanzgewinn-Subkonto befindlichen 2.900) stellt steuerlich eine Dividende dar, die bei Y zu steuerpflichtigen Einkünften aus Kapitalvermögen führt, bei der Z-GmbH zu steuerfreien Einkünften im Sinne des § 10 Abs 1 KStG.

Die Auflösung der nicht gebundenen Kapitalrücklage und des auf dem Bilanzgewinn-Subkonto befindlichen Betrages von 400 führt aufgrund der Ausschüttung derselben zu einer Verringerung des Evidenzkontos um 2.900 auf 4.100.

	Anfangs-bestand	Zugang	Abgang	Umbuchung	Endbestand
Nennkapital-Subkonto	2.000				2.000
Rücklagen-Subkonto	2.100				2.100
Bilanzgewinn-Subkonto	2.900		2.900		0

Evidenzkontostand 31.12.2008: 4.100

Bei den Gesellschaftern kommt es in Höhe von 2.900 zu einer Verringerung der(s) Anschaffungskosten/Buchwerts.

steuerliche Anschaffungskosten Y: 1.000 - 1.450 = - 450

steuerlicher Buchwert Z-GmbH: 6.000 - 1.450 = 4.550

Da die steuerlichen Anschaffungskosten des Y unter null fallen, kommt es aufgrund der gesetzlichen Fiktion des Vorliegens eines Veräußerungstatbestands zu einem steuerpflichtigen Veräußerungsgewinn in Höhe von 450.

Ausschüttung an Y: 300 (1/2-Satz bzw Endbesteuerung)

Ausschüttung an Z-GmbH: 300 (steuerfrei nach § 10 Abs 1 KStG)

Veräußerung der Beteiligung: Aufgrund der Veräußerung der Beteiligung entsteht Steuerpflicht bei Y aufgrund § 37 Abs 4 Z 2 lit b EStG in Höhe von 4.000.

Der Buchwert der Beteiligung der Z-GmbH erhöht sich auf 8.550.

Beispiel A.74.

a. Für bewegliches Privatvermögen ist die 1-jährige Spekulationsfrist des § 30 Abs 1 lit a EStG zu beachten (beträgt bei unbeweglichem Privatvermögen 10 Jahre): Liegt zwischen Anschaffung und Veräußerung ein größerer Zeitraum, so ist die Differenz zwischen Veräußerungserlös und seinerzeitigen Anschaffungskosten (der "Veräußerungsgewinn") steuerlich unbeachtlich. Im Falle einer Erbschaft ist darüberhinaus zu beachten, dass auch deshalb ein Spekulationsgeschäft iSd § 30 EStG nicht vorliegen kann, da hier regelmäßig die "Anschaffung" (iS eines entgeltlichen Erwerbes) fehlt. Daher ist bei Erbschaft wie auch bei anderen unentgeltlichen Vermögensübergängen die Besitzdauer des Erblassers mitzuberücksichtigen.

b. Hier ist die Spekulationsfrist von 10 Jahren zu beachten: Da eine Veräußerung im neunten Jahr vorliegt, wurde sie nicht eingehalten, dh es liegt ein Spekulationsgeschäft vor. In Höhe von 20.000,- (35.000,- Veräußerungserlös - 15.000,- seinerzeitige Anschaffungskosten) liegen "Einkünfte aus Spekulationsgeschäft" vor. Es existiert allerdings für unbebaute Grundstücke die Begünstigung des § 30 Abs 4 EStG, wonach sich nach 5 Jahren der Spekulationsgewinn um jährlich 10 % vermindert. In diesem Fall sind daher, da die Veräußerung im neunten Jahr erfolgt, nur 60 % des Veräußerungsgewinns (20.000,- x 60 % = 12.000,-) der Besteuerung zu unterziehen.

c. Vermögensmehrungen durch Schenkungen sind prinzipiell einkommensteuerlich irrelevant (es existiert allerdings eine eigene Erbschafts- und Schenkungssteuer);

d. Spielgewinne sind einkommensteuerlich nicht steuerbar;

e. In diesem Fall handelt es sich nicht um einen Spielgewinn, sondern der Preis wurde dem Preisträger durch eine Jury auf Grund einer erbrachten (beruflichen) Leistung zugesprochen. Daher ist der Preis im Rahmen der sonstigen Einkünfte zu erfassen (Ausnahmen bestehen für die "Würdigung der Gesamtpersönlichkeit", wie zB im Falle der Nobelpreisverleihung). Steuerpflicht im Jahr 2005 besteht allerdings nur, wenn der Architekt § 4 Abs 1-Gewinnermittler ist. Bei § 4 Abs 3-Gewinnermittlern gilt das Zufluss-/Abflussprinzip, und die Steuerpflicht würde erst 2006 entstehen.

Beispiel A.75.

Für Veräußerungsgewinne aus einem Betrieb/Teilbetrieb/Mitunternehmeranteil existiert die Begünstigung des § 24 Abs 4 EStG: Freibetrag in Höhe von 7.300,- (oder eines dem Mitunternehmeranteil entsprechenden niedrigeren Anteils von 7.300,-). Der Veräußerungsfreibetrag steht allerdings nur dann zu, wenn der Steuerpflichtige nicht von den Steuerermäßigungen des § 37 EStG Gebrauch macht bzw diese gem § 37 Abs 7 ausgeschlossen ist. Im vorliegenden Fall wird zunächst der Freibetrag des § 24 Abs 4 EStG in Anspruch genommen. Da es sich dabei um eine sachliche Begünstigung handelt, ist diese zuerst anzuwenden:

7.300,- x 20 % = 1.460,-	Freibetrag (FB)
7.000,- - 1.460,- (FB) = 5.540,-	stpfl. Veräußerungsgewinn

innerbetrieblicher Verlustausgleich:

15.000,- - 5.540,- = 9.460,-	Verlust aus Gewerbebetrieb

vertikaler Verlustausgleich:

60.000,- - 9.460,- = **50.540,-**	**Einkommen**

Unrichtig wäre im übrigen die sofortige Verrechnung der (- 15.000,-) mit den Einkünften aus Kapitalvermögen (60.000,-)! Der innerbetriebliche geht dem vertikalen Verlustausgleich vor. Nimmt man anstelle des Freibetrages die Progressionsermäßigung in Anspruch, so zeigt sich folgendes Bild:

Das Einkommen bei Inanspruchnahme der Progressionsermäßigung des § 37 Abs 2 EStG beträgt:

innerbetrieblicher Verlustausgleich:

15.000,- - 2.333,33,- (1/3 von 7.000,-) = 12.666,67,- Verlust aus Gewerbebetrieb

vertikaler Verlustausgleich:

60.000,- - 12.666,67,- = 47.333,33,-	**Einkommen**

Ob die Inanspruchnahme des Freibetrags oder die der Progressionsermäßigung steuerlich günstiger ist, hängt von der Entwicklung des Einkommens der beiden folgenden Jahre ab.

Beispiel A.76.

In diesem Fall stammen der Verlust und der Veräußerungsgewinn nicht aus derselben Einkunftsart. Daher kann der Verlust aus L&F unmittelbar mit den Einkünften aus KV verrechnet werden (vertikaler Verlustausgleich):

Bei Inanspruchnahme des Freibetrags ergibt sich folgendes Einkommen:

60.000,- - 15.000,- = 45.000,-
7.000,- - 1.460,- (FB) = 5.540,-

Einkommen: 50.540,-

Es ergibt sich somit ein Einkommen in der gleichen Höhe (50.540,-) wie im vorhergehenden Beispiel mit dem wesentlichen Unterschied, dass in diesem Fall die Progressionsermäßigung des § 37 Abs 2 EStG auf den im Einkommen noch enthaltenen Veräußerungserlös zur Anwendung kommen könnte (allerdings ohne Freibetrag)!

Bei Inanspruchnahme der Progressionsermäßigung des § 37 Abs 2 EStG ergibt sich folgendes Einkommen:

60.000,- - 15.000,- = 45.000,-
7.000,- Veräußerungserlös (davon 1/3 steuerpflichtig im Jahr des Veräußerungsgewinns)

Einkommen: 47.333,-

Ob die Inanspruchnahme des Freibetrags oder die der Progressionsermäßigung steuerlich günstiger ist, hängt von der Entwicklung des Einkommens der beiden folgenden Jahre ab.

Beispiel A.77.

Endbesteuerte Einkünfte aus Kapitalvermögen fallen grundsätzlich nicht unter den Gesamtbetrag der Einkünfte; es besteht aber nach § 97 Abs 4 die Möglichkeit der Veranlagung, wenn die nach dem Steuertarif zu erhebende ESt niedriger ist als die Kapitalertragsteuer.

Verluste aus Spekulationsgeschäften (§ 30 EStG) sind nicht ausgleichsfähig;

der Überschuss aus der Beteiligungsveräußerung ist primär mit dem (nicht vortragsfähigen) Verlust aus Vermietung und Verpachtung zu verrechnen:

- 9.500,- + 8.000 = - 1.500,-

Dies führt zu 1.500,- nicht vortragsfähigem Verlust, sowie einem (aus dem Verlust aus Gewerbebetrieb stammenden) vortragsfähigen Verlust in Höhe von 15.000,- (unbegrenzt lange vortragsfähig gem § 18 Abs 6 EStG).

Nimmt man hingegen die Veranlagung der Einkünfte aus Kapitalvermögen vor, ergibt sich ein vortragsfähiger Verlust aus Gewerbebetrieb iHv 10.500,- (-1.500 – 15.000 + 6.000).

Beispiel A.78.

Vertragsabschluß 20.5.1996:

a. Die Mindestlaufzeit beträgt 14 Jahre (bis zum 60. Lebensjahr).

b. Die Mindestlaufzeit beträgt 10 Jahre.

Vertragsabschluß 20.6.1996:

In beiden Fällen kann die Versicherungsprämie nicht als Sonderausgabe geltend gemacht werden!

Beispiel A.79.

KV	+ 2.000,-
V & V	- 500,-
	+ 1.500,-
L & F	- 5.000,-
Einkommen	**- 3.500,-**

Beachten Sie: nur Verluste aus **betrieblichen** Einkünften sind vortragsfähig !

Folgejahr:	KV	+ 1.500,-
	V & V	- 1.000,-
		+ 500,-
	L & F	+ 1.000,-
		+ **1.500,-**

Vortragsgrenze gem § 2 Abs 2b Z 2:
75% von 1.500,- = **1.125,-**

Verlustvortrag	- 1.125,-
Einkommen	**375,-**

Der Verlustvortrag kann nur zu 1.125,- im Folgejahr ausgeglichen werden. Der restliche Verlustvortrag von 2.375,- kann jedoch in späteren Veranlagungsjahren ausgeglichen (verrechnet) werden.

Beispiel A.80.

Der Sanierungsgewinn kann nicht mehr steuerlich abgezogen werden. Er ist vielmehr voll steuerpflichtig.

EK aus Gewerbebetrieb	30.000,-
EK aus Kapitalvermögen	+ 3.000,-

Im Ausmaß des Sanierungsgewinns kommt die **Vortragsgrenze** gem § 2 Abs 2b Z 2 und 3 EStG nicht zur Anwendung, sodass im vorliegenden Fall bereits aus diesem Grund der ganze Verlustvortrag verrechnet werden kann:

Verlustvortrag	- 6.000,-
Einkommen	**27.000,-**

Hinsichtlich der Einkommensteuer ist in weiterer Folge zunächst die Einkommensteuer einschließlich des Sanierungsgewinns als auch ausschließlich des Sanierungsgewinns zu ermitteln und sodann der Unterschiedsbetrag der Einkommensteuer mit jenem Betrag anzusetzen, der sich aus der Anwendung des Prozentsatzes des Forderungsnachlasses ergibt.

Beispiel A.81.

a. Es steht ihm ein Höchstbetrag von 5.840,- zu (2 x 2.920,-). Für zwei Kinder gibt es keinen zusätzlichen Erhöhungsbetrag. Die Summe der nachgewiesenen Sonderausgaben beträgt 6.200,-. Der gesetzliche Höchstbetrag ist niedriger, dh es können **1.460,-** als Sonderausgaben geltend gemacht werden (1/4 von 5.840,-).

b. Es steht ihm ein Höchstbetrag von 2.920,- zu. Ein Viertel der nachgewiesenen Sonderausgaben übersteigt mit 1.550,- ein Viertel des Höchstbetrags, somit kann er nur ein Viertel des ihm zustehenden Höchstbetrags (**730,-**) als Sonderausgaben vom Gesamtbetrag der Einkünfte absetzen.

c. Für drei Kinder steht ihm ein Erhöhungsbetrag von 1.460,- zu, sofern nicht von einem anderen Steuerpflichtigen der Erhöhungsbetrag in Anspruch genommen wird. Der Höchstbetrag beträgt 4.380,- (2.920,- + 1.460,-), die nachgewiesenen Sonderausgaben betragen 6.200,-, so dass ein Viertel von 4.380,-, dh. **1.095,-** als Sonderausgaben geltend gemacht werden können.

Beispiel A.82. (Fortsetzung von A.81.)

Der Gesamtbetrag der Einkünfte beträgt:

Einkünfte aus Gewerbebetrieb:	50.000
Einkünfte aus V & V:	- 10.000
Einkünfte aus Kapitalvermögen:	5.000
	45.000

Die endbesteuerten Kapitaleinkünfte zählen ebensowenig zum Gesamtbetrag der Einkünfte wie die Sonderausgaben.

a. Vom höchstzulässigen Sonderausgabenbetrag iHv 1.460,- können nur **594,-** geltend gemacht werden.

$$\frac{(50.900 - 45.000) \times 1.460}{14.500} = 594$$

b. Vom höchstzulässigen Sonderausgabenbetrag iHv 1.460 können nur **594,-** geltend gemacht werden.

c. Vom höchstzulässigen Sonderausgabenbetrag iHv 1.095 können nur **446,-** geltend gemacht werden.

$$\frac{(50.900 - 45.000) \times 1.095}{14.500} = 446$$

Die Kosten des Steuerberaters können in allen drei Varianten in voller Höhe, dh in Höhe von 800,- abgezogen werden.

Beispiel A.83.

laufender Verlust aus Gewerbebetrieb I	- 30.000
Schuldnachlass Gewerbebetrieb I	+ 50.000
Gewinn aus Gewerbebetrieb II	+ 15.000
Einkünfte aus Gewerbebetrieb	35.000
Verlust aus L & F	- 10.000
Einkünfte aus nichtselbständiger Arbeit	+ 70.000
Gesamtbetrag der Einkünfte	95.000
Sonderausgaben (Lebensversicherung)	0
Einkommen	95.000
Einkommen gem § 2 Abs 2 EStG	95.000

Hinweis: Die Sonderausgabe für die Lebensversicherung ist, da der Gesamtbetrag der Einkünfte über 50.900,- liegt, nicht abzugsfähig.

Variante:

laufender Verlust aus Gewerbebetrieb I	- 30.000
Schuldnachlass	+ 50.000
Gewinn aus Gewerbebetrieb II	+ 15.000
Verlust aus Gewerbebetrieb III	- 10.000
Einkünfte aus Gewerbebetrieb	25.000
Einkünfte aus nichtselbständiger Arbeit	+ 70.000
Gesamtbetrag der Einkünfte	95.000
Sonderausgaben (Lebensversicherung)	0
Einkommen	95.000
Einkommen gem § 2 Abs 2 EStG	95.000

Beispiel A.84.

Alleinverdienerabsetzbetrag:
Der Alleinverdienerabsetzbetrag steht ihm nicht zu, da er 2005 nicht zumindest sechs Monate verheiratet war.

Beispiel A.85. (Variante zu A.84.)

Alleinverdienerabsetzbetrag:
Da Herr Mayer ein Kind hat und mehr als sechs Monate in eheähnlicher Gemeinschaft lebt, hat er die formalen Voraussetzungen für den Alleinverdienerabsetzbetrag erfüllt.

Da die Einkünfte von Frau Mayer 6.000,- nicht überstiegen, steht ihm der Alleinverdienerabsetzbetrag zu.

Einkünfte Frau Mayer:

aus selbständiger Arbeit:	3.000,-
aus Kapitalvermögen (endbesteuert)	2.000,-
Σ Einkünfte	5.000,-

Die Lebensversicherungsprämie ist als Sonderausgabe nicht Teil der Einkünfte und daher bei der Ermittlung der Einkünfte nicht abzugsfähig.

Beispiel A.86.

∑ Einkünfte:	47.000,00
- Sonderausgaben:	- 248,79
Einkommen:	46.751,21

ad Sonderausgabenabzug: Herr Mayer ist Alleinverdiener im Sinne § 33 Abs 4 EStG, da seine Ehefrau nicht mehr als 6.000,- Einkünfte erzielt hat. Dementsprechend steht ihm im Bereich der Sonderausgaben auch der Erhöhungsbetrag von 2.920,- gemäß § 18 Abs 3 EStG zu, weshalb er die gesamten 3.700,- für Versicherung und junge Aktien als Sonderausgabe geltend machen kann, wovon aber nur ein Viertel (= 925,-) steuerwirksam ist, das wiederum der Einschleifregelung unterliegt.

Einschleifregelung: $\frac{(50.900,- - 47.000,-) \times 925,-}{14.500,-} = 248,79,-$

Ermittlung Einkommen:

(46.751,21 – 25.000) x 11.335/26.000 + 5.750 =
EUR 15.232,69 Einkommensteuer

Beispiel A.87.

TB 1 gehört seit über sieben Jahren zum Betriebsvermögen und fällt daher grundsätzlich unter § 37 EStG.

TB 2 wurde vor fünf Jahren entgeltlich erworben. Er fällt daher nicht unter § 37 EStG.

TB 3 wurde vor sechs Jahren unentgeltlich erworben. Da der letzte entgeltliche Erwerb bzw die Eröffnung des Teilbetriebs mehr als sieben Jahre zurückliegt (neun Jahre und 10 Monate) fällt TB 3 unter § 37 EStG.

Ein Veräußerungsgewinn in Höhe von EUR 105.000,- ist daher grundsätzlich steuerbegünstigt nach § 37 Abs 2 EStG (Antrag des Steuerpflichtigen erforderlich!). Der restliche Veräußerungsgewinn (EUR 40.000,-) und der laufende Gewinn (EUR 75.000,-) unterliegen dem vollen Steuersatz.

Vom Veräußerungsgewinn ist daher bei Inanspruchnahme der Progressionsermäßigung im Jahr des Entstehens sowie in den beiden Folgejahren jeweils ein Betrag von EUR 35.000,- steuerpflichtig.

Ein Veräußerungsfreibetrag steht bei Inanspruchnahme der Progressionsermäßigung nicht zu.

Der steuerpflichtige Veräußerungsgewinn beträgt daher 2005 bei Inanspruchnahme der Progressionsermäßigung EUR 75.000,- (35.000,- progressionsermäßigt gem § 37 Abs 2 EStG und 40.000,- tariflich zu besteuernder Gewinn).

Sollte der Einzelunternehmer von der Progressionsermäßigung nicht Gebrauch machen wollen, so ist der Veräußerungsgewinn von EUR 137.700 (145.000 abzüglich des Freibetrags von 7.300) im Jahr 2005 voll steuerpflichtig.

Beispiel A.88.

Das steuerpflichtige Einkommen von Herrn Mayer beträgt 72.400,-.

EK aus nsA	51.000
sonstige EK (§ 31 EStG)	25.000
Einkünfte aus V&V	- 3.600
∑ Einkünfte	72.400
Sonderausgaben	0
Einkommen	72.400

Hinweis: Da der Gesamtbetrag der Einkünfte 50.900,- übersteigt, ist ein Abzug von Sonderausgaben iSd § 18 Abs 1 Z 2 - 4 EStG nicht zulässig.

Da im Einkommen Einkünfte gemäß § 31 EStG enthalten sind, ist für diese der ermäßigte Steuersatz zu ermitteln:

Einkommensteuer:

(72.400 – 51.000) x 50 % + 17.085 = 27.785 (fiktive Einkommensteuer)

fiktive Einkommensteuer = Durchschnittssteuersatz iS § 33 Abs 10 EStG

Einkommen

27.785/72.400 = 38,38 % Durchschnittssteuersatz

halber Durchschnittsteuersatz = 19,19 %

Steuerberechnung:

25.000 x 19,19 % =	4.797,50
47.400 x 38,38 % =	18.192,12
Einkommensteuer	22.989,62

Beispiel A.89. (Variante zu A.88.)

In dieser Konstellation ist zu prüfen, ob Herr Mayer durch die Endbesteuerung der Kapitalerträge weniger Steuer bezahlt als durch die Halbsatzbesteuerung.

Im Falle der Halbsatzbesteuerung entspricht das Ergebnis der Lösung des vorhergehenden Beispiels.

Endbesteuerung:
Gewinnanteil GmbH: 25.000 x 25 % = 6.250,-

Aufgrund der Endbesteuerung verringert sich der Gesamtbetrag der Einkünfte auf 47.400,-.

Sonderausgaben: 3.700,- / 4 = 925,-

Einschleifregelung: $\frac{50.900 - 47.400 \times 925,-}{14.500} = 223,28$

(47.176,72 – 25.000) x 11.335/26.000 + 5.750 = 15.418,20 Einkommensteuer

Die Summe der Steuerbelastung beträgt nun 21.668,20, so dass in dieser Konstellation sich die Endbesteuerung als günstiger als die Progressionsermäßigung erweist.

Beispiel B.1.

Bei der GmbH:

- die Betriebsausgaben sind um 100.000,- zu kürzen:
  MWR + 100.000,-

- die KESt ist (in Höhe von 33,3%) abzuführen: 33.333,-

- da das Entgelt nicht überwiegend, dh zu mehr als 50 % eine vA darstellt, steht der GmbH der Vorsteuerabzug zur Gänze zu, da der Gesellschafter hinsichtlich der Vermietung als Unternehmer anzusehen ist.

Beim Gesellschafter:

- es fallen Einkünfte aus Vermietung und Verpachtung in Höhe von 100.000,- (anstatt 200.000,-) an;

- seine Einkünfte aus Kapitalvermögen betragen: 133.333,- (inkl. der von der GmbH für ihn übernommenen KESt);

- diese Einkünfte aus Kapitalvermögen werden mit 25 % endbesteuert oder unterliegen der begünstigten Besteuerung gemäß § 37 EStG (halber Durchschnittsteuersatz); im Falle der Endbesteuerung ist mit dem KESt-Abzug durch die GmbH die Besteuerung hinsichtlich der vA abgeschlossen;

- aufgrund § 11 Abs 12 UStG (Maßgeblichkeit des Rechnungsbetrages) schuldet der Gesellschafter die Umsatzsteuer in Höhe von 40.000,- selbst dann, wenn sich herausstellt, dass das (angemessene) umsatzsteuerliche Entgelt lediglich 100.000,- beträgt. Er kann allerdings, da er mit der Vermietung Unternehmer iSd UStG ist, aufgrund einer Rechnungskorrektur die zuviel bezahlte Umsatzsteuer zurückfordern (was beim Leistungsempfänger mit einer entsprechenden Vorsteuerkorrektur verbunden ist).

Beispiel B.2.

Die GmbH erzielt aus der Veräußerung einen steuerpflichtigen Ertrag in Höhe von 700.000,-.
Der Gesellschafter hat als Anschaffungskosten für das Grundstück 1.000.000,- anzusetzen. In Höhe der Differenz Verkehrswert - Buchwert (700.000,-), die als Ausschüttung zu behandeln ist, erzielt der Gesellschafter Einkünfte aus Kapitalvermögen.
Hinsichtlich der KESt ist zu klären, ob der Gesellschafter diese trägt, dann wäre der KESt-Satz 25 % oder ob die KESt von der Gesellschaft getragen wird, dann ist der KESt-Satz 33,3 %. Bemessungsgrundlage für die KESt ist in beiden Fällen der Betrag von 700.000,-.

Beispiel B.3.

Inländische Kapitalgesellschaft:

2005: steuerfreier Beteiligungsertrag in Höhe von 50.000,- (MWR - 50.000). Es erfolgt kein KESt-Abzug, da die B-GmbH zu mehr als 25 % beteiligt ist.

2006: steuerfreier Beteiligungsertrag in Höhe von 50.000,- (MWR - 50.000). Es erfolgt kein KESt-Abzug, da die B-GmbH zu mehr als 25 % beteiligt ist.

2007: steuerpflichtiger Veräußerungsgewinn 300.000,-.

Ausländische Kapitalgesellschaft:

Sowohl für ba. als auch bb. gilt hinsichtlich der Gewinnausschüttung folgendes:

2005: steuerfreier Beteiligungsertrag in Höhe von 50.000,- (MWR - 50.000). Die ausländische KESt in Höhe von 2.500,- ist in Österreich nicht auf die KöSt anrechenbar, da ein steuerfreier Ertrag vorliegt.
Die Behaltefrist ist mit Ablauf des **7.12.2005** eingehalten, da die Beteiligung seit 7.12.2004 ununterbrochen als internationale Schachtelbeteiligung anzusehen ist.

2006: steuerfreier Beteiligungsertrag in Höhe von 50.000,- (MWR - 50.000). Die ausländische KESt in Höhe von 2.500,- ist in Österreich nicht auf die KöSt anrechenbar, da ein steuerfreier Ertrag vorliegt.

ba.

2007: Steuerfreier Veräußerungsgewinn: 300.000,-.
Die Behaltefrist ist eingehalten, da die Beteiligung am Veräußerungsstichtag 30.7.2007 mehr als ein Jahr als internationale Schachtelbeteiligung gehalten wurde (Steuerfreiheit mit Ablauf des **7.12.2005**).

bb.

2007: aufgrund Option zur Steuerpflicht im Rahmen der Veranlagung 2004 Steuerpflicht des Veräußerungsgewinns in Höhe von 300.000,-.

Beispiel B.4. (Variante zu Beispiel B.3.)

<u>Inländische Kapitalgesellschaft:</u>

2005: steuerfreier Beteiligungsertrag in Höhe von 50.000,- (MWR - 50.000). Es erfolgt ein KESt-Abzug in Höhe von 12.500,-, da die B-GmbH nur zu 8 % beteiligt ist. Die KESt kann auf die KöSt-Schuld angerechnet werden.

2006: steuerfreier Beteiligungsertrag in Höhe von 50.000,- (MWR - 50.000). Es erfolgt ein KESt-Abzug in Höhe von 12.500,-, da die B-GmbH nur zu 8 % beteiligt ist. Die KESt kann auf die KöSt-Schuld angerechnet werden.

2007: steuerpflichtiger Veräußerungsgewinn 300.000,-.

<u>Ausländische Kapitalgesellschaft:</u>

In diesem Fall liegt keine internationale Schachtelbeteiligung vor.

2005: steuerpflichtiger Beteiligungsertrag in Höhe von 50.000,- (25 % KöSt). Die ausländische KESt in Höhe von 2.500,- ist in Österreich auf die KöSt anrechenbar, da kein steuerfreier Ertrag vorliegt.

2006: steuerpflichtiger Beteiligungsertrag in Höhe von 50.000,- (25 % KöSt). Die ausländische KESt in Höhe von 2.500,- ist in Österreich auf die KöSt anrechenbar, da kein steuerfreier Ertrag vorliegt.

2007: Da keine internationale Schachtelbeteiligung vorliegt, ist der Veräußerungsgewinn jedenfalls in voller Höhe steuerpflichtig.
Steuerpflichtiger Veräußerungsgewinn: 300.000,-

Beispiel B.5.

<u>Beteiligungserträge:</u>
Unabhängig vom Gewinnermittlungszeitraum berechnet sich die Behaltefrist als Stichtagsfrist. Dementsprechend beginnt die Jahresfrist mit der Aufstockung auf 12 % am 30.7.2005. Alle Gewinnausschüttungen nach dem 30.7.2005 sind bereits nur noch vorläufig steuerpflichtig, auch wenn sie Wirtschaftsjahre betreffen, die vor Erreichen der 12 %igen Beteiligung geendet haben.
Für die zwischen 30.7.2005 und 30.7.2006 zufließenden Beteiligungserträge besteht eine vorläufige Steuerpflicht. Sollte die Beteiligung am 31.7.2006 noch immer 12 % betragen, sind sämtliche seit dem 30.7.2005 zugeflossenen Beteiligungserträge endgültig steuerfrei.

<u>Beteiligungsveräußerung:</u>
Für Veräußerungen im Jahr 2004, 2005 sowie bis einschließlich 30.7.2006 besteht Steuerpflicht, erst die Veräußerung ab dem 31.7.2006 ist steuerfrei, da die internationale Schachtelbeteiligung zu diesem Tag ununterbrochen mehr als ein Jahr bestanden hat.

Beispiel B.6.

<u>Variante a):</u>
In diesem Fall ist die Teilwertabschreibung auf eine Minderung des Substanzwerts der Beteiligung aufgrund Auflösung von bisher thesaurierten Gewinnen zurückzuführen, sodass ein Anwendungsfall der ausschüttungsbedingten Teilwertabschreibung iSd § 12 Abs 3 Z 1 KStG vorliegt.

<u>Variante b):</u>
Auch in diesem Fall ist die Teilwertabschreibung auf eine Minderung des Substanzwerts der Beteiligung zurückzuführen, sodass ein Anwendungsfall der

ausschüttungsbedingten Teilwertabschreibung iSd § 12 Abs 3 Z 1 KStG vorläge.

Die Teilwertabschreibung wäre dementsprechend steuerlich unbeachtlich. Im vorliegenden Fall ist jedoch zu beachten, dass die Gewinnausschüttung durch die Auflösung einer ungebundenen Kapitalrücklage ermöglicht wurde, sodass im vorliegenden Fall gar keine Gewinnausschüttung, sondern eine Einlagenrückzahlung iSd § 4 Abs 12 EStG vorliegt, die (solange der Buchwert der Beteiligung nicht unter null sinkt) steuerneutral ist.

Der Buchwert der Beteiligung sinkt entsprechend auf 650.

Variante c):
Die Gewinnausschüttung hatte keinen Einfluss auf den Wert der Beteiligung. Die Abwertung ist vielmehr durch die gesunkenen Ertragserwartungen bedingt, sodass in diesem Fall § 12 Abs 3 Z 2 KStG anzuwenden ist.

Es ist daher die Teilwertabschreibung von insgesamt 350 über sieben Jahre zu verteilen, sodass 2005 eine Abschreibung von 50 vorgenommen werden kann. Der Buchwert der Beteiligung sinkt dennoch sofort auf 650.

Beispiel B.7. (Fortsetzung zu Beispiel B.6.)

Variante a und b:
Dem (seit 2005 unveränderten) Buchwert von 650 steht ein Veräußerungserlös von 740 gegenüber. Die Differenz von 90 unterliegt der KöSt.

Variante c:
2005 und 2006 wurden je 50 abgeschrieben.
2007 wird ebenfalls 50 abgeschrieben, sodass noch 200 Teilwertabschreibung offen sind.
Mit dem steuerwirksamen Veräußerungserlös von 90 kann die offene Teilwertabschreibung verrechnet werden. Umstritten ist die Höhe der Verrechnung: Nach Ansicht der Köst-RL 2001 Rz 1234 ist die Differenz zwischen Veräußerungsgewinn und dem „Jahres-1/7“ zusätzlich verrechenbar, dh ein Betrag in Höhe von 40, nach anderer Auffassung der volle Betrag von 90. Folgt man den Köst-RL, so verbleibt eine noch nicht verrechenbare Teilwertabschreibung von 160, die in den Jahren 2008, 2009 und 2010 zu je 50

und 2011 mit 10 abzuschreiben ist. Folgt man der anderen Auffassung, verbleibt eine noch nicht verrechenbare Teilwertabschreibung von 110, die in den Jahren 2008 und 2009 zu je 50 und 2010 mit 10 abzuschreiben ist.

Beispiel B.8. (Variante zu Beispiel B.6.)

Fall a) keine Option zur Steuerpflicht im Jahr 2004

Unabhängig von den unterschiedlichen Ursachen der Teilwertabschreibung in den drei in Beispiel B.6. genannten Fällen sind aufgrund § 10 Abs 3 KStG sämtliche Wertänderungen von internationalen Schachtelbeteiligungen steuerneutral.

Dementsprechend ist sowohl die Teilwertabschreibung im Fall c) des Beispiels B.6. nicht steuerwirksam als auch die Veräußerung der internationalen Schachtelbeteiligung im Jahr 2007.

Fall b) Option zur Steuerpflicht im Jahr 2004

Aufgrund der Option zur Steuerpflicht im Jahr 2004 sind die Teilwertabschreibungen der drei Fälle des Beispiels B.6. in gleicher Weise zu lösen wie bei der nationalen Schachtelbeteiligung, dh:

Variante a: steuerunwirksame ausschüttungsbedingte Teilwertabschreibung.

Variante b: Einlagenrückzahlung nach § 4 Abs 12 EStG.

Variante c: steuerwirksame Teilwertabschreibung, die über 7 Jahre zu verteilen ist.

Hinsichtlich der Veräußerung im Jahr 2007 besteht nunmehr ebenfalls Steuerpflicht:
2005 und 2006 wurden je 50 abgeschrieben.
2007 wird ebenfalls 50 abgeschrieben, sodass noch 200 Teilwertabschreibung offen sind.
Mit dem steuerwirksamen Veräußerungserlös von 90 kann die offene Teilwertabschreibung verrechnet werden. Umstritten ist die Höhe der Verrechnung: Nach Ansicht der Köst-RL 2001 Rz 1234 ist die Differenz zwischen

Veräußerungsgewinn und dem „Jahres-1/7“ zusätzlich verrechenbar, dh ein Betrag in Höhe von 40, nach anderer Auffassung der volle Betrag von 90. Folgt man den Köst-RL, so verbleibt eine noch nicht verrechenbare Teilwertabschreibung von 160, die in den Jahren 2008, 2009 und 2010 zu je 50 und 2011 mit 10 abzuschreiben ist, folgt man der anderen Auffassung, verbleibt eine noch nicht verrechenbare Teilwertabschreibung von 110, die in den Jahren 2008 und 2009 zu je 50 und 2010 mit 10 abzuschreiben ist.

Beispiel B.9.

Die „Saldi GmbH" bildet den möglichen Gruppenträger.

Die „Köstlich GmbH" ist finanziell (99 %) unmittelbar unter die „Saldi GmbH“ eingegliedert. Die „Köstlich GmbH" bildet daher ein Gruppenmitglied im Verhältnis zur „Saldi GmbH" mit der Folge, dass der gesamte (100%) Gewinn/Verlust der „Köstlich GmbH“ der „Saldi GmbH“ zugerechnet wird.

Die „Schlank OHG“ selbst ist aufgrund der Rechtsform kein Gruppenmitglied. Ihr Ergebnis ist vielmehr ihren Gesellschaftern unmittelbar zuzurechnen entsprechend der nach § 23 Z 2 EStG herrschenden Theorie der einheitlichen Gewinnermittlung. Da aber mittelbar über eine Personengesellschaft ein Gruppenmitglied gehalten werden kann, ist zu prüfen, wie weit weitere Töchtergesellschaften der „Schlank OHG“ gruppenmitgliedsfähig sind.

Mit der „Schlucker GmbH" als 100 %-iger Tochtergesellschaft der „Schlank OHG“ ist hingegen eine Gruppenbildung möglich. An der „Schlank OHG“ ist nämlich die „Saldi GmbH“ zu 50 % beteiligt, sodass sie auch mittelbar zu 50 % an der „Schlucker GmbH“ beteiligt ist. Darüberhinaus ist die „Saldi GmbH“ an der „Köstlich GmbH“ zu 99 % beteiligt, die ihrerseits zu 50 % an der „Schlank OHG“ beteteiligt ist, sodass mittelbar über Personengesellschaft und Tochtergesellschaft eine Beteiligungsquote von 99,5 % an der „Schlucker GmbH“ besteht mit der Folge, dass der gesamte (100%) Gewinn/Verlust der „Schlucker GmbH“ der „Saldi GmbH“ zugerechnet wird.

Auch die „Grütze GmbH“ kann in die Gruppe aufgenommen werden. An dieser ist die „Saldi GmbH“ zu 80 % beteiligt, sodass 80 % des Verlustes der „Grütze GmbH“ der „Saldi GmbH“ zugerechnet wird.

Die Gruppe besteht somit zwischen der „Saldi GmbH" als Gruppenträger und der „Köstlich GmbH" der „Schlucker GmbH" sowie der „Grütze GmbH“ als Gruppenmitglieder.

Wird der Gruppenantrag entsprechend den Bestimmungen des § 9 Abs 8 KStG gestellt, so erzielt die Gruppe folgendes steuerliches Ergebnis:

Verlust der „Saldi GmbH":	- 4 Mio	
Verlustanteil aus „Schlank OHG":	- 1 Mio	
Gesamtverlust „Saldi GmbH"		- 5 Mio
Gewinn der „Köstlich GmbH" :	5 Mio	
Verlustanteil aus „Schlank OHG":	- 1 Mio	
Gesamtgewinn „Köstlich GmbH"		4 Mio
Gewinn „Schlucker GmbH"		8 Mio
Verlustanteil „Grütze GmbH“		- 0,8 Mio
steuerliches Ergebnis der Gruppe (steuerpflichtig ist Gruppenträger)		6,2 Mio

Beispiel B.10.

(GM = Gruppenmitglied = Tochter, GT = Gruppenträger = Mutter)

	mit Gruppe		ohne Gruppe	
a.	Ergebnis GM	- 100	Tochter: Verlustvortrag	- 100
	Ergebnis GT	+ 150	Mutter:	+ 150
	str. Einkommen der Gruppe	+ 50	str. Einkommen insgesamt	+ 150
	--> KöSt 25 %	12,5		37,5
b.	Ergebnis GM	+ 100	Tochter	+ 100
	Ergebnis GT	+ 150	Mutter	+ 150
	str. Einkommen der Gruppe	+ 250	str. Einkommen insgesamt	250
	--> KöSt 25 %	62,5		62,5
c.	Ergebnis GM	+ 100	Tochter:	100
	Vorgruppenverlust	- 90	Verlustvortrag	- 75
	Restgewinn GM	+ 10		25
	Ergebnis GT	+ 150	Mutter	150
	str. Einkommen der Gruppe	+ 160	str. Einkommen insgesamt	+ 175
	--> KöSt 25 %	40		43,75

Hinweis zu c.:
Während beim Gruppenmitglied die 75 % Grenze für Verlustverrechnung nicht gilt, ist diese bei Fehlen der Gruppenmitgliedschaft bei der Tochtergesellschaft sehr wohl zu beachten.

Beispiel B.11.

Buchungen:

für Beteiligung A-AG (inld.):

Bank	**15.000**	**an**	
KK-FA (KÖSt)	**5.000**	**Beteiligungsertrag**	**20.000**
		MWR:	**-20.000**

für Beteiligung B-AG (inld.):

Bank	**30.000**	**an**	
KK-FA (KÖSt)	**0**	**Beteiligungsertrag**	**30.000**
		MWR:	**-30.000**

für Beteiligung C-AG (inld.):

steuerliche Ergebnisübernahme, handelsrechtlich wird unverändert Beteiligungsertrag aus Ausschüttungen erzielt.

HR:	**22.500**	**StR:**	**250.000**
		MWR:	**227.500**

für Beteiligung D-AG (ausld.):

Bank	**6.800**	**an**	
ausl. Quest Verr.kto.	**1.200**	**Beteiligungsertrag**	**8.000**
		MWR:	**0**

für Beteiligung E-AG (ausld.):

Bank	**25.500**	**an**	
ausld. Quest-Aufwand	**4.500**	**Beteiligungsertrag**	**30.000**
MWR:	**+4.500**	**MWR:**	**-30.000**

für Beteiligung F-OHG (inld.):

Gewinnüberrechnung im Beteiligungsprozentsatz (hr. und str.)!

HR:	**40.000**	**StR:**	**50.000**
		MWR:	**10.000**

für Beteiligung G-GmbH (ausl.)
Gruppenmitglied:

Bank	**5.950**	**an**	
ausld. Quest-Aufwand	**1.050**	**Beteiligungsertrag**	**7.000**
MWR:	**+1.050**	**MWR:**	**-7.000**
Steuerliche Ergebnisübernahme (70%)		**MWR:**	**- 28.000:**

Beispiel B.12.

2005:
Mindeststeuerpflicht entsteht mit dem ersten vollen Quartal ab Begründung der unbeschränkten Steuerpflicht. Da diese am 2.7.2005 begann, ist erstmals für das 4. Quartal 2005 Mindeststeuer zu entrichten.
Die Mindeststeuer 2005 beträgt daher 273,-.

2006:
Für die ersten drei Quartale beträgt die Mindeststeuer je 273,-. Ab dem 4. Quartal ist die „normale" Mindeststeuer von 437,50,- pro Quartal für die GmbH oder die erhöhte Mindeststeuer zu entrichten, wenn ein Kreditinstitut oder Versicherungsunternehmen vorliegt.

2007:
Es ist die „normale" Mindeststeuer von 437,50,- pro Quartal für die GmbH oder die erhöhte Mindeststeuer zu entrichten, wenn ein Kreditinstitut oder Versicherungsunternehmen vorliegt.

Beispiel B.13.

Variante a:
Aufgrund des Gewinns von 10.000,- ergibt sich eine KöSt von 2.500,-, sodass über die entrichtete Mindestköst von 1.750,- hinaus eine Verrechnung mit der Mindestköst aus den Vorjahren in Höhe von 750,- vorgenommen werden kann.

Variante b:
Der Gewinn von 4.000,- führt zu einer Steuerpflicht in Höhe von 1.000,-, sodass in Höhe der Differenz auf 1.750 (= 750) Mindeststeuer anfällt.

Beispiel B.14.

Liquidations-Endvermögen:	
Liquide Mittel Veräußerung AV	15.000
Liquide Mittel Veräußerung UV	4.000
Abzgl. Ausschüttung Bilanzgewinn 00	- 1.000
Schuldentilgung	-5.500
Gemeiner Wert Grundstück	900
	13.400
Liquidations-Anfangsvermögen	4.000
Ausschüttung Bilanzgewinn 00	- 1.000
	3.000

Abwicklungsgewinn	10.400
Stille Reserven veräußertes Vermögen	9.500
Stille Reserven ausgekehrtes Grundstück	400
Auflösung Bewertungsreserve	500
	10.400
Abwicklungsgewinn	10.400
Verlustvortrag	- 5.000
Steuerpflichtiger Liquidationsgewinn	5.400

Beispiel C.1.

Kommunalsteuerpflichtig sind die in § 5 Abs 1 KommStG aufgezählten Bezüge abzüglich der Bezüge des § 5 Abs 2. Zu diesen nicht kommunalsteuerpflichtigen Bezügen zählen ua auch Abfertigungen.

Bemessungsgrundlage der KommSt ist daher ein Betrag von 140.000,-. Die KommSt beträgt demgemäß für den Monat September 4.200,-.

Die KommSt ist am 15. Oktober fällig und an die Gemeinde Tulln zu entrichten.

Beispiel C.2. (Variante zu Beispiel C. 1.)

Bemessungsgrundlage für die KommSt wäre in diesem Fall ein Betrag von 1.200,-. Dieser Betrag ist jedoch gemäß § 9 um 1.095,- zu kürzen, sodass die KommSt von 105,- ermittelt wird.

Die KommSt in Höhe von 3,15,- ist am 15. Oktober fällig und an die Gemeinde Tulln zu entrichten.

Beispiel D.1.

a) Es liegt ein nicht steuerbarer Innenumsatz vor.

b) Es liegt eine Lieferung iSd § 3 Abs 2 UStG vor.

c) Mangels Leistungsaustausch liegt kein umsatzsteuerbarer Vorgang vor.

d) Der Gemischtwarenhändler ist zwar Unternehmer, der Verkauf des PC wird aber nicht im Rahmen seines Unternehmens erbracht --> nicht steuerbar

e) Da der Verkäufer kein Unternehmer ist, liegt ein nicht steuerbarer Umsatz vor.

f) Im Rahmen der Leistungserstellung erwachsen dem Steuerberater Kosten (Arbeitsstunden des Berufsanwärters), die auf Grund privater Motive nicht verrechnet werden. Es liegt eine sonstige Leistung iSd § 3a Abs 1a Z 2 UStG vor.

g) Da ein Gegenstand aus dem Drittlandsgebiet in das Inland gelangt, liegt eine Einfuhr vor, die unabhängig davon, ob es sich beim Importeur um einen Unternehmer oder eine Privatperson handelt, der Einfuhrumsatzsteuer unterliegt. Der Händler kann die Einfuhrumsatzsteuer allerdings als Vorsteuer geltend machen.

h) Der Wein gelangt von einem Mitgliedstaat in einen anderen Mitgliedstaat. Ist der Erwerber ein Unternehmer, der den Gegenstand für sein Unternehmen erwirbt, liegt ein in Österreich steuerbarer innergemeinschaftlicher Erwerb vor (Art 1 BMR). Ist der Erwerber eine Privatperson, ist die Lieferung in Österreich nach den Regeln über den Versandhandel steuerbar (Art 3 Abs 3 BMR), unabhängig vom Erfüllen der Lieferschwelle, da diese für verbrauchsteuerpflichtige Waren nicht zählt (Art 3 Abs 6 BMR).

i) Zum Unternehmen des A gehören die im Inland gelegene Organgesellschaft B, die in Deutschland befindliche Betriebsstätte D sowie die in Norwegen (Drittland) befindliche Betriebsstätte S. Die Lieferungen an die in Norwegen befindliche Organgesellschaft N sind, bei Vorliegen der Voraussetzungen des § 7 UStG, als Ausfuhrlieferungen umsatzsteuerbefreit. Die Lieferungen an die deutsche Betriebsstätte D und die deutsche

Organgesellschaft C sind wie eine innergemeinschaftliche Lieferung zu behandeln (dh sie sind in Österreich umsatzsteuerfrei und führen in Deutschland zu einem steuerpflichtigen ig. Erwerb – bei Betriebsstätte aufgrund Verbringung). Die Lieferung an die norwegische Betriebsstätte S löst wie die Lieferung an die norwegische Organgesellschaft N in Norwegen EUSt aus.

j) Das Unternehmen besteht aus der NA-GmbH, der NB-GmbH und der Betriebsstätte NN. Den Unternehmer stellt dabei die NA-GmbH dar (=wirtschaftlich bedeutendster Unternehmensteil). Die Warenbewegungen zwischen der NA-GmbH, der NB-GmbH und der Betriebsstätte NN sind steuerfreie Innenumsätze. Die bei der Einfuhr der Waren (Lieferungen von N an die NA-GmbH, die NB-GmbH und die Betriebsstätte NN) anfallende Einfuhrumsatzsteuer (EUSt) kann von der NA-GmbH im Rahmen der Umsatzsteuervoranmeldung als Vorsteuer abgezogen werden (nur eine Umsatzsteuervoranmeldung, nur eine Umsatzsteuererklärung, nämlich der NA-GmbH).

Beispiel D.2.

DE 34345656	400.000,-
FR 23234545	350.000,-
DE 67678989	150.000,-

Beispiel D.3.

a) A befördert die Waren von Salzburg nach Wien (zu C). Bei einer Beförderung bestimmt sich der Lieferort nach dem Ort an dem die Beförderung beginnt (= Salzburg = Lieferort für die Lieferung A an B). Die Lieferung des B an C ist eine „ruhende Lieferung", ihr Lieferort bestimmt sich nach dem Ende der vorangehenden Transportlieferung = Wien.

b) A befördert die Waren von Innsbruck nach Wien. Lieferort der ersten (Transport)Lieferung (A an B) ist daher Innsbruck, Lieferort aller nachfolgenden („ruhenden") Lieferungen (B an C und C an D) ist hingegen Wien.

c) Da C die Waren selbst in Salzburg abholt, wird ihm auch dort die Verfügungsmacht verschafft (Lieferort B an C = Salzburg). Voran geht aber hier eine „ruhende Lieferung“ (nämlich des A an den B), für welche ebenfalls Salzburg Lieferort ist.

d) D holt die Waren selbst in Innsbruck ab, dh Lieferort des C an den D in Innsbruck. Auch für die vorangehenden „ruhenden Lieferungen“ (des A an den B und des B an den C) ist daher Lieferort Innsbruck.

e) In dem Fall, dass ein Unternehmer Waren befördert, für die er selbst Abnehmer und Verkäufer ist, ist die Beförderungsleistung nach öUStG der Lieferung dieses Unternehmers (im Beispiel also der Lieferung des B an den C) zuzuordnen (dh Lieferort für die Lieferung B an C = Salzburg = Ort des Beginns der Beförderung). Die vorangehende „ruhende Lieferung“ (des A an den B) hat damit denselben Lieferort (dh ebenfalls Salzburg).

f) Lieferort für die Lieferung des A an den B im Inland (Fiktion des § 3 Abs 9 UStG 1994), Lieferort für die Lieferung des B an den C in Wien.

g) Lieferort für die Lieferung des A an den B ist Bern (Ausland), Lieferort für die Lieferung des B an den C dort, wo die Verfügung verschafft wird, dh in Wien.

Beispiel D.4.

1) Es gilt das Ursprungslandprinzip. Sämtliche Gegenstände sind in Italien steuerbar und steuerpflichtig. In Österreich sind sie nicht steuerbar.

2) Prinzipiell gilt auch für Kleinunternehmer das Ursprungslandprinzip. Der Wein ist in Italien steuerbar und steuerpflichtig und unterliegt in Österreich der Erwerbsbesteuerung.

Verzichtet der Kleinunternehmer (durch Beantragung und Verwendung einer UID) auf die Anwendung des Ursprungslandprinzip, ergibt sich folgende Situation: Der italienische Winzer erbringt eine in Italien echt befreite innergemeinschaftliche Lieferung. Für den österreichischen Kleinunternehmer liegt ein in Österreich steuerbarer und steuerpflichtiger innergemeinschaftlicher Erwerb vor.

Beispiel D.5.

Auf Grund der Sonderregelung des Art 3 Abs 3 BMR liegt der Lieferort in Österreich. Die Lieferung ist in Frankreich nicht steuerbar. Das Versandhaus erbringt eine steuerbare und steuerpflichtige Lieferung in Österreich.

Beispiel D.6.

a) Es liegt eine Beförderung durch den Liefernden vor.

- Mistelbach: Ort der Lieferung ist Wien. Es handelt sich um eine steuerbare und steuerpflichtige Lieferung im Inland.
- Zürich: Lieferort ist Wien, daher ist die Lieferung in Ö steuerbar. Da es sich dabei um eine Ausfuhrlieferung handelt ist sie jedoch echt umsatzsteuerbefreit. In der Schweiz ist Einfuhrumsatzsteuer zu entrichten. Das Vorliegen der Ausfuhrlieferung muss buchmäßig nachgewiesen werden.
- München: Lieferort ist wieder Wien → steuerbar in Ö. Bei der Lieferung handelt es sich aber um eine echt umsatzsteuerbefreite innergemeinschaftliche Lieferung. In Deutschland handelt es sich um einen steuerbaren und steuerpflichtigen innergemeinschaftlichen Erwerb, der in Deutschland der Erwerbsteuer unterliegt. Das Vorliegen der ig. Lieferung muss buchmäßig nachgewiesen werden.

b) Lieferort ist Ungarn. In Österreich liegt kein steuerbarer Umsatz vor.

c) Erfüllungsort ist Wien.

- Mistelbach: Steuerbare und steuerpflichtige Inlandslieferung.
- Zürich: Die Ausfuhr nach Zürich ist echt umsatzsteuerbefreit, der Importeur hat jedoch in der Schweiz Einfuhrumsatzsteuer zu zahlen.
- München: In Ö echt befreite innergemeinschaftliche Lieferung; in D ist Erwerbsteuer zu entrichten.

d) Es liegt ein Reihengeschäft vor.

- Mistelbach: Lieferort des Umsatzes Großhändler/Einzelhändler ist der Ort an dem die Lieferung beginnt (Graz; Transportlieferung). Lieferort des Umsatzes Einzelhändler/Kunde ist der Ort, an dem die Verfügungsmacht verschafft wird (Mistelbach; ruhende Lieferung). Die Lieferung ist steuerbar und steuerpflichtig.
- Zürich: Lieferort ist für den Großhändler an den Einzelhändler wiederum Graz. Für den Großhändler liegt allerdings eine steuerfreie

Ausfuhrlieferung vor. Für den Einzelhändler liegt eine in Österreich nicht steuerbare ruhende Lieferung vor (Lieferort Zürich).

• München: Lieferort des ersten Umsatzes ist Graz. Der Einzelhändler erbringt seine (ruhende) Lieferung in München (Verschaffung der Verfügungsmacht). Der Großhändler tätigt grundsätzlich eine ig. Lieferung, die gem Art 7 steuerfrei ist, der Einzelhändler tätigt in Deutschland grundsätzlich einen steuerpflichtigen ig. Erwerb. Aufgrund einer speziellen Regelung des deutschen UStG tätigt jedoch der deutsche Endabnehmer den ig. Erwerb, weshalb die Lieferung des Großhändlers an den Einzelhändler keine steuerfreie ig. Lieferung darstellen kann. In diesem Fall liegt daher ein steuerpflichtiger Inlandsumsatz zwischen Großhändler und Einzelhändler vor, dem eine ruhende Lieferung in Deutschland nachfolgt, die als ig. Erwerb zu behandeln ist. Etwas anderes soll dann gelten, wenn der Einzelhändler unter einer deutschen UID auftritt und den Erwerb in Deutschland als ig. Erwerb versteuert. Dann tätigt der Großhändler eine ig. Lieferung und die Lieferung Einzelhändler/dt. Abnehmer ist eine ruhende Lieferung in München zu behandeln, die der dt. USt unterliegt.

e) Es handelt sich um ein innergemeinschaftliches Dreiecksreihengeschäft, für das eine Sonderregel in Art 25 BMR besteht: Der italienische Produzent erbringt eine in Italien echt steuerbefreite innergemeinschaftliche Lieferung. Der österreichische Einzelhändler tätigt wiederum einen steuerpflichtigen innergemeinschaftlichen Erwerb in Deutschland. Dieser Erwerb durch den österreichischen Unternehmer ist in Deutschland steuerfrei (wenn der österreichische Unternehmer in Deutschland nicht ansässig ist, der Erwerb für Zwecke einer anschließenden Lieferung innerhalb Deutschlands an einen Unternehmer oder eine nicht steuerpflichtige juristische Person erfolgt, die erworbenen Gegenstände aus einem anderen Mitgliedstaat stammen als jenem, in dem der Österreicher zur USt erfasst wird, die Verfügungsmacht über die erworbenen Gegenständen unmittelbar vom ersten Unternehmer dem letzten Abnehmer verschafft wird und diesem als Empfänger die Steuerschuld übertragen wird). Der österreichische Händler erbringt eine innerdeutsche Lieferung an den Münchner Abnehmer. Der deutsche Abnehmer wird direkt Schuldner der Umsatzsteuer, dem österreichischen Zwischenhändler bleibt die steuerliche Erfassung in Deutschland erspart.

Beispiel D.7.

Es handelt sich um eine innergemeinschaftliche Verbringung. Die Verbringung der Stanzmaschine aus Deutschland nach Österreich gilt in Deutschland als Lieferung gegen Entgelt und ist als innergemeinschaftliche Lieferung steuerbefreit. In Österreich liegt ein steuerbarer innergemeinschaftlicher Erwerb vor.

Beispiel D.8.

a) Es liegt eine innergemeinschaftliche Verbringung in Verbindung mit einer vorübergehenden Verwendung iS des Art 3 Abs 1 Z 1 lit e vor. Ort der Leistung ist der Ort der Bearbeitung. Der Werklohn für die Einfärbung in Italien unterliegt der italienischen Umsatzsteuer. Eine Verlagerung der USt nach Österreich mittels UID ist nach Art 3a Abs 6 iVm Art 3a Abs 1 möglich.

b) Es liegt eine nach § 3a Abs 8 lit c UStG steuerbare, aber nach § 8 UStG echt steuerfreie Lohnveredelung vor.

Beispiel D.9.

a) Die Beförderungsleistung wird zur Hälfte in Österreich erbracht. Diese Hälfte ist in Österreich steuerbar (gem § 6 Abs 1 Z 3 lit a/bb UStG jedoch echt umsatzsteuerbefreit). Die in der Schweiz erbrachte Hälfte der Beförderungsleistung ist in Österreich nicht steuerbar.

b) Eine innergemeinschaftliche Beförderung wird an dem Ort ausgeführt, an dem die Beförderung des Gegenstandes beginnt (Art 3a Abs 2 BMR). In diesem Fall steuerbar und steuerpflichtig in Österreich.

c) Grundsätzlich ist die Beförderungsleistung in Österreich steuerpflichtig. Da allerdings der italienische Unternehmer gegenüber dem Spediteur seine italienische UID verwendet, gilt die Beförderungsleistung als in Italien ausgeführt.

Beispiel D.10.

1) Unterhaltungsleistungen werden am Ort des Auftritts, daher in Deutschland, erbracht.

2a) Ort der Leistungserbringung ist aufgrund § 3a Abs 9 und 10 UStG Deutschland.

2b) Da die Leistung an eine inländische Betriebstätte erbracht wird, ist der Leistungsort Österreich.

3a) Der Ort der Vermittlungsleitung richtet sich idR nach dem Ort der zugrundeliegenden vermittelten Leistung. Bei der Versendung des Kunstdüngers nach Großbritannien handelt es sich um eine innergemeinschaftliche Lieferung. Ort dieser ig. Lieferung ist Österreich, auch die Vermittlungsleistung wird in Österreich erbracht und ist, im Gegensatz zur ig. Lieferung, auch steuerpflichtig.
Bei Versendung in die Schweiz ist Lieferort wiederum Österreich (§ 3 Abs 8 UStG), so dass die Vermittlungsleistung in Österreich steuerbar, aber wie die Ausfuhrlieferung steuerfrei ist (§ 6 Abs 1 Z 5 UStG).

3b) Sonstige Leistungen im Zusammenhang mit Grundstücken werden immer dort ausgeführt, wo das Grundstück gelegen ist (§ 3a Abs 5 UStG iVm § 3a Abs 6 lit a UStG). In diesem Fall ist daher Spanien Ort der Leistungserbringung.

Beispiel D.11.

Ermittlung der USt:

Netto-Kaufpreis:	900.000,-	
+ 20% USt:	180.000,-	
Bruttokaufpreis:	1.080.000,-	
3,5% GrESt:	37.800,-	
1% Eintragungsgebühr:	10.800,-	
Gesamtkosten:		1.128.600,-

Den Betrag von 180.000,- kann der Käufer als Vorsteuer geltend machen (dh er erhält ihn vom Finanzamt rückerstattet).

Variante: private Nutzung nach 4 Jahren

Gem § 12 Abs 10 ist die Vorsteuer vom Käufer dem Fiskus anteilig rückzuerstatten (hier im Ausmaß von 6/10 = 108.000,-). Dadurch übersteigen die Kosten für den Käufer (1.056.600,- = 1.128.600 - 180.000 + 108.000) nun allerdings jene beim Kauf ohne Option gem § 6 Abs 2 UStG durch den Verkäufer (1.000.000,- + 35.000,- + 10.000,- = 1.045.000,-)!

Beispiel D.12.

Das Entgelt beträgt 4.000,-. Die Umsatzsteuer beläuft sich daher auf 800,-.

Beispiel D.13.

Das Entgelt beträgt 6 Mio, die Umsatzsteuer daher 600.000,- (10 % !).

Beispiel D.14.

Der Differenzbesteuerung unterliegt ein Betrag von 3.000. Dieser Betrag enthält jedoch die Umsatzsteuer des Verkaufs, die zunächst herauszurechnen ist:

3.000,- / 1,2 = 2.500,-

Dieser Nettobetrag unterliegt nun der 20%igen USt, die Umsatzsteuer beträgt daher 500,-.

Beispiel D.15.

a. Die Forderung ist nach wie vor nur dubios; eine USt-Korrektur hat daher nicht zu erfolgen.

Forderungsabschreibung an Einzelwertberichtigung zu Forderung 40.000,-

b. Mit der Konkursanmeldung liegt jedenfalls offensichtliche Uneinbringlichkeit vor. Die Forderung ist zu diesem Zeitpunkt zu korrigieren (in der Praxis regelmäßig mit 100 %).

Konkursquote 10 %: es hat eine 90 %-ige USt Korrektur zu erfolgen.

Forderungsabschreibung	90.000			
USt	18.000	an	Forderung aus L & L	108.000

Beispiel D.16.

a) 30.3./3.4.

Forderung aus L&L	5.400	an	Umsatzerlöse	4.500
			USt	900

30.4. bzw 30.6. je

Bank	2.400	an	Forderung L & L	2.400

30.6.

sonst. betr. Aufwendungen	500	an	Forderung L & L	600
USt	100			

b) 20.9.

Vorräte	3.150	an	Verbindlichkeit L & L	3.465
VSt	315			

Der Transport ist unselbständiger Bestandteil des Hauptgeschäfts Lieferung von Heizöl und unterliegt daher ebenfalls der 10 % USt.

Variante:

Vorräte	3.150	an	Verbindlichkeit L & L	3.480
VSt	330			

In diesem Fall ist der Transport eine selbständige Leistung und unterliegt daher 20 % USt.

c) 12.10.

Handelsware	360	an	Kassa	360

Da der Student kein Unternehmer ist, ist ein Vorsteuerabzug nicht möglich. Karl H. muss jedoch seinerseits die Umsatzsteuer an das FA abführen.

d) 20.10.

PKW	25.000	an	Verbindlichkeit L & L	25.000

Unterstellt man, dass das Auto bei der „Müller GmbH" USt-rechtlich nicht zum Unternehmen gezählt hat, ist der Verkauf nicht umsatzsteuerbar, weshalb der Kauf zum Preis von 25.000,- erfolgt.

e) 7.11. Schweiz:

Handelsware	50.900	an	Verbindlichkeit L & L	61.080
noch nicht entrichtete EUSt	10.180			

Die Beförderungsleistung wird am Ort der Beförderung nach Maßgabe der zurückgelegten Beförderungsstrecke erbracht. Der auf die Schweiz entfallende Anteil unterliegt daher der 20 % Einfuhrumsatzsteuer. Ebenso unterliegt der Bemessungsgrundlage der Einfuhrumsatzsteuer der auf den österreichischen Teil der Beförderung entfallende Anteil der Kosten, so dass sich die Einfuhrumsatzsteuer vom Wert der Ware inklusive Transportkosten (50.900) berechnet. Aufgrund der Erhebung der EUSt auch für den innerstaatlichen Teil des Transports ist der auf Österreich entfallende Teil des Transports echt umsatzsteuerbefreit (§ 6 Abs 1 Z 3 lit a UStG).

Italien: Herr Maier gibt – wie in der Praxis üblich - seine österreichische UID-Nr. gegenüber dem Transportunternehmen an:

Handelsware	50.900	an	Verbindlichkeit L & L	50.900
Vorsteuer aus ig. Erwerb	10.180	an	USt aus ig. Erwerb	10.180

Eine innergemeinschaftliche Beförderung wird grundsätzlich an dem Ort ausgeführt, an dem die Beförderung des Gegenstandes beginnt (= Italien), außer der Leistungsempfänger gibt eine USt-IdNr. eines anderen Mitgliedstaates an. Bemessungsgrundlage für die 20 % Erwerbsteuer ist ein Entgelt in Höhe von 50.900,-.

Beispiel D.17.

Abziehbare Vorsteuer:	
Tagessatz: EUR 26,40 x 3 =	79,20
Für Do. zählen 9 Stunden (> 3),	
daher: 9/12 x EUR 26,40 =	19,80
Summe Tagessätze:	99,00
Nächtigungen: EUR 15 x 3 =	45,00
Kilometergeld: 1.450 x EUR 0,356 =	516,20
Summe Reiseaufwand:	**660,20**

Berechnung der Vorsteuer:

$$\frac{(\text{Tagessätze} + \text{Nächtigungsgeld}) \times 0{,}10}{1{,}10} = \frac{144{,}00 \times 0{,}10}{1{,}10} = \mathbf{13{,}09\ VSt}$$

Steuerlich absetzbarer Reiseaufwand: 660,20 - 13,09 = **647,11 EUR**

Das Kilometergeld ist aufgrund § 12 Abs 2 Z 2 lit b UStG nicht umsatzsteuerbar.

Beispiel D.18.

a)

Reparatur an beweglichen Sachen – Ort der Leistung ist dort, wo Unternehmer tätig wird, dh bei der vorliegenden Reparatur am Standort der Maschine in Linz.

Für den Unternehmer Z mit Sitz in Bern bedeutet dies unter der Voraussetzung, dass er keine(n) Wohnsitz/Sitz/Betriebsstätte in Österreich hat, dass aufgrund § 19 Abs 1 UStG eine Umsatzsteuer nicht in Rechnung zu stellen ist, es gilt vielmehr das Reverse Charge System. Steuerschuldner der USt ist vielmehr Unternehmer U, der dafür aber auch den Vorsteuerabzug in Anspruch nehmen kann. Ein Fiskalvertreter ist aufgrund des Übergangs der Steuerschuld auf den Unternehmer U nicht zu bestellen.

Für den Unternehmer Z mit Sitz in Preßburg bedeutet dies unter der Voraussetzung, dass er keine(n) Wohnsitz/Sitz/Betriebsstätte in Österreich hat, dass aufgrund § 19 Abs 1 UStG eine Umsatzsteuer nicht in Rechnung zu stellen ist, es gilt vielmehr das Reverse Charge System. Steuerschuldner der USt ist vielmehr Unternehmer U, der dafür aber auch den Vorsteuerabzug in Anspruch nehmen kann. Ein Fiskalvertreter ist aufgrund des Übergangs der Steuerschuld auf den Unternehmer U nicht zu bestellen.

Variante: Reparatur am Sitz des Unternehmers Z
Ort der sonstigen Leistung ist nach § 3 Abs 8 lit c UStG nunmehr der Sitz des Unternehmers Z.

Für den Unternehmer Z mit Sitz in Bern bedeutet dies, dass er dem Unternehmer U in der Schweiz Umsatzsteuer in Rechnung stellen muss, die dieser als Vorsteuer in der Schweiz wiederum abziehen kann.

Für den Unternehmer Z mit Sitz in Preßburg bedeutet dies, dass er dem Unternehmer U in der Slowakei Umsatzsteuer in Rechnung stellen muss, die dieser als Vorsteuer in der Slowakei wiederum abziehen kann. Unternehmer U kann allerdings entsprechend Art 3a Abs 6 iVm Art 3a Abs 1 BMR durch Verwendung seiner österreichischen UID den Ort der sonstigen Leistung nach Österreich verlagern. Für den Unternehmer Z mit Sitz in Preßburg bedeutet dies unter der Voraussetzung, dass er keine(n) Wohnsitz/Sitz/Betriebsstätte in Österreich hat, dass aufgrund § 19 Abs 1 UStG eine Umsatzsteuer nicht in Rechnung zu stellen ist, es gilt vielmehr das Reverse Charge System. Steuerschuldner der USt ist vielmehr Unternehmer U, der dafür aber auch den Vorsteuerabzug in Anspruch nehmen kann. Ein Fiskalvertreter ist aufgrund des Übergangs der Steuerschuld auf den Unternehmer U nicht zu bestellen.

b)
Reparatur der einer Privatperson gehörenden Waschmaschine vor Ort.
Ort der sonstigen Leistung ist dort, wo sich die Waschmaschine befindet.

Da P eine Privatperson ist, kommt das Reverse Charge System nicht zur Anwendung, sodass Z unabhängig von seinem Sitz österreichische USt in Rechnung stellen muss. Soweit er keine(n) Wohnsitz/Sitz/Betriebsstätte in Österreich hat, ist er verpflichtet, für umsatzsteuerliche Zwecke gemäß § 27 Abs 7 UStG einen Fiskalvertreter zu bestellen.

Beispiel D.19.

a) Variante Rechnungslegung 30.3.: Die Steuerschuld entsteht am 31.3., Fälligkeit tritt am 15.5. ein.
Variante Rechnungslegung 3.4.: Steuerschuld 30.4.; Fälligkeit 15.6.

b) Rechnungslegung mit Leistungserstellung am 20.9.: Vorsteuer kann bei Vorauszahlung am 15. November abgezogen werden.

c) Die Umsatzsteuer ist am 15.12. fällig (vgl § 19 Abs 3 UStG 1994), wenn es sich um eine mißbräuchliche in Rechnungstellung der USt handelt. Erfolgte der Ausweis der USt irrtümlich, schuldet Karl H. keine USt, wenn die ausgestellte Rechnung berichtigt wird.

d) Es fällt keine USt an.

e) EUSt: Fällig entsprechend § 26 Abs 3 Z 2 UStG ein Monat und 15 Tage nach Einfuhrmeldung beim USt-FA. Die entrichtete EUSt kann als Vorsteuer für das der Fälligkeit zweitvorausgehende Monat geltend gemacht werden.
ErwSt: Je nach Rechnungsausstellung entsteht die Steuerschuld im November oder Dezember (Fälligkeit daher 15.1., spätestens 15.2. des Folgejahres)